（典藏版）

百部国学传世经典

中华国学经典盛宴／获取先贤核心智慧

周易全书

【西周】姬　昌／著
史靖妍／主编

漓江出版社

图书在版编目(CIP)数据

周易全书/(西周)姬昌著;史靖妍主编.--桂林:
漓江出版社,2017.7
(百部国学传世经典)
ISBN 978-7-5407-8199-6
Ⅰ.①周… Ⅱ.①姬… ②史… Ⅲ.①周易 Ⅳ.①B221.1
中国版本图书馆 CIP 数据核字(2017)第 190137 号

周易全书

作　　者　【西周】姬昌　著
主　　编　史靖妍

策划统筹　陈植武　林晓鸿
责任编辑　李淑娟

出 版 人　刘迪才
出版发行　漓江出版社
社　　址　广西桂林市南环路 22 号
邮　　编　541002
网　　址　www.lijiangbooks.com
印　　制　北京飞达印刷有限责任公司
开　　本　710 mm×1000 mm　1/16
印　　张　30
字　　数　505 千字
版　　次　2017 年 8 月第 1 版
印　　次　2022 年 6 月第 5 次印刷
书　　号　ISBN 978-7-5407-8199-6
定　　价　45.00 元

前言

中华民族有着数千年的文明历史，创造了光辉灿烂的古代文化，其中中国传统国学是我国辉煌灿烂的文化典籍的核心部分，它博大精深、源远流长，显示出中华文化的深厚根基，给人类留下了丰富的精神财富。它是我们炎黄子孙的文化精髓，它塑造了我们中华民族的民族精神，是培育民族精神的重要资源。它开启心智，滋润生命，陶冶人格，塑造灵魂。

开卷有益，忙碌的人们闲暇之时，应该用传统国学来陶冶自己的情操，开阔自己的心胸，提高自己的人文修养，用先人的哲思来涤荡自己忙碌的心灵。我们应该坚持阅读的爱好，在潮流文化的强大攻势下，让传统文化永驻我们的心田。“复兴国学，从根本上讲，是复兴中华民族的自尊心、自信心。”我们要甄选传世经典著作中最经典的部分来读，要以开放的胸襟和燃烧的激情去承接古人的经典大论与哲思华章，以自豪而不狂妄、执着而不僵化的精神风貌来直面当今社会的竞争与挑战。

为了弘扬中国传统文化，帮助读者深刻了解我们的历史与文化，用经典历史文学知识陶冶情操、提高文化修养，同时使国学得到承传，得以弘扬光大，我们精心编排了本书。为了便于读者理解和领会古代先贤的思想与精神，我们在文章中选取了与正文相契合的插画，将插画与正文有机地结合在一起，可大大增加读者的阅读趣味。

本书选取了国学经典著作中很多优秀的作品及资料，博采各类经典作品的长处，并有所创新，以使得本书风格迥异、卓然超群，相信会给读者带来全新感受。

由于时间仓促，书中难免有不尽之处，恳请读者朋友们提出宝贵意见，在此深表谢意。

目录

乾卦第一

〔易德经典〕

“乾”的精神，刚强勇毅，一往直前，是中华民族的生命之源、文化之本。放眼宇宙，万事万物都在生命的长河中演化生息……这推动宇宙、转动地球、化生万物、演进人类、繁衍中华的伟大力量，究竟从何而来，又会否穷尽呢？易家用一个“乾”字对它做出了高度概括，那就是《象传》关于乾者“天行健，君子以自强不息”的解说。如果说，世间万物都靠着这“天行健，自强不息”的生命原动力，得以繁衍生息，万代不穷的话，那这也正是易家倡导的每个正人君子、有为之士的最基本的内在力量——孜孜不倦的原动力，自强不息的上进心，日新其德的完美志。

由于乾卦在易经全书中的总纲作用，是所有64卦各爻在演变时都要遵循的普遍规律，故此易家用了《彖》《象》《文言》诸“翼”篇幅，从不同的侧面对它的深刻含义一再阐发。

乾之德，也就是前之德、先之德，亦即敢为天下先之德。这与道家提倡不为天下先的主张正相反，却在儒家鼓吹士人建功立业的学说中得到发扬，反映出中华先民从事开天辟地的伟大而艰难的事业，义无反顾、勇往直前的精神和道德风尚。

原文

乾　元亨、利贞。

初九　潜龙勿用。

九二　见龙在田，利见大人。

九三　君子终日乾乾，夕惕若厉，无咎。

九四　或跃在渊，无咎。

九五　飞龙在天，利见大人。

上九　亢龙，有悔。

用九　见群龙无首，吉。

译文

乾卦：象征天。具有万物创始的伟大天圆，亨通顺利的成长，祥和有益前进，贞正坚固。

初九：龙潜伏在水中，暂不宜有所作为。

九二：龙出现在田间，有利于大德之人出来治世。

九三：君子整天勤勤恳恳，即使在夜晚，仍时刻警惕，谨慎行事。若此，虽有危险，亦不会遭受灾祸。

九四：游龙潜伏深谷之中，似跃而未跃，不会有过失。

九五：龙高飞于天，利于大德之人出来治世。

上九：龙飞得过高，超过极限有悔。

用九：出现一群龙，谁也不自居首领位置，则无过亢之灾，这是吉祥的现象。

原文

《彖》曰：大哉乾元，万物资始，乃统天。云行雨施，品物流形；大明终始，六位时成，时乘六龙，以御天。乾道变化，各正性命，保合太和，乃利贞。首出庶物，万国咸宁。

《象》曰：天行健，君子以自强不息。"潜龙勿用"，阳在下也。

"见龙在田"，德普施也。"终日乾乾"，反复道也。"或跃在渊"，进无咎也。"飞龙在天"，大人造也。"亢龙有悔"，盈不可久也。用九，天德不可为首也。

译文

《彖传》说：博大的、象征万物创始的乾卦。万物依靠它而开始生长，它是统帅万物之本源。它使云朵飘行翻动，使雨水施洒降落，各种事物各具形态而不断发展。明亮的太阳周而复始，乾卦各爻按不同的时位组成，犹如六条龙接连驾驭天地之间。天地自然变化形成万物的规律，万物各自运畜精神，保持太和元气。如此则祥和有益，顺利贞固。天道创造万物，天下邦国和美昌顺。

《象传》说：乾卦如天道运行，刚强劲健。君子亦应如此，坚强振作，不断努力。“龙潜入在水中，暂不宜有所作为”，所以初九之象，阳气刚刚萌生，自然居位低下。“龙出现在田间”，此象说明德业昭著，大德之人经潜藏休养，必会将大德普济于世。“整天勤勤恳恳”，表明唯恐行道，没有偏差。“潜伏深谷，或跃腾上进”，表明龙处在进取而无损害的时机。“龙高飞于天”，说明怀德之人可一举创就大业。“龙高亢至极，终会有所悔恨”，表示物极必反。用九，说明天之宏德也并非永居首位。

原文

《文言》曰：“元”者，善之长也。“亨”者，嘉之会也。“利”者，义之和也。“贞”者，事之干也。君子体仁足以长人，嘉会足以合礼，利物足以和义，贞固足以干事。君子行此四德者，故曰：“乾：元、亨、利、贞。”

初九曰：“潜龙勿用。”何谓也？子曰：“龙，德而隐者也。不易乎世，不成乎名，遁世无闷，不见是而无闷。乐则行之，忧则违之，确乎其不可拔，潜龙也。”

译文

《文言》说：“元始是众善之首；亨通是事物完美的聚合；祥和有益是阴阳调和得宜；正固是处身行事的根本。因此，君子用自己的行动体现实践至善的仁德，就能成为众人头领；能够使众善聚集一堂，就能够合于礼仪；能够施利万物，才足以使道义达到和谐；能够坚持固守节操，就能主持各类大事。惟有君子才能施行这四种美德，所以体现了乾卦所说的行善是万物创始的伟大根源、亨为合美、祥和有益、贞正坚固。”

初九的爻辞说："龙潜伏在水中，暂时不宜有所作为。"这是什么意思呢？孔子指出："这是比喻像龙一样有德有才而隐居的人。世俗改变不了他的节操，他也不追逐功名；从世间隐退不会感到闷闷不乐，不被世人承认也不苦闷。能愉快地实现抱负时，便入世行道；感到忧虑时，便出世隐遁。信念坚定，从不动摇，这样君子的所为便是潜龙的德行。"

原文

九二曰："见龙在田，利见大人。"何谓也？子曰："龙，德而正中者也。庸言之信，庸行之谨，闲邪存其诚。善世而不伐，德博而化。《易》曰：'见龙在田，利见大人。'君德也。"

九三曰："君子终日乾乾，夕惕若厉，无咎。"何谓也？子曰："君子进德修业。忠信，所以进德也。脩辞立其诚，所以居业也。知至至之，可与言几也。知终终之，可与存义也。是故居上位而不骄，在下位而不忧。故乾乾因其时而惕，虽危无咎矣。"

译文

九二的爻辞说："龙出现在田野，对于大德之人出来治世是很有利的。"这是什么意思呢？孔子指出："这是指有龙一样的德行而行中正之道的人。这种人的日常言论说到做到，他的日常行动谨慎小心。防止一切邪念，心存诚实。虽然善行卓著，加惠世人，却不以此夸耀。以伟大广博的道德行为而感化世间一切。《周易》说：'龙出现在田野，利于大德之人出来治世。'这是指出现了君主品德的贤人。"

九三的爻辞说："君子整天勤勉不息，提高警觉，即使在夜晚，仍时刻警惕，谨慎行事，如此，则虽有危险，却无灾祸。"这是什么意思呢？孔子指出："这是在说君子要增进美德、营修功业的道理。忠诚信实，是增进美德的主要基础。斟酌自己的文辞和言行，确立至诚的感情，是营修功业的根基。能把握时机，全力进取的人，可以跟他商讨事物发展的征兆；知道事物发展的结局，并可以自己行动适应结局的人，可与他共同保存正义。能够做到这些，一个人就能够身居高位而不骄傲，处在下位也不忧愁，因而能够勤恳振作，自强不息，随时警惕，小心行事。如此，则虽处于危险之中，也不会有过错。"

原文

九四曰："或跃在渊，无咎。"何谓也？子曰："上下无常，非为邪也；进退无恒，非离群也。君子进德修业，欲及时也。故无咎。"

九五曰："飞龙在天，利见大人。"何谓也？子曰："同声相应，同气相求。水流湿，火就燥。云从龙，风从虎。圣人作而万物睹。本乎天者亲上，本乎地者亲下，则各从其类也。"

译文

九四爻辞说："游龙或是潜伏深谷，或是似跃而未跃，都不会有什么灾祸。"这是什么意思呢？孔子指出："这比喻贤人的上升或下降，居高位或处低位，是常常变化的，这并非出于邪念；他的进取或引退也没有一定的规律，这种进退并不脱离众人。这说明，君子要想在品德和事业上都有所提高，得到成功。只能是把握时机，随着时势的变化而行动，这样的话就一定'没有什么过错了'。"

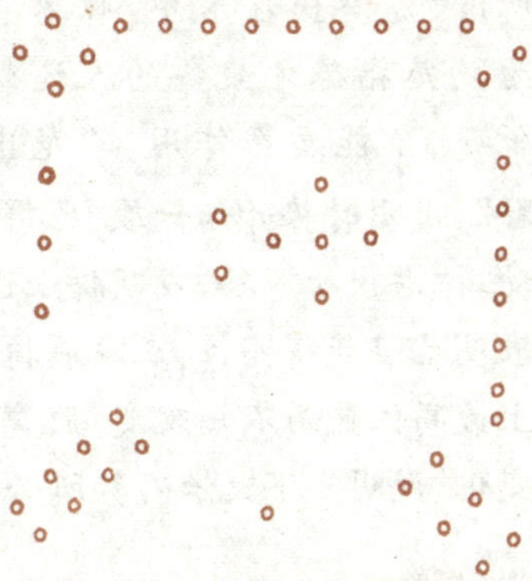

河图之数图

九五爻辞说："龙高飞于天，对于大德之人出来治世非常有利。"这是什么意思呢？孔子指出："这是说同类的声音产生共鸣，同样的气息彼此吸引而投合；水向低洼潮湿处流，火往干燥之处燃烧；彩云随着龙飞而聚散，谷风随着虎跃而产生；圣贤之兴起使世间万物各显其灵性；因而，以天为本的生物向上发展，依存于地的向下扎根，这就是一切事物各依其类别互相聚合的道理。"

原文

上九曰："亢龙有悔。"何谓也？子曰："贵而无位，高而无民，贤人在下位而无辅，是以动而有悔也。"

"潜龙勿用"，下也。"见龙在田"，时舍也。"终日乾乾"，行事也。"或跃在渊"，自试也。"飞龙在天"，上治也。"亢龙有悔"，穷之灾也。乾元"用九"，天下治也。

译文

上九的爻辞说:“龙飞得过高,超过极限,终将因为有过失而有所悔恨。”这是什么意思呢?孔子指出:“这是比喻高高在上,尊贵而失去拥戴的人君。这种崇高的地位使他脱离了众人,贤士能人都处在下位,因而他得不到他们的辅佐。所以,他在这种状态下稍有举动就会招来悔恨。”

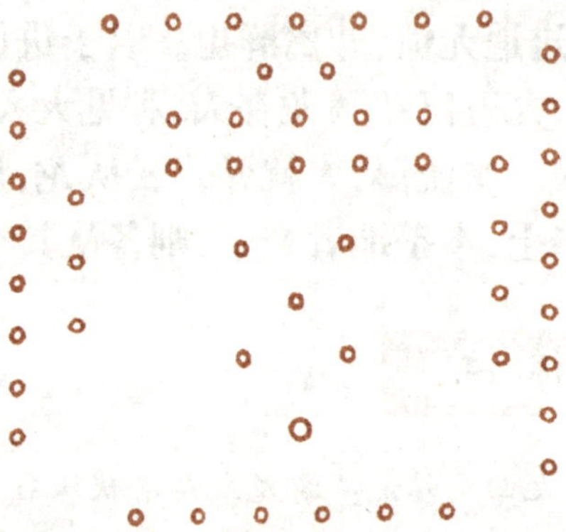

洛书数图

所谓“龙潜伏在水中,暂不宜有所作为”,是指德才兼备的人还处于地位低下,不能发挥作用。“龙出现在田野”,说明时势开始舒展,已得时得位了。“整天勤勉不息”,说明事业在付诸行动。“潜伏于深谷,或跃腾上进”,说明正处在自我考验的时期。“龙高飞于天”,表明已经获得高位,正施展抱负。“龙飞到极高位置,终将有所悔恨”,是说明爬上最高位置而不知改变,脱离群众,将带来灾难。天有元始之德而运用阳九的变化,说明天下大治乃势所必然。

原文

“潜龙勿用”,阳气潜藏。“见龙在田”,天下文明。“终日乾乾”,与时偕行。“或跃在渊”,乾道乃革。“飞龙在天”,乃位乎天德。“亢龙有悔”,与时偕极。乾元“用九”,乃见天则。

乾元亨者,始而亨者也。利贞者,性情也。乾始能以美利利天下,不言所利,大矣哉。大哉乾乎!刚健中正,纯粹精也。六爻发挥,旁通情也。时乘六龙,以御天也。云行雨施,天下平也。

译文

所谓“龙潜伏在水中,暂不宜有所作为”,是说阳气仍然潜伏隐藏着,没发生什么状况。“龙出现在田野”,说明天下能看到欣欣向荣的文明景象。“整天勤勉不息”,说明随着时间而向前发展;“潜伏于深谷,或跃腾上进”,说明天道此时已开始革新。“龙高飞于天”,说明位与天高,德与天齐;“龙飞到极高位置,终将有所悔恨”,说明随着时间的推移而达到了极限。天有元始之德而运用阳九主张的变化,这才合乎体现天道自然的法则。

乾卦象征天,是万物创始的伟大根源,说明了它是创造天地万物亨通的起始。“祥和有益,贞正坚固”,是天的内在本性和外在情感。天创始了万物且广施利益于天下,但它却不言其利、居其功,这种精神真是伟大啊!伟大的天道啊,刚强劲健、居中守正,这一切都纯粹无瑕、精致不杂。六爻的无穷变化,联系、沟通了万物的发展情理。无论何时都如同驾驭六条龙运行于天。云彩飘行运动,雨水施洒降落,使天下万物均衡和谐地发展。

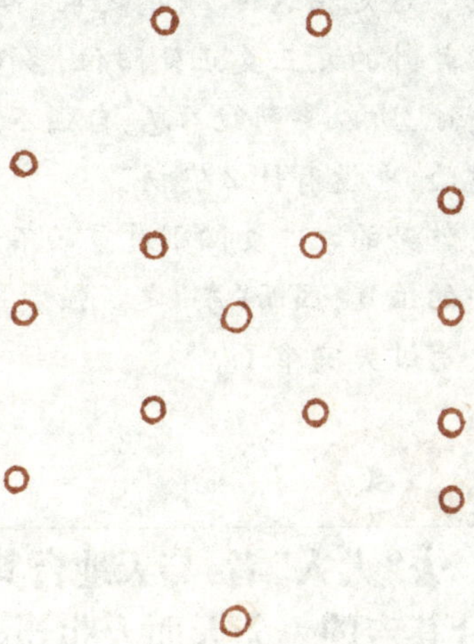

天地自然十五数图

原文

君子以成德为行,日可见之行也。“潜”之为言也,隐而未见,行而未成,是以君子“弗用”也。

君子学以聚之,问以辩之,宽以居之,仁以行之。《易》曰:“见龙在田。利见大人。”君德也。

九三,重刚而不中,上不在天,下不在田,故“乾乾”因其时而“惕”,虽危“无咎”矣。

九四,重刚而不中,上不在天,下不在田,中不在人,故“或”之。或之者,疑之也。故“无咎”。

译文

君子的行为,是以完善品德修养为目的的,而且这些是在日常言行中都可以体现出来的。乾卦初爻所说的“潜”的意思,是说在应当隐藏着,还未能显露时,行动时机还未到,所以君子暂时还不能施展才用。

君子通过学习来积累知识,抱着怀疑的态度来解决疑难,以宽厚仁恕之心待人接物,以仁爱之心指导行为。《周易》说:“龙出现在田野,利于遇见伟大的人物。”这是指这种“有德之人”具备了作为一个国君的品德所以得到人民拥戴。

乾卦的九三爻正处阳位，多重阳刚相叠，不得居于中位，因此上不沾天，下不着地，所以要勤勉不息，自强不息，顺应时机，随时保持警惕。如此，则即使面临危险，也没有什么灾祸了。

乾卦的九四爻阳刚过重而不适中，因此上不沾天，下不着地，而且不在人能居住的位置，因而“或”之。强调“或”的意思，是指应有所疑虑，多方审度，也就不会有过失灾难了。

原文

夫“大人”者，与天地合其德，与日月合其明，与四时合其序，与鬼神合其吉凶。先天而天弗违，后天而奉天时，天且弗违，而况于人乎？况于鬼神乎？

“亢”之为言也，知进而不知退，知存而不知亡，知得而不知丧。其唯圣人乎？知进退存亡而不失其正者，其唯圣人乎。

译文

乾卦九五爻辞中所说的有德之人，他的德行，要像天地一样覆载万物；他的圣明，要像日月那样普照大地；他的进退，要像四季交替一样井然有序；他的吉凶，要与鬼神的吉凶契合；他的作为，先于天象而行动，但却也不违反天道，后于天象而处事，仍能奉行天道运行的规律。他尚不违背上天，更何况人呢？更何况鬼神呢？

乾卦上九爻辞说的“亢”字，是指高到极点只知道进取，而不知道引退；只知道生存，而不知道终将衰亡；只知道获利，而不知道放弃。大概只有圣人才是明智的吧！那些深知进取、引退、生存、灭亡的道理，而又不偏失它的正道的人，难道不就是我们所称赞的圣人吗！

智慧应用

自强不息，岳飞精忠报国

《乾卦》阐释了宇宙创始万物，大自然的法则至大、至刚、至户、至正，具备创始、亨通、祥和、坚贞的伟大功能，周而复始，无穷无尽，它是人类至高无上的行为典范。象辞中说“天行健，君子以自强不息”，这一句饱含哲理的箴言奠定了中华民族世代繁衍不息的牢固思想根基。在中华民族的历史上,自强不息、奋斗不止的例子层出不穷,不胜枚举。从古至今,这种刚健的自强不息的精神就被数不清的仁人志士反复实践过,使我们中华民族虽饱经患难却仍然屹立于世界民族之林,成为世界上惟一一个文明延续了五千年仍然生机勃勃的大国。这是值得我们每一个中国人引以为豪的。民族英雄岳飞就是这种自强不息精神的实践者之一。

怒发冲冠,凭栏处、潇潇雨歇。
抬望眼、仰天长啸,壮怀激烈。
三十功名尘与土,八千里路云和月。
莫等闲、白了少年头,空悲切。
靖康耻,犹未雪;
臣子恨,何时灭。
驾长车,踏破贺兰山缺。
壮志饥餐胡虏肉,笑谈渴饮匈奴血。
待从头、收拾旧山河,朝天阙。

这阕慷慨悲壮的《满江红》,正是出自这位顶天立地的血性男儿笔下。

宣和三年(1121年),岳飞一边研读兵法,一边拜周同为师学射箭,练就了能挽弓300斤,左右开弓、箭无虚发的本领。第二年,岳飞首次从军入伍,带兵首战告捷,活捉贼首陶俊、贾进和,表现了非凡的军事指挥才能,因功补承信郎。正当岳飞"欲伸大义于天下"时,也就是这年年底,岳飞的父亲岳和病故,岳飞不得不解甲回乡,扶灵守孝。这期间,岳飞博览群书,深谙了历来兵家的治军要领,为日后统帅三军打下了坚实基础。

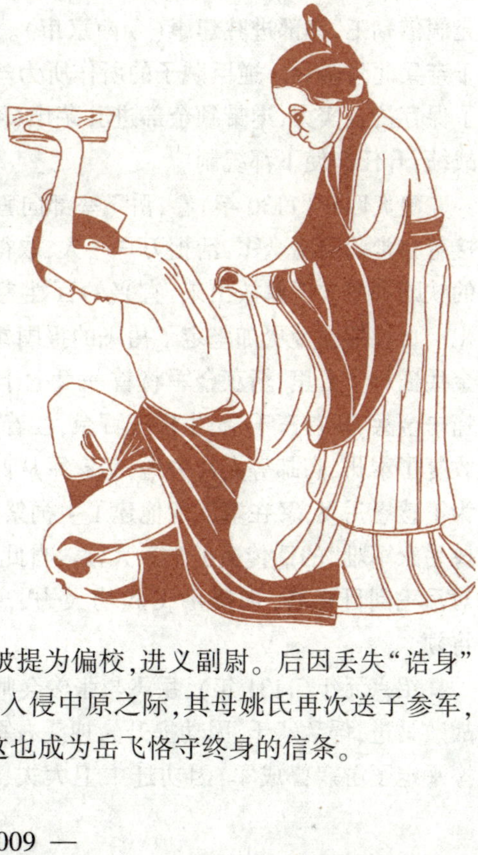

宣和六年(1124年),岳飞守孝期满,第二次从军,参加了保卫太原之战。靖康元年(1126年),岳飞因功被提为偏校,进义副尉。后因丢失"诰身"(任命文书)离开军队,此时,正值金兵入侵中原之际,其母姚氏再次送子参军,并在岳飞背上刺下"精忠报国"四字,这也成为岳飞恪守终身的信条。

同年十月,岳飞第三次从军到相州兵马大元帅赵构军中,带兵奇袭游寇获胜,一举招降了380名游寇,得到了赵构的赏识,补承信郎,接着在侍御林大败金兵,杀金军枭将,功勋卓著,升任保义郎。岳飞并不居功自傲,在滑州杀败金兵再立战功,继任秉义郎。

靖康二年(1127年),岳飞能征善战已经是举国皆知,于是被转入抗金力量最大的宗泽部,岳飞不负重任,在开德曹州(今山东菏泽)大破金兵,因功转武翼郎。同年七月,岳飞向皇帝上了一道奏章——《南京上皇帝书》,主张驱除外侮,北上抗金。这一道奏章得罪了主张南逃的黄潜善、汪伯彦,岳飞被罢官离军。在回家的路上,碰上了河北招抚使张所招兵,立志报国的岳飞并不气馁,第四次从军,张所早就倾慕岳飞的军事才干,提拔岳飞为"准备将"。岳飞在参加收复新乡的战斗中,活捉金军千户阿里索,进战太行山,击垮了金军万户王索的反扑,致使金兵闻风丧胆,岳飞也因战功突出转武功郎。

建炎二年(1128年)春,岳飞离开新乡转入开封宗泽部,带兵汜水关、竹芦渡等地,接连克敌取胜,宗泽很器重岳飞灵活妙用兵书阵法的高超指挥艺术,提拔岳飞为统制官。但宗泽死后,接任宗泽的杜充治军无能,部下王善举兵数万叛乱,他无能平定,岳飞仅以两千兵力,平叛军于南熏门,转升武经大夫。后杜充假借勤王,率部进驻建康(今南京市)。第二年十一月杜充卖主求荣,带领三千亲兵北降金兵。逆臣贼子的所作所为丝毫没有动摇岳飞精忠报国的信念,为了保存抗金实力,遂带领余部进驻茅山(今江苏句容),在广德取得六战六捷的战绩,升任御使下都统制。

建炎四年(1130年)春,岳飞率部向宜兴移营,平定了太湖流寇郭吉、戚方,接着在常州阻击金军,活捉万户一人,取得四战四捷之战功,把宜兴人民从金兵的铁蹄和暴政下解放出来,宜兴的百姓为了感激岳飞的恩德,为他建了生祠祭祀。百姓的厚爱更加坚定了岳飞的报国雄心,事隔不久,清水亭一仗,岳飞杀得金兵横尸十五里,斩获金军将首一百七十五颗,在建康南面的牛头山设下伏兵痛击金兵,斩首三千余,生俘三百余,接着于当年六月收复了建康,并北渡长江,收复了泰州、高邮等大片失地,岳家军从此威名大震,从苦难中解脱出来的百姓为了感恩岳飞,又在靖江为他建了生祠祭祀。一时间,金兵元气大伤,"移山易,撼岳家军难"的话传遍了金兵大营。自此,北宋内忧外患的局面缓解了,宋高宗对岳飞刮目相看,亲授岳飞武功大夫、忠州防御使,岳飞一跃成为南宋高级将领。

绍兴元年(1131年),岳飞与张俊会师进军洪州(今江西南昌),岳飞在九江战败马进,俘敌八千,因功提升为神武右军都统制。第二年,岳飞奉命到湖南桂岑平定了游寇曹成军,因功迁中卫大夫、武安军承宣使,镇守江州。绍兴三年

(1133 年)春,岳飞奉命到江西虔吉(今赣县、吉安县)平定了盗寇彭友,四处征战。岳家军不断壮大,这时岳家军已达一万八千人,分守在江州、虔州和广州三处。同年九月九日,高宗在临安召见岳飞父子,并赐"精忠岳飞"锦旗,授镇南军承宣使、江西沿江制置使、江南蕲州制置使、江州制置使司等官职,岳飞在江州写下了震烁千古的《满江红》词,抒发了奋发自强、壮心不已的报国情怀。

绍兴四年(1134 年)五月,岳飞被任命为镇南军承宣使,率军北伐,两个多月时间,收复了金兵长期盘踞的郢州(今钟祥市)、随州(今湖北随州)、新野、唐州、邓州、襄阳六州郡,岳飞被晋升为清远军节度使。第二年,高宗再次召见岳飞,并封为武昌郡开国侯。同年六月,岳飞奉高宗之命仅用八天时间平定了洞庭杨么,收编六万降军入岳家军,扩充了抗金力量,高宗嘉奖全军,并升岳飞为检校少保。绍兴六年(1136 年),岳飞移军襄阳,任武胜定国军节度使、湖北京西路宣抚使。三月十六日,岳飞年近七旬的母亲姚夫人病逝于鄂州军营,四月岳飞扶灵上庐山葬母,五月返回军营,七月底岳飞被任命为河东宣抚使,从襄阳北伐,直取中原,不到一个月时间,岳家军先后收复汝州、颍州、卢氏县、商州、虢州、伊阳、长水、业阳等大片金兵控制的土地。军事上的重大胜利进一步坚定了岳飞"收拾旧山河"的决心,但昏弱无能的高宗听信谗言,对岳飞并不支持,岳飞担心孤军无援,被迫撤军,气愤至极,便上庐山为母亲守丧去了。

绍兴七年(1137 年),金国得知岳飞为母守丧的消息,派兵大举南下。高宗无奈,不得不派李若虚上庐山东林寺请岳飞下山,拜岳飞为太尉,升湖北京西宣抚使兼营田大使。绍兴八年十一月,岳飞用反间计废除了金人扶立的刘豫傀儡集团,为北伐做了战略准备。然而,以秦桧为首的投降派互为勾结,沆瀣一气,岳飞多次上书高宗反对议和,痛斥秦桧的投降伎俩,主张进兵北伐。高宗满足于苟且偷生的"和平"局势,未能接受岳飞的进谏。绍兴九年(1139 年),岳飞被授予开府仪同三司(一品官)的最高官阶。绍兴十年(1140 年)夏,金人撕毁和约南侵,岳飞奋起抗战,大破金兵于蔡州、陈州、颍州,郑州、西京、嵩州、许州、孟州、卫州、怀州、郾城等地,并在顺昌、郾城大捷中粉碎了金"拐子马""铁浮图"等不可战胜的神话。朱仙镇大捷,威震敌胆,金兵统帅金兀术叹呼"撼山易、撼岳家军难!"正当岳飞所向披靡,抗金取得节节胜利之际,宋高宗连下十二道金牌,强令岳飞班师。绍兴十一年(1141年)四月二十四日,秦桧为剪除和谈障碍,指使万俟卨上章诬蔑一贯主战的岳飞"谋反",收买王俊做假证,十月将岳飞父子和部将张宪关进杭州大理寺。同年十二月二十九日(1142年1月28日),赵构、秦桧以"莫须有"的谋反罪名,将岳飞父子和张宪杀害。中国历史上著名的民族英雄、驰骋在抗金战场上的主帅岳飞,就这样被秦桧一伙奸臣夺去了年轻而宝贵的生命。

岳飞虽然被杀害了,但他自强不息的精神和精忠报国的业绩是不可磨灭的。正是他,表达了被压迫民族的要求,保持了崇高的民族气节,在处境危难时坚持了抗金的正义斗争,保存人民的抗金力量,联合抗金力量,维护南宋半壁河山,从而使高度发展的中国封建经济和文化得以继续向前发展。岳飞不愧是我国历史上一位杰出的民族英雄,他的精神永远召唤着中华儿女自强不息、精忠报国。

坤卦第二

〔易德经典〕

乾是天，坤是地。乾德如天高，坤德似地厚。乾德性豪壮，坤德品坚贞。乾德山难撼，坤德可海涵。坤德是中华民族的又一基本美德。其重要性绝不亚于乾德，甚至可以说是乾德得以实现的最基本条件。坤德为何如此重要？从宇宙演化，万物化生的全息观照看，任何事物的发展都是相辅相成的。有正有反，有动有静，有白有黑，有主有次，有生有亡，有长有消，有张有弛，有美有丑，有亏有盈，这正是世界得以存在，万物得以生息的原因。

人类社会也是如此。就每个生命主体而言，首先应该发挥乾德自强不息的精神，否则个人以至社会的生机就会窒息。从卦理看，64 卦都要以乾卦为主卦，386 爻都要以“飞龙”为主爻，各卦自身也只能以一爻为主。而如果用系统观来考察易理，那么在母系统之中，子系统里的飞龙，只不过是更大母系统里主卦主爻的一个配角，一个“利见大人”的下属。所以，不论是在易理卦象中，还是在实际生活中，我们都要看到，唱主角的只是少数，多数人都要唱配角。如果人人都要唱主角，不唱配角，则天下大乱，万事难成。从这个意义上说，修养坤德，培养自己甘当配角、当好配角的高尚品德，是为人做事的最基本的需要。

原文

坤　元亨。利牝马之贞。君子有攸往,先迷后得,主利。西南得朋,东北丧朋。安贞吉。

《彖》曰:至哉坤“元”,万物资生,乃顺承天。坤厚载物,德合无疆。含弘光大,品物咸“亨”。“牝马”地类,行地无疆,柔顺“利贞”。

“君子”攸行,“先迷”失道,“后”顺“得”常。“西南得朋”,乃与类行。“东北丧朋”,乃终有庆。“安贞”之“吉”,应地无疆。

译文

坤卦,象征地,具有伟大的、元始亨通的德性,像雌马一样守持正固是最有利的。君子有所往求,如果遇事争先居首则会迷失方向,如果跟随人后,就会找到主人,因而获得利益。往西南方可以获得可观收获,往东北方将受到损失。卜问是否平安,结果是吉祥。

《彖传》说:“广阔无垠的大地啊,是生成万物的根源!万物都靠它而成长,它柔顺地秉承天道的法则。大地深厚且载育着万物,它的功德广阔无穷。它含藏了弘博、光明、远大的功能,使万物都顺利地成长。雌马属地上走兽,具有在大地上无限奔驰的能力,它的性情柔顺、祥和,有利于守持正道。

君子应当效法这种品德而行动,如果遇事争先居首就会迷失方向,如果跟在人后顺随大势就能找到常规。往西南方向可以得到利益,是因为与同类同行;往东北方向将有所损失,尽管如此,但最终结果仍然有吉庆。安顺并且守持正固的行动将会是吉祥的,因为应和了大地广阔无垠的柔顺之德。”

原文

《象》曰:地势坤,君子以厚德载物。

初六　履霜坚冰至。

《象》曰:“履霜坚冰”,阴始凝也。驯致其道,至坚冰也。

六二　直、方、大,不习,无不利。

《象》曰:“六二”之动,“直”以“方”也。“不习无不利”,地道光也。

译文

《象传》说：坤卦象征大地顺承的特征。君子应当效法大地宽厚和顺的德行，容载万物。

初六，当踩到地面上的薄霜，便可知道结坚冰的寒冬要到了。

《象传》说："当踩到地面上的薄霜，便可知道结坚冰的寒冬要到了。"是指阴气开始凝聚，按自然规律，冰雪寒冬将至了。

六二，大地是正直、端方、宏大的，一个人具备了这样的德行，即使不学习也不会不利。

《象传》说："六二"这一爻指引的行动，趋向正直端方。"不学习也不会不利"是大地法则的光明伟大。

原文

六三　含章，可贞。或从王事，无成有终。

《象》曰："含章可贞"，以时发也。"或从王事"，知光大也。

六四　括囊，无咎无誉。

《象》曰："括囊无咎"，慎不害也。

译文

六三，蕴含美好的内涵，可以守持正固。若能辅助君王的事业，虽无成就，却将取得好的结果。

《象传》说："蕴含美好的内涵，可以守持正固"，指要把握时机发挥作用。"若能辅助君王的事业"，指智慧的光明远大，知道自己如何将才能发挥。

六四，将口袋收紧，虽然得不到赞誉，但可免遭灾难。

《象传》说："将口袋收紧可免遭灾难"，是指应当收敛，谨言慎行才会免遭祸患。

原文

六五　黄裳，元吉。

《象》曰："黄裳元吉"，文在中也。

上六　龙战于野。其血玄黄。

《象》曰："龙战于野"，其道穷也。

用六　利永贞。

《象》曰："用六永贞"，以大终也。

译文

六五，黄色的衣裳，会有吉祥。

《象传》说："黄色的衣裳，会有吉祥"，是指应以温文之美德守持中道。

上六，龙在旷野里战斗，流出黑黄色的血。

《象传》说："龙在旷野里战斗"，表示已经处于穷途末路。

用"六"数，有利于永久守持正固。

《象传》说：用六数"永久守持正固"，说明人要永远刚正不阿就会实现远大目标。

原文

《文言》曰：坤至柔而动也刚，至静而德方，后得主而有常，含万物而化光。坤道其顺乎，承天而时行。

积善之家，必有余庆，积不善之家，必有余殃。臣弑其君，子弑其父。非一朝一夕之故，其所由来渐矣，由辩之不早辩也。

《易》曰："履霜，坚冰至。"盖言顺也。"直"其正也，"方"其义也。君子敬以直内，义以方外。敬义立而德不孤。"直、方、大、不习，无不利"，则不疑其所行也。

译文

《文言》说：大地的德行是极为柔顺的，但变动时则显示出刚强；虽然极为安静，但柔美的品德却传布四方。尽管是后一步，来主持万物生长，却自有一定的规律，能包容万物并使其生长光大。大地的法则是多么的柔顺啊！它秉承天的意志而顺时运行。

修积善行的人家，必定有很多吉庆；累积恶行的人家，必然留下很多的殃祸。凡是臣下杀死君王，儿子刺杀父亲，这都不是一朝一夕偶然产生的，而是日积月累逐渐演变而成的，是由于君王父亲们没能早日洞察处理。

《周易》说："踩到地面上的薄霜便可知道冰雪寒冬要到了。"那是说明事物发展的自然规律。“直”是说为人应品性纯正,“方”是指办事应合乎理义。君子以恭敬慎重的态度作为内心的正直准则;以合乎理义的行为处理外界事务。只要做到态度恭敬、合适地处事,就能广布美德,得到众人的信任支持。所以说,“只要能做到正直、端方、宏大,哪怕不学习也不会不利”,这样他对自己的立身行事就不会有什么疑惑不定了。

原文

阴虽有美,“含”之,以从王事,弗敢成也。地道也,妻道也,臣道也。地道“无成”而代“有终”也。

天地变化,草木蕃。天地闭,贤人隐。《易》曰:“括囊,无咎无誉。”盖言谨也。

君子“黄”中通理,正位居体,美在其中。而畅于四支,发于事业,美之至也。

译文

阴柔固然是美德,但要含蓄隐藏。用以辅助君王的事业时,不可以居功。这是大地的法则,为妻的原则,称臣的原则。地道顺天道的法则表明了有成就而不居功,实际上是在时序的交替中继续天道使事达到预期效果。

天地的自然变化,使一切草木茂盛繁衍。如果天地闭塞昏暗,那贤人能士都会隐退避世。《周易》说:“将口袋收紧,虽然得不到赞誉,却可免遭灾难。”这是在说要谨慎处世的道理。

君子应当具有黄色中和的美好品质,通情达理,应使自己保持在正确的位置。将这种美德蕴存于心,自然畅达于四肢,从而发展于事业,便达到了美的极致。

原文

阴疑于阳,必“战”,为其嫌于无阳也,故称“龙”焉。犹未离其类也,故称“血”焉。夫“玄黄”者,天地之杂也。天玄而地黄。

译文

阴达极盛近似于阳时，必会引起征战。这是因为阴气发展达于极盛，好像阳已经不存在了，所以上六爻辞称龙；而阴并不曾离开同类，所以上六爻辞中又称其代表阴柔之血。所谓天地玄黄，是指天地争战中混合的色象：天为青苍的黑色，而地本来就是黄色。

智慧应用

安守正道，曾国藩宽怀雅量

母亲对孩子可以说是无限的宽容，因此人们常常把大地比喻为母亲，坤卦喻为“大地”，告诉人们应学会诚实宽容。在我们日常生活中，人与人之间难免出现矛盾，别人或许是无意中对你造成了伤害，如果不是什么大是大非，就应该试着去原谅对方。假使对人不能以诚相待，不能宽容他人，最终必然导致关系紧张，甚至结怨成仇。

历史上很多成就大事的人，深悟坤卦中蕴涵的“诚”“宽”两字的要义，修养心志，曾国藩就是恪守诚宽之道，从湖南双峰一个偏僻的小山村，走上满清王朝的政治舞台，成为近代中国最显赫的历史人物之一。

曾国藩（1811–1872 年），乳名“宽一”，或许是这一乳名的深刻含义在冥冥之中铺平了他的人生道路。小时的曾国藩聪颖过人，早年仕途并不顺畅，直至二十八岁那年入京赴考中进士才出现了命运的转机。此后十年连升十级，三十七岁任礼部侍郎，官至二品。因母丧返乡，恰逢太平天国巨澜横扫湘鄂大地，他因在家乡组建民团湘军，历尽艰辛为清王朝平定了天下，被封为一等勇毅侯，成为清代以文人而封武侯的第一人，后历任两江总督、直隶总督，官居一品，死后被谥“文正”。曾国藩所处的时代，是清王朝由乾嘉盛世转为没落、衰败，内忧外患接踵而来的动荡年代，由于曾国藩等人的力挽狂澜，一度出现“同治中兴”的局面，曾国藩正是这一过渡时期的重心人物，在政治、军事、文化、经济等各个方面产生了令人注目的影响；这种影响不仅仅作用于当时，而且一直延至今日。曾国藩一向主张“以能立能达为体，以不怨不尤为用”，强调严于律己，宽以待人。作为权倾朝野的汉族重臣，曾国藩同样免不了受到清朝皇族的猜疑和牵制，但这并不影响曾国藩的为人处世之道，他始终奉行的“待人以恕”的怀柔品德。这使他身边聚拢了一大批能臣将帅，而这种“诚宽”的品德又集中体现在他正确地处理与重臣左宗棠的关系上。

左宗棠只比曾国藩小一岁，但左宗棠屡试不中，科场失意，蛰居乡间，半耕半读。但左氏恃才傲物，自称“今亮”，语言尖锐，锋芒毕露。这与曾国藩为人拙诚，语言迟讷的性格恰恰相反。咸丰二年(1852 年)，41 岁的左宗棠才由一个乡村塾师入佐湖南巡抚张亮基，当了个“刑名师爷”。两年后，张亮基迁为湖广总督，左宗棠入湖南巡抚骆秉章幕僚达六年之久。而此时的曾国藩已经是位重权高的显赫人物，曾、左虽非同僚。却同在湖南，“一山容不得二虎”，曾、左之间常有龃龉。

曾国藩赞赏左宗棠的才干，并没有依循封建官场的陋习对他进行打压和排挤。1856 年，曾国藩奏左宗棠在剿灭太平军的过程中接济军饷有功，因而，朝廷命左宗棠为兵部郎，加以重用。左宗棠得知自己的升迁与曾国藩有关，于是对曾国藩心存感激，但左宗棠性情刚直，在朝野上下得罪了不少人，尤其是在湖南“久专军事，忌者尤众”，于是碰上了樊燮事件。樊燮事件不仅让左宗棠丢了官职，咸丰帝甚至下密令“如左宗棠有不法情事，可就地正法”。幸得当时的一些朝臣知道“天下不可一日无湖南，湖南不可一日无左宗棠”，左宗棠才幸免于难。曾国藩也极力上疏为左宗棠辩解，在这种情况下，咸丰帝才有“弃瑕录用”的旨意，草草了结此案。

当时，曾国藩驻军安庆宿松，左宗棠来营暂避锋芒，曾国藩热情地接待了他，并连日与他商谈。曾国藩知道左宗棠有将帅之才，于是上奏朝廷说：“左宗棠刚明耐苦，晓畅兵机。当此需才孔亟之际，或饬令办理湖南团防，或简用藩臬等官，予以地方，俾得安心任事，必能感激图报，有裨时局。”曾国藩在左宗棠极其潦倒，“四顾苍茫”的时候，向左宗棠伸出了援助之手。左宗棠也不负厚望，在贵溪、东平等地段多次阻击太平军，节节胜利。事后，曾国藩又在呈给朝廷的战报中写道："长江南岸七百多里，只有左宗棠一军纵横驰骋，来回策应，这在清军之中是绝无仅有的。"

在曾国藩一再保举下，左宗棠于同治一年(1862 年)二月重新被朝廷取用，受命为浙江巡抚。曾国藩也担心自己"树大招风"，一方面请求辞掉自己节制浙江军务的谕令，一方面把左宗棠推到了浙江的最高位置上。并根据曾国藩的奏请，左的部下蒋益澧也被提拔为浙江布政使。曾国藩如此谦让，又如此真心实意地为清朝廷保举人才，心中哪有半点对左宗棠的嫌隙之意？曾国藩这种不为名利的心胸也在很大程度上削减了满清政府对汉族重臣的猜疑，同时也为左宗棠开辟了一条顺畅的仕途。

同治二年(1863 年)三月十八日，左宗棠被授命为闽浙总督，仍署浙江巡抚，从此与曾国藩平起平坐了。三年之中，左宗棠从被人诬告、走投无路的人，一跃而为封疆大吏，这样一日千里的仕途，固然出于自己的才能与战功，而如此不断的报功保举，也只有曾国藩才能做到。三年的仕途让左宗棠对曾国藩的态度发生了彻底的变化，后来左宗棠在挽曾国藩的联中，深情地写道：

谋国之忠，知人之明，自愧不如元辅。

同心若金，攻错若石，相期无负平生。

曾、左二人早期虽有龃龉，但因为曾国藩的宽宏大度，使左宗棠成为事业上最得力的帮手和生活中最知心的朋友。正如左宗棠自己所说的"同心若金，攻错若石"。共同的事业——中兴清室使他们走到了一起，这也正是曾国藩"待人以诚恕"的最好例证。

大地应天而动，不私其身，诚宽博大，厚德广纳。曾国藩的事业在风雨飘摇的时局中延续了几十年，就因为他遵循地之道，这种为人处世的法则也深深影响了他的属下和学生。曾国藩辞世时，他的学生——晚清名臣李鸿章对曾国藩的一生做了一个精辟的定论。

师事近三十年，薪尽火传，筑室忝为门生长。

威名震九万里，内安外攘，旷代难逢天下才。

胸襟坦荡、虚怀若谷是做人和交友的准则，人与人之间以诚相待，互相信赖，就能博取人们的支持和真诚相助，在人生道路上赢得更多的朋友，事业也就会因此而一帆风顺。

屯卦第三

〔易德经典〕

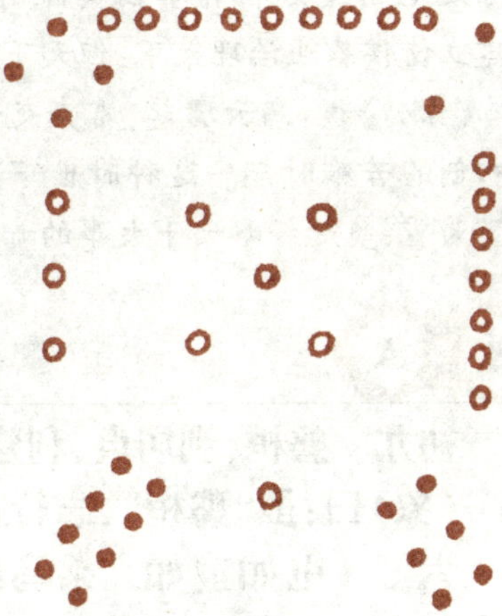

河图

在人类社会漫长的发展历程中，无论是纯光明纯进取还是纯黑暗纯停滞的时代都极为罕见，甚至这只是一种纯主观的想象。纯阳纯阴至刚至柔的乾坤父母，绝不可能独自主宰世界。他们终于在龙战于野，天地玄黄的非常时期相会结合了……

宇宙生命创世纪之时，乾坤交合，风云际会，雷声震动于下而雨云屯积于上，犹如混沌初散，开天辟地的一刻，为万物萌生提供了有利条件。易家从中获得启示，刻下了“屯：元亨，利贞。勿用有攸往，利建侯”的卦辞，其卦意主题由“屯”的本义，即幼草曲折萌生发芽之状引申而来，大意为：在宇宙的屯养时期，“万物初生，发育亨通，顺利而贞正。不用人为助长，事业也会顺利前进，是有利于建设事业的始创期”。

在乾坤始合、万物屯养时期，所要加强修养的所谓“屯德”，其实就是帮助万物生长的天德，对人类而言，则是为开创进步事业，休养生息，积极建功的美德。

原文

屯　元亨，利贞。勿用有攸往。利建侯。

《彖》曰：屯，刚柔始交而难生。动乎险中，大“亨贞”。雷雨之动满盈，天造草昧，宜“建侯”而不宁。

《象》曰：云雷，屯。君子以经纶。

译文

屯卦象征初生，具有原始的、伟大的、亨通有益的、贞正坚固的品性。不适合出行，利于建立诸侯。

《彖传》说：屯卦是阳刚阴柔初始相交之时的形象，表明艰难相随而生。这是指在重重险象中求变化发展，想要大为亨通，必须要有纯正的品行。它又象征雷雨交加，充盈宇宙间，恰似天地创造万物的草创冥昧时期。这时适宜建立诸侯基业治理天下，但天下并不安宁。

《象传》说：乌云骤起，雷声交动，象征着天地初创的苦难时期。这种时世下，君子应当以天下为重，负起经略天下大事的责任。

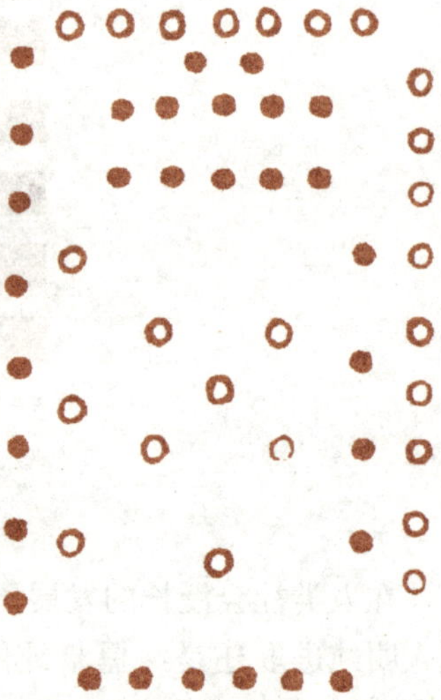

洛书

原文

初九　磐桓，利居贞，利建侯。

《象》曰：虽“磐桓”，志行正也。以贵下贱，大得民也。

六二　屯如邅如。乘马班如。匪寇婚媾。女子贞不字。十年乃字。

《象》曰：“六二”之难，乘刚也。“十年乃字”，反常也。

译文

初九，如同大石阻住了树的生长那样难于前行，徘徊流连，有利于关于居处的卜问，利于建立诸侯基业。

《象传》说：尽管在徘徊流连，但思想行动并没有偏离正道。在困难时期能以尊贵身份而屈居卑下，当然大得民心。

六二，困顿艰难，踯躅不前。乘骑纷纷牵扯难行，不是匪盗而是求婚者。女子守贞洁不急于出嫁，过了十年才能缔结良缘。

《象传》说：六二的艰难，是因为它以阴柔乘凌于阳刚之上，过了十年才许嫁，说明难极至通，返归于常道。

原文

六三　即鹿无虞。惟入于林中。君子几，不如舍。往吝。

《象》曰："即鹿无虞"，以从禽也。"君子舍"之，"往吝"，穷也。

六四　乘马班如，求婚媾。往吉，无不利。

《象》曰："求"而"往"，明也。

译文

六三，于附近的山中逐鹿而没有掌管山泽的虞人引导，独自深入茫茫林海那很危险。君子应当见机行事，此时不如放弃追逐，如果继续前追会有忧憾。

《象传》说："于附近的山中逐鹿而没有掌管山泽的虞人引导"，是贪恋追逐禽兽；"君子放弃追逐"，"继续前追会有忧憾"，说明穷追不舍必致困顿。

六四，乘骑纷纷牵扯难行，若为求得婚媾，坚决前往就会获得吉庆，没有什么不利的。

《象传》说：如有所求，便前往行动，这才是明智的举动。

原文

九五　屯其膏。小贞吉，大贞凶。

《象》曰："屯其膏"，施未光也。

上六　乘马班如。泣血涟如。

《象》曰："泣血涟如"，何可长也？

译文

九五，克服初创的艰难即将广施膏泽。问小事者，守持正固可获吉祥；问大事者，守持正固以防凶险。

《象传》说："克服初创的艰难即将广施膏泽"，是指虽施展了德泽，但还没有发扬光大。

上六，乘骑纷纷，牵扯难行，而且有泣血伤心泪涟涟的哀痛。

《象传》说：已是"泣血伤心泪涟涟的哀痛"的状态，又怎么可能长久呢？

智慧应用

卧薪尝胆，越王终成霸业

有志者，事竟成，破釜沉舟，百二秦关终属楚。

苦心人，天不负，卧薪尝胆，三千越甲可吞吴！

这是一副励志对联，用历史的史实解说了屯卦所蕴涵"刚柔始而难生"的道理，告诉人们在成长的道路上充满了挑战，要经历种种考验，饱受磨难。其中"卧薪尝胆，三千越甲可吞吴"说的就是越王勾践的故事，在现代人的脑海里，越王勾践已经成为在苦难中奋发而为的英雄化身。

春秋（公元前770－前476年）后期，在长江下游崛起的两个国家——吴国和越国，为了争夺霸权，两国之间战争不断。

公元前494年春，越王勾践得到吴王夫差准备攻越的消息后，决定先发制人，出兵攻打吴国。吴王夫差在伍子胥、伯嚭的辅助下，派出精兵，迎战越军于夫椒（今江苏苏州西南）。由于吴军实力较强，越军在准备不充分、兵力不够充足的情况下大败而归，最后只剩下五千人，退守会稽山（今浙江绍兴东南）。吴军乘胜追击，把会稽山包围得水泄不通。在这生死存亡的紧急关头，勾践采纳了范蠡的建议，决定以屈求生。勾践一面准备死战，一面派文种以美女、财宝疏通吴太宰伯嚭，去向吴王夫差求和，让夫差允许越国作为吴的属国存在下来，勾践愿做吴王的臣仆，忠心侍奉吴王，否则勾践将"尽杀其妻子，燔（烧）其宝

周易全书

器，悉五千人触战”。在接受了大量贿赂的伯嚭的劝导下，最后吴王夫差准许议和，撤军回国。不久，越王勾践履行和约，和范蠡一道去吴国给夫差当奴仆，王后也做了吴王夫差的女奴。勾践为吴王驾车养马，他的夫人为吴国打扫宫室。他们住在囚室，秽衣恶食，极尽屈辱而从不反抗。由于勾践能卑事吴王，同时又贿赂伯嚭，最后，勾践终于取得了吴王的信任，三年后被释放回国。而三年之中，文种没有辱没吴王交付他治理国家的使命，越国不仅度过了因战争而引起的困难时期，还恢复了往日的繁荣。

越王勾践回国后，他在坐卧的地方悬挂了苦胆，吃饭的时候要先尝尝苦胆的滋味，日夜思量着有朝一日报仇雪恨。他用文种治理国家，用范蠡训练军队，积极发展经济，积蓄力量。还下了一道“罪己诏”，检讨自己使很多百姓在战场上送命的失误。他还亲自去慰问受伤的平民，抚养阵亡者的遗族。勾践还针对越国战败后人口减少、财力耗尽的情况，制订了休养生息的政策。由于改革内政，减轻刑罚、赋税，提倡百姓开荒种地，越国在十年中没有向人民征收赋税，百姓每家都有三年的粮食储备，越国百姓亲近他的感情，如对父母一般。

勾践对内改革的同时，还开展卓有成效的外交战。对吴国，他经常地送给夫差优厚的礼物，表示忠心臣服，以消除他对越国的戒备，助其骄气，麻痹腐蚀夫差。同时用高价收买吴国的粮食，造成吴国粮食紧张，破坏吴国经济。他为了消磨吴王夫差的意志，将西施和另一个叫郑旦的美女送给了他，自此吴王沉湎在西施和郑旦的温柔之中，不能自拔。西施还利用她的姿色离间吴王和大将伍子胥的关系，伍子胥以自杀而终，这就为越国灭吴国清除了障碍。这一系列的措施，不仅壮大了自己，而且削弱了敌人，灭吴也就成了指日可待的事了。公元前482年，夫差为了称霸中原，带三万精锐部队远征，国内空虚，给了越王勾践以可乘之机。勾践随即调集越军约四万人，大举攻吴，公元前476年，吴王夫差自杀，越国取得了吴、越之战的最后胜利。灭国之灾并没有使勾践意志消沉，正如参天大树初萌时，必须蒙受艰难，遭遇风雨，才能成为擎天巨擘，笑啸山林一样，勾践明辨果断，知道取舍，甘愿为奴，在饱受痛苦的同时寻找出路，最终发奋图强。这也恰到好处地吻合了水雷屯中的寓意。

人生不是一帆风顺的，总有困顿之时，但真正的英雄豪杰能坚定纯正的信念，贫贱不移，威武不屈，不因一时艰难而动摇，在进退两难的困境中，积极进取，寻找出路。在孤立无援时，则退守自保，先求安全，再求发展。最后把握建功立业的大好时机，完成自己的远大抱负。

蒙卦第四

〔易德经典〕

人类由混沌初开的萌芽期，到告别野蛮的启蒙期，是一大历史进步。这一时期人们穿衣习礼，设国立君，进入社会分化、分工合作的奴隶社会。在这一人类社会从早年犹如西方圣经所说的亚当、夏娃赤身裸体，不知羞耻的初始蛮荒时代，逐步变为野蛮抢掠，生俘强虏，蛮不讲理，无法无天的野蛮时代，再走向告别蒙昧的启蒙时代，人类最需要修养的道德是什么呢？

“蒙”的原意为蒙蔽，昏暗，引申出去就有了蒙昧、蒙骗、愚蒙、童蒙、开蒙、发蒙、启蒙诸义。蒙而不化，愚而文盲，则需要启蒙。启蒙是古代光辉教育思想的结晶，更是古代民族文化建设与传播的圭臬，也是易经蒙卦的主德。蒙卦坎下艮上，水在山下，如《象传》所言，是“山下流出泉水的象征，它给君子的启示是，要行为果断，育人育德，循循善诱”。这就是启蒙者要以言必信，行必果的嘉行，培育受启蒙者良好的品德。它体现出中华民族身正为范，学高为师的教育思想。它也即是修养蒙德的真谛：文明启蒙，告别野蛮。

《易经》对启蒙教学的真知灼见，还可见于其《爻辞》对各个启蒙的具体阶段及其做法的精炼概括，其丰富的启示值得仔细玩味。

原文

蒙　亨。匪我求童蒙，童蒙求我。初筮，告。再三渎。渎则不告。利贞。

《彖》曰：蒙，山下有险，险而止，蒙。蒙，“亨”，以亨行，时中也。“匪我求童蒙。童蒙求我”，志应也。“初筮吉”，以刚中也。“再三渎，渎则不吉”，渎蒙也。蒙以养正，圣功也。

译文

蒙卦象征蒙昧，具有亨通顺利的德性。并不是我要去求蒙昧的人们来受教育，而是人们来求教于我。初来时诚恳求教便施以教诲，如果接二连三地滥问，就是亵渎了神灵，如此则不再施教。这卦利于守持正道。

《彖传》说：蒙昧，犹如高山下有险阻，遇到危险而停止下来，所以蒙昧不明。“蒙卦象征蒙昧，具有亨通顺利之德性”，说明行动要把握时机，中庸适当。“不是我要去求蒙昧的人们来受启蒙教育，而是人们求教于我”，是由于志趣相应。“初来时诚恳求教便施以教诲”，是因为他心存刚毅，符合中庸之理。“接二连三地滥问，就是亵渎神灵，如此则不再施教”，因为这样便亵渎了启蒙的初衷。启蒙是为培养纯正无邪的品质，这是造就圣人的成功之路。

原文

《象》曰：山下山泉，蒙。君子以果行育德。

初六　发蒙，利用刑人。用说桎梏。以往，吝。

《象》曰：“利用刑人”，以正法也。

九二　包蒙吉。纳妇吉。子克家。

《象》曰：“子克家”，刚柔接也。

译文

《象传》说：高山下流出清泉，象征着渐启蒙昧。君子有鉴于此，就要坚持果断决定自己的行动来培育美德。

初六，启发蒙昧，应当树立典型来教育人，从而使人免犯错误，超出这个限度必然会留下遗憾。

《象传》说："利于树立典型教育人"，是为了人遵循正确法则。

九二，包容蒙昧，可获吉祥；迎娶贤美妻室，可获吉祥。儿子能够担负起家庭的责任。

《象传》说："儿子担负起家庭的责任"，说明他与妻子能阴柔阳刚调和相应。

原文

六三　勿用取女。见金夫，不有躬，无攸利。

《象》曰："勿用取女"，行不顺也。

六四　困蒙，吝。

《象》曰："困蒙"之"吝"，独远实也。

六五　童蒙，吉。

《象》曰："童蒙"之"吉"，顺以巽也。

上九　击蒙。不利为寇，利御寇。

《象》曰："利"用"御寇"，上下顺也。

译文

六三，不宜娶这样的妻子，她眼中所见只是富有的男子，而不顾自身体统，这种女人娶回家没有什么好处。

《象传》说："不宜娶这样的妻子"，说明她的行为不合礼节，若娶回去什么事情都不顺利。

六四，处于困境之中的蒙昧之人，很艰难。

《象传》说："困境中的蒙昧之人很艰难"，说明了他远离现实生活了。

六五，幼童幼稚蒙昧，吉祥。

《象传》说："幼童幼稚蒙昧的吉祥"，指他恭顺谦逊容易学习。

上九，打击蒙昧，不利于施用过激的方法，而有利于采用刚强的态度防止外来邪恶。

《象传》说："有利于采用刚强的态度防止外来邪恶"，因为施教者和受教者顺应同心。

智慧应用

择善而从，孟母三迁以教子

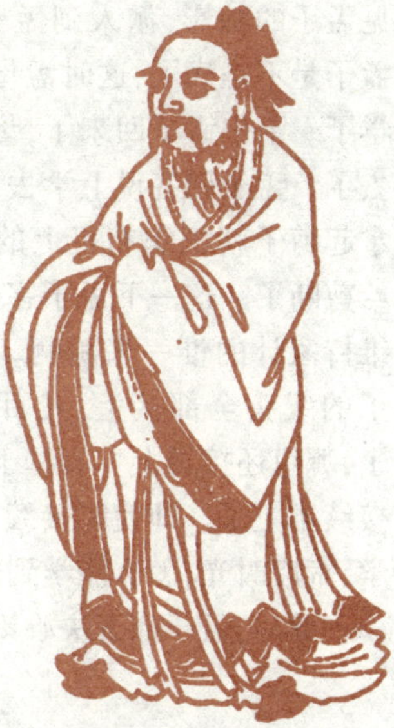

蒙卦阐释的教育原则，首重自然感应，潜移默化，循序渐进；教育的动机必须纯正，而且坚持到底；教育应当严厉，但也应适度，过严反而容易引起抗拒；教育应当包容，有教无类。这些道理影响了几千年来的中国教育，教化了千千万万的华夏子孙，历史上也传颂着很多先贤的教化事典。其中"孟母三迁"可以说是家喻户晓了。

孟子名轲，字子舆，父亲激公宜在孟子三岁时就外出谋生计，从此就音讯皆无了，家里只有几亩薄田，全靠母亲仉氏纺线织布维持生计。孟子家住今天山东省邹县乡下的一个小村庄，庄外不远处是一片坟地，总有送葬出殡的人家在那里吹吹打打。孟子小时聪明好学，看了以后回来就模仿出殡打幡、哭丧祭拜，惟妙惟肖，出神入化。孟母看到这种情形，非常担忧，于是决定搬家，给孟子换个环境，以便他学到更多的好的东西。

孟家迁到了庙户营（今山东邹县县城西北），这里是个大集镇，母亲原本是想让孟子多长一些见识，开阔眼界。但这里的集场喧闹异常。孟子总是喜欢看热闹，看了回来不是用棍子挑两块石头学卖菜，就是用木头做刀子比比画画地学杀猪。孟母觉得不对劲，担心儿子以后不能有所作为，于是决定再次搬家。

第三次孟家搬到了因利渠畔（今邹

县县城南关），隔壁是个学堂，周围都是读书人。孟子每天都看到上学的人举止文雅、落落大方，于是孟子学着读书演礼，孟母这才放下心来，这就是孟母三迁的故事。

孟子十分聪明，上学以后什么东西都一学就会，慢慢就觉得学堂的课实在没有意思。有一次，孟子一连三天没有上学，早上出门说去上学，下午还准时回家，孟母以为他是放学了。学堂的老师三天不见孟子的踪影，派人到孟子家里探问，看孟子是不是病了，这时孟母才知道儿子逃学了。下午孟子回来了，母亲问他到哪儿去了？孟子回答说上学去了。孟母大怒，拿起剪子就把织布机上的经线齐着机杼给剪断了。这一下孟子害怕了，因为这是维持家计的惟一来源啊。孟母让他将断了的线头全部接上，几百根经线全剪断了，哪里还接得上？孟母于是对儿子说："读书与织布一样不能截断，截断了就接续不上了。即使能接续上，但织出的布满是疙瘩，还有人要买吗？你贪玩逃学，荒废时光，怎么能学到安邦定国的本领呢？"

此后，孟子痛下决心刻苦学习，终于成为道德高尚、学识渊博的"亚圣"。

需卦第五

［易德经典］

根据易家《序卦传》的理解，“蒙”是蒙昧开蒙的意思，是万物的幼稚时期。万物幼稚细嫩时不可不养育它，所以蒙卦接着是需卦。“需”就是需养，主要探讨有关饮食方面的规律。“需”就是需要者的饮食之道，人类的养育之道。

而从卦象看，云雨积于天上，等待降下，正是“需”即等待的本意和卦象。旧时的官吏授职后，有按个人资历依次补缺的制度，称之为“需次”。如张三调任某官，需次三年，意即张三为此职等待了三年。引申开去，可以说，任何人在主客观条件不成熟时，要想担任某项工作，都会遇到需要耐心等待的时期，这就是需的阶段，它是人生道路的必经阶段。如何度过这个阶段，正是需卦所要探索的。

原文

需　有孚，光亨，贞吉，利涉大川。

《彖》曰：需，须也，险在前也。刚健而不陷，其义不困穷矣。“需：有孚”，“光亨贞吉”，位乎天位，以正中也。“利涉大川”，往有功也。

《象》曰：云上于天，需。君子以饮食宴乐。

译文

《需》卦象征等待，心怀诚信则前途光明亨通。只要坚守正道，就可获得吉祥，有利于涉越江河巨流。

《彖传》说：需是需要等待的意思。因为前方有艰难险阻，如要做到刚强健实而不陷入危险，那就自然不会招致路困途穷。“等待，心怀诚信则前途光明亨通，只要坚守正道，就可获得吉祥”，说明九五位居至高无上的天位，又中正不偏。所以“有利于涉越江河巨流”，前进必获成功。

《象传》说：云气上升集聚于天，象征着等待。君子应于等待时机之时，安心饮食，举宴作乐。

原文

初九　需于郊，利用恒，无咎。

《象》曰：“需于郊”，不犯难行也。“利用恒，无咎”，未失常也。

九二　需于沙，小有言，终吉。

《象》曰：“需于沙”，衍在中也。虽“小有言”，以“终吉”也。

译文

初九，在郊外等待，有利于保持恒心，这样就不会有过失灾难。

《象传》说：“在郊外等待”，指不冒险迎着艰难险阻前进。“有利于保持恒心，这样就不会有过失灾难”，表明了如此则没有偏离常道。

九二，在沙滩上等待，虽略受责难，最终可获得吉祥。

《象传》说：“在沙滩上等待”，说明宽大不躁，虽然略受责难，最后还是得到吉祥的结局。

原文

九三　需于泥，致寇至。

《象》曰：“需于泥”，灾在外也。自我“致寇”，敬慎不败也。

六四　需于血，出自穴。

《象》曰：“需于血”，顺以听也。

译文

九三，在泥泞中等待，招来了盗寇。

《象传》说："在泥泞中等待"，表明此时的灾难来自外部。自身招来了盗寇，说明了要谨慎从事才能立于不败之地。

六四，在血泊中等待，从险陷中逃脱。

《象传》说："在血泊中等待"，是说要顺应变化，听从天命。

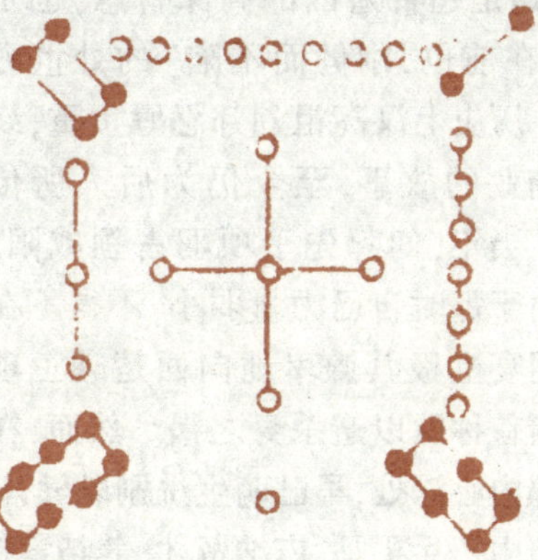

河图　　洛书

原文

九五　需于酒食，贞吉。

《象》曰："酒食贞吉"，以中正也。

上六　入于穴，有不速之客三人来，敬之，终吉。

《象》曰："不速之客来，敬之，终吉"，虽不当位，未失大也。

译文

九五，在醇酒佳肴中等待，要纯正才可获吉祥。

《象传》说："在醇酒佳肴中等待，要纯正才可获吉祥"，说明虽然处于安乐，但仍要强调中正之德行。

上六，回到家中，有三个不请自来的客人到了，只要恭敬相待，最终可获吉祥。

《象传》说："有三个不请自来的客人到了，只要恭敬相待，最终可获吉祥"，是说虽在毫无预备的情况下接待来客，但只要恭敬，并不会有大的损失。

智慧应用

忍辱负重，高祖终成霸业

成大事者在处于弱势或落魄时，为了未来的成功应以屈待伸，忍耐一时之

忿，这是趋吉避凶的高深智慧，也是“险在前也，刚健而不陷”的处世方略。历史上汉高祖刘邦忍辱负重，终成霸业的故事，至今仍为后人所传颂。当年，刘邦先于项羽占领咸阳，却由于那时自己力量弱小，不得不在鸿门宴上极其谦卑地向西楚霸王项羽俯首称臣以避杀身之祸。然而，在刘邦内心深处，早已萌生洗刷耻辱，谋取天下的远大志向。此后，刘邦在巴蜀之地暗中招兵买马，广纳贤才，养精蓄锐，壮大军备，充实力量，隐忍待发。最终在垓下之战中一举消灭了“力拔山兮气盖世”的西楚霸王项羽，一统天下。可见，正是刘邦这种能屈能伸的大丈夫的精神和冷静隐忍、待时而发的智慧，成了他最终夺取天下的重要因素。而辅助刘邦夺取天下的大功臣韩信，也是历史上这样的一位大丈夫。他从小失去父母，家境贫寒，但他仍发奋读书，勤练武学，练就一身本领。不过，他早年投奔项梁，却没能得到重用，在项羽的手下，也得不到重视。最后到刘邦那里，在开始时也只是当一个小官。后来在萧何的劝说帮助下，他的才能才得以发挥，最终被刘邦拜为大将，为刘邦终成霸业立下了汗马功劳，成为一代名将。设想一下，如果当年韩信没能听从萧何的劝说而离开汉营，那么他的人生可能就会因此而改变。正是他听取了萧何的劝说，继续留下来，耐心等待受重用的时机，最终成就了自己的一番事业。

讼卦第六

〔易德经典〕

讼争之事古已有之,至今尤甚。这是社会进步,竞争激烈,经济发展,法制健全之后,人们为了保护自己合法利益不受侵害,拿起法律武器自我保护的表现。然而,"讼"亦有德。这就是要有理有利有节,不要得理不让人,更不要无理胡搅蛮缠,否则,就要像上九那样,就算赢了官司,也会被人剥去衣服,蒙受羞辱。

易家认为,需卦主要探讨有关饮食方面的规律。饮食不足必定会有讼争,所以接着是讼卦。

在现代生活中,所谓做事前就要深谋远虑,无非是考虑到一件事情进行中或完成后,可能会出现的纷争乃至讼争,宁可先小人后君子,先把协议书或经济合同签订好,定好必要的详细的公正的条款,明确彼此的权限、责任和利益,以把可能的争讼消除于起事之初。应该说,易家举一反三,由天象联想人事,由讼之害想到事之初,看到讼争表面胜利所留下的后遗症,确实不简单,值得今人深思。

原文

讼　有孚,窒惕,中吉,终凶。利见大人,不利涉大川。

《彖》曰:讼,上刚下险,险而健,讼。"讼:有孚","窒惕中吉",刚

来而得中也。“终凶”，讼不可成也。“利见大人”，尚中正也。“不利涉大川”。入于渊也。

译文

讼卦象征争论诉讼，是诚信被窒碍，心有警惕戒惧，中途吉利，结果凶险。利于出现伟大的人物，不利于涉越江河巨流。

《彖传》说：讼卦的上卦乾是刚强，下卦坎是凶险。面临凶险而能够强健，这便是争论诉讼。“讼卦象征争论诉讼，是诚信被窒碍，心有警惕戒惧，中途吉利”，说明秉阳刚的德性而且保持了适中。“结果凶险”，是说明诉讼最终不能成功。“利于出现伟大的人物”，说明诉讼之事崇尚正直持中。“不利于涉越江河巨流”，是说这样会走向深渊。

原文

《象》曰：天与水违行，讼。君子以作事谋始。

初六　不永所事。小有言。终吉。

《象》曰：“不永所事”，讼不可长也。虽“小有言”，其辩明也。

九二　不克讼。归而逋其邑人三百户。无眚。

《象》曰：“不克讼”，归逋，窜也。自下讼上，患至掇也。

译文

《象传》说：天向西转并处上位，水向东流而处下位，它们的行动互相违背，象征着争讼。因而，君子处理事物时，从一开始就应当考察基本源，方防止争讼。

初六，争讼不要久缠拖延，虽然稍稍受到责备，最终可获吉祥。

《象传》说：“争讼不要久缠拖延”，说明诉讼之事不可长久持续，应适可而止。虽然“稍稍受到责备”，但指一经说明解释就可化解。

九二，诉讼失败，只好逃亡藏匿起来，逃到三百户人家的小村中，便没有祸患。

《象传》说：“诉讼失败，逃亡鼠窜”，这是说居于下位的九二与上相争，是自己招来的祸患。

原文

六三　食旧德。贞厉,终吉。或从王事,无成。

《象》曰:"食旧德",从上"吉"也。

九四　不克讼,复即命渝,安贞,吉。

《象》曰:"复即命","渝安贞",不失也。

译文

六三,继承安享先辈的德业,必须正直而自勉,才能防止危险,结果终归是吉祥。或者也有从政的可能,但不会有成绩。

《象传》说:"继承安享先辈的德业",指的是顺从上位的吉兆。

九四,诉讼失败,能够回头走上正道,改变初衷,顺乎自然,守持正固可获吉祥。

《象传》说:"能够回头走上正道,改变初衷,顺乎自然,守持正固",便不会有过失了。

原文

九五　讼,元吉。

《象》曰:"讼元吉",以中正也。

上九　或锡之鞶带,终朝三褫之。

《象》曰:以讼受服,亦不足敬也。

译文

九五,公平公正的诉讼,至为吉祥。

《象传》说:"公平公正的诉讼,至为吉祥",是指阳刚至中至正。

上九,或者得到赐赠的高级腰带的显贵服饰,但在一天之间,又多次地被夺去。

《象传》说:凭借诉讼而得到的官禄,是不会得到尊敬的。

智慧应用

大局为重，蔺相如避讼谋和

人与人相处，难免会有矛盾发生，以至于有争讼的出现。在这种情况下，应力持中庸平和的原则，能让则让，能避则避，能止则止。万不可逞一时之愤，使事态扩大。因为争讼是一件两败俱伤的事情，倘若遇到执法公正的法官，尚可一伸正义，然而这样的境遇似乎不多，因而诉讼中充满着风险。即便胜诉，也会结下冤仇，从大局着眼，仍是有害无益。古人说"冤家宜解不宜结"，也正是这个道理。

对不必要争论的人和事就不要斗嘴。正所谓"小不忍则乱大谋"。在为人处世中，不妨先退让一步，利用忍耐暂时躲避。这样做，不但能避其锋芒，避免争斗，还能减少不必要的麻烦。历史上有好多这样的实例，可以作为这种道理的佐证。

赵惠文王十六年（公元前283年），廉颇率领赵军征讨齐国，大败齐军，夺取了阳晋，被封为上卿，他以勇气闻名于诸侯各国。蔺相如是赵国人，是赵国宦者令缪贤家的门客。蔺相如因完璧归赵而不负出使秦国的使命而得到赵王的器重。后来，秦国攻打赵国，夺取了石城。第二年，秦国再次攻赵，杀死两万人。

秦赵之间的战争以赵国失败而告终，秦王派使者通告赵王，想在西河外的渑池与赵王进行一次友好会见。赵王害怕秦国，不想去。廉颇、蔺相如议道："大王如果不去，就显得赵国既软弱又胆小。"赵王于是便去渑池与秦王会见，相如随行。在宴会上，秦王饮到酒兴正浓时，说："寡人私下里听说赵王爱好音乐，请您弹瑟吧！"赵王不敢违抗，就弹起瑟来。秦国的史官上前来写道："某年某月某日，秦王与赵王一起饮酒，令赵王弹瑟。"蔺相如上前说："赵王私下里听说秦王擅长秦地土乐，请让我给秦王捧上盆缶，以便互相娱乐。"秦王发怒，不答应。这时相如向前递上瓦缶，并跪下请秦王演奏。秦王不肯击缶，相如说："在这五步之内，我蔺相如要把脖颈里的血溅在大王身上了！"侍从们想要杀相如，相如圆睁双眼大喝一声，侍从们都吓得倒退。当时秦王被相如的威势吓出了一身冷汗，也只好敲了一下缶。相如回头招呼赵国史官写道："某年某月某日，秦王为

赵王敲缶。”秦国的大臣们说：“请你们用赵国的十五座城向秦王献礼。”蔺相如也说：“请你们用秦国的咸阳向赵王献礼。”秦王直到酒宴结束，始终也未能压倒赵国。与此同时，赵国大将廉颇在边境也部署大军来防备秦国加害于赵王，因而秦王也只能是忍气吞声，不敢轻举妄动。

渑池会结束后，由于相如功劳大，被封为上卿，位在廉颇之上。廉颇说：“我是赵国将军，有攻城野战的大功，而蔺相如只不过靠能说会道立了点功，可是他的地位却在我之上，况且相如本来是卑贱之人，我感到羞耻，在他下面我难以忍受。”并且扬言说：“我遇见相如，一定要羞辱他。”相如听到后，不肯和他相会。相如每到上朝时，常常推说有病，不愿和廉颇去争位次的先后。一次相如外出，远远看到廉颇，相如就掉转车子回避。于是相如的门客就一起直言进谏说：“我们所以离开亲人来侍奉您，就是仰慕您高尚的节义呀。如今您与廉颇官位相同，廉老先生口出恶言，而您却害怕躲避他，平庸的人尚且感到羞耻，何况您身为将相呢！我们这些人没出息，请让我们告辞吧！”蔺相如坚决地挽留他们，说：“诸位认为廉将军和秦王相比谁厉害？”回答说：“廉将军比不了秦王。”相如说：“以秦王的威势，而我却敢在朝廷上呵斥他，羞辱他的群臣，我蔺相如虽然无能，难道会怕廉将军吗？但是我想到，现在强秦之所以不敢对赵国用兵，就是因为有我们两人在呀，如今两虎相斗，势必不能共存。我之所以这样忍让，就是为了要把国家的危难摆在前面，而把个人的私怨放在后面。”门客们听了这话，为相如的大义所感动，不再有怨言了。后来，廉颇也听到了这些话，非常羞愧。就脱去上衣，露出上身，背着荆条，由宾客带引，来到蔺相如的门前请罪。他说：“我是个粗野卑贱的人，想不到将军您是如此的宽厚啊！”二人终于和好，成为生死与共的好友。

这一年，廉颇向东进攻齐国，打败了齐国的一支军队。过了两年，廉颇又攻下齐国的几座城邑。此后三年，廉颇又攻下魏国的房陵、安阳。四年后，蔺相如领兵攻齐，打到平邑就收兵了。此时，赵国进入到前所未有的强盛时期。

成语“负荆请罪”就来源于这一史实。当然，在我们日常生活中很少会出现这样极端的情况，但也会常常发生一些争执，有时搞得不欢而散甚至使双方结下芥蒂。人发生了冲突或争吵之后，无论怎样妥善地处理，总会在心理、感情上蒙上一层阴影，为日后的相处带来障碍。最好的办法，还是尽量避免它。

“有话好好说”，人们常常用这句话来排解争吵者之间的过激情绪。争吵者往往不善于克制自己，措辞激烈专断，不愿意以尊重态度聆听对方的意见，而且想把自己的思想强加在别人身上，这样最终肯定没有什么好的结果。

讼卦的精神，是要我们多以平和宽厚之心及方法来处理人际关系与矛盾，逞强争讼，易伤人伤己，难以弥合彼此的关系。实际生活中，谁能够克服喜好争讼的弱点，谁就能在人生中避免麻烦，远离祸端，一生和顺通达。

师卦第七

〔易德经典〕

“师”是军队的编制系列之一。周代五百人为一旅，五旅为一师，故师旅又成为军队的通称。

易经的师卦也早有此意。其《卦辞》意为：“出师征战，要符合正义，任命德才兼备的统帅带兵，方可以吉祥而无过错。”

在这里，易经师卦用短短六字，概括了两条具有普遍哲理意义的军事原则，这就是一要师出有名，为正义而战，二要精选良将，用人得当。用兵圣孙子的话来说，两者均是衡量战争全局的谋略中，最重要的五事之一，即所谓“道”与“将”。

所谓道，就是“令民与上同意也，故可与之死，可以之生，而不畏危”；所谓将，就是“将者，智信仁勇严也”。也就是说，出师讨敌，一是要符合道义，兴正义之师，如保家卫国，伐叛讨逆等，这样才能上下同心，共存共亡，生死不惧，勇往直前，夺得胜利。二是要选用多谋能战，守信诚实，仁善爱兵，勇敢果断，严格治军的将领。只有这样，才能在政治上和军事指挥上立于不败之地。

原文

师　贞丈人吉，无咎。

《彖》曰：师，众也。“贞”，正也。能以众正，可以王矣。刚中而应，行险而顺，以此毒天下，而民从之，“吉”又何“咎”矣。

《象》曰：地中有水，师。君子以容民畜众。

译文

师卦象征军队，结果是老成持重的长者统兵可以获得吉祥。

《彖传》说：“师”是部属众多的意思，“贞”是坚守正道的意思。能够以正道率领众多的部属，便可以成为君王了。统帅刚直，虽遇险却又能一帆风顺，凭借这些来治理天下，百姓纷纷服从，当然会吉祥，又哪来灾祸呢？

《象传》说：大地中藏聚着水，就好似民众中包含士兵。君子应当效法这种品性，包容百姓，蓄聚民众。

原文

初六　师出以律。否臧，凶。

《象》曰：“师出以律”，失律“凶”也。

九二　在师中，吉，无咎。王三锡命。

《象》曰：“在师中，吉”，承天宠也。“王三锡命”，怀万邦也。

译文

初六，军队出发作战必须以严格的律令约束，否则必有凶险。

《象传》说：“军队出发作战必须以严格的律令约束”，说明丧失军纪必遭凶险。

九二，统兵率众刚毅持中，可以获得吉祥，不会遭到灾祸。君王多次奖赏委任。

《象传》说："统兵率众刚毅持中，可以获得吉祥"，说明得到了上天的恩宠；"君王多次奖赏委任"，是说他心中想着奖赏臣下，有怀安天下万方的志向。

原文

六三　师或舆尸，凶。

《象》曰："师或舆尸"，大无功也。

六四　师左次。无咎。

《象》曰："左次无咎"，未失常也。

译文

六三，出师归来舆车满载尸体，有凶险。

《象传》说："出师归来舆车满载尸体"，说明打了大败仗。

六四，率军退守，不会有什么灾祸。

《象传》说："率军退守，不会有什么灾祸"，说明没违背用兵常规。

原文

六五　田有禽，利执言，无咎。长子帅师，弟子舆尸，贞凶。

《象》曰："长子帅师"，以中行也。"弟子舆尸"，使不当也。

上六　大君有命，开国承家。小人勿用。

《象》曰："大君有命"，以正功也。"小人勿用"，必乱邦也。

译文

六五，田里有禽兽，利于捕获，不会有灾祸。委任刚正不阿者统兵打仗，任命无德小人必将车载尸体败归，说明前者成功，后者失败。

《象传》说："委任刚正不阿者统兵打仗"，说明用人得当；"委任无德小人必将车载尸体败归"，说明用人不得当。

上六，君王颁发诏令，册封诸侯赏赐大夫，小人不可以重用。

《象传》说："君王颁发诏令"，是为了论功行赏。"小人不可以重用"，是因为那样做必将危及国家。

智慧应用

德怀天下，朱元璋开创大明江山

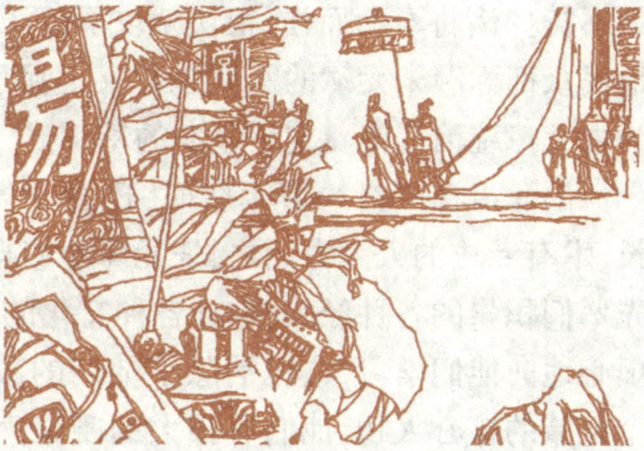

师卦中说到“丈人吉，无咎”，强调的就是“仁义”，也就是民众的作用。的确，“得人心者得天下”。古往今来，那些成就大业的“明君圣主”，哪一个不是在当时极得人心的统治者？如唐太宗、明太祖等这些人的治军治国手段，可谓得师卦之深义。民心是战争取胜必不可少的前提。光有权力是不够的，还要有威望。这种威望不是坐着等来的，而是要不失时机地赢得人心，要创造一切机会赢得民众的拥戴。

在封建社会里，君主的权力高于一切，一般地说，人民处于无权的地位，但这不等于说统治者就可以为所欲为。几千年间，王朝倾覆，皇冠落地，此起彼伏，屡见不鲜。从历史的变化中，有不少具有创新意识的统御者，认真总结历史的教训，摸索出了重视民众的力量是治国安邦的最基本方针之一。荀子说：“天下归之之谓王，天下去之之谓亡。”一归一去，民众是最根本的决定因素。作为一代英豪的朱元璋，也认识到了老百姓的力量的重要性，因此，他每到一处，便收买一处的民心，明朝的天下就是由此而来的。

朱元璋率部攻打太平城战斗刚一结束，士兵们刚准备动手抢掠、大发横财的时候，却见城中的大街小巷贴满了《戒缉军士榜》榜文，上面赫然写道：“敢有抢掠财物、杀害百姓者，杀无赦。”下面盖着朱元璋的大印。混乱的局面立刻变得井然有序。在战事结束后，朱元璋论功行赏，军士们都有一份。朱元璋的高明做法，既得到了人心，也稳住了军心。于是，太平城也就成了朱元璋最稳固的根据地。

由于一系列的安民政策的实施，朱

元璋很快得到天下百姓的拥护，他又在扩大江南根据地的同时，再让自己的新政深入人心。在占据应天后，他对自己的下一步路程都有清醒的认识。他深知“君主为天下人之役”，官吏是受雇于百姓，是为百姓服务的。他训诫将领时说：“我自起兵以来，从未随意杀掠。今尔等带兵出征，望能体察我的心意，严格约束士卒。城破之日，不得妄行杀掠。有违军令者，军法处置。倘再纵容，定当严惩不贷！”诸将奉命而去，很快就攻下镇江。入城后果然纪律严明，秋毫无犯，各地民众都称颂朱元璋的军队是仁义之师，为朱元璋的部队提供了很多的便利，为朱元璋统治江南奠定了坚实的基础。

朱元璋在严格约束军队时，还善于笼络一些有识之士。朱元璋对学有所长、术有专攻的人大力用之，朱元璋能够自觉地同读书人交往，积极主动地了解先辈们积累的各种经验，弥补各种文化的不足，同时诚恳地请教于各地士大夫，虚心地向他们学习，这也消除了他们的敌意。这些士大夫往往是一个宗族、一个地域的核心人物，他们有很大的凝聚力、亲和力和号召力，团结他们，用他们来管理当地百姓，的确是朱元璋的高招。

历代战争中，天时、地利、人和是取胜的三大因素，其中“人和”更是决定胜负的关键要素，如果能创造“人和”的良好态势，则平定天下必成定势。同样，在现实生活中，争取得到群众和部下的广泛支持，与他们共同生活，互助合作，形成一个和谐圆满、强而有力的战斗集体，这才是真正英明的领导者。

比卦第八

〔易德经典〕

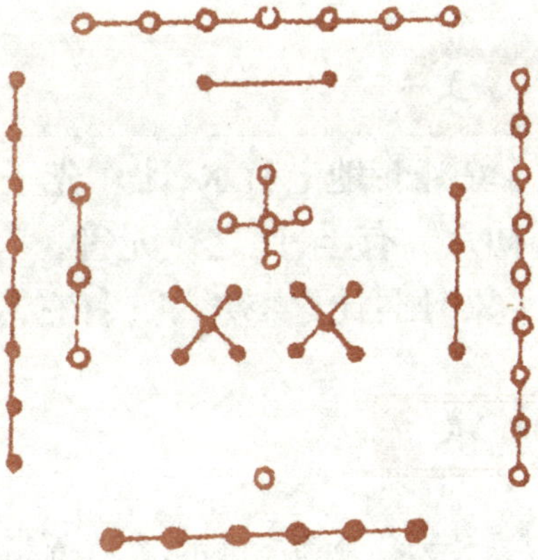

河图

“比”通常指一种认识的方法，即比较、对比、比照等等。用来确定事物的比例、比重等。但“比”的本意，主要还是亲比的意思，一般指人或物之间的密切关系。所谓比喻、比拟、比兴，以及比较、对比等，都需要将互比的双方放在一起作比，才可得出比的结果，引出比的意象。因此，比就是关系的紧密，如同“海内存知己，天涯若比邻”所形容的那样。

那么，比的行为或态势是否值得称道呢？看来需具体分析。对于有伟大志向的同道者来说，比无疑是一种亲密无间，有利于事业发展的人际关系。而对于心怀诡计，相互勾结的恶人贼党来说，比则是指狼狈为奸，亦即所谓的“比周”。《荀子·臣道》说的“朋党比周，以环主图私为务”，以及《论语·为政》所说的“君子周而不比，小人比而不周”，都是同一个道理。

从易家“网开一面”，让叛逃者离去而不加强制，待心悦诚服真心来归顺才亲比的做法，可以联想到诸葛亮“七擒孟获”而释放了敌手，终于使他真心臣服而归顺，巩固了蜀国大后方的历史故事，这就是修养易经比德的成功例子。

原文

比　吉。原筮，元永贞，无咎。不宁方来，后夫凶。

《彖》曰：比，吉也。比，辅也，下顺从也。“原筮，元永贞，无咎”，以刚中也。“不宁方来”，上下应也，“后夫凶”，其道穷也。

译文

比卦象征相亲相辅，吉祥。再一次占卜的结果，是只要决定诚意，亲辅有德君长长久而坚贞，就不会有灾祸。内心不安而前来占筮，这些迟来的人会有凶险。

《彖传》说：相亲相辅，必有吉祥。“比”是相互辅助，如下位顺从于上位。“再一次占卜的结果，是只要决定诚意，亲辅有德君长久而坚贞，就不会有灾祸”，说明此爻刚毅中正。“内心不安而前来占筮”，是指上下五个阴爻都与九五阳爻呼应。“迟来的人会有凶险”，是指相亲相辅之德已穷尽。

原文

《象》曰：地上有水，比。先王以建万国，亲诸侯。

初六　有孚，比之。无咎。有孚，盈缶。终来有它，吉。

《象》曰：比之“初六”，有它吉也。

译文

《象传》说：地面布满水，象征着相亲相辅。古代贤君便是以此德封建邦国，与诸侯相亲相辅。

初六，心怀诚信，相亲相辅，没有灾患；诚信如充盈酒缸的美酒，终将有人前来投附，必然可获吉祥。

《象传》说：比卦的初六爻，表明将获得意外的吉祥。

原文

六二　比之自内,贞吉。

《象》曰:"比之自内",不自失也。

六三　比之匪人。

《象》曰:"比之匪人",不亦伤乎。

六四　外比之,贞吉。

《象》曰:"外比"于贤,以从上也。

译文

六二,相亲相辅发自内心,结果就可获吉祥。

《象传》说:"相亲相辅发自内心",说明没有失去自己的主动性。

六三,相亲相辅于不应当亲近的人。

《象传》说:"相亲相辅于不应当亲近的人",难道不是很悲伤的事吗?

六四,在外亲密亲辅于君主,结果可获吉祥。

《象传》说:在外亲密亲辅于贤明的君主,说明要以这样的态度顺从尊上。

原文

九五　显比。王用三驱,失前禽。邑人不诫,吉。

《象》曰:"显比"之"吉",位正中也。舍逆取顺,"失前禽"也。"邑人不诫",上使中也。

上六　比之无首,凶。

《象》曰:"比之无首",无所终也。

译文

九五,以光明之道相辅佐的例子是:君王狩猎,由三面包围驱赶,听任前方的禽兽逃走,只追逐而不猎杀,吉祥。

《象传》说:"以光明之道相辅佐"的吉祥,说明君主居位端正适中。舍弃悖逆而只取顺从,正如"听任前方的禽兽逃走,只追逐而不猎杀",这是说君王谨守中庸之道让臣民不惊。

上六,相亲相辅于人而不领先居首,有凶险。

《象传》说:“相亲相辅于人而不领先居首”,说明未能善始善终故没有好结果。

智慧应用

精诚亲善,松下缔造企业王国

精诚亲善,相亲相辅,英明的领导者都懂得用这一原则去管理下属。《比卦》阐释的也是这个道理。刚毅中正的领袖,用自己的仁德和诚信去感化属下,属下才能忠心地依附在他的周围,才能精诚团结。这也是创造共同幸福的根本。而且领导应当宽宏无私,包容而不可强求,要一本初衷,贯彻始终,才能创造上上下下一片祥和的局面。

企业的振兴离不开全体同仁的齐心协力,只有群策群力才能使企业发展壮大,英明的企业领导者深谙此道,也因此而创造了辉煌的霸业,他们善用“比卦”的精髓去谋求自身的发展和企业的兴盛。

松下幸之助被日本商界奉为神明。

松下公司的先进管理方法使松下在很短的时间内得到了很快的发展。

原三洋公司的副董事长后滕清一也慕名投奔到松下公司,受到松下的器重,担任厂长。

后滕清一有感于松下的信任,发奋工作,很想有所作为,不料,由于他的失误,一场大火将工厂烧成一片废墟。

后滕清一十分惶恐,因为不仅厂长的职务保不住,还很可能被追究其刑事责任。

他知道平时松下是不会姑息部下的过错的,有时为了一点小事也会发火。

但对后滕清一的这次失误,松下连问也不问,只在他的报告后批示了四个字:“好好干吧!”

这样大的事故竟然不闻不问,就这么轻描淡写地了结,这让松下公司上上下下的许多人都不理解。但这就是松下与众不同的精明之处。

松下认为,后滕清一的错误已经铸下,再深究也不能挽回公司的经济损失。

另外,在犯小错误时,大多数人并不介意,所以需要严加管教,而犯了大错误,任何人都知道反省,不必老板再批评,即使批评也毫无益处。

松下的做法深深地打动了后滕清一的心,由于这次火灾发生后,没有受到惩罚,后滕心怀愧疚,对松下更加忠心效命,并以加倍的工作来回报松下的宽容。

宽容，换得了部下的忠诚与拥戴。

松下用“比”的精神为企业留住了贤能，这也就是松下公司为什么能够发展壮大的根本原因之一。

有崇高理想和雄才大略的人，从优秀领导者身上看到了完成抱负的希望，才会聚集在领导者身边。领导者的人格力量来自于对理想和事业的追求及对下属的宽厚仁爱，这样上下一心，共同努力，各展所长，一定能创造出一番惊天动地的事业。

小畜卦第九

〔易德经典〕

积小胜多，以柔制刚，是大自然在矛盾双方对比力量悬殊，阴阳不调进展不顺时，经常出现的一种自我调节状况。对于这种状况，易家以乾下巽上的卦象来表示，称之为“小畜”，所下的卦辞断语是：“小有积畜是亨通的。它就像城西郊外浓云密布，雨点却下不来一样。”

什么是小畜之道呢？《彖传》说，小的积畜，是柔顺者得到重要位置，而上下两边都和它呼应配合，所以叫“小畜”。小畜的卦象，外刚内柔，就像一个人体质强健好进取，内心却很柔顺，他只要修养刚强中正的品德，立志远行，就会亨通顺利。云层密布而不下雨，有利于众人前进。至于风云从我的西郊方向来，是指眼下阴阳未合，雨暂时还下不来，需要畜云积雨一阵才行。

就小畜现象给人的启示看，应是在形势的发展利中有弊，有如路通利于行走，无雨却难以耕种的情形下，既不怨天尤人，做无谓的大冒险，也不坐待时机，放弃小畜修文积德的有利条件，而是主动多从主观方面努力，从小处着手，先培育畜养美好的文德，高尚的情操，团结好自家人，为将来的更大进步打下良好的基础。

原文

小畜　亨。密云不雨，自我西郊。

《彖》曰：小畜，柔得位而上下应之，曰小畜。健而巽，刚中而志行，乃“亨”。“密云不雨”，尚往也。“自我西郊”，施未行也。

译文

小畜卦象征亨通顺利。乌云密布，从城外西郊来，却没有下雨。

《彖传》说：“小畜”，阴柔得其位而上下的阳刚与之相应，因此称为亨通顺利。若心中有刚健的意志，并去为实现自己志向而努力，因此获得亨通。“聚积着浓密的云层而不降雨”，说明乃在进行之中；“云气自城外西郊升起”，是指云布施而雨未下。

原文

《象》曰：风行天上，小畜。君子以懿文德。

初九　复自道，何其咎？吉。

《象》曰：“复自道”，其义“吉”也。

九二　牵复，吉。

《象》曰：“牵复”，在中，亦不自失也。

译文

《象传》说：和风在天上飘行，象征了“小畜”。君子应当以此种精神完善自己的道德与文章。

初九，下乾要返回自己的阳刚之道，哪里有什么过失呢？这是吉祥。

《象传》说：“下乾要返回自己的阳刚之道”，这个目的本身就是吉祥的。

九二，被别人牵连返回阳刚之道，也是吉祥。

《象传》说:“被别人牵连返回阳刚之道”,是因此爻居守中位,也不至于丧失自己的方向。

原文

九三　舆说辐,夫妻反目。

《象》曰:“夫妻反目”,不能正室也。

六四　有孚,血去惕出,无咎。

《象》曰:“有孚,惕出”,上合志也。

译文

九三,车轮和辐条在进行中散脱,结发夫妻反目离异。

《象传》说:“结发夫妻反目离异”,说明不能安居正室,处理好家庭关系。

六四,具有诚信,能够免除忧患,不会有灾难。

《象传》说:“具有诚信,免除忧患”,在相互交往中,要能具有诚信,免除忧患,志趣相合是最重要的。

原文

九五　有孚挛如,富以其邻。

《象》曰:“有孚挛如”,不独富也。

上九　既雨既处,尚德载。妇贞厉。月几望,君子征,凶。

《象》曰:“既雨既处”,“德”积“载”也。“君子征,凶”,有所疑也。

译文

九五,用诚信来建立与别人之间的紧密联系,自富的同时也使近邻充实丰富。

《象传》说:“用诚信来建立与别人之间的紧密联系”,说明不独享富贵。

上九,密云已经降雨,就应当安于现状,重视修载圆满的功德。此时妇人应坚守正道以防凶险,要像月亮将圆而未盈一样。这时君子若往前进发,将遭凶险。

《象传》说:“密云已经降雨,就应当安于现状”,说明此时阳德蓄积已达极限。“君子若往前进发,将遇凶险”,说明对各种情况有所疑惑,犹豫不决。

智慧应用

抱头藏尾，明太祖“缓称王”

夜已经很深了，熙熙攘攘的军营终于安静下来了，在主帅营帐里，灯火微明，军师刘伯温正在为主帅朱元璋讲习八卦。“小畜，柔得位而上下应之，曰小畜。健而巽，刚中而志行，乃亨。密云不雨，尚往也。自我西郊，施未行也。小畜卦，言一日寸困顿之法，力不足，则滞而不前，非不行也，乃蓄积而后作……”朱元璋不时颔首赞许。

元朝末年，天下大乱，在一些较大的诸侯割据势力中，大部分起义军领袖皆已称王、称帝。最早的徐寿辉，在彭莹玉等人的拥立下，于元至正十一年(1351年)称帝。张士诚于元至正十三年(1353年)自称诚王，国号大周。元至正二十年(1360年)徐寿辉被部下陈友谅所杀，陈友谅自立为帝，国号大汉。四川明玉珍闻讯，也自立为陇蜀王。一时间，九州大地，“帝王”满天飞。

对于这种时局，刘伯温特意为朱元璋讲解了小畜卦，劝谏朱元璋坚定信念，一本初衷，全力以赴，并注重中庸原则，刚柔并济，以诚信感召众人，与将士们精诚团结，结合所有力量，获得一切援助，共同排除障碍，达到实现理想的目的。朱元璋也知道此时掩藏自己的实力。让其他竞争对手互相火拼，而自己则暗聚力量，等待他们拼到你死我活时再动，一定会取得最终的胜利。于是主帅和军师共同商讨出了“高筑墙，广积粮，缓称王”的大战略。“缓称王”作为朱元璋实现抱负的最后一个环节，实际上也是最重要的一个环节。这也正是刘伯温和朱元璋智慧的表现。

这与其他各路义军首领迫不及待地称王的做法相比较，朱元璋的“缓称王”之战略不可谓不高明。“缓称王”的根本目的在于最大限度地减少己方独立

反元的政治影响从而最大限度地降低元朝对自己的重视程度，避免或大大减少过早与元军主力和强劲诸侯军队决战的可能。这样一来，朱元璋就能更好地保存实力，积蓄力量，从而求得稳步发展了。

直到元至正二十四年(1364 年)，朱元璋才称为吴王，至于称帝，那是元至正二十八年(1368 年)的事情。此时，天下局势已基本确定，也就是说，朱元璋即便不称帝，也快成为事实上的“帝”了。

在当时，天下大乱，起兵割据并不意味着与中央朝廷势不两立，不共戴天。但一旦冒出个什么王或帝，打出个什么国号，那就标志着这股势力与中央分庭抗礼了。因此，谁要是称什么王或帝，朝廷必定要派大军前去镇压。这就是所谓的“枪打出头鸟”。徐寿辉称帝的第二年，元朝大军就对此政权发起大规模的进攻。同样的道理，张士诚、明玉珍等人，莫不为元军所围攻。

相比之下，只有尚未称帝的朱元璋，一直到大举北伐南征前，都未受到元军主力进攻。其中一个重要原因就是，朱元璋在一直“忍辱负重”，隶属于小明王的政权。当时天下称帝者有三四个，处于摇摇欲坠中的元政权根本顾不上朱元璋这一类附于某一政权的势力。而朱元璋，是抓住了这有利时机，加紧扩充地盘，壮大实力，最后终于成为收拾残局的主宰者。

“缓称王”还避免了过多地刺激个别强大的割据政权。元末虽乱，但最后“冠军”只能有一个。从这个意义上讲，不管哪个割据政权都是皇权路上的竞争者。因此，割据政权除要与朝廷斗争外，相互之间还有“竞争”，这种“竞争”实际上就是血腥的相互残杀。正因为朱元璋“缓称王”，不但避免过早卷入这种残杀，而且借隶属于小明王的政权，一方面讨得该政权的欢心，另一方面也得到了该政权的庇护，可谓一箭双雕。

可见，朱元璋的抱头藏尾之举，使之厚积而薄发，终获成功。

现实生活中，我们不可能去称王称霸，但在人生事业升迁的过程中会出现各种意想不到的困难和挫折，优秀的决策者一旦选定目标，就一往直前，在困顿的时候注重蓄积自己的力量，没有路也要开辟出一条道路。做人处世也同样应该如此，只有懂得在自己没有足够力量之时，不轻易言勇，不要把自己不锋利的矛头对准别人坚硬的盾牌，否则的话，受伤的只会是自己。

履卦第十

〔易德经典〕

“履”在汉语中的词义主要为“行走”与“鞋子”，引申为实践、脚步等。今人的所谓履行、履约，或指按一定的准则约定完成自己的义务，或指一方按双方的合同诺言行事，即都有循制而行的意思。

按易家的本意，履卦出现于小畜之后，是因为物产畜积得较为丰富后，才会有礼仪的制定和认真的履行，才会促使人们从物质文明走向精神文明，制礼习礼，行善养德，即《序卦传》所谓的“物畜然后有礼”。所以小畜卦接着是履卦。在这个意义上可以说，履就是礼，履德就是礼德，就是人们按礼制法律去履行自己的义务，言而有信，行而有礼，使人成其为人，而不是只知蓄积私财，满足私欲的无礼无义之徒。这确是履德真义。

从履卦在事业和人际关系上给人的启示看，在上下级关系森严而紧张的时候，最重要的是要分清上下级的职责和扮演的角色。下级对上级要和颜悦色，小心谨慎地履行自己应尽的职责，切不可眼不明而胡言，脚不稳而妄行，冒犯闯祸而遭斥。而上级也不可倚权仗势，过于刚毅果决，一意孤行，以免脱离群众，招至恶果。

原文

履　虎尾，不咥之人，亨。

《彖》曰：履，柔履刚也。说而应乎乾，是以“履虎尾，不咥人”。

"亨",刚中正,履帝位而不疚,光明也。

《象》曰:上天下泽,履;君子以辨上下,定民志。

译文

履卦象征跟在老虎后面踩到它的尾巴,但猛虎不咬人,诸事顺利。

《彖传》说:履卦卦象是说以柔顺触犯阳刚,以和悦应对刚强,因此说"跟在老虎后面踩到它的尾巴,但猛虎不咬人,诸事顺利"。表明卦的九五阳爻处位得正,有中正之德。小心登上帝位而内心无所愧疚,因为其行为光明磊落故前途一片光明。

《象传》说:上面是天,下面是泽,这是履卦的象征。君子应循此理辨明上下等级秩序,统一百姓的尊卑意识,安定民心。

原文

初九　素履往,无咎。

《象》曰:"素履"之"往",独行愿也。

九二　履道坦坦,幽人贞吉。

《象》曰:"幽人贞吉",中不自乱也。

六三　眇能视,跛能履,履虎尾,咥人,凶。武人为于大君。

《象》曰:"眇能视",不足以有明也。"跛能履",不足以与行也。"咥人"之"凶",位不当也。"武人为于大君",志刚也。

译文

初九,穿着素色鞋前往,以纯朴态度有所向前不会有灾祸。

《象传》说:"穿着素色鞋前往",独自奉行自己的心愿。

九二,心怀坦荡行走在平坦的大道上,隐士坚守正道可获吉祥。

《象传》说:"隐士坚守正道可获吉祥",这是说行为中正而不为世俗扰乱自然不会迷失方向。

六三,眼睛失明而强行去看,足跛不便而勉强行走,踏到虎尾后而被它咬,是灾祸。这就像刚愎自用的人称帝治国一样。

《象传》说:"眼睛失明而强行去看",是不能看清楚物品的。"足跛不便而勉强行走",是不可能一同外出远行的。"被猛虎咬的凶险",说明所处的位置不适当。“刚愎自用的人称帝治国”，说明他不量力而行。

原文

九四　履虎尾，愬愬，终吉。

《象》曰：“愬愬终吉”，志行也。

九五　夬履，贞厉。

《象》曰：“夬履贞厉”，位正当也。

上九　视履，考祥其旋。元吉。

《象》曰：“元吉”在上，大有庆也。

译文

九四，踩到虎尾，惊惧警惕，最终仍吉祥。

《象传》说：“惊惧警惕，最终仍吉祥”，说明戒惧而谨慎能施行其志向。

九五，武断果决地行走，虽有险，但终无灾祸。

《象传》说：“武断果决地行走，虽有险，但终无灾祸”，说明自认以正道守其职位。

上九，回顾全卦，考察祸福，其过程是圆满而大吉的。

《象传》说：本卦大吉大利，大有喜庆。

智慧应用

恪尽职守，范仲淹心怀天下

在河南开封包公湖南岸的开封博物馆内，珍藏着一块北宋时期遗留下来的“题名碑”，在碑上刻有北宋历任开封府尹的姓名和上任年月。元代诗人王恽瞻仰“开封府题名记”碑后写下的一首感怀诗：“拂拭残碑览德辉，千年包范见留题。惊乌绕匝中庭柏，犹畏霜威不敢栖。”这是诗人感叹碑上包拯和范仲淹的英名，开封府正是因为与他们的名字联系在一起，才成了百姓心目中的圣殿。对于范公，人们或许读过他那篇千古流芳的雄文《岳阳楼记》，而对他在历史上曾有过怎样的作为，却知之甚少。

事实上，论历史贡献和政治作为，包拯远不及范仲淹。范仲淹是英雄而兼圣贤，是名震千秋的文学家，更是名噪一时的政治家和军事家。

范仲淹出身贫寒，不到两岁死了父亲，母亲带着他改嫁到一朱姓人家，受过不少苦难屈辱。他自幼刻苦读书，后来他独自前往南京（今商丘）求学，五年未解衣就寝，二十七岁时终于考中进士。他是在当了十三年地方小官之后才被调入京城的。可惜不久就贬出京城，这缘于一场至今仍为人们津津乐道的归政风波。

宋仁宗赵祯为宫女李婉仪所生，出世后就被刘皇后抱走，而李妃则被贬别宫备受虐待。仁宗自幼只知刘太后为其母，不知有生母。他十二岁登基后，刘太后垂帘听政达十一年之久。随着时间的推移，太后归政问题成了朝中极其敏感、人人讳言的大事。

二十岁那年，宋仁宗碍于刘太后的威势，打算率百官在朝堂上为太后贺寿，朝堂是神圣之地，而这种有损皇帝至尊的贺寿方式遭到范仲淹的强烈反对。当时范仲淹只是一个中级官员，初入朝堂且来之不易，本可韬光养晦，谁知没过多久，他竟然再次犯颜直谏，批评太后大权独揽，要求归政于帝。范仲淹直谏的勇气令满朝文武震惊，却因此激怒了太后，被贬出京城。得罪太后而没有引来杀身之祸，于他来说已经是万幸了。他却抱定"宁鸣而死，不默而生"的信念，接连上书议论国事，谏言切直，无所避讳。

后来，刘太后去世，宋仁宗的身世真相大白。那些依附于刘太后的官员，此时却纷纷诋毁她，要求追究她的过失。范仲淹虽得罪太后遭贬，却力劝皇帝感念太后的养育之恩，"宜掩小故，全其大德"。仁宗深受感动，下诏不得再议论太后之事。一场宫廷中真假母亲骨肉间的大事不带血腥地被和谐化解，范仲淹表现得可谓光明磊落，光彩照人。为此，范仲淹被召回京师。

时值京东和江淮大旱，随后蝗灾又起。身为谏官的范仲淹多次奏请救灾，仁宗没有办法，只得派他安抚灾民。赈灾归来，他还把灾区饥民吃的野草、树皮带回京城，在宫廷内外巡回展示，以戒奢风。这种心忧黎民苍生的做法引起了

强烈震荡，余靖、尹洙、蔡襄、欧阳修、苏舜钦等慷慨激昂之士纷纷上书指责朝廷过失，掀起了凌厉进言之风。宰相吕夷简等对此深感不安，就寻找借口，再次将范仲淹贬出京城。

这一次，范仲淹被贬两年，但政绩斐然，后被召回京师时得到提升。吕夷简对他心怀芥蒂，奏请皇上派他出任最为繁忙、也最易受到咎责的开封府尹，治理人事繁杂的京城。不料，上任不到一个月，范仲淹便把京城治理得井井有条。有一宦官恃势作威，无人敢惹。范仲淹下定必死的决心，向家人交代好后事，然后才上疏劾奏，最终为京城百姓除了此害。更令吕夷简难堪的是，范仲淹还将朝中官员升迁情况绘成“百官图”进献皇帝，指责吕用人惟亲，官员升迁不凭政绩、只依私情。这样一来，范仲淹厄运难逃，再次被贬。

范仲淹虽三次被贬，但他厉节风尚、惩治时弊的业绩，却深深地影响和感召着时人，凌厉进言之风仍在延续。晚范仲淹十余年才进京出任谏官的包拯，显然也受到了这种风气的熏染。

范仲淹鞠躬尽瘁地实践着他所认定的治国之道，脚踏实地为百姓办事，把全部精力和无限才华都投入到处理国计民生的事务中去。他给后人留下的诗文屈指可数，但诗文中流露的忧国忧民的思想奠定了他在中国文学史上的不朽地位，一些传世之作大多是他关怀民生的内心独白。

塞下秋来风景异，衡阳雁去无留意。
四面边声连角起，千嶂里，长烟落日孤城闭。
浊酒一杯家万里，燕然未勒归无计。
羌管悠悠霜满地，人不寐，将军白发征夫泪。

词中写到的关塞风云之气，战士守边之苦，英雄忧患之泪，凝成了一曲激越苍凉的豪唱，反映了他关爱将士、期盼和平的理想。

范仲淹被贬至邓州时，恰逢老友滕宗谅重修岳阳楼，来信请他写篇纪念文章。他孤独地在小院中焦灼徘徊，自责自求，依然是忧国忧民。在宦海中沉浮了大半生的他早已霜染鬓发，回想如烟往事，不禁思潮起伏，无限感慨。他总结历代先贤和自己一生的经历，将自己对人生、对社会的理解，以及一生经历的政治波涛，借洞庭湖波澜壮阔的万千气象倾泻而出，终于发出一声光照千秋的慨叹：“先天下之忧而忧，后天下之乐而乐。”这是范仲淹忧国忧民思想的高度浓

缩，也是他一生追求和实践的行为准则。

在历史上留名的人物灿若繁星，但文能治国，武能安邦，人格操守与文章风范如范公者，纵观古今又有几人？几经沉浮，依然不改本色，“不以物喜，不以己悲”，治家严谨，俭朴清廉，死后入殓时连件新衣服都没有，这在历朝历代的高官显贵之中，实属罕见。

以天下为己任，不计较个人恩怨，脚踏实地地践行自己的职责，不管遇到什么困难和挫折，不改初衷。这也正是履卦中所倡导的要旨。它告诫我们：一旦选定了奋斗目标，就应该矢志不移地努力，不管前面的路是多么曲折坎坷，也要义无反顾，一往直前。

泰卦第十一

〔易德经典〕

易家主张：小心地履行各项礼仪，人类社会自然就康泰和谐了。所以接着履卦的是泰卦。“泰”字与太、极、最诸字意义相通，其在中华文化的辞典中，主要是安宁、平安的意思，含义十分吉祥。如安泰、富泰、康泰、和泰、福泰、通泰等等。

如果我们将这一太平时代，称之为古人赞美不已的尧舜盛世，那么，泰德，也就是万古称颂的尧舜之德，一种高尚无私，求贤禅让，造福大众，万民景仰的美德。可以说，正因为尧舜修养了这种美德，才有了天人合一社会和泰的局面。

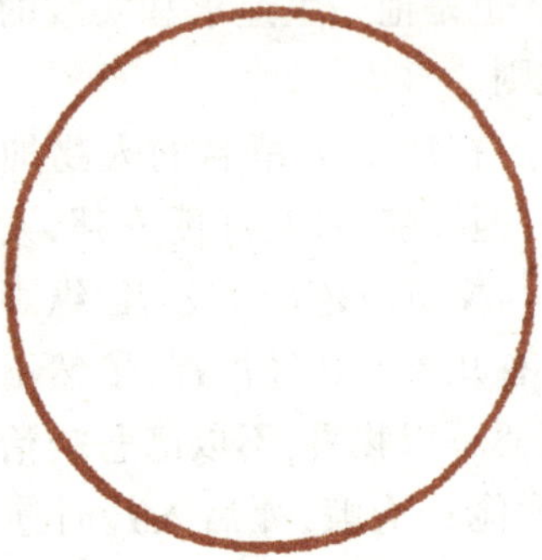

易有太极图

总而言之，泰时的祥和局面，从大自然的角度看，是天下的温暖阳气逐渐上升，地上阴湿之气逐渐退缩，冷暖二气交融汇和，催化万物生长；从人类社会角度看，是泰德发扬，上下一心，同心同德，和气生财，安康和谐的时代。其关键在于统治者要能够观察并辅助天地化生万物的神妙机宜，修养泰德，任人唯贤，虚位尊贤。

原文

泰　小往大来，吉，亨。

《彖》曰："泰，小往大来，吉，亨。"则是天地交而万物通也；上下交而其志同也。内阳而外阴，内健而外顺，内君子而外小人。君子道长，小人道消也。

《象》曰：天地交，泰。后以财成天地之道，辅相天地之宜，以左右民。

译文

泰卦象征亨通太平：阴柔者往外，阳刚者入内。

《彖传》说："泰卦象征亨通太平：阴柔者往外，表示阳刚者入内，吉祥，顺利。"这表明了天地的阴阳交合，万物的生养畅通，君臣上下交相沟通，志同道合。本卦卦象内阳刚而外阴柔，内刚健而外柔顺，内为君子而外是小人。这表明了君子之道渐长，小人之道渐消。

《象传》说：天地相互交合，象征着亨通太平。君王应效法此道，适当裁剪运用，掌握安排天地化生的规律，从而调节管理天下百姓。

原 文

初九　拔茅茹，以其汇。征，吉。

《象》曰："拔茅，征，吉"，志在外也。

九二　包荒，用冯河，不遐遗。朋亡，得尚于中行。

《象》曰："包荒，得尚于中行"，以光大也。

九三　无平不陂，无往不复。艰贞，无咎。勿恤其孚，于食有福。

《象》曰："无往不复"，天地际也。

译 文

初九，拔起茅草时，根系牵连，是由于同类汇聚相互牵动。往前进发，可获吉祥。

《象传》说：拔起茅草时，往前进发，可获吉祥。说明是志向在向外发展的缘故。

九二，有包容污秽的胸怀，涉越大河的气概，广纳远方贤哲的德行，不结党营私，这一切都是得之于光明正大的原则。

《象传》说："包容污秽"，"得之于光明正大的原则"，说明九二可凭此发扬光大。

太极生两仪图

九三，没有一坦平原不起波坎的，没有一味前往而不返回的。只要在艰难中能坚守正道，就可免遭祸患。不要担心，能取信于人生活就会有福庆。

《象传》说："没有一味前往而不返回的"，这说明位处天地交接的九三爻反映出的自然规律。

原 文

六四　翩翩，不富以其邻，不戒以孚。

《象》曰："翩翩不富"，皆失实也。"不戒以孚"，中心愿也。

六五　帝乙归妹，以祉，元吉。

《象》曰："以祉，元吉"，中以行愿也。

上六：城复于隍，勿用师，自邑告命。贞吝。

《象》曰："城复于隍"，其命乱也。

译文

六四，轻浮者，不再殷实富有，而近邻也受到影响，不以心存诚信来戒备自己。

《象传》说："轻浮者，不再殷实富有"，说明失去了实际的态度"不心存诚信来戒备"，说明内心均有应下的意愿。

六五，帝乙嫁出少女，这给他带来福祉和大吉。

《象传》说："这给他带来福祉和大吉"，是说他把握中庸原则来实现自己的愿望。

上六，城墙倾覆城壕里，命令是不可以动用武力，要在自己的邑中祷告天命。占卜结果是知道有一定困难。

《象传》说："城墙倾覆城壕里"，说明国家的政令已陷入混乱。

智慧应用

万众和合，司马睿雄霸江东

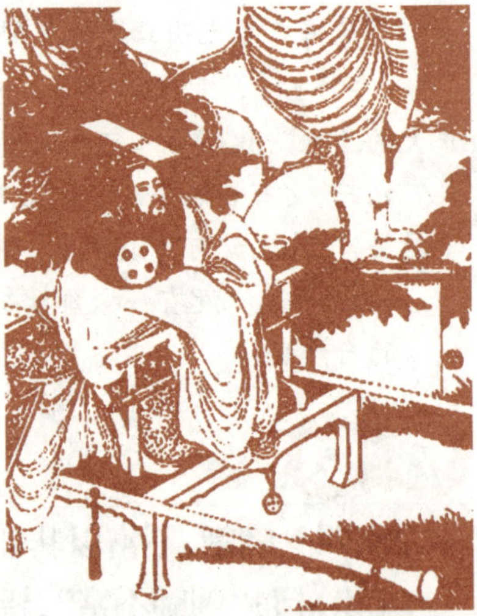

天地交合，才能滋生万物，人心归一，才能万事顺利，这是泰卦给人们的启迪。一个人想成就自己惊天动地的事业，如果能得到民众的支持，不管前面有多少坎坷曲折，也会如履平川，畅通无阻。

东晋时，司马睿移镇建邺后，能否在江东站住脚，他并没有十足的把握。因为江东的士族们对他十分冷漠，在相当长的一段时间里，居然没有一位名流拜会他。东吴灭亡后，江东士族的经济利益虽然没有受到太大打击，但政治地位却一落千丈。西晋朝廷藐视他们，很多贤人不被任用。有鉴于此，陆机的疏议讲得十分清楚："至于荆、扬二州，户各数十万，今扬州无郎，而荆州江南乃无一人为京城职者，诚非圣朝待四方之本心。"即便有个别人被征到中央为官，也受到百般猜忌，所以到了西晋末年，便纷纷弃官而归了。这绝不是说他们想就此归老林下，而是在等待时机，准备东山再起，恢复昔日的荣光。

司马睿感到笼络江东士族的重要性，于是特意将顾荣、纪瞻等人征入幕府。可他们对司马睿并不感兴趣，表现得异常冷淡。江东士族的态度使司马睿焦虑不堪，如果得不到众多士族的支持，在江东站住脚将无从谈起。为此，谋臣王导和王敦决定选一个良辰吉日拥司马睿出巡，来观察江东士族的动态，再决定下一步如何行动。这一天，司马睿出游，北来名流摆出全部仪仗追随其后，在出游过程中，他故意从顾荣、纪瞻等人的宅第绕行，终于得到了他们的拜见。

王导代表司马睿拜访顾荣和贺循，向他们请求帮助。这是政治礼遇，也是一个信号，它表明司马睿有意重用江东士族。顾、贺二人欣然接受。司马睿终于同江东士族拉上了关系。在顾、贺二人的影响和推荐下，其他江东士族相继而至。司马睿分别给他们晋级封爵。顾荣是司马睿非常器重的人，事无大小，都找他来商议。对于江东士族来说，这确实是东吴灭亡以后少有的辉煌时期。为了搞好与江东士族们的关系，王导还学说吴语，并提出想与吴郡陆氏联姻。不久，散骑常侍朱嵩和尚书郎顾球逝世，鉴于吴郡朱氏和顾氏都是江东名门望族，司马睿为表达他的心意，勇于突破仪制，亲自为他们举丧、发丧。司马睿接二连三的举动，终于使江东士族大为感动，纷纷投靠他。司马睿终于被江东士族确认为自己利益的最高代表。

司马睿并不满足在江东立足。三定江南的事实表明，司马睿移镇建邺初期，在力量对比上，江东士族占有强大的优势。司马睿等对此惴惴不安，认为这是寄人篱下。有一次在和顾荣的谈话中，他无意中流露了这种心态："寄人国土，心常怀惭。"为了改变这种状况，司马睿煞费苦心。永嘉之乱，北方名门大族为躲避战乱，纷纷南渡。他们南渡，带有大量民众，这无疑是一支重要的力量。司马睿采纳王导的建议，及时抓住机遇，尽量录用，给予特殊优待，参与北来名士的聚会，竭力倡导匡复神州的大计。

在民族矛盾成为社会主要矛盾的时候，"匡复神州"无疑是具有强烈号召力的口号。其实，司马睿并没有北伐之意，他深知以其现有实力，实现这一目标并不是容易的事。如果真的能够实现，以司马睿这种距皇统疏而又疏的关系，对他也未必有利。他所以始终没有放弃这一口号，无非是想借此号召北来士族支持司马睿及其后裔，这只是一种策略。北来士族本来是一批失势之人，南渡江东，迫切希望地方当局的照顾和安置。真有北伐愿望的人士，也需要地方当局的支持，才能将自己的愿望付诸行动。既然司马睿对他们另眼相待，投靠司马睿也就成了必然之势。有了众人的支持，司马睿终于可以松一口气了，有了众人齐心协力的帮助，他的江东政权便逐渐稳定了。

司马睿依靠江东士族以及大量宾客的力量，开创了万众和合的局面，巩固了自己的基业。司马睿之所以能够功高盖主，与他深谙泰卦中"辅相天地之宜，以左右民”之道理是分不开的。

古往今来，一切成就大事的人，背后肯定有坚实的群众基础，这是他们根深蒂固的基石。凭借众志成城的局面，他们最终成就了光辉而伟大的事业。

否卦第十二

〔易德经典〕

否卦接泰卦之后而来，其卦象为坤下乾上，恰与乾下坤上的泰卦相反，意义也互相对立。所以如此排列二者的卦序，是因为易家认为：事物不可能永远和泰畅达，所以接着“泰”的就是表示阻滞不通的“否”卦。如果说，泰卦表示天地相交，万物相通，世道昌盛；那么否卦则表示天地不交，万物不通，世道衰落。

泰极否来，否极泰来，是《易经》的重要哲学思想。其意为事物的发展到一定程度后，最终将必然向对立方向发生质的变化，如静变动，塞变通，坏变好，乱变治，战变和，敌变友，野蛮变文明，沧海变桑田，深谷变高陵等等。

否泰相倾，盈缩递运，乾坤运转，否终泰来的自然变化和社会进化，绝非易家的空话臆想，而是有地球自然史和人类社会历史的发展事实作根据的。从“否”的本义看，均有非议、贬斥、坏、恶、穷与不通诸义，内含的都是否定之义。但从易家为君子谋，不为小人谋的出发点看，其所否定的只能是反面的东西。因此可以推出，易家的否之德，即否德，绝不是对德本身的否定，而是对非德的否定。这也就是说，易家的否德，正是否非立正之德。

原文

否　否之匪人，不利君子贞，大往小来。

《彖》曰："否之匪人，不利君子贞，大往小来。"则是天地不交而万物不通也，上下不交而天下无邦也。内阴而外阳，内柔而外刚，内小人而外君子。小人道长，君子道消也。

《象》曰：天地不交，否。君子以俭德辟难，不可荣以禄。

译文

否卦象征闭塞黑暗：闭塞黑暗的局面下小人甚多，不利君子卜。此时卦象是乾刚往外走，阴柔往里来。

《彖传》说："闭塞黑暗的世道小人甚多，不利君子占卜。此时卦象是乾刚向外走，阴柔往里来。"这说明了天地阴阳互不交合，万物的生养没能畅通，君臣上下不能互相沟通，天下离异难成邦国。本卦卦象内阴柔而外阳刚，内柔顺而外刚健，内为小人而外是君子。这表明了小人之道渐长，君子之道渐消。

《象传》说：天地阴阳不相交合，象征着闭塞黑暗。此时君子应有鉴于此，收敛自约以避免灾难，不可以被荣华富贵诱惑。

原文

初六　拔茅茹，以其汇，贞吉，亨。

《象》曰："拔茅贞吉"，志在君也。

六二　包承，小人吉，大人否，亨。

《象》曰："大人否亨"，不乱群也。

六三　包羞。

《象》曰："包羞"，位不当也。

译文

初六，拔起茅草，根系牵连，是由于同类汇聚相互牵动。坚守正道可获吉祥，亨通顺利。

《象传》说："拔起茅草，坚守正道可获吉祥"，说明除去小人意在保存君主。

六二，接受奉承，对小人来说是吉祥的；君主必须不予接受，方可获得亨通顺利。

《象传》说："君主不予接受奉承，可获得亨通顺利"，说明不要被小人的声势扰乱了意志。

六三，包容别人对自己的羞辱。

《象传》说："包容别人对自己的羞辱"，说明居位与为人已经不相称了。

原文

九四　有命，无咎，畴离祉。

《象》曰："有命，无咎"，志行也。

九五　休否，大人吉，其亡，其亡，系于苞桑。

《象》曰："大人"之"吉"，位正当也。

上九　倾否，先否，后喜。

《象》曰："否"终则"倾"，何可长也？

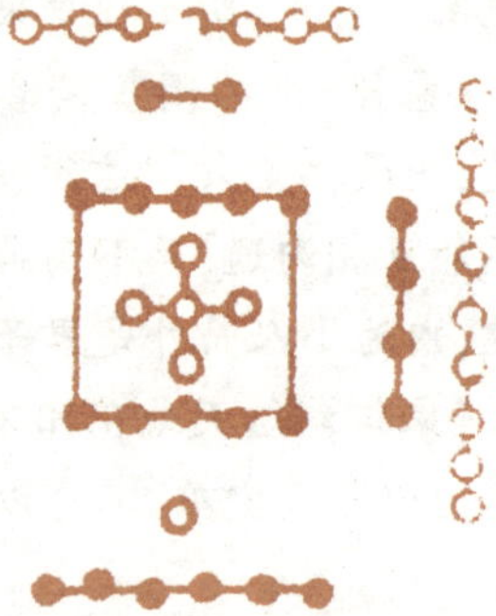
河图

译文

九四，奉行天命没有祸害，让相关同类一道得到福祉。

《象传》说："奉行天命没有祸害"，说明可以施行志向不受阻碍。

九五，闭塞黑暗的局面停止，君主可以获得吉祥。时刻警惕仍然存在的危险，这样才能像丛生的桑树一样坚固安全。

《象传》说："君主可以获得吉祥"，具体指他居位得当。

上九，已至闭塞黑暗的极点，必然倾覆，起先犹有闭塞，最终通泰欢喜。

《象传》说：否达到极点时，必然招致倾覆，它怎么会长久呢？

智慧应用

小人得势，王振祸乱朝纲

一个王朝由盛及衰，往往与奸佞之臣息息相关，这些奸佞小人一旦得势，就会无所不用其极，此时当政者如果不提高警觉，就有可能断送自己的江山，甚至

性命。英明的君王之所以能力挽狂澜，是因为他们采取了一系列明智的举措：巩固团结、坚定立场、伸张正义等等。

这也就是否卦中阐释的要义，只可惜明朝的英宗皇帝不谙此道，误入小人王振的陷阱，把偌大的江山推向了灭亡的边缘。

明朝宣德十年（1435 年）正月，宣宗皇帝朱瞻基去世，几天后，九岁的太子朱祁镇登基，改元正统，他就是大明朝的英宗皇帝。宣宗临终前留下了一道遗诏，命令大臣，凡是国家的一切大事，都必须请示宣宗的母亲即太后张氏，再送往内阁议决实行。

由于张太皇太后的把持，再加上大学士杨士奇、杨荣、杨溥等一班仁、宣时期富有经验的老臣主持着政务，正统初期，基本上保持了社会的稳定和经济的繁荣。

然而安定的社会环境未能杜绝恶势力的滋长。宦官王振逐步窜到前台窃取权力，干预朝政，最终酿成英宗被北方的瓦剌所俘的大祸。

王振是山西蔚州（今蔚县）人。他非常善于逢迎，因而深得朱祁镇的欢心，朱祁镇即位后，王振扶摇直上，后被提拔为司礼监太监，掌管皇城里的一切事宜，替皇帝管理奏章，代皇帝批答臣子上奏的一切公文。

野心勃勃的王振掌握了这样重要的部门，便处心积虑地加以利用，以图达到自己的目的。王振也十分清楚，从朱元璋开国一直到宣宗，对宦官的管束都十分严厉，因此，为了巩固自己的地位，他一面讨好英宗，一面故作姿态骗取阁臣的好感。表面上毕恭毕敬，暗地里却拼命拉帮结派。

朱祁镇当皇帝不久，太皇太后命王振随文武大臣在朝阳门外阅兵。

王振竟骗过所有大臣，谎报与自己交往甚密的纪广为骑射第一，并越级提拔他为都督佥事。

周易全书

一次得手，王振便大了胆子。

后来，他竟然打着英宗的旗号摘去了“内臣（即宦官）不得干预政事，预者斩”这块牌子，开始大揽朝纲了。

英宗也因为太皇太后的去世而更加无拘无束。

他在王振的怂恿下只管游玩享乐，哪里还管什么祖宗训诫，朝事全交给了王振。

一旦大权独揽，王振便明目张胆地广植私党，打击异己。在王振的淫威之下，公侯勋戚常呼王振为翁父。其情其势，可想而知。

昏庸无能的英宗对王振的专横不仅视而不见，无动于衷，反而认为王振忠心耿耿，是难得的人才，于是对他宠眷益深，赏赐有加。没多久，王振的擅权就把一个政治清明的大明王朝搅得乌烟瘴气，而此时北方蒙古瓦剌部却逐渐强盛起来，正统四年（1439 年），也先执掌了瓦剌的实权。上台后的也先积极向中原扩张势力，蚕食大明江山。面对也先的一系列的扩张、侵扰，朱祁镇和王振沆瀣一气，不但不谴责、反击，就是收到求救文书也从不派兵。王振从中收受瓦剌大量的贿赂，即使有朝臣进谏，他便极力庇护，粉饰太平。

正统十四年（1449 年）七月，也先寻找借口，分四路向明朝内地进攻。由于多年战备荒废，塞外明军不堪一击，城堡很快一一陷落，只剩下一座大同（今属山西）城。英宗顿时慌了手脚，驸马都尉井源等四将率兵万人前去迎敌，也是很快全军覆灭。英宗不得不又找来王振和群臣商量对策。王振为了讨功邀宠，动起了劝驾亲征的念头，英宗仅通过两三天的筹备，就仓促率领五十万大军亲征大同。也先得知英宗亲征便佯装败退，诱使明军深入。英宗率领部队顺利地进入大同。他还想继续北进，追击也先。这时，王振的同党、大同镇守太监郭敬，把前线惨败的真情密告了王振。英宗和王振吓得异常慌恐，不知所措，便匆匆决定班师回京。开始，王振唆使英宗率大军绕道他的老家蔚州，借此耀武扬威，光宗耀祖。然而走着走着，他忽然想到，如此众多的兵马经过蔚州一定会将家乡田里的庄稼踏坏，因而遭到乡人的唾骂。等大军行进了四十多里时，王振却让英宗下令改变行军路线，掉头向东奔向宣府。由于改变行军路线耽误了时间，很快就被瓦剌骑兵追上。明军殿后部队虽一再力战，但难以抗敌，很快便溃散。英宗率残部来到土木堡（今河北怀来东），这里离怀来城仅二十里，为确保安全，几名参将建议英宗进城里驻守，而王振却因为自己的千余部辎重车辆未到而让英宗在土木堡扎营等候。第二天，土木堡就被赶上的瓦剌大军重重包围了。

土木堡地势高，无水源，士兵下挖二丈多仍见不到一点水。一连两天人马没有喝上水，士兵一个个饥渴难耐。英宗亲带御兵冲了几次都没有成功。眼看

突围无望，索性下马面南盘膝而坐。一个瓦剌士兵抓住了他，要剥他的衣甲，但看到朱祁镇衣着与众不同，就推搡着他去见也先的弟弟赛利王。堂堂的明朝皇帝就这样窝窝囊囊地做了俘虏。英宗被俘后，护卫将军樊忠把怒火集中到了王振身上，他猛喊一声："我为天下诛此贼！"用铁锤猛击王振，王振一声惨叫，摔死到马下。

英宗成了俘虏后，他身边的五十多位文臣武将全部战死。英宗所率五十万军队，也差不多全部被葬送。这次事变就是明史上有名的"土木堡之变"。从此，明王朝一蹶不振。

泰极否来，这并不只是封建王朝兴衰的规律。现实生活中，人们的是非成败也往往会蹈履此辙。所以否卦警示人们：在事业兴盛之时，切不可自以为是，仍需谦虚谨慎，励精图治，这样才能保证事业的长盛不衰。

同人卦第十三

〔易德经典〕

相同，一样，叫同。世界上，有异就有同，有同必有异。同性相斥，异性相吸，只是事物的一个方面，另一个方面则是同类相吸，异类相斥。

在某种意义上，人类的这种日益强烈的求同心理，正是对五千年前《易经》

同人卦的认同。同人卦的《卦辞》大意是说:“与同志会合于原野是亨通的,有利于渡过大河,有利于君子坚守志向。”这就说明,易家同人的视野是广阔的,是反对党同伐异的。它所号召的是“同人于野”,也就是要越出郊界,国界,和边远的文化背景不同的最广大人民共同合作,实现文化大同。易家认为这样做不仅是亨通的,而且有利于涉过前进征途上的大河巨川,保持正人君子正确的志向和高贵的同人品德。

从与更多同人合作奋斗的愿望出发,同人卦通过六爻之变数,表达了同人于野,利涉大川,同心同德,团结向上的光辉思想。

原文

同人　同人于野,亨。利涉大川,利君子贞。

《彖》曰:同人,柔得位得中,而应乎乾,曰:同人。同人曰:“同人于野,亨。利涉大川。”乾行也。文明以健,中正而应,“君子”正也。唯君子为能通天下之志。

《象》曰:天与火,同人。君子以类族辨物。

译文

在郊外与人聚首,亨通顺利。利于涉越江河巨流,有利于君子占卜。

《彖传》说:同人卦的卦象,是柔顺的六二阴爻居于适当中正的位置,并与刚健的上卦乾呼应,所以说表示人与人之间的和谐。同人的卦辞说:“在郊外与人聚首,亨通顺利,利于涉越江河巨流”,是因为上卦乾的刚健前进。禀性文明而又强健,行为持中正直而又互相应和,这是君子遵循的正道。也只有君子才能沟通天下人的意志,使之都成为志同道合的人。

《象传》说:天与火相互亲和,象征着去聚合志同道合的人。君子当效法此种品德,按人类事物的种类辨别异同。

原文

初九　同人于门,无咎。

《象》曰:出门“同人”,又谁“咎”也。

六二　同人于宗,吝。

《象》曰:“同人于宗”,吝道也。

九三　伏戎于莽,升其高陵,三岁不兴。

《象》曰："伏戎于莽"，敌刚也。"三岁不兴"，安行也。

译文

初九，刚出门就能去聚合志同道合的人，没有害处。

《象传》说：刚出门就能去聚合志同道合的人，谁也不会有咎怨。

六二，只在宗族内部去聚合志同道合的人，会有憾惜。

《象传》说："在宗族内部去聚合志同道合的人"，说明这样是偏狭的，会导致憾惜。

九三，在草莽中埋伏兵戎，登上高处察现形势，这般谨慎，恐怕三年也不敢出兵作战。

《象传》说："在草莽中埋伏兵戎"，说明敌人过分强大。"三年也不敢出兵作战"，是因为采取了安稳方针。

原文

九四　乘其墉，弗克攻，吉。

《象》曰："乘其墉"，义"弗克"也。其"吉"，则困而反则也。

九五　同人先号咷而后笑，大师克相遇。

《象》曰："同人"之"先"，以中直也。"大师相遇"，言相"克"也。

上九　同人于郊，无悔。

《象》曰："同人于郊"，志未得也。

译文

九四，登上敌方城墙，又未将其全城攻占，吉祥。

《象传》说："登上敌方城墙"，但在道义上不能发动全面攻击。由此获得的吉祥，是在很难做到的情况下仍能重返正道的缘故。

九五，聚合起来的人们，起先号啕大哭，后来欣喜欢笑，大军克敌会师。

《象传》说：聚合起来的人们，起先号啕大哭，后来放声大笑，是因为持着正义感，大军克敌会师，那是说九五的内外上下互相克胜而一起战胜敌人的现象。

上九，在郊野与人聚合，不会有悔恨。

《象传》说："在郊野与人聚合"，表明其与人聚合而志向没能实现。

智慧应用

知人善任，林肯完成南北统一

一位老者坐在一个小镇郊外的马路边散心。这时，一位陌生人开车来到老者面前，他走下车问老者："请问先生，住在这个小镇上的人怎么样？我打算搬到这里住。"

老者惊奇地看了一眼陌生人，接着反问道："你先告诉我，你打算离开的那个地方的人如何？"

陌生人回答道："不好，都是些不务正业、游手好闲的人。我住在那里根本享受不到人生的快乐，所以我打算搬到这儿来住。"

老者听完年轻人的诉说，唉声叹气地说道："先生，恐怕你要失望了，因为住在这个镇上的人，也和你那边人的作风差不多。"

这位陌生人听完就离开了，继续去寻找他理想的居住地。过了一会儿，另一位陌生人也来到老者面前，询问同样的问题，老者也同样反问他。

这位陌生人说："哦！住在那里的都是非常好的人。我在那里度过了一段非常美好的时光，但我正在寻找一个更有利于我工作发展的小镇。我舍不得离开那个美好的地方，但是为了生计，我不得不寻找更好的发展前途。"

老者听后，满是皱纹的脸上浮现出灿烂的笑容，他和蔼地对那位年轻人说："先生，你很幸运，居住在这里的人都同你们那里的人一样好，你将会喜欢他们，他们也会由衷喜欢你的。"

从这个故事中我们可以看出：不善于和同的人，无论到了何地，都会自认为别人难以相处。善于和同的人，与任何人都会相处融洽。

一个人的力量有如大海中的一滴水，而同仁之间的合力就能够汇成一条河流，源源不断。每一位有事业心的人，要想开创一番成功的、伟大的事业，仅靠自己单枪匹马是远远不够的，往往需要团结同仁，以寻求同仁的支持，才能实现自己的远大目标。

在美国南北战争的最初两年内，北方始终处于被动地位，其主要原因是北方将领的才能比不上南方将领。林肯是北方军的总司令，但在实际战场上则另有陆军司令和海军司令。

林肯所依靠的第一位陆军司令是麦克莱伦将军，他略微有些才能，可他却总像缩头乌龟一般害怕战场上的真打厮杀。马克思当时曾讽刺麦克莱伦将军有两大害怕：第一是怕打大败仗，第二是怕打大胜仗。他曾在进攻南方首都里士曼时，突然望而却步，给敌人以可乘之机，结果南军乘机大败北军。

但更令人厌恶的是，此人骄傲得不可一世，把林肯看作乡下佬，对林肯的指挥一概置之不理。按照宪法，林肯完全有权随时撤换他。

1861 年 11 月的一个夜晚，林肯、国务卿西华德和林肯的秘书约翰·海莱按照约定来到麦克莱伦寓所。然而麦克莱伦并没有在家等候，仆人说麦克莱伦将军参加一个并不重要的婚礼去了，很快就会回来。

海莱在日记中写道：

“我们进屋等了大约一个小时，麦克莱伦回来了。仆人告诉他，总统在客厅等他，但他穿过总统和国务卿待的那个房间门口径直上楼去了。他们又等了约半个小时，再次派仆人去告诉将军，但得到的却是冷冰冰的回话，说将军已上床睡觉了。

“回家后，我对总统谈起这件事，但他似乎并不在意。他说，特别是在这紧要关头最好不要去计较繁文缛节和个人尊严。有一天，总统又说：‘只要麦克莱伦能为我们赢得胜利，我情愿为他牵马。’”

与同仁合作，林肯不只是和同类人打交道，他总是试着和“另类”的人打交道，有时林肯并不喜欢他们，但林肯认为他们也是生活中的一部分，在他们身上也能学到很多有用的东西，由此可见林肯总统的宽宏大度。

但麦克莱伦始终未给林肯带来胜仗，林肯忍无可忍，于 1862 年 11 月 5 日发布了撤职令，毅然解除麦克莱伦陆军司令的职务，由伯恩赛德接任。不久，伯恩

赛德也被撤换，换上胡克少将，结果仍然不行，1863年又换上米德少将。同年7月，南方统帅罗伯特·李将军进军宾夕法尼亚，米德在葛底斯堡抵挡住南军，打了一场大仗，双方死伤惨重，罗伯特·李不得不宣布撤退。林肯命令米德追击，但米德胆怯，不敢尾追，只是保存实力而退。

次日，林肯的儿子罗伯特看到父亲烦恼不堪的样子，内心也笼罩了一丝淡淡的哀愁，他走到父亲身边，轻轻地问道："父亲，发生了什么事？"林肯回答说："米德将军放走了罗伯特·李将军，我们将为此牺牲10万人。"

最后，林肯换了一位真正有才能的"常胜"将军，就是在西部取得维克斯堡大捷的格兰特少将，林肯把他召到华盛顿，并特别提升他为中将。但有人提醒林肯，说格兰特有酗酒的毛病。一个由纽约教会人士组成的代表团拜谒林肯，他们说格兰特是个不可救药的酒鬼，将他委以重任是不合适的。

林肯的反应却出人意料，他不慌不忙地问道："请问你们可曾知道他喝的酒是什么牌子？"他们说："不知道。"林肯说："很遗憾，如果你们能告诉我是什么牌子，我将购置这种酒，分发给各战场司令，以便让他们喝了可以打胜仗。"

这只是林肯容忍、谅解、关爱同仁的一个缩影，正是因为林肯知人善任，经过几年的南北战争，终于开创了南北统一的大好局面。

大有卦第十四

〔易德经典〕

大有之年，是泰德盛世被乱世否定不久，经过否德之世的否定之否定，以及众多同人的长期努力，所再度出现的易理时代的第二个人类社会幸福的繁荣期，并将由谦德之世所长久延续。

在六十四卦中，以“大”命名的卦共有四个，依次为大有、大畜、大过、大壮。从卦义看，大畜有止，大过有过，大壮有悔，唯独大有吉无不利，其卦辞也十分简洁，只有元亨二字，大意为，“盛大富有：非常光明亨通”。

推究起来，在六十四卦所有以“大”为名的诸卦中，要想成其大，均有一个发展、积蓄、壮大的过程，而大有则不同。“有”字本身兼具“丰收”之意。大有之年本身即大丰收之年，无须再经过积累，即已自完自足。

故此，在中国汉语词汇中，凡与大有二字结缘的，几乎是无不吉祥，如大有之年、大有收获、大有希望、大有可为、大有前途、大有作为等等，这种情形在某种意义上可以说，是与“大有元亨”的古易精神一脉相通而不悖的。当然，如果因为“大有”形势特别好而一味浪费，甚至滑向腐败，那就“大有麻烦”，陷入泥潭了，这也是修养“有德”所不得不防的。

原文

大有　元亨。

《彖》曰：大有，柔得尊位大中，而上下应之，曰：大有。其德刚健而文明，应乎天而时行，是以元亨。

《象》曰：火在天上，大有；君子以遏恶扬善，顺天休命。

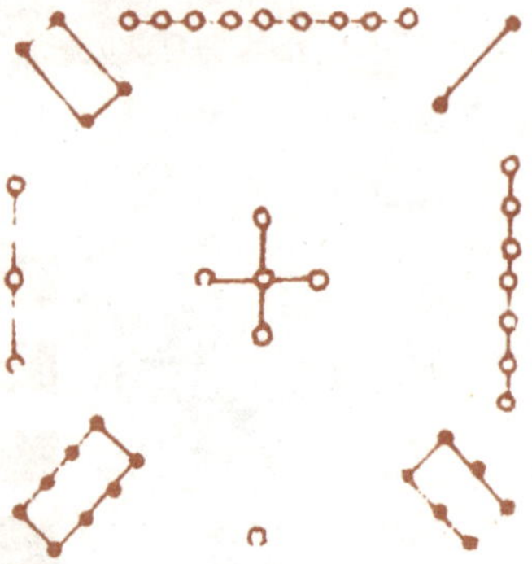

河图

译文

大有卦象征大有收获，至为亨通顺利。

《彖传》说："大有"，是指阴柔的厚德处居尊位，显示出博大持中，上下阳刚与它呼应，所以能大有收获。本卦具有刚健而又文明的美德，顺应天道，依时序而安排行动，因而必然极为亨通顺利。

《象传》说：阳光普照大地，因而将"大有收获"。君子因效法光明普照的德行，遏止邪恶，显扬善行，这才是顺承至善至美的天道使命。

原文

初九　无交害，匪咎，艰则无咎。

《象》曰：大有"初九"，无交害也。

九二　大车以载，有攸往，无咎。

《象》曰："大车以载"，积中不败也。

九三　公用亨于天子，小人弗克。

《象》曰："公用亨于天子"，"小人"害也。

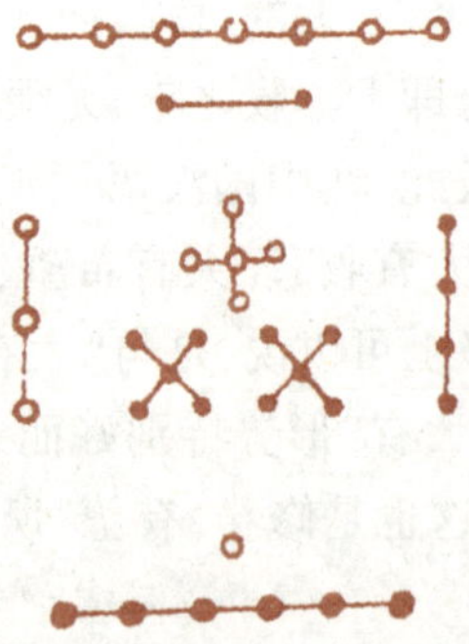

洛书

译文

初九，没有交相残害，不会有灾难。艰险环境中彼此互助就不会遭到祸害。

《象传》说：大有卦的初九，即是说不能相

互残害。

九二，大车载物，运往该去之处，无灾难。

《象传》说："大车载物"，说明要装载适中，才不会招致失败。

九三，王公朝见天子，得赐宴，一般的平民不能担当此任。

《象传》说："王公朝见天子，得赐宴"，小人担当此任就将此秩序破坏了。

原文

九四　匪其彭，无咎。

《象》曰："匪其彭，无咎"，明辨晰也。

六五　厥孚交加。威如。吉。

《象》曰："厥孚交如"，信以发志也。"威如"之"吉"，易而无备也。

上九　自天佑之，吉无不利。

《象》曰："大有"上"吉"，"自天佑"也。

译文

九四，不自高自大，就没有灾害。

《象传》说："不自高自大，就没有灾害"，说明应有明辨事理、权衡利弊的智慧，方可得出明白的结论。

六五，上下诚信相交，威严自显，吉祥。

《象传》说："上下诚信相交"，是指以诚信感发他人忠信之志。"威严自显的吉祥"，是指有威信而平易近人，人不必存戒备。

上九，从上天获得的佑助，吉祥而无所不利。

《象传》说：大有卦对高居上位人的吉祥，是因有上天的佑助。

智慧应用

顺应天时，晋文公守诺成霸

大有卦上卦离为火，为光明，下卦乾为天，为刚强，象征太阳升在天空之上，普照万物。也象征领导者光明刚健，应天命，得人心，就一定能实现自己的理想。晋文公可以说是这一卦意的忠实践行者。他刚健而文明，应天时而行，最后成就了他的霸业。

春秋时期，战乱绵绵。公元前636年，逃亡十九年的晋公子重耳，经历了无数的磨难，在秦穆公帮助下回国即位，称晋文公。他在谋臣赵衰、狐偃、先轸等人的辅佐下，短短四年，便使晋国具备了称霸中原的条件。然而，晋文公想占尽“天时、地利、人和”，并没有急于求成，继续休养生息，鼓励民众发展生产，以增强国力。

公元前623年，晋国的实力已经达到了晋文公的预期设想，晋国屯兵卫境，联合齐、秦、曹、卫等国，与楚国形成了对峙之势，楚将子玉因此被激怒，不顾楚成王“无从晋师”的告诫，放弃攻宋，挥师进发曹都陶丘，寻求同晋军交战。一场春秋以来为称霸中原发生的规模最大的一场战争在楚、晋两国之间拉开了序幕。

晋文公为了履行当年的诺言，命令全军退避三舍，后撤九十里至卫国境内的城濮，当时晋军将士极为不满，认为一国之君避让敌国之臣是一种耻辱；况且楚军劳师远征，已经疲惫不堪，应该主动出击，后退就等于贻误了战机。

楚成王曾经有恩于晋文公，退避三舍表现出晋文公言而有信，报答了楚成王的恩德，而这一举措避开了楚军锋芒，骄纵了楚军，同时激励了晋军士气，而且“退让”赢得了诸侯同情。这是一种政治上争取主动，军事上诱敌深入，后发制人的谋略，晋文公选择了有利于己而不利于敌的战场，创造了一个以劣胜优的战争环境。

在晋军退了三舍之后，楚军还是不依不饶，晋军上下，不由义愤填膺，个个摩拳擦掌，欲与楚军决一死战，他们认为楚军欺人太甚。而楚军上下认为晋军是不堪一击，于是骄横之气四溢，意志松懈，人人不再以晋军为意。俗话说骄兵必败，看晋楚双方的精神状态，战斗结果可想而知。晋军退了九十里，不再退了，楚军追了九十里，自以为抓到了猎物，双方在城濮安营扎寨，准备明日厮杀，黑云压城，杀气冲天，眼见一场血战在即。

晋文公在诸将陪同下检阅晋军，见战士们个个精神抖擞，斗志昂扬，晋文公也不禁信心倍增。当即与先轸等人部署对阵计划，使狐毛狐偃兄弟率上军进攻

楚军之左翼，使栾枝引下军进攻楚军右翼，以先轸将中军居中抵挡楚之中军。

晋军所有的布置已定，楚军主将成得臣送来战书，书上写道："我想同你的战士角斗一场，你可以凭车观看，下臣我也奉陪。"骄横之气溢于言表。

晋文公郑重其事地答其战书道："寡人不敢忘楚君昔日的恩惠，所以退避三舍，才敢与大夫您对敌，既然大夫您执意要观兵，寡人只有奉陪了！"

第二天清晨，两军在城濮摆开阵式，楚军首先向晋军发起冲击。两军刚一接触，只见与楚右军对阵的晋军中冲出一支蒙着虎皮的战车队伍，楚军马匹一见，以为是真虎上阵，惊慌倒地，楚军不战自溃，晋国乘势掩杀过去，楚右军遂告瓦解。同时，晋上军将领狐偃故意佯作败退，引动楚左军离开中军，冲将过来，晋军元帅先轸见敌中计，遂挥中军从侧面拦腰冲断楚左军退路，晋上军见状反身大战，两下夹击。楚军不愧为精锐之师，被困仍苦斗不止，但怎奈得晋军骁勇，且有备而来，终于被杀得全军覆灭。

那天，沙尘蔽日，两军车马驰骋，更是搅得对面不辨人。楚军左右两军尽失，中军成得臣尚不知晓，等到晋军中、上、下三军一齐冲将过来，成得臣方才大悟，急令中军撤退，半途又被晋军勇将们截住大杀一阵，十停楚军去了六七停。城濮一战，晋军大获全胜。

城濮之战以后，楚国势力退出中原，晋国成了名副其实的中原霸主。晋文公率中原诸侯会盟，朝见周襄王，车骑千乘，旌旗蔽日，浩浩荡荡，威风凛凛。晋文公被周天子授予方伯斧钺，得以王命讨伐诸侯。晋文公重耳也因此被史家列为春秋五霸之一。

晋文公恪守因应原则，顺应天时，同时又谦虚谨慎，积极努力，所以赢得了成功。与之相对的楚军主将成得臣却骄狂自大，得意忘形，最后拱手献出了几代人苦心经营的中原大地。这一鲜明的对比也告诫人们：要想建功立业或取得道德学问的圆满结果，就必须顺应客观规律，努力创造一切于自己有利的环境，在取得众人的支持下，一定会实现自己的理想。

谦卦第十五

〔易德经典〕

谦虚使人进步，骄傲使人落后的名言，来源于古易的“谦卦”有关“谦受益，满招损”的古训，大概是毫无疑义的。正是在易家的大力倡导下，“谦德”影响中国历史五千年，成为中华民族最为显著的民族性格之一，它与西方民族以好胜争强为美形成了鲜明的对比。

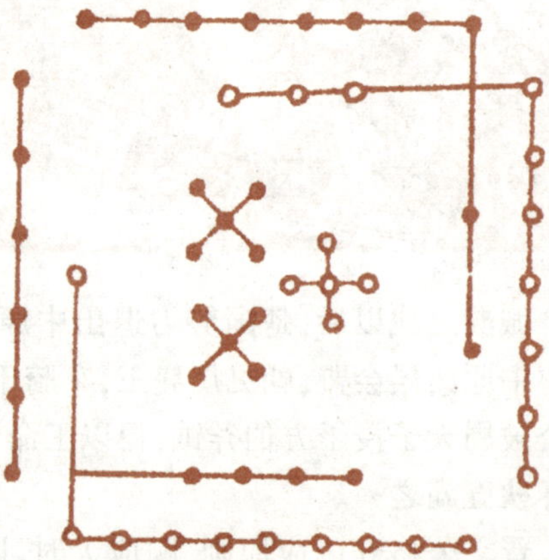

洛书联十数之图

易家明智地发现：任何庞大的事物都不可以盈满自大，以免走向反面。所以接着大有卦的正是象征谦虚的谦卦。

联系易学家程颐关于“有其德而不居谓之谦”的说法，以及大儒朱熹关于“谦者，有而不居之义”的解释，我们应当可看出易家力倡谦德的深义和苦心，就是要人们努力修养成为有而不居，满而不盈，实而不骄的谦谦君子,始终保持谦虚的本性,谦逊的态度,谦让的行为,避免走上骄傲自满,固步自封,人憎鬼厌,天罚地灭的绝路。

应该说,中国人没有不知道谦虚的好处的,也没有不喜欢谦虚的有德之士的,问题是如何做到始终如一,尊卑不易地保持谦德。一般说,尊贵时保持谦虚的外表易,保持谦虚的心态难,而卑贱者则很容易染上阿Q精神,这都是值得深思的。

原文

谦　亨,君子有终。

《彖》曰:谦,"亨"。天道下济而光明,地道卑而上行,天道亏盈而益谦,地道变盈而流谦,鬼神害盈而福谦,人道恶盈而好谦。谦,尊而光,卑而不可逾,"君子"之"终"也。

《象》曰:地中有山,谦。君子以裒多益寡,称物平施。

译文

谦卦象征谦逊。谦逊方能亨通顺利,君子能行谦逊之德至终。

《彖传》说:谦逊,亨通顺利。天的规律是阳气下降普济万物带来一片光明,地的规律是阴气从低处源源上升。天的规律是使满盈亏损,使谦虚得到增益;地的规律是改变满盈,充实谦虚;鬼神的规律是加害满盈,降福谦虚;人的规律是憎恶满盈而喜好谦虚。谦逊者居尊位时自身愈加光大,下处卑贱时,常人亦难超越。只有君子能够自始至终保持谦逊的美德,也只有如此才能有好结果。

《象传》说:上坤下艮,高山低藏在地下,象征谦逊。君子效法此德,减损多余的而增益不足,权衡事物,公平施予。

原文

初六　谦谦君子。用涉大川,吉。

《象》曰:"谦谦君子",卑以自牧也。

六二　鸣谦,贞吉。

《象》曰:"鸣谦贞吉",中心得也。

九三　劳谦,君子有终,吉。

《象》曰:"劳谦君子",万民服也。

译文

初六，一再注意的谦虚君子，可以涉越大河巨流，吉祥。

《象传》说："一再注意的谦虚君子"，这是说用谦卑的德行严于约束自己的君子。

六二，谦逊的名声外扬，卜问结果一定可获吉祥。

《象传》说："谦逊的名声外扬，卜问结果一定可获吉祥"，这是说靠心中积聚起的谦逊正直的美德能够赢得名声。

九三，有功绩而谦逊，君子保持谦虚的美德至终，吉祥。

《象传》说："有功绩而谦逊的君子"，广大百姓都敬服。

原文

六四　无不利㧑谦。

《象》曰："无不利㧑谦"，不违则也。

六五　不富以其邻，利用侵伐，无不利。

《象》曰："利用侵伐"，征不服也。

上六　鸣谦，利用行师，征邑国。

《象》曰："鸣谦"，未得志也。可"用行师"，"征邑国也"。

译文

六四，发挥谦逊的美德无论如何都不会有不利。

《象传》说："发挥谦逊的美德无论如何都不会有不利"，说明这样做没有违背原则。

六五，不富有，是邻国的缘故，利于出兵征伐，无所不利。

《象传》说："利于出兵征伐"，是因为征伐那些不遵从礼制者。

上六，谦逊的名声外扬，利于用兵征战，讨伐领地中的叛乱。

《象传》说："谦逊的名声外扬"，表示仍然没有实现志向。"可以用兵征战"，是指只征讨领地中的叛乱。

智慧应用

孤高自傲，李忠文功败垂成

任何惊天动地的功业，实际都建立在群众支持的基础上。如果没有群众的支持，再正确的决策都无法得到实施，当然也就不会有什么好结果。对每一个身居领导地位的人物，更要能坚守谦逊，这是人人必须遵循的一条铁的规律。谦虚谨慎地倾听群众意见，和群众打成一片，而不至于在上下之间产生隔阂，孤立自己。领导人物不能是孤家寡人，更不是什么超人。这也是"谦卦"中的要旨。但是，生活中还是有很多的人在事业成功的道路上背离了谦逊的原则，不但没有把事业推向成功，反而前功尽弃。曾经名噪一时的"中华鞋王"李忠文的崩溃就是这方面的佐证。

仅仅用了4年的苦心经营，李忠文在全国四十多座城市开了80家连锁店，拥有2.8万名员工，总资产达到了三十多个亿，"百信鞋业"奇迹般地在国内迅速壮大，一时间，这位30未满的温州小伙子一下成了一个名副其实的"中华鞋王"。

"百信"发展速度如此之快，与李忠文的经营方式密不可分。"百信"除在销售上注重低成本运作外，在经营上，"百信"还有一个特点，那就是公司在经营过程中相对的直接投入并不多。李忠文靠着诚信发家，平时的经营中，"百信"本着诚信的原则，一般与供货商约定在一周之内结账，遇到特殊情况也不会超过15天。因此，"百信"与供货商之间达成了双赢互利的合作关系。供货商不仅不担心能不能收回货款，而且许多慕名而来的供货商更是争着向"百信"供货，等货销出去以后，再将货款返回。这样由供货商垫付现金成本，"百信"基本上没有流动资金的压力。因为有强大的销售实力，"百信"几乎不用担心货源问题。到2000年末，李忠文的事业达到了顶峰，年销售额高达15亿元。

2000年7月，李忠文衣锦还乡，在温州王朝大酒店宴请家乡的名流和各大鞋商。席间，李忠文给大家算了一笔账，他在全国的80家连锁店，如果每个店每天售出一个品牌的20双鞋，那么，他每天在这个品牌的鞋厂下的订单就是1600双，如此充满着诱惑的承诺让在场的每一位鞋商为之垂涎。

功成名就，李忠文并没有就此停下脚步，而是对自己的产业提出了更高的目标，即在2001年销售额达到17个亿，到2002年在全国开出100家连锁店，5年内跻身世界500强。他还从国家工商总局申请了100个商标，准备在全国各大连锁店建立100个品牌专柜，利用连锁店树立自我品牌，计划在2004年前使自己建立100个品牌，成为全国鞋业名牌。同时，他还花重金收购了"郑州亚细亚天津分公司”,并以每年300万元的租金租下北京赛特广场一万多平方米的店面。一系列大手笔的运作更是奠定了李忠文在全国鞋业界的霸主地位。他曾自豪地说:“我的习惯是只做第一,不做第二。”如果哪家“百信鞋店”在当地的销量不是第一,他会马上关掉它。

对于每个商人而言,处于事业的巅峰往往也是最难把握的时期,一步棋没走好,就有可能“全盘皆输”。李忠文也没能幸运地挺过这一关。眼前的成功滋长了李忠文的傲气,一味地追求“高、大、快”的目标让他忽视了发展中出现的诸多问题。管理上的危机也渐渐产生。然而,对正沉溺于成功的自满中的李忠文来说,这些问题非常简单,并没有引起他的重视,他依然朝着他的“中华鞋王”的美梦而疾步向前。

2001年5月,一件突如其来的事情,惊醒了李忠文。5月20日,百信鞋业沈阳(东北)分公司因涉嫌偷逃税款被国家税务总局查处。6月初,沈阳市委书记张行湘亲自批文,要求市内工商、税务、公安部门联合对“百信”存在的问题进行调查。6月23日,调查组突然进入“百信东北分公司”办公室,立即封存了微机中的所有账目。由于涉嫌数额巨大,沈阳市公安部门当场扣押了1000万元的销售货款顶税入国库。随后,武汉、郑州、长沙等地的百信分公司也因涉嫌偷逃税款被国家税务总局查处。一场席卷“百信”全国市场的风雨扑面而来。

在查税事件以前,“百信”在全国范围内所欠贷款达五千多万元。对于每月光发放员工的工资就要3000万元的“百信”来讲,这笔钱并不算多。但是由于公司将大部分资金都用于开发市场上了,并且,在查税事件中公司账目被冻结。资金突然中断,无法预期偿还供货商所欠货款。许多供货商感到了恐慌,他们立即停止供货并纷纷上门讨债,资金一下根本无法周转。于是,“百信”内外人心大乱。各地分公司的中上层管理人员也纷纷离职,造成部分公司机构近乎瘫痪。这一切,对一家庞大零售企业来说无疑是致命一击。

就这样,几乎在一夜之间,李忠文所执掌的“百信”庞大的产业崩溃了。曾经风光无限的李忠文不仅一落千丈,还成了网上追逃的嫌疑犯。2003年5月,李在长沙被警方抓获。“中华鞋王”从此沦为囚徒。

李忠文曾一度创造了中国鞋业的辉煌,由于他的孤傲,疏于细节的管理,导演了一出惨痛的悲剧,他用血泪的教训给中国企业敲响了一记沉重的警钟:即使自己名满天下,也要保持清醒的头脑,勿自鸣得意,而应多反思自己的不足和短处;浮华背后隐藏着重重危机,盛名之下往往会难有其实,世间的事情常常如此。满闻天下的声名固然是自己的才能和努力的结果,其中却也有许多因缘和巧合促成,若能懂得这一点,便能真正地估价自己而不自欺欺人,也会少犯错误,更不至于把自己的前途和理想葬送。

豫卦第十六

☳☷

〔易德经典〕

“豫”在汉语中含义甚多，其最基本的用法，除作连词、名词外，主要见于诳豫、犹豫、备豫和逸豫等词，分别是哄价欺骗、迟疑不定、预先防备和悦乐安适的意思。乍看起来，这四个词意思相差甚大，其实，却有着内在的逻辑关系。那就是，奸商定价不实，蒙骗欺客，交易时难免犹豫不决，深恐受骗上当，但如果买者早已做了预备，洞察机心，防患未然，那就可以高枕无忧，安逸游乐了。

正是在古人这种早已总结出来的“凡事预则立，不预则废”的思想指导下，《易经》的《卦辞》认为，从豫卦坤（地）下震（雷）上——如蛟龙游于地面，惊雷震于平野的卦象看，“欢娱不忘戒备，有利于为建功立业而出师征战”。

从《卦辞》主旨和《彖传》及《象传》的发挥看，豫德时代，是紧接谦德明主奠定了基业之后，天时到来，雷响地奋，人民乐于顺从刚正之士，振奋精神，有所行动的时候，也是君子发扬豫德，祭天祭祖，为民族建功立业的时候。而且，比起屯德时期雷鸣于水下的沉闷，豫德时代雷鸣于地上的轰响，显然会更为坚实而有力。

原文

豫　利建侯、行师。

《彖》曰：豫，刚应而志行，顺以动，豫。豫，顺以动，故天地如之，而况“建侯行师”乎。天地以顺动，故日月不过，而四时不忒。圣人以

顺动,则刑罚清而民服。豫之时,义大矣哉。

译文

豫卦象征快乐,利于建立诸侯,用兵征战。

《彖传》说:豫卦的现象是阳刚有五个阴爻相应,从而能够遂行志向,又能顺应时机行动,因此愉快。豫卦能顺应时机行动,就连天地的运行也如它一样,何况是“建立诸侯,用兵征战”呢?天地循时运转,因此日月的周转不会出错,四季循环不会有偏差。圣人顺应时机而行动,所以赏罚清明公正,百姓心悦诚服。豫卦“得其时”的意义多么宏大啊!

原文

《象》曰:雷出地奋,豫。先王以作乐崇德,殷荐之上帝,以配祖考。

初六　鸣豫,凶。

《象》曰:“初六鸣豫”,志穷“凶”也。

六二　介于石,不终日,贞吉。

《象》曰:“不终日,贞吉”,以中正也。

译文

《象传》说:雷声轰轰,大地震动,象征“快乐”。古代圣王效法这一精神,制作音乐来赞美尊崇功德,以隆重的典礼进献天帝,同时祭祀祖先的神灵。

初六,自鸣得意,有凶险。

《象传》说:初六“自鸣得意”,是说得意忘形为胸无大志的表现,结果凶险。

六二,像石头一般坚定不移,持续一整天,占卜可获吉祥。

《象传》说:“持续一整天,占卜可获吉祥”,是坚持行为中正,不走邪路的缘故。

原文

六三　盱豫,悔。迟,有悔。

《象》曰:“盱豫有悔”,位不当也。

九四　由豫,大有得。勿疑,朋盍簪。

《象》曰:“由豫大有得”,志大行也。

六五　贞疾,恒不死。

《象》曰:“六五”“贞疾”,乘刚也。“恒不死”,中未亡也。

上六　冥豫,成有渝,无咎。

《象》曰:“冥豫”在“上”,何可长也。

译文

六三,媚上求欢将有悔恨,而悔悟太迟更增悔恨。

《象传》说:“媚上求欢将有悔恨”,这是说生活的位置没有摆正。

九四,安乐喜悦由自身而来。诚信不疑,朋友才会来聚会相从。

《象传》说:“安乐喜悦由自身而来”,说明志向正在施行。

六五,占卜有关疾病,将病很久却长寿不死。

《象传》说:六五“占卜有关疾病”,是因为它乘凌于阳刚之上。“长寿不死”,说明居中宁正就不会灭亡。

上六,已至沉溺于安乐的恶习,能及时有所改变,不会有灾祸。

《象传》说:“沉溺于安乐”占据了上位,这种快乐没法长久。

智慧应用

居安思危,通用总裁乐不忘忧

在安乐与成功之际,更要坚守中正,兢兢业业,虽然成功已经到来,但一切都还在发展之中,过于相信自己力量的强大,便只能招致与愿望相反的结果,惟有密切地注视着事态的发展,及时察觉不利的因素,并采取应变之策,才能把握发展的良机,永远保持成功的局面。这也是豫卦阐释的有关成败安危的道理。

孟子“生于忧患,死于安乐”的观点也正好解释了豫卦的原意。通用汽车公司的总裁善于在安乐之中找寻危机的萌芽,立足长远,确保了通用汽车公司在世界汽车行业中长盛不衰的地位。

在世界汽车市场疲软的时候,通用汽车也陷入困境,史密斯临危受命,出任了通用汽车公司的总裁,经过一番艰苦卓绝的努力,通用汽车又显现了往日的生机。1984 年,通用汽车公司总销售额达 839 亿美元,获得利润 45 亿美元。在美国 500 家最大的工业公司中,通用汽车公司名列第二,仅次于埃克森石油公司。由于当时石油价格不断下跌,美国人觉得似乎可以大手大脚地用汽油了,于是舒适而豪华的大轿车又时兴起来了,在这方面,通用汽车似乎又占尽了先机。

宽松的外部环境给通用创造了好的发展条件,公司的机制出现了前所未有的高效能的运转。各公司的经理们认为应该放松一下,尤其是总裁史密斯先生更应该过几天安稳日子了,可身为通用公司总裁的史密斯却没有这样想。他考虑到眼前市场的繁华暗藏着种种危机,公司如果没有长远的计划,就一定会在不远的将来栽跟头,也就更谈不上有什么美好的未来了。于是他召开公司高层领导会议,尽管很多人不理解,但史密斯还是果断地做出了两项重大举措。

其一,为了把握未来的汽车市场,通用公司不惜投下几十亿美元的巨额资金,成立一家生产小型车的汽车制造公司——农神公司。农神公司第一批产品在1987年秋推出。投产后的农神公司每年可生产40万至50万辆小轿车。农神公司的设备是经过改进的自动化设备,成本和质量均与日本车不相上下,这为未来占有小型汽车市场做好了充分的准备。在自身研发的“农神”还没有下线之前,为了对付进口日本轿车,史密斯主动出击,与日本丰田公司签订了协议,在加利福尼亚的佛垒芝装配厂生产25万辆丰田设计的轿车,以通用的“雪佛莱”车牌在美国市场出售。除丰田以外,“通用”与日本的“铃木”、韩国的“大宇”和“现代”等汽车公司签订协议,用“通用”的牌子出售这些厂家的汽车。史密斯之所以采用这种方法,是因为他有自己的计划。因为在“农神”计划未实现之前,由于缺少替代产品,“通用”有可能被挤出汽车市场,所以史密斯采取了加入到他们中间去的策略。

其二,史密斯把目光投向了技术革新,决定用高新技术来降低生产成本。为了达到这一目的,通用公司不惜花25亿美元的巨资并购了达拉斯电子资料系统公司,利用电子系统推进“农神”计划,使公司的决策迅速而准确地贯彻到各级部门。此后,通用汽车公司生产的电脑化发展很快,成本大降,工作效率大大增强。这样一来,通用公司才开始在市场上逐渐占有优势。

史密斯这一系列决策的正确与否在后来得到了验证。中东地区局势紧张时,油价直线上涨,通用汽车传统的大轿车销量日减,然而,“农神”小型汽车的销量却日益飙升,通用汽车依然保住了自身的长足发展。通用人无不感谢他们的领头人史密斯先生。如果当时史密斯被通用公司的一片大好前景所迷惑进而得意忘形,如果史密斯不能为长远发展施行“农神”计划,可以说通用汽车早就被日本轿车挤出了市场。

在充满竞争的现代社会里,无论是做人也好,还是做事也好,都应该懂得这种居安思危的道理。好运来临时固然令人快乐,但在快乐的时候,我们必须保持清醒的头脑,不能得意忘形,只有这样,才能使我们的事业进一步向前推进。

随卦第十七

〔易德经典〕

“随”在汉语词汇、成语乃至俗语中的应用都很广，如跟随、追随、尾随、紧随、随人、随意、随时、随众、随从、随军、随机应变、随风使舵、随遇而安、随时随地、随风倒、随大流等等。这些随之义、随之谚与其易理中的定位关系很大，对理解随德也很有帮助。从随的卦象（是震下兑上）看，也确有战战兢兢，和颜悦色，跟风随上的样子。

随之德十分吉祥，《卦辞》也只有“元亨，利贞，无咎”几个字，大意为“随时变化，与时俱进。这是元始畅达，有利正确，毫无过错的”。真是无忧无虑，连一般过错都没有。易家认为，凡安逸快乐者必有人追随左右，所以接着豫卦的是表示追随的随卦。

仅从《彖传》《象传》的阐释看，“随时之义大矣哉”的慨叹，是十分模糊的，向晦入宴息的提示，更似乎是在暗示在“随”的时代不可有大的作为，只宜在昏暗的夜色里摆一桌酒宴，自斟自酌，而后休息睡眠，了此残生。难道说，随之时真是如此消极吗？还是让我们来看看《爻辞》是如何说的吧。

原文

随　元亨，利贞，无咎。

《彖》曰：随，刚来而下柔，动而说，随。大、亨、贞，无咎，而天下随

时,随时之义大矣哉。

《象》曰:泽中有雷,随。君子以向晦入宴息。

译文

随卦象征随从:至为亨通顺利,为有利占卜,没有灾祸。

《象传》说:随卦卦象是阳刚谦卑地居于阴柔之下,自身行动而使下愉悦,所以说随从。这种态度通达中正,不会有任何灾祸,于是天下的人事物来追随。随从于适当时机的意义真是大呀!

《象传》说:雷潜伏于大洋深处,象征着随从。君子效法此德依顺作息规律,天晚应返归家中休息。

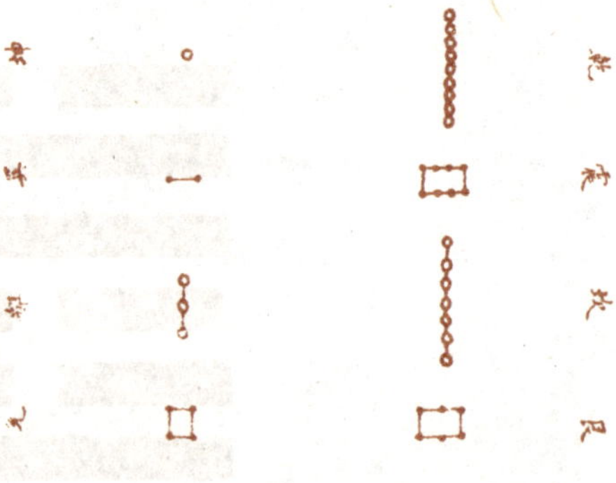

河图用九各拱太极之图一

原文

初九　官有渝,贞吉。出门交有功。

《象》曰:"官有渝",从正"吉"也。"出门交有功",不失也。

六二　系小子,失丈夫。

《象》曰:"系小子",弗兼与也。

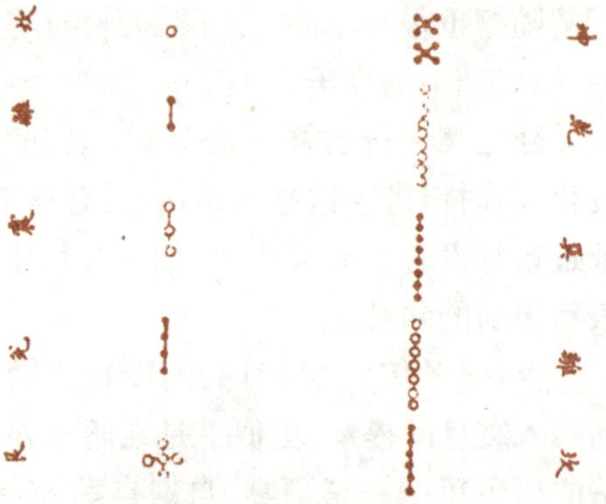

河图用九各拱太极之图二

译文

初九,官场之事多有变化,占卜可获吉祥。出门与人交往能获成功。

《象传》说:"官场之事多有变化",说明要顺随正道以获得吉祥。"出门与人交往能获成功",说明行为不致过失。

六二，抓住了年轻人，却会失去壮年人。

《象传》说："抓住了年轻人"，是说壮年人不能兼得别的。

原文

六三　系丈夫，失小子，随有求得。利居贞。

《象》曰："系丈夫"，志舍下也。

九四　随有获，贞凶。有孚在道，以明，何咎。

《象》曰："随有获"，其义"凶"也。"有孚在道"，"明"功也。

译文

六三，一味注意壮年人，会失去年轻人。随从已经失去的人，需求能得到满足，利于居处占卜。

《象传》说："一味注意壮年人"，是说已决意舍弃年轻人。

九四，随从于人必有收获，占卜结果为凶险。心存诚信，不离正道，用以明察事理，又何尝会有灾祸呢。

《象传》说："随从于人必有收获"，这从义理上看是凶险的。"心存诚信，不离正道"，是说明察事理可生功效。

原文

九五　孚于嘉，吉。

《象》曰："孚于嘉，吉"，位正中也。

上六　拘系之，乃从维之，王用亨于西山。

《象》曰："拘系之"，"上"穷也。

译文

九五，在友善基础上广施诚信，吉祥。

《象传》说："在友善基础上广施诚信，吉祥"，说明正确立于中正之道。

上六，先拘禁束缚然后放掉他使他得脱险。君王于是设祭西山，兴讨逆之师。

《象传》说："先拘禁束缚"，说明其已穷途末路了。

智慧应用

至忠至诚，明孝宗惟善是从

科学家曾经做过一个实验，发现当雁群成“人”字形飞行时，要比孤雁单飞节省70%的力气，相对地也就等于增加了70%的飞行距离。雁群的确够聪明，它们选择拥有相同目标的伙伴同行，这样可彼此互动，更快速、更容易地到达目的地。雁群的这种飞行方式与随卦所阐释的追随、随和的原则如出一辙。人与人之间，个人利益往往会有冲突，有时必须舍弃个人的私见、私利，随和众意、众利，才能维系一个组织或集体利益。这些道理已经被现代的管理者诠释成“团队精神”。一个真正的团队应该是一个有机整体，有一个共同的目标，并为这个目标努力奋斗。其成员之间的行为相互依存，相互影响，并且能很好合作，追求集体的成功，是团队中的每个成员都习惯改变以适应环境不断发展变化的要求。人心齐，泰山移，团结就是力量。团队精神可以使团队保持和拥有创新活力，焕发青春，积极进取。这就像步调一致的雁群一样，齐心协力，互帮互助，并在心中产生一种力量，激励自己前进，一起飞向灿烂美好的明天。在历史上，明孝宗就很好地践行了随卦所蕴含的哲理，成为中兴大明王朝的“团队”核心。

1487年，孝宗朱祐樘即位后，致力于“更新庶政，大开言路”，因为孝宗知道至忠至诚地为天下百姓办事才能赢得百姓的拥戴，不平凡的身世也使他始终想到百姓的疾苦。上任伊始，一些奸佞相继被惩处或罢免，同时任人惟贤，笼络了一批忠心耿耿的大臣，如王恕、马文升、刘大夏、刘健、谢迁、李东阳等人，为孝宗励精图治立下了汗马功劳。在群臣之中，孝宗最信任的是王恕，也因为有了王恕，孝宗才如虎添翼，雄风大振。王恕也对新君的知人善任感激不尽，在职期间，除了仍能上疏抨击时弊之外，他还先后向孝宗引荐了包括刘大夏在内的许多人才。其中马文升是一位文才武略兼备的大臣，弘治二年(1489年)，他由左都御史升任兵部尚书，并提督12营团。马文升到职以后，大力整军，罢免了三十余名不称职的将校。有人伺机行刺马文升，孝宗立即下令锦衣卫缉捕，并特拨骑士12人，时时跟随保卫马文升。

孝宗一直把重用忠良之士作为治理朝政的保证,对于内阁大臣们的奏请和意见,孝宗初时尽管大多能听从,有时也并非全都认可,但后来他看到这些人确实在用心辅佐,其信任程度大为加强。凡阁臣们的奏请,无所不纳,与他们的关系极为融洽。这使其在位期间的社会面貌发生了巨大的改观,呈现出一派安定祥和的景象。

孝宗在减轻百姓负担上也做了许多好事。他对每年奏报来的因灾免赋要求,几乎无一例外地支持。不仅免除灾区税赋,还通过钱粮赈济拯救受灾的百姓。为了整治黄河以及江南的水患,孝宗令刘大夏坐镇山东阳谷。刘大夏不负使命,历时两年,完成了多项水利工程,终于治服了水害。奉旨到江南治理水害的工部侍郎徐贯,也出色地完成了使命。

与此同时,孝宗继续虚心纳谏,鼓励广开言路的风气,亲近贤臣,远离小人,勤于政事。弘治十年(1497 年)二月,孝宗在后苑游玩的时间过长,侍讲学士王鏊反复规劝,孝宗当时没有接受,但却对诱导他玩乐的太监说:"讲官指出这一缺点完全正确,是一片诚挚之情,完全是为我着想啊!"自此之后,太监也收敛了诱导皇帝玩乐的言行,孝宗不再到后苑游猎寻欢。后来王鏊升任礼部尚书。为了引导大臣们踊跃进言,孝宗还经常提出这件事情,让人们知无不言。为打消讲言的顾虑,他还明确要求阁臣们:"传我的话给诸位讲官,不必顾虑。"为了巩固统治,孝宗如此虚心,只要是有利于国家和百姓的建议,孝宗纷纷采纳,并积极实施,这在明王朝历代君主中是不多见的。就这样,一大批贤良聚拢在孝宗周围,形成了一个强而有力的统治核心。

孝宗的亲贤远佞、勤政爱民终于得到了回报,弘治时期社会稳定,经济繁荣,人民安居乐业,是明代一个难得的和平时期。他也因此而跻身于历史上中兴帝王的行列,被誉为"中兴之令主"。作为一个皇帝,他没有贪图享受,而是把全部的精力放在治理国家、安定百姓之上,这在历代君王中也是少见的。

如今虽然没有皇帝这一特殊的阶层,但领导者无处不在,尤其是在商业高度发展的社会里,个人的力量已经逐步显得弱小和微薄,只有优秀的团队才能最大程度地抵御市场风险,也只有优秀的团队才能从芸芸众生中脱颖而出。一个有高度竞争力的团队,包括企业,不但要求有完美的个人,更要有彼此之间精诚的配合。无数的个人精神，凝聚成一种团队精神，这样的组织才能兴旺发达，所建树的事业才会基业长青。

蛊卦第十八

〔易德经典〕

在易德系统中，每一卦德都有其不可忽视的合理性和无法避免的局限性，需要全面吸纳才能美德圆满。与时俱进的“随”德也不例外。这就是“随流易合污，合污必生蛊”。所谓生蛊，民间流传有许多说法，有的指人体的寄生虫，有的指陈旧稻中生出的飞虫，但最出名的，是古代传说的一种做法，即将百种毒虫共放于一瓮盆之中，任其互相残杀吞食，待一年后诸虫食尽，剩下的最后那只不死的剧毒之虫，就称之为“蛊”，通常被恶巫之流用来作害人毒物。

由于蛊能害人，而又不易被人所察知，所以引申开去，凡以妖言惑众者，又被称之为蛊惑人心。可见，“蛊”在人们心目中，是比闻之色变的老虎毒蛇更为可怕的神秘毒物，今天可以作为一切有害于人类身心健康的不良事物，如黄赌毒黑恐等等。

《象传》说，山下有风，山风受阻不行，湿气闷热，就产生了蛊。君子应该从这一象征中得到启示，积极地振奋人民，培育良好的品德，抵制各种乱人心智的蛊惑。

这就是在天下无事，久闭生蛊的时代，所应修养的蛊德，亦即治蛊之德。其具体内容，可见于六爻之辞。

原　文

蛊　元亨，利涉大川。先甲三日，后甲三日。

《彖》曰：蛊，刚上而柔下。巽而止，蛊。蛊"元亨"，而天下治也。"利涉大川"，往有事也。"先甲三日，后甲三日"，终则有始，天行也。

《象》曰：山下有风，蛊。君子以振民育德。

译　文

蛊卦宜于祭祀，利于涉越大江巨流。不过要先研究三天，制定方针；后观察三天，及时救治。

《彖传》说：蛊卦的卦象是阳刚处上而阴柔居下，在下者卑屈静止，在上者停止不前，象征着需要整治腐败。而整治腐败之举，是至为亨通顺利的，于是天下大治。"利于涉越大江巨流"，说明努力前往可以大有作为。"不过要先研究三天，制定方针；后观察三天，及时救治"，是说前事的终结即是后事的开始，这是天体运行的规律。

《象传》说：风往山上吹，是象征要整治腐败。君子效法这一精神，以德教振奋百姓，培育美德。

原　文

初六　干父之蛊，有子。考无咎，厉，终吉。

《象》曰："干父之蛊"，意承"考"也。

九二　干母之蛊，不可贞。

《象》曰："干母之蛊"，得中道也。

九三　干父之蛊，小有悔，无大咎。

《象》曰："干父之蛊"，终"无咎"也。

译　文

初六，挽救父辈败坏的事业，只要儿子能够振兴家业，必无灾祸，此事虽困难危险但最终必获吉祥。

《象传》说："挽救先辈败坏的事业"，是说儿子旨在继承父辈的未竟之业。

九二，匡正母辈的弊乱，不能够过分持守。

《象传》说："匡正母辈的弊乱"，是说明应采用中庸适度的方法。

九三，挽救父辈败坏的事业，稍稍会有一些痛苦，但不会有大的过失。

《象传》说："挽救父辈败坏的事业"，说明最终不会有灾祸。

原文

六四　裕父之蛊，往见吝。

《象》曰："裕父之蛊"，往未得也。

六五　干父之蛊。用誉。

《象》曰："干父用誉"，承以德也。

上九　不事王侯，高尚其事。

《象》曰："不事王侯"，志可则也。

译文

六四，以宽容之心对待父辈败坏的事业，继续下去必然出现憾惜。

《象传》说："以宽容之心对待父辈败坏的事业"，说明继续下去也不会有收获。

六五，挽救父辈败坏的事业，受到赞誉。

《象传》说："挽救父辈败坏的事业，受到赞誉"，说明用美德来振兴父辈的事业。

上九，不为王侯效力，孤高自诩自己的追求。

《象传》说："不为王侯效力"，说明这样的志向值得效法。

智慧应用

厉行改革，张居正匡扶万历王朝

面对乱世，有志之士，不可坐以待毙，而应该有所作为，何况乱世也正是英雄豪杰施展抱负、厉行改革的大好时机呢。但改革必定要触犯一些保守者的利益，因此每一行动，都应该有周密的安排，先计而后行，并做好艰苦奋斗的思想准备。革除毒瘤要刚柔相继，既不能姑息养奸，也不能过于刚烈。选贤任能，打造一支破旧立新的精兵强将。只有这样，才能扶大厦于既倒，重新开创新的世界。

明朝嘉靖年间，佞臣严嵩祸乱朝纲，致使明王朝政治腐败，内忧外患接踵而来。1562年，严嵩的政权倒台，徐阶接任首辅，因为张居正是徐阶的学生，加上张居正的能力，他受到朝廷的重用，他竭尽全力帮助徐阶主持朝政，得到不少的锻炼。

1566年，张居正升任宰相，并肩负着教育小皇帝——万历皇帝的任务，张居正励精图治，不仅使朝政有了很大的改观，而且教会了万历皇帝很多治理天下的策略和道理，在太后的帮助下，万历也逐渐变得英明了。对此，张居正感到非常高兴，因为没有万历的支持，他就不可能放开手脚进行一系列的政治改革。

由于张居正目睹了"庚戌之变"，所以他对军队的素质非常担心，从接任宰相之位时他就开始筹划着整顿边防。他大胆地任用了一批智勇双全的将领，奉行"一时才臣，无不乐为之用，用必尽其才"的用人方针。经他亲手提拔并任用的谭纶、戚继光、李成梁、王崇古、方逢时等都是智勇双全，而且又有着超群才华的人。经过张居正的几年整治，扭转了长期以来边防破败的局面，战守力量不断得到增强，蒙古兵没敢再次来犯。为了加强防御力量，张居正总想着积极改善蒙汉之间的关系，他命令沿边将帅抓住一切有利时机，积极发展与蒙古的友好关系。这些举措当时在蒙古地区引起强烈的反应，改变了自明朝开国以来一直与蒙古之间的敌对关系与战争状态，促进了两个民族之间的友好往来。

张居正任内阁首辅之后，针对朝中一些空谈阔论、不务实际的现状进行了吏治的改革与整治。万历元年(1573年)十月，张居正向万历皇帝上疏了请行考成法，神宗批准了他的要求。张居正的这种改革从根本上肃清了明朝的吏治。

张居正为了扭转吏治腐败的局面，非常重视对吏治的改革，制定了考核官员的办法，其考核内容主要有两条，首先六部和都察院把所属官员应办的事情规定完成期限，并分别登记在三个记账本上，一本留部院做底本，一本呈送内阁，一本送科道，六部和都察院按照登记本，逐月进行检查，如果没有按期完成，必须如实上报，六科亦根据登记账本，稽查六部的执行情况。这样层层检查，循环往复，最后由内阁总其成，于是内阁成了名副其实的政治中枢。从中央到地方的各级官员，他都要严格考核，那些一心为民、秉公办事的官员，在考核中被列为上等，而那些专门靠花言巧语骗取信任的官员，被列为下等，还有许多专拿薪水不管事的官员，被张居正裁减出了官员队伍。这样，就形成了一个完整的吏治体系。根据检查的结果，对官员进行惩罚与奖励，这样官员有了明确的目标，办事效率也大大提高了，而且贪污腐败等行为也从中得到了抑制。

张居正在当政期间，裁减的不合格官员约占官吏总数的百分之三十。张居正还广泛搜罗人才，把他们放在重要位置。张居正打破了论资排辈的偏见，任人惟贤，不拘一格地任用人才。于是，明王朝的吏治出现了一种较为清新的气象。

政治清明，人民安居乐业，但名目繁多的杂税依然困扰着千千万万的老百姓。针对赋税严重的现象，张居正又提出了“一条鞭”法。所谓“一条鞭”法，就是把田赋、徭役及其他名目繁多的杂税，统统合为一体，按照各家各户的具体情况重新核实编订，将有丁无田的编为下户，将有丁有田的编为中户，将田多丁少和丁田俱多的编为上户。将总数确定之后，按照丁田比例，将所有的赋、役摊派到丁、田里边，这种一条鞭法，简化了征税的手续，在一定程度上防止了富人的避税。为了推行一条鞭法，张居正责成吏部丈量田地，限三年完成，除皇上赐田外，一律按地办纳粮差，不得优免。

清丈田地的工作触及到了官僚、贵族、豪强的利益，遭到他们的强烈反对，张居正不畏强权，下令对阻挠丈量田地的官员无论是谁都要严肃查处。清丈田地的工作终于突破了种种阻力，取得了实际的效果。一条鞭法是张居正改革的重点，张居正的一条鞭法的实施，整顿了赋税，缓解了明朝的经济危机，稳定了明朝的统治，产生了积极而重大的影响，远远超越了张居正的主观愿望。

正是由于张居正循序渐进，宽猛结合，执着持久，他的改革取得了重大的胜利，挽救了明朝日益衰微的国势。张居正也因此成为彪炳千秋的政治家。

改革的过程是没有先例可循的，历史上的改革都没有现成的理论指导。毋庸讳言，改革的过程必然是一个充满问题，充满矛盾，充满曲折与挫折的过程。摸着石头过河，难免会有划破脚的痛苦、打湿衣的烦恼和摔倒河中的惊险，这些都不可怕。如果我们因为改革的过程中有问题有错误，就放弃改革，否认过河的必要性和重要性，不再过河，那河对岸的风景就永远只能是隔河相望，可望而不可及了。有一句非常富于哲理的名言，即因循守旧，墨守成规，不犯错误，才是最大的错误。

临卦第十九

〔易德经典〕

“临”字在汉语中应用很广，如临危不惧、临难受命、临阵脱逃、临渴掘井、玉树临风、大难临头等等。通常，“临”是靠近，到达，对着的意思，如临近、光临、面临、濒临等。

易学广博精深，对天道变化和人际关系的规律，都有精细的观察和分析，对“临”概念的看法亦如此。《易经》临卦《卦辞》认为，“阳气增长时期，是非常亨通、顺利而正确的，但到了阳气盛极而衰的八月，就会有凶险之事发生了。”

从对“临”的界定和认识出发，《易经》总结了丰富的天文地理人文知识，在万物到了“阳临阴消”的阳气增长时期，伟大人物居于正位的大好形势下，没有被胜利冲昏头脑，而是预见了在“阴临阳消”，阳气盛极而衰的八月之后，又将逐渐消退的不利局面，告诫人们在眼前“元亨利贞”的大好形势下，警惕“妖雾又重来”的可能，握紧手中的金箍棒，并进而对六爻各时段的注意要点作了精辟说明，表明了易家临德思想的远见卓识。

原文

临　元亨，利贞。至于八月，有凶。

《彖》曰：临，刚浸而长，说而顺，刚中而应。大“亨”以正，天之道也。“至于八月，有凶”，消不久也。

《象》曰：泽上有地，临。君子以教思无穷，容保民无疆。

译文

临卦象征着监临。至为亨通顺利，利于占卜。到了阴盛阳衰的八月会有凶险。

《彖传》说：“监临”，指的是刚阳渐渐增长，态度和悦而处事顺利，刚健者居中而上下相互感应。博大纯正可获得极大的亨通顺利，这才合于天道顺施的法则。“到了阴盛阳衰的八月会有凶险”，那是因为阳刚之气接近消亡，好景不能长久。

《象传》说：大地居于泽之上，象征监临。君子效法此种精神，接近监督万民，不断地施以教化，启发其思考，以宽厚优容的美德包容保护百姓。

原文

初九　咸临，贞吉。

《象》曰：“咸临贞吉”，志行正也。

九二　咸临，吉，无不利。

《象》曰：“咸临，吉，无不利”，未顺命也。

六三　甘临，无攸利，既忧之，无咎。

《象》曰：“甘临”，位不当也。“既忧之”，“咎”不长也。

译文

初九，以感化之道治理民众，占卜可获吉祥。

《象传》说："以感化之道治理民众，占卜可获吉祥"，这是由于意志行为纯正的缘故。

九二，以感化之道治理民众，吉祥，没有什么不利。

《象传》说："以感化之道治理民众，吉祥，没有什么不利"，是说此爻没有顺从天命。

六三，用甜言蜜语监临百姓，无利可言。但自知这一点而心存忧惧戒慎，就没有灾祸。

《象传》说："用甜言蜜语治理民众"，说明所居的位置不中不正。"自知这一点而心存忧惧戒慎"，说明产生的危害不会长久。

原文

六四　至临，无咎。

《象》曰："至临，无咎"，位当也。

六五　知临，大君之宜，吉。

《象》曰："大君之宜"，行中之谓也。

上六　敦临，吉，无咎。

《象》曰："敦临之吉"，志在内也。

译文

六四，亲自治理国事，没有灾祸。

《象传》说"亲自监临民众，没有灾祸"，说明君主处位正当。

六五，以睿智治理民众，这是大人君子适宜的行为方式，吉祥。

《象传》说："大人群子适宜的行为方式"，这说明奉行了中庸之道。

上六，以敦厚的态度治理民众，吉祥，没有灾祸。

《象传》说："以敦厚的态度治理民众，吉祥"，说明君主的敦厚之心存于内，施于政。

智慧应用

坚守正道，颜斶纵论治国方略

在山东省桓台县有一个方圆一百公里的湖荡，人们称之为马踏湖。错落有致的港汊纵横交织，水道两旁，生长着密密麻麻的青纱帐——芦苇，苇荡之间，还间有成片的莲荷。放眼望去，四顾不见白水茫茫，而是青碧碧、绿生生的一派，间杂碧波粼粼，绿水汤汤。整个湖呈现出一种独特的风情。

关于湖的来历，有这样一个久远的传说：相传春秋霸主齐桓公曾在此地会盟六国诸侯，计谋合纵抗秦。六国诸侯恐遭不测，各带足兵马云集此地。于是这块土地也因万马驰骋，马踏成湖。

看着烟波浩渺的马踏湖，仿佛那湖面荡漾的不是涟漪，而是时间的重幔，历史的荣光。

在马踏湖中一座突起的青丘上，有一座五贤祠，里面记载着颜斶的一段轶事。

有一次，齐宣王召见颜斶，颜斶并不上前朝拜。齐宣王不悦，说："颜斶，你到我这边来。"

颜斶却道："请大王到我这边来。"齐宣王左右的人喝道："大王乃一国之君，你乃布衣之士，怎能让大王屈尊到你那边去呢？"颜斶大笑道："你们哪里知道，我去，是贪慕权势之举；大王来，是礼贤下士之行。"宣王大怒，说："做国君的高贵？还是你做士人的高贵？"颜斶答道："士人高贵！国君比不上士人。"宣王说："你怎么能这么说呢？"

颜斶说："从前秦国攻打齐国，下令说：'哪个胆敢走到柳下季坟墓五十步内去砍柴，定斩不饶！'另外，还下令说：'哪个能斩

得齐王头的，就赐他高官厚禄。'这样看来，活着的国君的脑袋，还抵不上死了的贤士的坟墓。"宣王听后一言不发。臣子们都说："颜斶过来，颜斶过来！大王是千乘大国之主，又财力雄厚，天下志士仁人都来归附，才智出众的人都来出谋献策，天下四方，无敢不服，各种物资无不齐备，百姓无不归顺。最高级别的士人，也不过是一介平民而已。那些粗陋而低级的，只配看守里巷。士人处境低贱极了！"

颜斶回答说："你们错了！不务实事、徒慕虚名的人遭到削弱；不做好事、希望得福的人显得窘迫；没有功劳、窃据官位的人下场不妙。尧有九个助手，舜有七个诤友，禹有五个丞相，汤有三个贤佐，他们在位的时候，万国来朝。为什么当时会有这样多的小国呢？这是因为他礼贤下士的结果。从古到今，没有别人帮助而自己能名扬天下的，一个也没有！因此君王应积极向别人请教，向卑贱的人学习。

"诸侯、国君所以称孤道寡，是因为他们生来低贱吗？不是的。孤、寡原是卑贱的称谓，国君以此自称，岂不是对人谦恭而重视吗？尧传位于舜，舜传位于禹，周成王任用周公旦，后代都称他们为贤君明主，这就雄辩地证明士之可贵了。如今大王是一国之君，难道不能效法这些英明的先王礼贤下士吗？"

宣王听到这里，终于弄懂了"士者贵，王君不贵"的道理，惭愧地对颜斶道歉："依你说来，贤士可真是不能得罪的呢，我可是自讨没趣，如今听到先生的高论确实如醍醐灌顶，请先生收我为学生吧！"随后宣王告诉臣子们："颜斶先生明察事理，让我懂得了今后怎么治理我们的国家，从现在开始，颜先生跟我享受一样的待遇。"

后来，齐宣王在颜斶的辅佐下精心治理自己的国家，成为历史上一位有名的君王。

其实，颜斶所阐释的治理国家的道理与临卦的寓意完全吻合，临卦中说道：领导者应以高尚的人格感召民众，以威信维持纪律，恩威并济，不可以诱骗为手段。而应当启人智慧，让人不断挖掘潜能，然后选拔贤能，敦厚而不苛刻，始能人人心悦诚服，上下融洽，发挥组织力量，有所作为。这样天下有有识、有志之士都会积极参与，有所作为。

领导者的英明往往表现在他选贤任能的眼光上，如果部下都是一批庸庸碌碌、溜须拍马之辈，哪怕领导者再有能力，也很难实现自己的抱负！领导者最大的依靠就是部下和民众的能力。领导者切忌一副君临天下的面孔，以为天下之美尽在吾身，而是要以德为表率，取信于民，广开民智，让他们既有归属感，又能让什们的才能得到充分的施展，这样天底下就没有什么干不成的大事了。

观卦第二十

〔易德经典〕

人类从出世起，就学会了从无意的扫描到有意的观察，学会了直接观察和间接观察。今天的人们，还发明了可以放大延伸的高倍电子显微镜和太空望远镜，以各种科学仪器克服肉眼的局限性，观察到见所未见的更精微、更遥远、更广阔、更生动、更丰富的世界。

观是动物的生存本领，是人的进步阶梯，作名词讲有观点、想法之意，如世界观、哲学观、人生观、处世观、婚姻观、交友观；作动词讲则有观察、观望之意，如观人察世、观言察色等等，是人立于世的基本技能。有人将人类由细而微，由小而大所观察的这一世界细分为宇观的世界、宏观的世界、中观的世界、微观的世界、秒观的世界，是颇有见地的，它说明，人类只有学会如何观察周围的世界，才能真正地正确地深入地了解世界，不为种种假象所迷惑，找到内在的客观规律，从而掌握改造世界的金钥匙。

从事物的发展关系和认识规律看，只有已经来临的事物才有“观”的条件和可能。为卦排序的古易家把“观”摆在“临”后正是如此。所谓“临”是庞大之物莅临某处的意思。事物大了然后才可远观近看，所以接着临卦的是观卦。

原文

观　盥而不荐，有孚颙若。

《彖》曰：大观在上，顺而巽，中正以观天下，观。“盥而不荐，有孚颙若”，下观而化也。观天之神道，而四时不忒。圣人以神道设教，而天下服矣。

《象》曰：风行地上，观。先王以省方，观民，设教。

译文

观卦象征仰观，祭礼前洗手自洁的时候，就应当虔诚肃穆。

《彖传》说：宏大壮观的气象高高在上，具柔顺谦逊的美德，凭借中和刚正之德被天下人仰观。“观，祭礼前洗手自洁的时候，就应当虔诚肃穆”，是说在下者通过仰观而获得教化。仰观大自然运行的神妙法则，可知四季交替分毫不出偏差的道理。圣人效法大自然的神妙法则，设立教化，天下百姓纷纷顺服。

《象传》说：风在大地上吹拂，象征着仰视。先代君王效法此德巡视全国，察视民情，以此设立教化。

原文

初六　童观，小人无咎，君子吝。

《象》曰：“初六童观”，“小人”道也。

六二　窥视，利女贞。

《象》曰：“窥观女贞”，亦可丑也。

六三　观我生进退。

《象》曰：“观我生进退”，未失道也。

译文

初六，像幼童那样仰观一切，于百姓不会有危害，对治国之人则会有麻烦。

《象传》说：初六“像幼童那样仰观一切”，这是无知庶民的浅见之道。

六二，从门缝窥视来观察事物，利于女子坚守正道。

《象传》说：“从门缝窥视来观察事物，利于女子坚守正道”，也不是庄重体面的。

六三，观察审视自我的生活轨迹，抉择进取或后退。

《象传》说："观察审视自我的生活轨迹，抉择进取或后退"，说明六三没有丧失生活的原则。

原文

六四　观国之光，利用宾于王。

《象》曰："观国之光"，尚"宾"也。

九五　观我生，君子无咎。

《象》曰："观我生"，观民也。

上九　观其生，君子无咎。

《象》曰："观其生"，志未平也。

译文

六四，观察一国风俗民情之盛况，有利于王国的贵宾。

《象传》说："观察一国风俗民情之盛况"，可知该国尊重贤人能士。

九五，观察审视自我的行为，君子不会遭灾害。

《象传》说："观察审视自我的行为"，说明由此可审察国风生活状况。

上九，观察审视其他地方的生活状况，君子不会遭灾害。

《象传》说："观察审视其他地方的生活状况"，说明上九还要向更高目标进取。

智慧应用

以身作则，曹操割发代首

中华民族是一个崇尚道德伦理榜样的民族，"榜样的力量是无穷的"这句话可以说是妇孺皆知的俗语了。

古有"二十四孝"，今有雷锋、任长霞等，每一代都有被宣传歌颂的榜样。

从历史事实上看，伦理榜样促成了封建道德体系的形成，在社会群体中确实起过重要作用；从价值层面看，树立榜样也确有必要，因为榜样的行为与精神是时代凸现出来的精华，是未来社会发展的方向。

尤其是领导者更应该清醒地意识到这一点，言传身教，做下属的表率。

观卦中说到“先王以省方观民设教”，也就是这个道理。三国时期的曹操是大家非常熟悉的历史人物，虽然他身上溢漫着封建王侯的霸气，但他严于律己、自觉守法，在这一点上还是做得很好的，不愧是我国历史上著名的政治家。

建安五年(公元201年)，曹操率军在官渡和袁绍进行决战的前夕，为了严肃军纪，下了一道命令：“军队行军，不许践踏麦田，违犯者处死。”

可是，在行军中，麦田里突然飞出一群斑鸠，从曹操骑的马头上掠过。

战马受了惊吓，嘶叫着窜进麦田并狂奔起来，等曹操用力勒住缰绳停下来，已经踩坏了一大片麦子。

曹操赶紧下马，对管理法令的主簿说：“我践踏了麦田，违犯禁令，请按军法治罪。”

主簿觉得统帅的马踩了麦田，不好治罪，就对曹操说：“法令是对一般将士的。按照《春秋》的规矩，对尊贵的人是不能施加刑罚的。

将军是一军的主帅，何况战马受惊，闯入麦田，是出于意外，不是存心违法，我看就不必治罪了。”

曹操见主簿不肯定罪，便要拔剑自刎。

部下慌忙拉住，劝阻道：“您是统帅，责任重大，怎么可以轻生呢？”

曹操叹了口气说：“我身为统帅，更应该自觉遵守法令，即使不处死，也一定要受到处罚！”说着，用剑“唰”的一声割下自己的一绺头发，掷在地上。

古代的人认为身体发肤，受之父母，是不能随便损毁的，因此割发也是一种刑罚。

曹操割发代首的事情，马上在全军将士中传开了。

全军上下见曹操这样严格要求自己，人人自觉遵守军令，不敢违犯。

曹操“割发代首”，为全军做出了遵纪守法的榜样，在法律不健全的社会里，

国君的表率作用十分重要。

“其身正，不令则行；其身不正，虽令不从。”

君主制定法律、树立礼仪，首先必须以身作则。

如果君主“法不治己”，下面的老百姓就不会服从，这样国家的法律也就无法得到实施，国家产生混乱也就是必然的了。

所以，历代思想家都强调君主在遵守法律方面要起到表率作用。

一个国家和社会的盛衰成败在很大程度上取决于社会群体的道德素质，通过榜样的道德人格的示范作用对提高整个社会群体的道德素质是很有作用的。

社会群体素质是维系一个国家和社会生存发展的重要条件，因此，做群众榜样是任何一个领导者必须践行的执政信条。

在我们的社会中也应不断发现榜样，树立榜样。

人人学习榜样，个个争当模范，这样，对社会的安宁、国家的治理都会有很大的帮助。

噬嗑卦第二十一

〔易德经典〕

《易经》的“噬嗑”指的是矛盾双方激化时的胶着、磨合、啮咬、切入、缠绞、碰撞、决断等复杂状态。

首先,从噬嗑卦震下离上的结构看,外实内虚,中有坚物,就像一张嘴内衔一物,正在紧紧咬住不放的样子。其次,从“噬嗑”两字的本意看,“噬”是吞咬的意思,“嗑”是用上下门牙咬带壳的或硬的东西,如嗑瓜子,“噬嗑”两字合用,也正是嘴巴张而欲合,用上下门牙咬口中硬物的卦象。此外,噬嗑卦震下离上的下卦为震,震为雷,为动,有下巴颏往上动,用牙齿咬物并发出响声的含义。而上卦为离,离为火,为电,为明,又有电火光明,明判是非的意思,离卦与震卦合义,则有雷电相激,声威大振,用刑断狱,明正刑典的含义。有此三者,所以古人把“噬嗑”当作咬住要案大案不放,明刑断狱,铁面无私的“噬德”——依法办事的“法德”的象征。

从卦序看,可以观看而后才会有所契合,所以接着观卦的是噬嗑卦。而从噬嗑一卦“以法治国”的法制宗旨出发,《易经》通过六爻《爻辞》,进一步阐述了易家以法治国,修养噬德,以法教民,知法守法的法制思想。

原文

噬嗑　亨,利用狱。

《彖》曰:颐中有物。曰:噬嗑。噬嗑而“亨”,刚柔分,动而明,雷电合而章。柔得中而上行,虽不当位,“利用狱”也。

《象》曰:雷电,噬嗑。先王以明罚敕法。

译文

噬嗑卦象征咬合,亨通顺利,有利于处理刑狱之事。

《彖传》说:口腔里面有食物,因此需咬合嚼碎。咬合嚼碎食物可以通畅顺利,是说本卦阳刚阴柔等分相济,下震上离行动明察,雷电交击彰明昭著。阴柔处得中道并且不断向上发展,虽然居位不合适,却利于处理刑狱之事。

《象传》说:雷电交击,象征咬合。先辈君王效法此象严明刑罚轻重,端正法律。

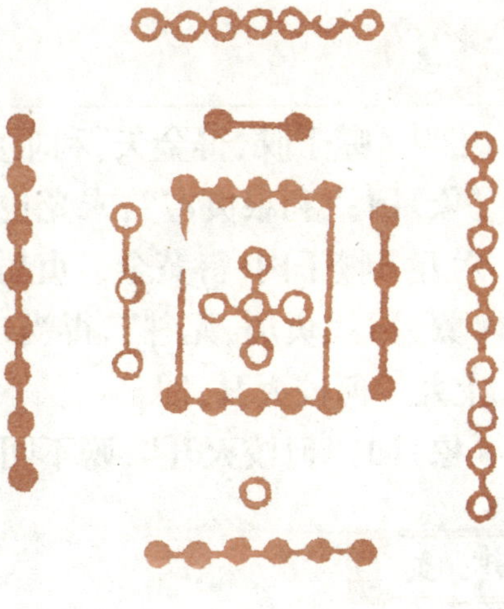

龙图天地生成之数

原 文

初九　屦校灭趾，无咎。

《象》曰："屦校灭趾"，不行也。

六二　噬肤灭鼻，无咎。

《象》曰："噬肤灭鼻"，乘刚也。

六三　噬腊肉，遇毒。小吝，无咎。

《象》曰："遇毒"，位不当也。

译 文

初九，脚上套上刑具而伤没了脚趾，无灾祸。

《象传》说："脚上套上刑具盖住了脚趾"，说明已不再行恶。

六二，因偷食好肉，犯人被割去鼻子，不会有灾祸。

《象传》说："因偷食好肉，犯人被割去鼻子"，说明本爻乘凌在阳刚的上面（必须施用严刑服众）。

六三，象咬嚼坚硬的腊肉中毒，小有不适，却没有祸害。

《象传》说："中毒"，说明食了不该食的东西。

原 文

九四　噬干胏，得金矢，利艰贞。吉。

《象》曰："利艰贞吉"，未光也。

六五　噬干肉，得黄金。贞厉，无咎。

《象》曰："贞厉，无咎"，得当也。

上九　何校灭耳，凶。

《象》曰："何校灭耳"，聪不明也。

译 文

九四，咬嚼干硬带骨的肉，吃到铜箭头。利于在艰难中坚守正道，吉祥。

《象传》说："利于在艰难中坚守正道，吉祥"，说明实际上还未达光明境界。

六五，咬嚼干硬的肉脯，吃出黄金。坚守正道以防危险，可免祸害。

《象传》说："坚守正道以防危险，可以免祸害。"说明以柔承刚，处理得当。

上九：担负的刑具，遮灭了耳朵，有凶险。

《象传》说："担负的刑具遮灭了耳朵"，说明平日不听忠告累积恶行，以致犯罪。

智慧应用

治乱戡乱，刘邦刑赏分明

在旷日持久的楚汉相争中，一开始刘邦根本不是项羽的对手，无论就个人的勇猛威武、名望的影响力、士卒的精锐、战功的卓著，项羽都远远超过了刘邦，可是最后项羽却败在刘邦的手下，这究竟是因为什么呢？其中一个重要的原因，便是刘邦谙习噬嗑卦的哲理，在官爵的封赏上高项羽一筹，致使刘邦终得天下。

没有韩信，便没有刘邦的江山，韩信是刘邦取得胜利的一个关键性人物，这是众所周知的史实。早年，韩信却是项羽的部下，他在投奔刘邦时曾这样评价项羽："项羽的行动举止威风凛凛，发起怒来，将士谁也不敢再吭一声，只能惟令是从，这只不过是匹夫之勇罢了；对人也恭敬慈爱，说起话来如拉家常，平易近人；谁要是有了疾病，他会急得流泪，将自己的饮食送给病人。可是，当别人立了大功，应该封官赏爵时，他却迟迟不肯封赏，很多良将都不堪忍受这一点。"韩信向刘邦建议，要反项羽之道而行之，大胆任用天下强将，将天下城邑封赏给有功之人，这样便可以无往而不胜。

刘邦接受了他的建议，在这之

前，他看中韩信的将帅之才，破格将韩信这个投奔来的普通将领提升为大将，而且拜将的礼仪极为隆重。韩信一步登天，受宠若惊，事后出生入死地为刘邦卖命，在战场上取得了一次又一次重大胜利，占据了山东的大片土地。为了治理好山东，稳定这一地区的人心，韩信请求刘邦给他一个“假齐王”（即代理齐王）的名分。当时刘邦正被困荥阳，盼着韩信来解救他，一接到韩信的请求，十分恼火，冲着谋士张良、陈平，破口大骂道：“我被困在这里，瞪大了眼睛盼他来救我，他倒想自己称王！”谋士张良对他说：“我们现在处境十分困难，假如韩信自己称王，我们也无法阻止，而今他只是要一个名分，这对于他治理齐地也是有用的，不如顺势买个好，就立他为王，并对他客气点，让他固守在齐地，成为您日后创建基业的大后方。要不然，会出乱子的！”

这话立即让刘邦醒悟过来，他现在其实是控制不了韩信的，只有来个顺水推舟，答应韩信，才能将他笼络住。于是刘邦立刻改口道：“大丈夫平定天下，要当就当真王，干吗当假王？”随即便派了张良去到韩信那里，举行了声势浩大的典礼，封韩信为齐王。韩信也不辱名分，把偌大的齐地治理得井然有序。

后来，在楚汉相争的关键阶段，刘邦又一次受困，通知韩信及另一位大将彭越前来会战，这两个人都没能如约前来，形势非常危急，刘邦一筹莫展，又是张良给他出谋划策：“楚兵眼看就要失败，而韩信、彭越虽有官爵，但并没有得到相应的封地，他们不来，也是理所当然的。君王如果将从淮阳到海边的这一片土地尽划归韩信，从淮阳以北到谷城这一片土地尽划归彭越，同他们共分天下，让他们各自为战，楚敌很快便会失败；如果不这样做，我们的危险就大了。”

刘邦接受了张良的建议，韩信与彭越便分进合击，围困项羽于垓下，迫使项羽自刎乌江，而将刘邦推上皇帝的宝座。

如何在最短的时间内让处于混乱的状态归于安定，最直接的方法就是制订一套严格的赏罚标准，在赏与罚的实施过程中惩恶扬善，让人们知道行为准则和行动方向。这样就有利于广大民众形成合力，混乱的状态就会很快消失。

任何一个组织或团队，有了严明的赏罚制度，就会很大程度上让人们知道“有所为”和“有所不为”，这对于摈弃不良习气，形成优良的组织文化和团队精神是大有裨益的。

贲卦第二十二

［易德经典］

“贲”就是饰，就是文，亦即今日所说的文饰、修饰、装饰、装扮、包装的意思。贲意识的产生，就是人类原创审美意识的产生，就是美的产生。《易经》在六十四卦中给予贲以独立的地位，为中华文化系统奠定了美学基础，具有人文初创的伟大意义。

“贲”与万物的关系，其实也就是质与文、体与形、内在美与外在美的关系。道家之祖老子，主张内在的质朴美，反对美言害质，认为赞美利剑之美，等于赞美杀人。

其实，儒道互补，所见各有道理。在保持内刚充实的前提下，注意外柔华丽的适当合度修饰，是有益无害的。就像一座巨石嶙峋的高山，耸立云间，十分壮观。如果在石峰峭壁间再生出几株苍劲青松，几株红叶古枫，垂挂几根绿叶黄藤，不就将万仞高山点染得更加雄伟壮丽了吗？当然，文之饰不可损害质之美，更不能文过饰非，把精力用在浮词丽句等雕虫小技上，以至忽略了文章主旨、情操、意境等本质美的追求。

从易家排列的卦序看,“噬嗑”表示事物的啮合状态。而这一啮合须讲究一定形式,所以接着《噬嗑》的是《贲》卦。具体修养贲德的方法,则可参见六爻要旨。

原文

贲　亨。小利有攸往。

《彖》曰:贲“亨”。柔来而文刚,故“亨”。分刚上而文柔,故以“小利有攸往”。刚柔交错,天文也。文明以止,人文也。观乎天文,以察时变。观乎人文,以化成天下。

译文

贲卦象征文饰,亨通顺利,有事外出将有小利。

《彖传》说:文饰,亨通畅达,因为以阴柔之德来辅佐刚强。

阴阳交饰而亨通畅达。刚强居上而用以文饰的阴柔处下位,所以“有事外出将有小利”。日月星辰刚柔交错形成这是天的文饰;文章灿明止于礼义,这是人类的文明。上观天之文饰,可察看四时的交替变化;下观人类文明,可以推行教化庶民促使天下昌明。

原文

《象》曰:山下有火,贲。君子以明庶政,无敢折狱。

初九　贲其趾,舍车而徒。

《象》曰:“舍车而徒”,义弗乘也。

六二　贲其须。

《象》曰:“贲其须”,与上兴也。

译文

《象传》说:山下火焰燃烧,象征着文饰。君子效法这种精神,明察繁杂的政务,不敢轻率地断决讼狱案件。

初九,装饰自己的脚趾,甘愿舍弃舆车徒步行走。

《象传》说:“甘愿舍弃舆车徒步行走”,说明为了适宜显示文饰不应该乘坐舆车。

六二，修饰自己的胡须。

《象传》说："修饰自己的胡须"，说明效力于上司与之一同兴起。

原文

九三　贲如濡如。永贞吉。

《象》曰："永贞"之"吉"，终莫之陵也。

六四　贲如皤如，白马翰如，匪寇婚媾。

《象》曰："六四"，当位疑也。"匪寇婚媾"，终无尤也。

译文

九三，装饰得光泽柔润，永久坚守正道可获吉祥。

《象传》说："永久坚守正道可获吉祥"，是说能经久不被人侵犯。

六四，淡淡的装饰，一身素白，胯下的白马亦是纯白无瑕。不是来抢掠，而是前往聘求婚配佳偶。

《象传》说：虽为合情理之事，却不免有所疑惧。"不是来抢掠，而是前往聘求婚配佳偶"，说明最终不会有幽怨。

原文

六五　贲于丘园，束帛戋戋。吝，终吉。

《象》曰："六五"之"吉"，有喜也。

上九　白贲，无咎。

《象》曰："白贲，无咎"，上得志也。

译文

六五，装点山丘园圃，持一束微薄的丝帛，虽显吝啬，最终可获吉祥。

《象传》说：六五的吉祥，说明将有喜庆。

上九，素白朴质的装饰，没有灾祸。

《象传》说："素白朴质的装饰，没有灾祸"，说明居于上位者的志向已经实现，故而崇尚质朴了。

智慧应用

天下初定，叔孙通炮制朝纲朝仪

中国人素来以“礼仪之邦”自豪，但是到了当代，国门一旦大开，才发现不对劲，现代社交礼仪在中国已是稀缺品，国人须重新开始向洋人引进所谓的时尚礼仪。一些海外的顶级礼仪培训机构也抓住机会捷足先登，在中国这块古老的文明之地发现了新的需求和商机。是中国人失掉礼仪了吗？几千年的文化传承脱节了吗？

古代先贤在《周易》贲卦中阐释了“礼仪”：为建立与维持秩序，削定文明的规矩，规范个人的行为，是不可少的文饰。然而，一切人为的文饰，应当恰如其分，重内涵的实质，实际的效用不在外表的形式。应当高尚而不流于粗俗，不要被外表的形式迷惑，不可因一时得失动摇，不可因虚荣而铺张，陷入繁琐，失去意义。

应当领悟，一切文饰都是空虚的道理，惟有重实质，有内涵的朴实面目，才是文饰的极致。

历史上有许多讲究礼仪的故事。

如“孔融让梨”，写的是孔融年幼就知礼让他人；“张良拾鞋”，说的是张良能为一位老人到桥下去拾鞋，并且恭恭敬敬地给老人穿上。

这些生动感人的故事都教育人们要以礼待人，还有叔孙通以朝纲朝仪安天下的故事，更是在民间广为流传。

高祖刘邦当了皇帝后，他手下的一班功臣也多犬马之辈、沽酒之徒，加上刘邦也是出身市井，见识鄙陋，因而君臣上下举止粗俗，无规无矩，不成体统。

君臣无序，刘邦对此也很头疼。

一天，秦朝的博士叔孙通对刘邦道：“现在天下已定，朝仪不可不正，臣愿到孔夫子老家鲁地征集儒生，让他们和我的弟子一道，来京都讲习朝仪。”

刘邦欣然同意了。

叔孙通受命至鲁召集了二三十个儒生，回来后，与鲁地儒生、自家弟子共同

商定，逐条演习。

待新的朝仪定下来以后，又奏请刘邦同意，派文吏先到郊外学习。

到文吏学的差不多了，又请刘邦当面视察。

总的说来，这套朝仪反映的宗旨是尊君抑臣，上宽下严。

刘邦看后颇觉满意，这才降诏，让群臣观礼学习。

转眼间新年来临了。

刚巧新皇宫长乐宫已竣工。

元旦那天，各诸侯王和文武百官，均到新修建的长乐宫朝贺。

天刚蒙蒙亮，便有专门的仪官引着诸侯群臣依次进入，并按尊卑排列于东西两阶。

殿中早已陈列齐备，仪仗威严，气氛庄重。

不同等级的司仪官肃立殿旁，一切准备停当之后，只见高祖刘邦乘着专车慢慢来到殿前，登上宫殿，面南而坐。

这时，诸侯百官按等级渐次进入，以不同朝仪进行拜贺，尔后依次分座入宴。

宴席旁立有临察数人，诸侯百官个个谨小慎微，惟恐失仪，所以只是象征性地饮宴，不敢放肆。

只有在按礼敬酒之后，才能略为放松。

酒过三巡，有的便放松下来，稍有越轨行为，立即被司礼官请出，不准再坐。

汉朝开国以来，如此秩序井然的宴会，还真是第一次。

这一套礼仪，在中国实行了两千多年，整个封建社会运用的基本上都是这些礼节。

宴罢席散，刘邦退入内廷，不由一阵大喜："我今日方知皇帝的尊贵了。"

遂重赏叔孙通等人。

如果没有叔孙通制定朝仪，任凭一班功臣在朝廷上一直闹将下去，朝廷的朝政还怎么去实施呢？无规矩不成方圆，无礼不成朝政。任何时代，任何国家，任何实体，都要有自己的规范、秩序，否则就不能成大事。

"礼仪"指的是由一定社会的道德观念和风俗习惯形成的，为大家共同遵守的礼节；它是一个人乃至一个民族、一个国家文化修养和道德修养的外在表现形式，是做人的基本要求。中华民族自古以来就非常崇尚礼仪，号称“礼仪之邦”。孔夫子曾说过：“不学礼，无以立。”就是说一个人要有所成就，就必须从学礼开始。可见，礼仪教育对培养文明有礼、道德高尚的高素质人才有着十分重要的意义。在现实生活中，不少人对应有的礼仪不重视，礼仪观念淡薄，导致思想品德滑坡。

崇尚礼仪，培养文明有礼的言行举止应该是我们中华民族永久的时尚，这样不仅有利于人们自身的发展，也更有利于当今和谐社会的形成。

剥卦第二十三

〔易德经典〕

所谓“剥”，从易理卦序看，是因为贲卦多方修饰达到了美饰要求后，再过多文饰就不会通达了，所以接下来的是剥卦。从认识的角度看，“剥”就是剥去事物的表层、表象、表皮或伪饰，暴露其本质，显示其真相，从而掌握制衡它的规律，或确认其真正的价值。这就如同考古学家寻得了一块包裹着珍贵猿人头骨的化石，细心地凿去头骨表层的附着物，以显露其真容，获得对其在人类进化史上的考古意义的了解一样。

所谓剥德，即剥伪存真显美之德，它与“贲德”强调的文饰美，是文明进程不可分割的两方面。没有必要的文饰，人类就会粗野无文，缺少美感，而不剥去过时的、虚假的、有害的繁文缛礼、多余修饰，人类又会丧失天真活泼的本性，变得僵化而虚伪。而紧接贲德之后，强调修养剥德的积极意义，正在于此。

也正是从剥的反面意义上，易家主张君子要不甘于被小人剥蚀，被恶俗腐蚀，要积极奋起，反其道而用之，剥上益下，剥外实内，剥阴壮阳，脱胎换骨，进入天然去雕饰，真美更风流的美德境界。

原文

剥　不利有攸往。

《彖》曰：剥，剥也，柔变刚也。“不利有攸往”，小人长也。顺而止之，观象也。君子尚消息盈虚，天行也。

《象》曰：山附于地，剥。上以厚下安宅。

译文

剥卦象征剥落，不利于有所前往。

《彖传》说：剥，就是剥落衰败，阴柔增进，侵蚀改变阳刚的性质。

不利于有所前往，说明小人的势力增长。君子这时应当顺应时势，停止行动，从观察卦象可知此理。君子崇尚事物消亡生息、盈盛亏虚的变化，这是宇宙运行的自然法则。

《象传》说：高山侵蚀颓落附着于地面，象征剥落。在上者应效法此精神，敦厚地对待下民，以此安居稳定。

原文

初六　剥床以足。蔑贞，凶。

《象》曰：“剥床以足”，以灭下也。

六二　剥床以辨，蔑贞，凶。

《象》曰：“剥床以辨”，未有与也。

六三　剥之无咎。

《象》曰：“剥之无咎”，失上下也。

译文

初六，寝床剥蚀起自床脚，床足蚀灭，预示着凶险。

《象传》说：“寝床剥蚀起自床脚”，是说蚀灭都是从基础开始。

六二，寝床剥蚀已达床头，床头蚀灭，预示着凶险。

《象传》说："寝床剥蚀已达床头"，说明没有得到互相扶助。

六三，剥蚀没有灾祸。

《象传》说："剥蚀，没有灾祸"，说明与上下没有牵连。

原文

六四　剥床以肤，凶。

《象》曰："剥床以肤"，切近灾也。

六五　贯鱼，以宫人宠，无不利。

《象》曰："以宫人宠"，终无尤也。

上九　硕果不食，君子得舆。小人剥庐。

《象》曰："君子得舆"，民所载也。"小人剥庐"，终不可用也。

译文

六四，寝床剥蚀已达床面，有凶险。

《象传》说："寝床剥蚀已达床面"，说明六四已迫近灾祸。

六五，像串鱼一样引领嫔妃承宠于君王，没有什么不利。

《象传》说："引领嫔妃承宠于君王"，说明终究没有过失。

上九，硕大的果实没有被摘食，君子得之能驱车济世，小人得之则剥蚀万家。

《象传》说："君子得之能驱车济世"，是因得到了人民的拥戴。"小人得之则剥蚀万家"，说明小人终究不可任用。

智慧应用

奸佞当道，狄仁杰迂回自保

花开花落，月盈月亏，这是《周易》阐释的不以人的意志为转移的自然法则，当阴长阳消的时候，阳宜静不宜动，不可妄自进取以致自取其辱，这也是剥卦中蕴涵的道理。古人所谓"识时务者为俊杰"，也是如出一辙。

唐朝武则天为了专权，给自己当皇帝扫清道路，先后重用来俊臣、周兴、武三思、索元礼等一批酷吏。她以严刑峻法、奖励告密等手段，实行高压统治，对抱有反抗意图的李唐宗室、贵族和官僚进行严厉的镇压，先后杀害李唐宗室、大

臣贵戚数百人，至于所杀的中下层官吏，就多得无法统计。武则天曾下令在都城洛阳四门设置“匦”（即意见箱）接受告密文书。对于告密者，告密核实后，对告密者封官赐禄；告密失实，并不反坐。这样一来，告密之风大兴，无辜被株连者不下千万，朝野上下，人人自危。

狄仁杰当上宰相后，武则天并不是十分信任他。长寿元年（公元692年），酷吏来俊臣诬陷平章事狄仁杰等人有谋反的行为。来俊臣出其不意地先将狄仁杰逮捕入狱，然后上书武则天，建议武则天降旨诱供，说什么如果罪犯承认谋反，可以减刑免死。狄仁杰突然遭到监禁，既来不及与家里人通气，也没有机会面奏武后说明事实，心中不由焦急万分。审讯的日期到了，来俊臣在大堂上宣读完武后诱供的诏书，就见狄仁杰已伏地告饶，嘴里还不停地说：“罪臣该死，罪臣该死！大周革命使得万物更新，我仍坚持做唐室的旧臣，理应受诛。”狄仁杰不打自招的这一手，反倒使来俊臣弄不懂他到底唱的是哪一出戏了。既然狄仁杰已经招供，来俊臣将计就计，判了他个“谋反是实”，免去死罪，听候发落。

一天，具体负责案子的判官王德寿悄悄地对狄仁杰说：“你可以把平章事杨执柔等几个人牵扯进来，就可以减轻自己的罪行了。”狄仁杰听后，感叹地说：“皇天在上，后土在下，我既没有干这样的事，更与别人无关，怎能再加害他人？”说完一头向大堂中央的顶柱撞去，顿时血流满面。王德寿见状，吓得急忙上前将狄仁杰扶起，送到旁边的厢房里休息，又赶紧处理柱子上和地上的血渍。狄仁杰见王德寿出去了，急忙从袖中抽出手绢，蘸着身上的血，将自己的冤屈都写在上面，写好后，又将棉衣里子撕开，把状子藏了进去。一会儿，王德寿进来了，见狄仁杰一切正常，就再也不提此

事了。

狄仁杰趁机对王德寿说:“天气这么热了,烦请您将我的这件棉衣带出去,交给我家里人,让他们将棉絮拆了洗洗,再给我送来。”王德寿看他是将要死的人了,就答应了他的要求。狄仁杰的儿子接到棉衣,听说父亲要他将棉絮拆了,心想这里面一定有文章。他送走王德寿后,急忙将棉衣拆开,看见血书,才知道父亲遭人诬陷。他几经周折,托人将状子递到武则天那里,武则天看后,就派人把来俊臣召来询问。来俊臣做贼心虚,一听说太后要召见他,知道事情不好,急忙找人伪造了一张狄仁杰的“谢死表”奏上,并编造了一大堆谎话,将武则天应付过去。

此时,曾被来俊臣妄杀的平章事乐思晦的儿子也出来替父申冤,并得到武则天的召见。武则天在过问乐思晦的案子时,稍稍有些醒悟,不由得想起狄仁杰一案,于是把狄仁杰召来,不解地问道:“你既然有冤,为何又承认谋反呢?”狄仁杰回答说:“我若不承认,可能早就死于严刑酷法了。”武则天又问:“那你为什么又写‘谢死表’上奏呢?”狄仁杰断然否认这事,武则天拿出“谢死表”核对了狄仁杰的笔迹,发觉完全不同,才知道是来俊臣从中做了手脚,于是下令将狄仁杰和七名同案犯释放,并让狄仁杰做了彭泽县令。

狄仁杰的做法告诉我们,要按剥卦所告诉我们的道理去做,掩饰刚强直率的性格与对手周旋,是斗争中的良策。相反,以硬碰硬,会让自己自取其辱的,这样做无论从哪方面来讲都是不明智的。

复卦第二十四

〔易德经典〕

“复”是自然界的常见现象，如日月东升西落，植物生老壮死，动物冬眠春醒，四季更迭，寒往暑来，飞雪迎春，夏雨金秋，沧海桑田，高陵深谷等等，呈现出一种周而复始的规律性运动。

也正因为“复”的含义以好的居多，而且是自然的规律和社会的固有现象，不可逆转，故此易经“复”《卦辞》认为：“复归畅通无阻。此时出出入入都不会染上疾病，朋友间来往也不会有过错。反复是自然的规律，七天为一周期。就像从一阴初生的媚卦开始，经过遁、否、观、剥、坤等卦的演变，又重新出现一阳初生的复卦一样。复归的时代是顺利无阻的。”

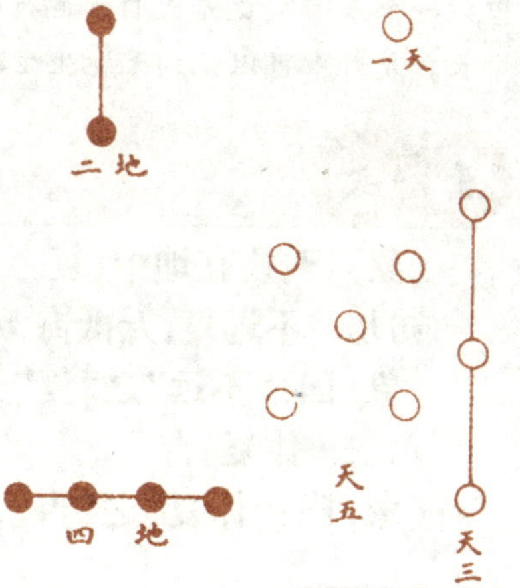

参天两地图

从复卦所代表的天寒地冻，千里冰封，银装素裹的北国冬季，尤其是一阳复生的冬至看，确实不是一个出游经商、巡视检查的好季节。然而，也正是在这个冰天雪地的季节，易家却根据丰富的天文地理人文知识，看到了万物阴盛至极转消,大地微微暖气吹的阳气复苏之象,这是极不简单的。从六爻的《爻辞》里,我们可看到改变剥削的错误,脱离被剥夺的困境,修养复德的要旨,以及复兴之道的真谛。

原文

复 亨。出入无疾,朋来无咎。反复其道,七日来复。利有攸往。

《彖》曰:复,“亨”,刚反,动而以顺行。是以“出入无疾,朋来无咎。反复其道,七日来复”,天行也。“利有攸往”,刚长也。复,其见天地之心乎。

译文

《复》卦象征复归,亨通顺利。出入没有疾患,友朋前来无灾患。返转复归循着一定的规律,七日中打一个来回。利于往前进发。

《彖传》说:“复归,亨通顺利”,表明阳刚反归。阳动而顺从自然之理往上行,所以“出入没有疾患,友朋前来无灾患”。“返转复归循着一定的规律,七日中打一个来回”,这是大自然运行的法则。“利于往前进发”,说明阳刚之道逐渐增长。复卦中可以见到天地生生不息的规律。

原文

《象》曰:雷在地中,复。先王以至日闭关,商旅不行,后不省方。

初九 不远复,无祇悔,元吉。

《象》曰:“不远”之“复”,以脩身也。

六二 休复,吉。

《象》曰:“休复”之“吉”,以下仁也。

译文

《象传》说:震雷藏于地中,象征复归。先代君王效法此种精神,在冬至那一天封闭关卡,不使商贾旅客通行,君王也不巡视四方。

初九,行之不远就要返回,不会有灾患悔恨,至为吉祥。

《象传》说:“行之不远就要返回”,这是修身迁善改过的方法。

六二，美满地复归，吉祥。

《象传》说“美满地复归，吉祥”，说明让贤于有德君子。

原文

六三　频复，厉，无咎。

《象》曰：“频复”之“厉”，义“无咎”也。

六四　中行独复。

《象》曰：“中行独复”，以从道也。

六五　敦复，无悔。

《象》曰：“敦复无悔”，中以自考也。

上六　迷复，凶，有灾眚。用行师，终有大败，以其国。君凶，至于十年不克征。

《象》曰：“迷复”之“凶”，反君道也。

译文

六三，频繁地复归，虽有危险却无灾咎。

《象传》说：“频繁地复归的危险”，从改邪归善之意来看没有灾咎。

六四，与多人一同出行中途独自返归。

《象传》说：“与多人一同出行中途独自返归”，说明遵从正道。

六五，敦厚笃诚地复归，没有悔恨。

《象传》说：“敦厚笃诚地复归”，说明以居中持正来反身自察。

上六，迷途不返，有凶险，有灾祸。如行兵作战，最终将有大败，危及国君，以至十年之久不能出兵征战。

《象传》说：“迷途不返，有凶险”，这是说违背了国君君王之道。

智慧应用

历经坎坷，张璪一路高歌

人生，充满了丰富深邃的内涵；人生，闪烁着天上彩虹的色彩。每个人的经历虽然不尽相同，有的如柏油马路平坦笔直，有的如盘山小道九曲回肠，有的如钱塘江潮汹涌澎湃，有的如西子湖水波光潋滟。不管是哪种境界，都值得思索，都值得品味。

一个人不可能做什么事都一帆风顺,困难和挫折是在所难免的。但是,我们不能被困难吓怕,而是要用理智面对它,冷静地找到战胜它的方法。这也就是复卦告诉我们的道理。

"人生自古谁无死,留取丹心照汗青。"这是追求人生永恒价值者的呐喊。

张璨于1964出生于一个军人家庭。15岁那年,一次北京大学之行,"做个北大学生"成了她的梦想。可是,1981年高考时,张璨状态不佳,成绩不理想,被东北地区一所大学录取。一心想进北大的张璨没去东北那所学校报到,1982年第二次报考北大,将报考专业由生物改为国际政治。那年秋天,她终于如愿以偿地跨进了北大校门。

在大学里,张璨是个活跃分子。1984年,在北京大学举行的第一届大学生演讲大赛中,张璨以《我与中华同崛起》为题,获得了第一名。当时20岁的张璨还当上了北大学生会文化部的副部长。那时,她的梦想是当一名出色的外交官、一名女大使。幸与不幸有时只有一线之隔。正当张璨编织着自己瑰丽的北大骄子梦时,1985年,北大注销了她的学籍——根据当时的有关规定,被高校录取而不去报到的学生停考一年。

"那时的感觉真是从天堂坠到地狱",事情过了这么多年,张璨仍然抑制不住有些激动。这件事对张璨打击很大,张璨为了恢复自己的学籍,不停地写申诉材料,找人谈话,一直折腾到毕业,这事也没有解决。

张璨的事在学校传开后,许多人都同情她、支持她,用他们的经验和智慧帮她出谋划策,大到陪她上访,甚至教她怎么进大门怎么去申诉,小到帮她定进度表,要她坚持上课。

"这件事至少让我懂得了一个道理,"张璨说,"就是遇到什么事都不能哭,遇到什么问题都要想尽办法去解决。"张璨暗暗对自己说:"一定要坚强,一定要坚定,一定比别的北大同学读更多的书。"

人生就是要经受挫折,只有承受痛苦才能成长。

1986年7月,同学们毕业了,很多人被分到中央国家机关,这让张璨很是羡慕。她自己也完成了学业,却因为没有文凭,只得到一纸说明,大意是说她被注销了学籍,但坚持上课,成绩合格,学校不管她的分配。

张璨一离开校门就开始在中关村到处找工作。她鼓励自己说:没有工作也许会更有前途,因为自己面对的机会会更多。

一天,她揣着推荐信,到中关村的四通公司求职。路上遇见了在大学时的同学,同学对她说:"你为什么不能自己干?"

22岁的张璨真的自己干了起来。租农民的房子,借别人公司的名字,借别

人的电脑拿到自己店里当样品，有人买电脑谈妥价，交上钱，她再买来零件自己组装。因此，她不得不常常熬到夜里两三点，累了就打地铺休息一会儿。就是凭着这样坚强的意志，张璨淘到了人生的第一桶金。

她的第一桶金是从废品里拣出来的。她得知沈阳一家国有大公司的仓库要处理一批物资，便以几百元的价格买回了一卡车的印刷纸板、油印机、油墨等印刷设备。对于张璨来说，这车“破烂”的意义却非同小可。她倒腾了两天两夜，才将那些物资运回北京。经过一番清洗、整理、油漆、上光，一下子竟卖了5万元。不过，张璨真正赚到的第一笔巨额财富应该说是来自做电脑的生意。当时电脑在中关村还没有品牌的概念，电脑的品牌概念应该说是由她的公司推出来的。

她把目光瞄准了当时正如火如荼的计算机市场。她注册了一家电脑贸易公司，她给公司起名“达因”。达因，取自英文“DYNE”一词，意即“力的最小单位”。那时的达因公司，当然很小，也很弱。但正因为小，才能面向广大的发展空间。

张璨聪明、机敏而又踏实能干，在人生曲折坎坷的旅途上一路高歌。如今，达因公司已经成为拥有四十多家分公司，净资产上亿美元的大型集团公司。

从张璨的人生发展的崎岖道路中，我们可以看出：对绝大多数人来讲。成才之路都是崎岖坎坷且布满荆棘的。尽管有成功的光环在前方召唤，但追求成功的过程却是艰难的。这好比在波涛中前进的航船，前方虽有光明的灯塔，但通往灯塔之路却随时会出现漩涡、暗礁，会有抛锚停船也会有船翻落水的危险，但只要认定目标，勇往直前，就一定能走向成功的彼岸。

选择怎样的人生之路，谱写怎样的人生篇章，完全是由你自己决定的。只有对自我做出恰如其分的评估，正确地规划自己的人生目标。面对命运的挑战，选择做生活的强者，紧紧扼住命运的咽喉，在立志成才的道路上一定能披荆斩棘，勇往直前。

无妄卦第二十五

〔易德经典〕

“妄”是指超离常规、荒谬不合理的胡作非为，或不着边际的胡思乱想。而“无妄”则正好相反，是指修养无妄美德，不超离常规，不荒谬怪诞，不胡作非为，不胡思乱想，依正轨正道行事的正确行为。

“无妄”的卦象是震下乾上，根据易理，这一卦象下为震，为雷，为龙，为动，为向上，为长子；上为乾，为天，为马，为健，为向上，为父亲。龙跃而上天，父训导长子，共同目标是向上，这就是无妄。

从同性相斥的易学原理看，由于雷震与天健都有阳刚向上的趋势，如果彼此步调不一致，各行其是，则很可能妄动生灾。反之，如果震卦能服顺于天，按天道规律行事，不自行其是，则可以无妄而免祸，顺利前进。正是在这个意义上，易经的“无妄”卦做出了兼顾正反两面结果，更显全面的价值判断。其《卦辞》大意是：“无妄为是非常亨通、有利而正确的；反之则会盲目妄动，这是不利于前进的。”

原文

无妄　元亨，利贞。其匪正，有眚。不利有攸往。

《彖》曰：无妄，刚自外来，而为主于内，动而健，刚中而应。大“亨”以正，天之命也。“其匪正，有眚。不利有攸往”，无妄之往，何之

矣？天命不祐，行矣哉。

《象》曰：天下雷行物与，无妄。先王以茂对时育万物。

译文

无妄卦象征不妄为，至为亨通顺利，利于占卜，不守正道则有祸患，不利于外出行动。

《彖传》说：无妄卦卦象表明，阳刚从外部前来而成为内部的主宰，象征运动而乾刚健，刚毅居中并与下位应和，大为亨通顺利而坚守正道，这是上天的教命。"不守正道则有灾祸，不利于外出行动"，这是说在不妄为之时而背离正道往前进发，哪里有路可走呢？没有上天教命的保佑帮助，怎么可以行呢？

《象传》说：天的下面雷在动，万物皆不妄自行动。先代君王以此种精神，勤勉配合四季时序，使百姓万物生育茂盛。

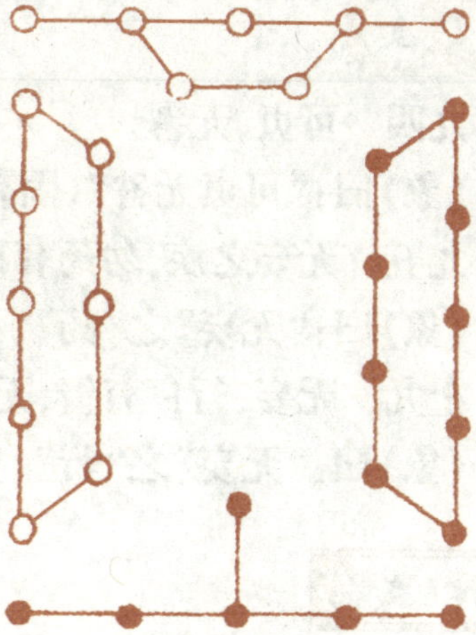

河图四象之图

原文

初九　无妄，往，吉。

《象》曰："无妄"之"往"，得志也。

六二　不耕获，不菑畬。则利有攸往。

《象》曰："不耕获"，未富也。

六三　无妄之灾。或系之牛，行人之得，邑人之灾。

《象》曰："行人得"牛，"邑人灾"也。

译文

初九，不妄为，往前进发就会吉祥。

《象传》说："不妄为而往前进发"，说明遂行了志向。

六二，不事耕耘，不图收获，不务开垦，不望熟田，听其自然，有所行动可得利益。

《象传》说："不事耕耘，不图收获"，说明不想着谋求富贵。

六三，意想不到的灾祸，如有人拴系着一头耕牛，被路人顺手牵走，附近人家却因此而蒙冤遭灾。

《象传》说：过路人偷得了牛，邻居却因此被怀疑而受到中伤。

原文

九四　可贞，无咎。

《象》曰："可贞无咎"，固有之也。

九五　无妄之疾，勿药有喜。

《象》曰："无妄"之"药"，不可试也。

上九　无妄，行！有眚，无攸利。

《象》曰："无妄"之"行"，穷之灾也。

译文

九四，可以守持正道，没有灾咎。

《象传》说："可以守持正道，没有灾咎"，说明要坚守正道才能免灾。

九五，没有意想到的疾患，不必用药即愈，会有喜庆。

《象传》说："没有意想到的疾患不药而愈"，不能够随意用药。

上九，不妄为，而行动遭祸患，不会有什么利益。

《象传》说："不妄为而行遭祸患"，说明上九至极，穷途末路而要遭灾。

智慧应用

妄言失信，齐襄公身死国亡

无妄卦阐释不虚伪的道理。当一切恢复正常，又回到真实、不虚伪的无妄时期。不虚伪，当然有利。不虚伪，是天理、人道必然应当如此的道理；因而，立身处世，必须刚正无私，不造作，不逞强，不存非分的奢望，不计较得失，当为则为，尽其在我，才能够心安理得。《荀子议兵》中说的"政令信者强，政令不信者弱"，就是这个道理。

春秋时期，卫国发生内乱，卫侯朔被仇人所逼流亡国外。卫侯朔胸怀大志，虽然流落他乡，仍不忘报仇雪恨，矢志复国，夺回自己失去的一切。于是，他想方设法结交诸侯，以取得各国诸侯对他的信任、同情与支持。齐襄公对卫侯朔尤为信赖，答应帮他完成复国大任，便约会宋、鲁、陈、蔡四国出兵攻打卫国。五国联军浩浩荡荡地向卫国进军。卫国自知势单力薄，寡不敌众，急忙向周天子求救。尽管周天子派重兵营救，但是五国联军人数众多，周天子所派之兵也不能与之抗敌，节节失利。五国联军长驱直入，很快便帮卫侯复了国。

虽然齐襄公打了胜仗，可他以诸侯之兵抵抗天子之兵，于情不通，于理更不容。对此，齐襄公忧心忡忡，担心周天子会纠集诸侯来兴师问罪。群臣见状，纷纷建议襄公选派猛将带重兵去戍守齐国要塞葵丘，因为这是进入齐国的必经之地，葵丘防守好了，齐国就没有了危险，襄公自然可以高枕无忧了。葵丘远离国都，地广人稀，谁都不愿去那种地方，更不用说抛家离子了。

派谁去戍守葵丘呢？襄公思来想去，觉得众人中连称和管至父二人最为合适，他们二人不但勇武有力，而且智谋多端，由此二人去戍守，任他千军万马也奈何不了齐国了。于是，他命人找来连称和管至父，和气地对他们说："二位将军身手不凡，寡人一向对你们另眼相看。如今，国家危急，葵丘非你二人不得戍守，请准备一下出发吧！"国君之命怎敢违抗？于是，他们两人对望一下，恭恭敬敬地回答说："感谢国君对我们的器重，臣马上就前往驻地。只是，臣下想斗胆问一句，我们何时可以回来复命于国君呢？"

齐襄公一时语塞，忽然看见桌子上切开的大瓜，便指着瓜说："等明年瓜上市的时节，我派人去接替你们，那时你们就可以回来了。我说话算话，绝不食言！"

连称和管至父听到襄公的诺言后，很高兴地出发了。到任以后，他们果然没有辜负齐襄公的厚望，一方面组织百姓修筑了防御工事，一方面加强了军备训练，周天子虽然对齐国耿耿于怀，可看到齐国防守森严，无机可乘，也只好悻悻然作罢，不敢对齐国有非分之想了。

转眼之间，一年过去了，又是瓜成熟的季节。管至父与连称很高兴，因为马上就可以回到都城和家人团聚了。可是，时间一天天过去了，接替他们的人还没有到来。他们天天翘首等待，天天失望而归。最后，他们实在不能再等下去了，就派人去求见襄公，还特意让人带了许多新上市的瓜给襄公，希望这样能够提醒襄公，记起先前的诺言。使者见到了襄公，献上了新瓜。襄公品尝着新瓜，对派人接替连称与管至父之事却只字不提。

连称与管至父实在无法可施，只得亲自求见齐襄公。他们将来意说明，不料襄公听了却勃然大怒，竟然厚颜无耻地教训起他们来："你们身为人臣，怎么可以向君上提出如此无理的要求呢？简直是岂有此理！你们先回去吧，等瓜再熟的时候，再考虑接替你们的事。"

襄公不但不信守诺言，反而背信毁约，出尔反尔，甚至还将他们教训了一顿，连称与管至父听了怒火中烧，回去后便商量如何对付齐襄公。正在这时，一直想找机会造反的公孙无知来了。公孙无知是襄公堂弟，一心想要除掉襄公，只是时机未到，他只好隐忍不发，相时而动，以成就大业。管至父与连称见到公孙无知，说起对襄公的种种不满。听完他们的叙说，公孙无知暗自高兴。他趁机鼓动二人背叛襄公，立他为君，并许诺高官厚禄和金钱美女。管至父与连称两人正因襄公不守信用而生气，听完公孙无知的建议，立即决定以牙还牙，除掉襄公，以解心头之恨。

这年冬天，齐襄公在贝丘打猎，一只野猪突然站立在他的马前号叫，吓得他跌下马背，扭伤了脚，只好回宫休养。公孙无知得知这个消息后，认为这是发动叛乱的绝好机会，于是通知连称与管至父带兵杀进宫来。

齐襄公听到宫内喊声四起，知道发生了暴乱，急忙藏在床下，可是情急之中,一只脚露在了外面。公孙无知的侍卫发现了他,举剑猛刺,割下了他的脑袋。

齐襄公贵为一国之君,却背弃诺言,出尔反尔,一欺而再欺,终于惹祸上身,造成身首异处的惨剧。

对一国之君来说,不信守诺言,出尔反尔,臣下也会反戈一击,严重的甚至会造成身败名裂。按照儒家的说法,只有具备仁、义、礼、智、信这五种最基本的道德要求,才有资格被人尊称为君子,才能够受到世人尊重,才能成就一番事业。在儒者心中,守信是对一个人最起码的道德要求,是衡量君子与小人的一个基本准则。对普通人来说,失去他人信任,便失去了生存的基点。因此,我们一定要引以为戒,切不可毁弃诺言,更不可自欺欺人,视诺言如儿戏。否则,众叛亲离,成功之路就寸步难行了。

大畜卦第二十六

䷙

〔易德经典〕

“大畜”，是山中有天，无所不容的卦象。

中国易家以东方哲人的智慧，辩证对待畜与止、静与动的关系。在大自然里，常可见到水在流动中先畜止于洼处，再漫出洼地继续奔流的现象。而在易家的思维看来，大畜的卦象正是如此。乾下艮上，山上天下，天虽大而虚空，山虽小而坚实。天性向上，山势压下，组成了一对前进与畜止的矛盾。要打开这个死结，改变天受制于山的被动局面，既不可停滞也不宜冒进，易家的解决矛盾办法是止而畜，畜而强，最终冲破山的重压，如熔岩喷出火山而后止。这种畜而后动，寓进于畜，欲动先止，止而后动的哲学易理，是相当高深的。

正如人所能畜积的才力、财力和美德是有限的，而人的精神世界却是无限的一样，只要有大畜万物的海量，日新其德的毅力，以及强烈的求知欲和为人类服务的精神，不惧山险路艰，健而不躁，学而不止，畜而不息，勇于登攀，那么再高的险峰，再大的困难也终究能克服。

这就是畜止涵容之德，也就是“大畜之德”予人的丰富启示。从大畜之卦的爻位时段看，其所弘扬的这一卦德是贯穿始终的。

原文

大畜　利贞。不家食，吉。利涉大川。

《彖》曰：大畜，刚健笃实，辉光日新，其德刚上而尚贤，能止健，大正也。“不家食，吉”，养贤也。“利涉大川”，应乎天也。

《象》曰：天在山中，大畜。君子以多识前言往行，以畜其德。

译文

大畜卦象征大为蓄积：利于坚守正道，外出谋生，吉祥，利于涉越大江巨流。

《彖传》说：大畜具有刚健笃实的美德，因而光辉焕发，他的这种美德日新月异。阳刚居上而崇尚贤能的人，能蓄积刚健者，这是天下至大的正理。“外出谋生，吉祥”，说明国君尚贤养贤。“利于涉越大江巨流”，说明行动顺应天理。

《象传》说：天包藏在山中，是大有蓄积的象征。君子效法此种精神，多多记取前贤的嘉言和善行，从而使蓄积道德学问。

原文

初九　有厉，利已。

《象》曰：“有厉，利已”，不犯灾也。

九二　舆说輹。

《象》曰：“舆说輹”，中无尤也。

九三　良马逐，利艰贞。日闲舆卫，利有攸往。

《象》曰：“利有攸往”，上合志也。

译文

初九，有危险，停止不前才有利。

《象传》说：“有危险，停止不前才有利”，是说不要冒险前行。

九二，车子与轮较脱离。

《象传》说：“车子与轮乾脱离”，说明行动合于中正，能够及时停止，因而不会犯过失。

九三，良马驰逐，利于警觉艰险，守持正固；每日训练车马防卫，利于往前进发。

《象传》说："利于往前进发"，说明与人天的意志相合。

原文

六四　童牛之牿，元吉。

《象》曰："六四元吉"，有喜也。

六五　豮豕之牙，吉。

《象》曰："六五"之"吉"，有庆也。

上九　何天之衢，亨。

《象》曰："何天之衢"，道大行也。

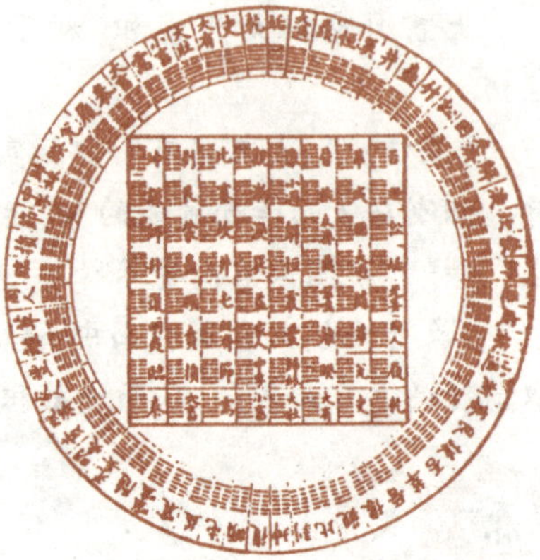

伏羲先天图

译文

六四，绑缚在初生头犊午角上的木牿，至为吉祥。

《象传》说：六四"至为吉祥"，说明本是值得喜庆。

六五，阉割过的公猪的牙齿，吉祥。

《象传》说：六五的吉祥，表明有喜庆。

上九，像天空一样通行无阻的大道，亨通顺利。

《象传》说："像天空一样通行无阻的大道"，说明上九的蓄德之道大为通行。

智慧应用

韬光养晦，楚庄王一鸣惊人

"不积跬步，无以成千里，不积细流，无以成江河。"只有努力巩固和充实自己的学识、经验和财富，为自己的奋发积蓄力量，才能真正有所作为。在中国历史上，有一个著名的韬光养晦的史事，这就是春秋时期的楚庄王"三年不鸣，一鸣惊人"的故事。

楚庄王的祖父楚成王在城濮之战中被晋国打败,便一蹶不振。公元前626年,太子商臣逼迫成王上吊自杀,即位为楚穆王。穆王在位十二年由其子熊侣即位,这就是楚庄王。

年轻的楚庄王并未像其他新君上任那样雷厉风行地干一些事情,而是不问国政,只顾纵情享乐,无日无夜地沉浸在声色犬马之中。每逢大臣们进宫汇报国事,他总是不耐烦地回绝,任凭大夫们自己办理。他根本不像个国君,朝野上下也都拿他当昏君看待。看到这种情况,朝中一些正直的大臣都感到十分着急,许多人都进宫去劝谏,可楚庄王不仅不听劝告,反觉得妨碍了他与内宫嫔妃们嬉闹的兴趣。后来干脆发了一道命令:谁再来进谏,杀无赦。

三年过去了,朝中的政事乱成一团,在这期间,楚庄王的两个老师斗克和公子燮攫取了很大的权力,两人心怀不满,因此串通作乱。他俩派子孔、潘崇去征讨外族,又把二人的家财分掉,并派人刺杀二人。刺杀未成功,潘崇和子孔就回师讨伐,斗克和公子燮竟挟持庄王逃跑,逃到庐地时,当地守将战黎杀掉了斗克和公子燮,庄王才得以回郢都亲政。就是经历了这样的混乱,楚庄王仍无悔改之意。

大夫伍参再也忍不下去,冒死去晋见楚庄王。他到宫殿一看,只见庄王左手抱着郑国的姬妾,右手搂着越国的美女,纸醉金迷,面前是钟鼓齐鸣,轻歌曼舞。庄王看到伍参进来,很不高兴,当头问道:"你难道不知道违抗我的命令是死罪吗?"

伍参抑制住慌张,连忙赔笑说:"大王,我不是来进谏的,只是有一个谜语,猜了许久也猜不出,知道大王天生智慧,想请大王猜一猜,也好给大王助兴。"

楚庄王这才露出笑脸,说道:"那你就说说看。"

伍参说:"高高的山上,有只奇怪的鸟,身披鲜艳的五彩羽毛,美丽而又荣耀,只是一停三年,三年不飞也不叫,人人猜不透,实在不知是只什么鸟!"

楚庄王听后思考了一会儿,说:"三年不飞,一飞冲天;三年不鸣,一鸣惊人。此非凡鸟,凡人莫知。"

伍参听后非常高兴，知道庄王心中有数，就又趁机进言道："还是大王的见识高，一猜就中，只是此鸟不飞不鸣，恐怕猎人会射暗箭啊！"

楚庄王听后身子一震，随即就叫他下去了。

伍参回去后就跟大夫苏从商量，认为庄王不久即可觉悟，没想到几个月过去了，楚庄王仍一如既往，不仅没有改过，还越发不成体统了。苏从再也忍耐不住了，就闯进宫去对庄王说："大王身为楚国国君，即位三年，不问朝政，如此下去，恐怕会像桀纣一样招致亡国灭身之祸啊！"

庄王一听，立刻竖起浓眉，露出一副暴君的形象，抽出长剑指着苏从的心窝说："你难道没听到我的命令，竟敢辱骂我是桀纣，是不是想死？"

苏从沉着从容地说："如果我的死能使大王振作起来，能使楚国强盛，我甘愿就死。我死了还能落个为国而死的美名，大王却会成为一个暴君而遭世人唾骂。"说完，面不改色，请求庄王处死他。

楚庄王被镇住了，他凝视了苏从几分钟，突然扔下长剑，不顾君臣之礼，抱住苏从激动地说："好哇，苏大夫，我等待了多年，竟无一个冒死进谏之臣，我的心都快凉了。你能以死报国，正是我多年寻找的社稷栋梁之臣！"庄王说完，立刻斥退那些惊恐莫名的舞姬歌妃，拉着苏从的手谈了起来。两人越谈越投机，竟至废寝忘食。

在与庄王的谈话之中，苏从惊异地发现，庄王虽三年不理朝政，但对朝中大事及诸侯国的情势都了如指掌，对于各种情况也都想好了对策，这一发现使苏从不禁激动万分。

原来，这是庄王的韬光养晦之策。他即位时十分年轻，不明世事，朝中诸事尚不明白，也不知如何处置，况且人心复杂，尤其是若敖氏专权，不明所以，他更不敢轻举妄动。无奈之中,想出了这么一个自污以掩人耳目的方法,静观其变。在这三年中,他默默地考察了群臣的忠奸贤愚,也测试了人心。他颁布劝谏者死的命令,也是为了鉴别哪些是甘冒杀身之险而正直敢言的耿介之士,哪些是只会阿谀奉承、只图升官发财的小人。如今,三年过去,他的年龄已长,经历已丰,才干已成,人心已明,他也现出庐山真面目了。

第二天,他就召集百官开会,任命了苏从、伍参等一大批德才兼备的大臣,公布了一系列的法令,还采取了削弱若敖氏权势的措施,并杀了一批罪大恶极的犯人,以安定人心。从此,这只"三年不鸣"的"大鸟"开始励精图治,争霸中原,后来楚庄王平定了国内的若敖氏叛乱,对外进行了长期的战争,终于成为春秋五霸之一。

在力量不足时保全自己,蓄积自己的各种能力。在困境之中,平心静气地坐下来思考,通常会有许多较为正确、理性的想法出现,工作中有正确的思路,做什么事情也就事半功倍了。

颐卦第二十七

〔易德经典〕

民以食为天。在《易经》里,以嘴动口咬,咀嚼食物为意象的卦名,就有"需""噬嗑"和"颐"三卦。"噬嗑"作为口中有物之象,其咬硬物的喻指是严审重案;而震下艮上的"颐",与乾下坎上的"需",则与饮食有更密切的关系,即都是根据饮食之道,由浅入深地说明如何食与养的哲学道理。

“颐”的本义是下巴,也可指腮帮或脸颊。成语“颐指气使”,就是指有权势者不说话,仅以下巴或脸色来示意的傲慢之态。而“颐”既是指脸颊或下巴,其动态就和兼指须眉毛发的“需”,有了可比之处,二者的动作,均以脸动有关,有张口吞食之意。但颐还有从脸色、形貌、饮食引申出去的另一个含义,就是保养,并且还可兼指精神方面的保养修炼,如所谓的颐神养志、怡情养性、颐养天年等等。这是《易经》强调互养的颐德与强调等待的需德,在修养食德的共性基础上,又有所不同的地方。

从《卦辞》《彖传》和《象传》旨意看,颐卦的主旨,在于从动物取食和人类自我保养的行为中,找寻到修养颐德的正确途径,这确是很有意思的。

原文

颐　贞吉。观颐,自求口实。

《彖》曰:颐,“贞吉”,养正则吉也。“观颐”,观其所养也。“自求口实”,观其自养也。天地养万物,圣人养贤以及万民。颐之时,大矣哉。

《象》曰:山下有雷,颐。君子以慎言语,节饮食。

译文

颐卦象征着颐养,坚守正道可获吉祥。观察万物养育的现象,可知以自己努力谋取养口果腹的道理。

《彖传》说:“颐卦象征着颐养,坚守正道可获吉祥”,说明用正道颐养自身故而获得吉祥。“观察万物养育的现象”,是说观察它们如何养活自己;天地养育着万物,而圣人以德养育着贤能之士和天下百姓。可见因时制宜进行养育的道理太重要了。

《象传》说:山下响动着春雷,象征着颐养万物。君子效法这种精神,言语谨慎而修养德行,节制饮食以养德养生。

原文

初九　舍尔灵龟,观我朵颐,凶。

《象》曰:“观我朵颐”,亦不足贵也。

六二　颠颐,拂经于丘,颐征,凶。

《象》曰:“六二”“征凶”,行失类也。

六三　拂颐，贞凶。十年勿用，无攸利。

《象》曰："十年勿用"，道大悖也。

译文

初九，舍弃你的灵龟，来观看我垂腮进食，有凶险。

《象传》说："观看我垂腮进食"，说明这样观而不为的行为不值得尊重。

六二，颠倒养生之德，又违背常理，向上寻求供养，往前进发有凶险。

《象传》说：往前进发有凶险，说明它的行动没有同类相伴。

六三，违背养生之德，意味着凶险，十年中将没有作为，也不会有任何利益。

《象传》说：十年内不受重用这是大大背离了万物颐养的道理的恶果。

原文

六四　颠颐，吉。虎视眈眈，其欲逐逐，无咎。

《象》曰："颠颐"之"吉"，上施光也。

六五　拂经，居贞吉，不可涉大川。

《象》曰："居贞"之"吉"，顺以从上也。

上九　由颐，厉，吉。利涉大川。

《象》曰："由颐厉，吉"，大有庆也。

译文

六四，取于民而用于民，吉祥。要像老虎一样眈眈而视，显示出贪欲无厌的样子，这样才不致有灾咎。

《象传》说："取于民而用于民的吉祥"，说明居上而能下施光明美德。

六五，违背颐养之道，但居守正道可获吉祥，不可涉越大江巨流。

《象传》说："居守正道获得的吉祥"，说明顺从依附上层则吉。

上九，顺从颐养之道，经历过危险可以获得吉祥，利于涉越大江巨流。

《象传》说："顺从颐养之道，经历过危险可以获得吉祥"，说明大有吉庆。

智慧应用

修身养德，吕蒙勤学才更高

颐卦说只有坚持用正确的方法养育他人和保养自己，才能获得吉祥。“研究养生之道”，并不是仅仅观察一个人是怎样养活自己的，更重要的是看他怎样培养自己的德行和能力。一个人现阶段水平如何，是由他以前的时光决定的。但一个真正有抱负和有上进心的人，总能通过努力让自己不断提高，并，且能够积极发挥自己的才德，做出贡献。三国时，东吴名将吕蒙就是这样一个典型的例子。

在众多的东吴将领中，吕蒙打起仗来非常勇敢，但是文化水平低，每次孙权和吕蒙一同讨论打仗的方案，吕蒙总是说不出多少自己的见解。孙权想：这些打仗勇敢的将领应该提高文化，增长才能才是。对于吕蒙，孙权也不敢委以重任。

一次，孙权对吕蒙说：“你现在带兵打仗，身上的担子很重，应该多读点书，努力提高自己的水平。”

吕蒙回答道：“我都这么大年纪了，况且军队里的事务过于繁忙，哪里还有时间读书啊！”

孙权说：“你比我小啊，如果说忙，难道你们比我还忙吗？我小时候读过《诗经》《礼记》《左传》《国语》；管理国家大事以后，又读了许多历史和兵法之类的书籍，都觉得受益匪浅。我希望你多学点历史知识还可以读读兵法之类的书。像你们这样天资聪颖的人，又加上有多年的战争经验，只要抓紧时间学，就一定会有收获的。”

吕蒙说：“哎，年龄大了，学习起来会有很多的困难。”

孙权说：“学习与年龄没有什么关系，从前光武帝在打仗的时候都手不释卷。还有曹操，年纪愈大愈好学。你又有什么顾虑呢？”

吕蒙听了孙权的话，就开始读书学习。开始总是提不起兴趣，但他仍坚持不懈怠。就这样，天长日久，对看书也有兴趣了，渐渐地，吕蒙成为一个知识渊博、有智有谋的人。

一次，鲁肃经过吕蒙的驻地去执行任务，就顺便去看望吕蒙。俩人谈起关羽，说这个人很厉害，不可轻视。当时鲁肃把守的区域正好与关羽是互相邻接的。

吕蒙问鲁肃："你现在离关羽的驻地这么近，准备用什么策略对付关羽啊？"鲁肃原本认为吕蒙是个武将，内心根本看不起他，所以也不想跟他谈论战事，因此，就随口回答："现在不管了，到时候再说吧。"

吕蒙对鲁肃这种态度很不满，就批评他说："你如此大意不行啊！关羽智勇双全，而且他特别好学，尤其对《左传》研究得很为深透。现在东吴和西蜀交好只是表面现象，我们要时时警惕，防止不测。"

鲁肃很是不屑地问道："你有高见？"吕蒙见鲁肃的态度稍有转变，就献上了三条计策，引经据典，讲得有条有理。

鲁肃一听大为惊讶，没有想到吕蒙会有这样高的水平。他连连点头，极为赞赏说："老弟啊！我原来只知道你是个一介武夫，把你当作一个粗人。谁知道如今你的学识已有这样高的水平，再也不是从前的吕蒙了！士别三日，当刮目相看啊！"

事后鲁肃把这件事告诉了孙权。孙权很高兴，感叹地说："像吕蒙这样的武将，读书学习之后，有这样大的进步，实在是没有想到啊！"

后来，孙权以吕蒙为榜样，鼓励其他将士也要多读点书抽时间学习，以提高自身的水平。

吕蒙不仅能够接受孙权的训导，积极上进，不断地丰富自己的才学，而且能够根据实际需要去运用，以发挥现实功效，充分遵循了颐卦所指示的理义。吕蒙后来功勋卓著，与此关系极大。

大过卦第二十八

䷛

〔易德经典〕

易学是古代劳动者数千年智慧结晶，这点可从具有丰富建筑学和社会学知识的《易经》“大过”的《卦辞》《爻辞》中看出来。

易家从大过卦内中坚实而本末皆弱的卦象，联想到建筑学所忌讳的“栋挠”之象，在《辞》中深刻地指出，“事物极为过分，就会像大梁被重物压弯。这时候，要大胆纠偏，才能亨通。”

从《象传》所流露的避世郁闷之情，以及六爻所说两家婚姻与建房之事看，大过之世是相当艰险的时期。担当历史重任者，固然因根基不深，支系过弱而难撑大局；而在大梁弯曲，大厦将倾时独立不惧，也不是那么容易做到的。它需要格外地小心和智慧，任何狂妄自大，违反科学，悖逆生命伦理的行为，在大过时期都是没有好结果的。这也可从中看出古人科学的婚姻观和建筑学，理解其“大过之德”的哲学意义。

再从易家根据易理的卦序的解释看，颐养即培养。没培养好易德就会出大错，所以接着颐卦的就是大过卦。

原文

大过　栋桡。利有攸往，亨。

《彖》曰：大过，大者过也。“栋桡”，本末弱也。刚过而中，巽而说

行。“利有攸往”，乃“亨”。大过之时大矣哉。

《象》曰：泽灭木，大过。君子以独立不惧，遁世无闷。

译文

大过卦象征太过分，栋梁弯曲，利于离家出门，亨通顺利。

《象传》说：“大过”，指阳刚太过分了。“栋梁弯曲”，说明首尾两端柔弱。阳刚太过分而居守中位，谦逊而和悦地行事，“利于离家出门”，可以获得亨通顺利。大过卦所显示的因时制宜的道理多么重要啊！

《象传》说：大泽淹没了树木，即是大过。君子突遇变动仍勇毅独立，无所畏惧，退隐出世也没有烦恼。

原文

初六　藉用白茅，无咎。

《象》曰：“藉用白茅”，柔在下也。

九二　枯杨生稊，老夫得其女妻，无不利。

《象》曰：“老夫女妻”，过以相与也。

九三　栋桡，凶。

《象》曰：“栋桡”之“凶”，不可以有辅也。

译文

初六，以白色的茅草铺地，在上面放置祭器，不会有何过错。

《象传》说：“以白色的茅草铺地”，是指柔顺居于下位。

九二，枯萎的杨树长出新枝，老汉娶得年轻的妻子，没有什么不利。

《象传》说：“老汉娶得年轻的妻子”，说明虽然阳刚过甚，却仍能与阴柔结合。

九三，栋梁弯曲，有凶险。

《象传》说：“栋梁弯曲，有凶险”，没有别的来帮辅。

原文

九四　栋隆，吉。有它，吝。

《象》曰：“栋隆”之“吉”，不桡乎下也。

九五　枯杨生华，老归得其士夫，无咎无誉。

《象》曰："枯杨生华"，何可久也。"老归士夫"，亦可丑也。

上六　过涉灭顶，凶，无咎。

《象》曰："过涉"之"凶"，不可"咎"也。

译文

九四，栋梁隆起，吉祥。如还有别的毛病，必遭悔吝。

《象传》说："栋梁隆起，吉祥"，是说不与不同于下面的柱梁。

九五，枯萎的杨树开出新花，老妇嫁给了年轻的丈夫，没有坏处，也不值得称赞。

《象传》说："枯萎的杨树开出新花"，哪里能够长久呢？"老妇嫁给年轻的丈夫"，并不是一件多光彩的事！

上六，涉水过河，水没头顶，凶险，但善补即能无事。

《象传》说："涉水过河，水没头顶，凶险"，说明知不可为而为，不会有事。

智慧应用

神州动荡，魏征无惧而立

"大过"之时，社会动荡，人心惶惶。这时，就很需要能独立潮头而无惧的人来力挽狂澜，才能干出一番非凡的事业。其实，历史上很多大有作为的人都是在"大过"之时脱颖而出的，唐朝贤相魏征就是其中一位。

公元618年，李渊父子建立了大唐王朝，但天下初定，仍是群雄割据的逐鹿局势。魏征怀着勃勃雄心来到长安，但因职位低微，一时不为李渊所知。魏征认为眼前动荡的局势正是自己建立功名，求取仕进的好机会。十一月，他自请前往山东（包括今河北、河南及山东等地区），招降瓦岗军旧部归唐。李渊非常高兴，就任命魏征为秘书丞（掌管国家图书之职），乘驿车东下。

不到一个月，魏征就到了黎阳，先给据守此城的徐世勣写信陈述形势利害："当初魏公（李密）举旗反隋，振臂一呼便拥众几十万，声威所及，半于天下。一败不振，终降唐朝，由此可知天命之所归也。现在你身处兵家必争之地，不早做自图，就可能错失机会，前途有危了。"徐世勣看过信之后，前思后想，决计归唐。他一面将所辖地区的郡县户口、士马人数造册登记，派人送往长安，一面运送粮草接济唐将淮安王李神通。此时，李神通因被河北义军窦建德所败，自相州退至黎阳，遂与徐世勣合兵守城，保存实力。此后不久，魏征又前往魏州（即武阳郡），劝说自己的老上司元宝藏归降了。

魏征在山东地区的招抚活动，以得到徐世勣所占据的李密旧地 10 郡及 20 万众为最大成绩，这对李唐平定中原地区起着奠基的作用。

第二年二月，自称长乐王的窦建德在山东聊城擒杀了自称皇帝的宇文化及。十月，又举兵南下攻克黎阳，李神通、徐世勣父子及魏征等人，全都当了俘虏。窦建德早就闻听了魏征的名气，便任命魏征担任起居舍人（记录皇帝言行的官职）。

武德四年（公元 621 年）五月，秦王李世民在统帅大军东征的战事中击败并活捉窦建德，窦建德失败后，魏征与隋朝旧官裴矩一同回到关中。皇太子李建成听说魏征有才干，召他主管东宫的经籍图书，任太子洗马职务。

"玄武门之变"后，李世民执掌朝政后，立即传召魏征。因为魏征是李建成的亲信下属，众人都替魏征的性命捏一把汗。但魏征却并不惊慌，坦然前往。李世民一见魏征，就怒声责问："你离间我们兄弟，该当何罪？"魏征面不改色，从容答道："如果先太子早听从我的建议，就不会有如今的下场。臣下尽忠为主，这有什么过错呢？春秋时管仲辅佐齐桓公创立霸业，但他在做齐桓公哥哥公子纠的师傅时，还曾用箭射伤齐桓公呢。"李世民听后，无言反驳。看到魏征不卑不亢的态度，满腹的嫌怨也消去了大半。随后，李世民任命魏征为詹事主簿（掌管文书之职）。登基称帝后，李世民又提升魏征任谏议大夫，这是专门负责向皇帝提意见的官职。以后，魏征又屡次升迁，权倾朝野。

唐朝初年是一个动荡的岁月，政治的变动影响着一代人的生活。在这样一个动荡年代中，成功变得既简单又复杂，有些人在乱世中崛起，有些人在乱世中

沉沦。贫富的差距、亲人的命运有时候会因为一阵兵马的厮杀而瞬间改变；魏征在这动荡年代能乘风破浪，无惧而立，积极发挥自己的聪明才智做出了“拓荒者”般的贡献，在很大程度上，很是符合大过卦所揭示的规律。

如今，感情的纠葛、爱情的追逐，对名利的看法、做人的立场，一切都在不安定的环境中随波飘摇，如能持中守正，那么“大过”之时，也正是人们大有作为的最佳时机。

在人生的道路上，总有事业不顺、前途暗淡的时候，要审时度势，不断地调整自己的状态和方法，使自己乱中求稳，这样才能把自己的事业做大做强。

坎卦第二十九

〔易德经典〕

易家以“坎”代表险阻，险阻既然多见，故可称之为“习坎”。习就是接触多，见得多，即习见，习以为常之义。而“坎”，在汉语里本来指洼地或台阶状之物，含坎坷不平之义，如门坎、坑坎，这也正是《易经》将坎视为陷、险的原因。

有趣的是，易家除了在《序卦传》里强调事物不可以始终都过分，所以接着大过卦是坎卦外，还将“坎”比作水，除坎洼处可聚水的联想外，最重要的，其实还是易家对险的态度，其要义是对坎德如何理解的问题。

对于“习”的含义还可有另一种解法，那就是“重”，习坎即为重险。

从被形容为少男的坎卦的卦德思想看，既继承了父卦乾德的自强不息的优良传统，又保持了母卦坤德柔韧不屈的真情本色，为朝气蓬勃的创业者建立起守信闯险的水德规范。这一道德规范和运用法则，具体体现于六爻《爻辞》里。

原文

习坎　有孚，维心亨。行有尚。

《彖》曰：习坎，重险也。水流而不盈，行险而不失其信。“维心亨”，乃以刚中也。“行有尚”，往有功也，天险不可升也。地险，山川丘陵也。王公设险，以守其国，险之时，用大矣哉。

《象》曰：水洊至，习坎。君子以常德行，习教事。

译文

坎卦象征重重险陷。胸怀诚信，心中便豁然贯通。意志坚定而刚毅的行为将受到尊重。

《彖传》说：“习坎”，是重重险陷的意思。水流陷穴不见盈满，行走在凶险之境而坚定地信守其不盈不流的本性。“心中豁然贯通”，是指刚毅中正的德行。“意志坚定而刚毅的行为将受到尊重”，说明往前进发必可建功。天险高远，如日，月天空不可得而升，地险有崇山峻岭河川丘陵。王公效法天地设置城池之险，巩固国防，可见险陷因时制宜的伟大作用。

《象传》说：水流滚滚而来，象征着险难重重。君子应效法这种精神，恒久保持美德，并从事于教化育人的事业。

原文

初六　习坎，入于坎窞，凶。

《象》曰：“习坎入坎”，失道“凶”也。

九二　坎有险，求小得。

《象》曰：“求小得”，未出中也。

六三　来之坎坎，险且枕。入于坎窞，勿用。

《象》曰：“来之坎坎”，终无功也。

译文

初六，面临重重险难，又再坠入穴陷深处，有凶险。

《象传》说："面临重重险难，又再坠入穴陷深处"，说明初六失去正道，必有凶险。

九二，险难中还有险难，只能从小事谋求解脱。

《象传》说："从小事谋求解脱"，说明此时尚未走出危险。

六三，来去之路皆险难重重，往前凶险，后退亦不安全，这是落入了陷穴的深处，不能有所行动。

《象传》说："来去之路皆险难重重"，说明妄动终无成功可能。

原文

六四　樽酒簋贰。用缶，纳约自牖。终无咎。

《象》曰："樽酒簋贰"，刚柔际也。

九五　坎不盈，祗既平，无咎。

《象》曰："坎不盈"，中未大也。

上六　系用徽纆，寘于丛棘，三岁不得，凶。

《象》曰："上六"失道，"凶""三岁"也。

译文

六四，一樽酒，一盘饭，用朴质的瓦器盛着，从窗户送入这些简单的食物与人，终于没有灾祸。

《象传》说："一樽酒，一盘饭"，说明患难与共，刚柔相济，自然可以君臣同心。

九五，坎险没有填满，小丘已被铲平，没有灾咎，

《象传》说："坎险没有填满"，说明中正而不自大。

上六，用绳索重重束缚，放置在荆棘丛中，三年都不能解救，凶险。

《象传》说：这是上六违背天道，凶险要连续三年。

智慧应用

沉着冷静，孔镛只身退峒人

在人生处于困境，周围的环境过于险恶的时候，应该面对现实，安定心态，避开鲁莽，在深思熟虑之后，寻找解决问题的有效方法，这是坎卦告诉人们的道理。

在明孝宗时，云南少数民族地区经常发生骚乱，或是彼此侵扰，或是与官府对抗。很多的官员都不想到那里为官，孝宗知道孔镛的贤明，便把孔镛调到了田州。

孔镛就任田州知府，刚上任的第三天，州内的军队全都到别处执行任务去了，只留下一座空城和几十名老弱病残的兵丁。当地的峒族山民得到了消息，一大清早就冲到山下，包围了州城。众人惊慌失措地关起城门，下决心与城里的老百姓一起死守几天。可是新上任的知府孔镛却命令门卫把城门打开，让峒族人进来。一些久在田州的老官员纷纷说道："大人，不行啊，峒族人全是山里野人，他们可不知什么空城计，你只要一开门，他们就杀进来了！"

"这是个孤立的城池，内部又空虚，守城能支持几天呢？只有因势利导，用朝廷的恩威去晓谕他们，或许他们会解围而去。把门打开，我出去与他们谈，我将用皇上的恩威与仁德之理去劝导他们。"众人一听全都哭笑不得，心想这个迂腐的知府老爷怕是死定了。一些好心人不忍看太守去送死，竭力相劝，但孔镛决心已定，接着说："这是我的城池，我应当独自前去。"众人纷纷劝阻他，但孔镛立即命令准备好坐骑，并命令开城门。众人请他带着士兵去，孔否定了。

城门打开了，峒族人望见城门开了，以为是军队出来交战，再一看，是一个官员骑着马走来了，只有两个马夫为他牵马，而且城门随即关上了。只见孔镛身着朝服，毫无惧色。一个峒族人首领喝道："你是什么人，还不下马受死！"孔镛不慌不忙地说道："我是新来的太守，带我到你们寨子里去见你们的族长！"

峒族人一听太守要到寨子里去，一时不知如何是好，因为有史以来还没有一位朝廷命官到他们山寨中去，一定不能冒犯，这样的大事得族长来拿定主意。“好吧，我们带你去。”首领说着便带着攻城的大队人马和孔太守往山里走去。

敌兵退了，也避免了一场血战，城里的人都很高兴，然而，峒族人把太守也带走了，田州知府上上下下的人一时不知如何是好了。

孔太守跟着峒族人走到半路上，只见路两边的树林中捆了好多人，那些人一看太守来了，都哭喊道：“大人救命，大人救命啊！”孔太守一看就明白了，这些路过的商人和出城赶考的学子，是被峒族人在半路上捉住的。放人是他们族长的权力，于是他不动声色，一直往前走。

中午过后，到了峒人的山寨，族长并没有见他，而是在屏风后面观察事态的变化。孔太守坐到了位子上。一个首领拿着刀来杀他。孔太守大叫一声：“无礼，本太守第一次到你们寨子视察，还不跪下！”

那个首领不动，反问：“你是什么人？到这里就是我们的俘虏！”

“叫你们的族长出来跟我说话！告诉他，我是你们的父母官孔太守，没有我就没有人管教你们！没有我，你们永远只能是过着打家劫舍的日子！没有我你们的生活永远不得安宁！我冒死前来解救你们，你们却要杀我，这是天理不容的事啊！如果你们不听我的话，我的官兵马上就会前来兴师问罪了……”

还没等孔镛把话说完，族长从屏风后走了出来，双脚跪倒在地，连连磕头说：“要是以前朝廷的官员都像你说的那样体恤我们，我们也就不至于这样，我保证，在您任太守期间，我们绝不会再骚扰进犯州城。一定听大人的话！”

众人一见，全都跪到了地上。

孔太守说：“起来吧，我知道你们本是良民，因饥饿所致入城抢夺，现在我来做你们的父母官，把粮食和布发给你们渡过眼前的难关。明年春季我们再做计划，如果你们过不上好的生活，我孔镛就不离开田州。我走了一个上午的路，现在我已经饿了，给我拿饭来！”

峒族人马上给孔太守做了一顿好饭。吃完饭，孔太守说：“备床，我要休息了。”接着便从容入睡。

第二天一早，他便对峒族人的族长说：“跟我到城里取粮食和布去吧。”于是，众人便随他往城里去。走到半道上时，又看到那些捆在树上的人。孔太守说：“这些秀才是好人，你们既然已经归顺朝廷，就应该放了他们，让他们跟我一

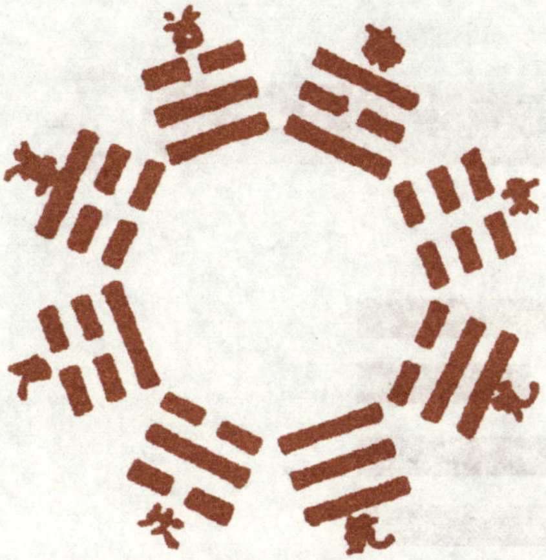

八卦相荡图

起回去。以后也不许再乱捉人了!”峒族人给秀才们松了绑,把帽子和衣服还给了他们,秀才们纷纷向孔太守叩头谢恩。

黄昏时分,孔太守带着峒族人来到了城下。城上的官吏一看,又吓坏了。他们说:“一定是太守投降了峒族人,带着他们来攻城了!”孔镛大喊:“开门,开门!”可城中就是不开门。孔太守这时才明白了,叫峒族人退到大路边上,自己走到城门口。这时城门开了,他来到城里,讲明了情况,城中百姓十分高兴。

峒族人将粮食和布帛运回了山寨,十分感谢,从此老老实实地过起了日子。在这以后孔镛也信守诺言,经常到峒族人的山寨,问寒问暖,帮助峒族人发展生产,使他们很快就过上了幸福的生活。在孔镛调离田州时,峒族人倾寨而出,男女老少跪立在官道两边,喊声震天,哭声恸地,送这位给他们重生的衣食父母。

孔镛身为太守,面对峒族山民的刀刃从容不迫,只身闯入峒族人的山寨,用自己的真诚换来了充满野性的峒族山民的信任,使长期与官府对立的峒族人归顺了朝廷。他也用类似的方法平息了其他少数民族的是非恩怨,保证了明朝边远地区的安宁。

拿破仑曾经说过:“近于绝望的境地最能启发一个人的潜伏力量,没有这种经历,英雄也就难以显现出自己的本色。”善于在绝望中找到希望的人才是真正的强者。

离卦第三十

〔易德经典〕

明霞艳照，丽火映天，辉煌灿烂，这就是离火熊熊，光照万物的景象。“离”在八纯卦中指火，与坎水相对，性质是丽。离在八卦家族里是中女，即少妇，最为丰美迷人。而离之美又附丽于火，丽正是火的特性。

火的光明是伟大的，却有赖于其能源。如日月、木炭、石油、天然气、核能等。发光而离不开能源，正体现出火的附丽之性。有学者解释说，古人有时会一字两用，用它的正义又用它的反义。“离”本意为“离开”“离去”，被释为其反义的“附丽”“依附”，也正是如此。围绕着火的附丽之性，易家一方面根据卦序指出，坎险就是陷落的意思。陷落必然会有所附丽，所以接着坎卦的就是离卦；另一方面则强调了要附丽于正道，即坚持离德的重要性。正如火燃于恶臭之物会发出腐臭烟气一样，依附于恶人也难以发出正义之光。

从正确树立离德的思想出发，易家进一步从离卦天时的变化，六爻的处境变化中，阐析本时期万物万变而不离“离德”——“丽德”的道理。

原文

离　利贞，亨。畜牝牛，吉。

《彖》曰：离，丽也。日月丽乎天，百谷草木丽乎土，重明以丽乎正，乃化成天下。柔丽乎中正，故“亨”。是以“畜牝牛，吉”也。

《象》曰：明两作，离。大人以继明照于四方。

译文

离卦象征附丽，利于坚守正道，亨通顺利。畜养母牛吉祥。

《彖传》说：离，是附丽的意思。日月附丽于天空之中，百谷草木附丽在土地之上。上下光明又附丽于正道，所以能够教化天下，促成天下昌盛。柔顺者附丽于中正之道，因此亨通顺利，因此畜养柔顺的母牛吉祥。

《象传》说：太阳一次又一次升起，象征着"附丽"。伟大之人效法此精神，以连续不断的光明照耀四方。

原文

初九　履错然，敬之，无咎。

《象》曰："履错"之"敬"，以辟咎也。

六二　黄离，元吉。

《象》曰："黄离，元吉"，得中道也。

九三　日昃之离，不鼓缶而歌，则大耋之嗟，凶。

《象》曰："日昃之离"，何可久也。

译文

初九，步履错乱无序，恭敬谨慎地对待，不会有灾咎。

《象传》说："步履错乱无序，恭敬谨慎地对待"，说明这样是为了避免失误。

六二，被黄色所附着，至为吉祥。

《象传》说："被黄色所附着，至为吉祥"，说明六二阴爻得益于居守中庸之道。

九三，夕阳西垂挂在天边，应敲击瓦缶高歌，否则将导致老暮穷衰的嗟叹，有凶险。

《象传》说："夕阳西垂挂在天边"，此景怎么可以长久呢？

原文

九四　突如其来如，焚如，死如，弃如。

《象》曰："突如其来如"，无所容也。

六五　出涕沱若，戚嗟若，吉。

《象》曰："六五"之"吉"，离王公也。

上九　王用出征，有嘉，斩首。获匪其丑，无咎。

《象》曰："王用出征"，以正邦也。获匪其丑，大有功也。

译文

九四，离日突然间升起，如烈火焚烧，顷刻间又消散灭亡，舍弃净尽。

《象传》说："离日突然间升起"，说明难以长容于天地。

六五，泪水滂沱不绝地流，哀伤叹息，吉祥。

《象传》说：六五的吉祥，是因附丽于王公的尊位上。

上九，君王出师征讨，有丰功佳绩，折斩敌方首领的头，俘虏其下属，一无过错。

《象传》说："君王出师征讨"，是为了端正邦国，治理天下。"俘虏其下属"，是取得重大战功。

智慧应用

"红顶商人"胡雪岩

"独行客"是创不了天下的，这是亘古不变的真理。俗话说得好："好风凭借力，送我上青云。"一个人要想有一番大的作为，仅靠个人的力量是不可能有什么大气候的。只有依附于他人的力量，得到他人的帮助，你就会在前进的道路上攻克一个又一个的难关，顺利地到达成功的彼岸。曾经红极一时、富甲一方的"红顶商人"胡雪岩，正是依靠背后强大的政治力量才使得财源滚滚而来，最终登上财富巅峰的。在封建社会，实行四民制：士、农、工、商。其中，商人排在最后，身份也最低贱，这样的体制使商业活动难以充分发展。政治的力量足以让商人们心惊胆寒了，大多数商人在商业活动中会尽量回避官府，不与官府发生冲突。胡雪岩却与众不同，他设法与官吏们相互沟通，争取得到保护，从而获得更大的活动范围和经济利益。经商要得到官吏的保护，首先得找到值得交往的官吏。封建官场中也是良莠不齐，哪些官员会在宦海沉浮中握有实权，并能出人头地，哪些官员会在官场竞争中屡遭厄运，升迁无望，要识别他们，全凭商业奇才的一双“慧眼”。

王有龄在当时只是一名候补官员，可是他穷途落魄、举目无亲，每天只能闲坐在茶馆里浪费光阴，根本无钱“投供加捐”做官。胡雪岩得知王有龄的情况后，心中颇为高兴。他凭借商人的慧眼和睿智，断定王有龄将来必定会大有前程。如果自己助他进京“投供加捐”，就一定会有惊人的回报。胡雪岩当时只是信和钱庄收账的小伙计，他当机立断，没同老板商量，就将手里刚收上来的五百两银子送给了王有龄。王有龄得到资助，大受感动，把胡雪岩当作大恩人，他暗暗下了决心：不管成名与否，定要报答胡雪岩。第二天，王有龄就带着这笔钱直奔北京城了。老板得知胡雪岩资助了王有龄，火冒三丈，将胡雪岩赶出钱庄。其他钱庄老板，也因为胡雪岩的“独断专行，私用钱款”的恶名而不愿意雇佣他。一时间，胡雪岩穷困潦倒，艰难度日。而这时在北京的王有龄却开始了他平步青云的鸿运，他得到一份掌管海上运粮的美差。胡雪岩得知王有龄已身登宦门，心里的一块石头总算落了地，知道自己的苦日子马上就要结束。不久，王有龄衣锦还乡。王有龄到任后，第一件事就是帮助胡雪岩重新找回饭碗，洗刷名声。他帮胡雪岩办起了钱庄，钱庄的同行们了解胡雪岩“独断专行，私用钱款”的真相后，也认为胡雪岩是个忠厚仁义之人，纷纷与他合作。自此，胡雪岩在钱庄业声名鹊起，为他日后自己的生意打下了坚实的基础。

在王有龄的鼎力协助下，胡雪岩还贩运粮食。他利用王有龄职务之便代理海运，为自己筹借到一笔款项；同时，他还利用王有龄在官场的势力，代理公库，把公家闲置的银子充实到自己的钱庄。没到两年工夫，他的钱庄就名震江南了。有了王有龄这个名声好、升迁快的后台，朝廷粮食的购办与转运，地方团练与军火费用，各方面的钱都涌进胡雪岩所办的钱庄。胡雪岩深知官府势力的巨大作用，便继续与前途有望的官员们交往，同时在官府新贵中寻找依附对象，给予帮助，以使自己得到更快的发展。他不计得失，为朝廷大员左宗棠运输粮食，得到了左宗棠赞赏，左宗棠又成了胡雪岩做大做强的有力后盾，胡雪岩也可以放心地一次吸收上百万的巨款，也可以理直气壮地与洋人的商行抗衡。

由于左宗棠的帮助，胡雪岩接受了皇帝赏赐的顶戴，被美誉为“红顶商人”，这意味着胡雪岩的商业活动有无可置疑的合法性。同时，皇帝的恩宠使胡雪岩身价百倍，甚至保证了他的信誉。这个小小的“红顶”，居然给商业奇才胡雪岩带来了莫大的好处！胡雪岩凭着这“红顶”，积累了万贯家资，成为显赫一时的一代巨贾。

胡雪岩不愧是眼光独到的商业奇才，他发现了依附他人对生意人的重要性，便不断地寻找自己事业上的帮手，终于积累了大量的财富，取得了辉煌的成就。如今，社会分工越来越明晰，彼此竞争也越来越显得激烈，要想成就自己的事业，更需要得到他人的帮助，不管他人名望怎样、地位如何，只要对你走向成功有所帮助，他就是你登高望远的好“梯子”，你就会高瞻远瞩，把事业越做越大！

咸卦第三十一

〔易德经典〕

“咸”是《周易下经》的首卦，其本义重心在卦中不是指全、皆、都、普遍或盐味，而是指“感”。咸加心为感，感是两物间互相受到对方影响而产生的反应，如感应、感觉、感动、感情、感触等等。

易家将咸卦与恒卦作为《周易下经》首卦，是有深意的。《系辞传》指出，“乾道成男，坤道成女，乾知大始，坤作成物”，乾坤两卦不仅代表天地，而且代表男女，天地男女对世界万物有创始意义。从人类的文明史看，礼仪等制度文化、精神文明的建立，与社会上下分工的等级制有关，而社会等级的建立又与父子夫妇的伦理关系的确认有关，而夫妇间建立在男女感应基础之上的稳定和谐的性关系，则又与婚姻的制度化有关。这也就是说，两性关系的法律化，是现代文明的家庭制度、财产关系和人际关系的基础，其稳定性是社会稳定和正常运作的基础。

咸德时代是上下相应、男欢女爱、万事亨通的时代，而咸德的要义，就是修养咸德，以情感人，以德育人，在教育者与受教育者的心灵感应的基础上，建立起稳定而持久的和平世界。从六爻的爻辞看，这种感应是循序渐进，逐步深入的，表现了易家对事物的精深观察和以针灸见长的中医学知识。

原文

咸　亨，利贞。取女，吉。

《彖》曰：咸，感也。柔上而刚下，二气感应以相与，止而说，男下女，是以"亨利贞，取女，吉"也。天地感而万物化生，圣人感人心，而天下和平。观其所感，而天地万物之情可见矣。

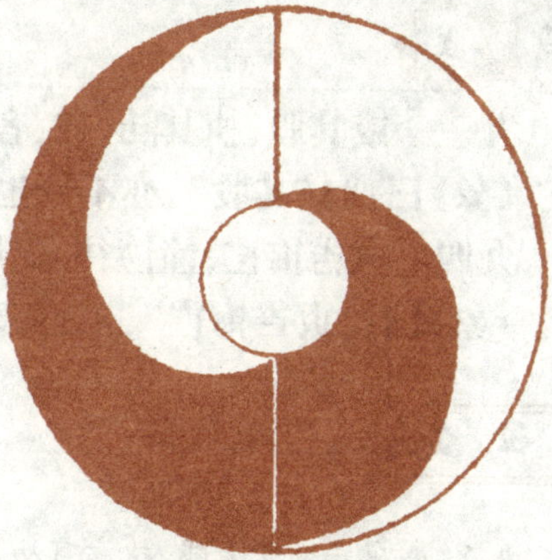

来瞿唐先生圆图

译文

咸卦象征交感，亨通顺利，利于坚守正道，娶妻吉祥。

《彖传》说：咸的意思是交感。阴柔居上位而阳刚处下位，阴阳二气交相感应，二相亲和，阴阳感应止于此而又相互爱慕，就像男子以礼下求女子，所以"亨通顺利，利于坚守正道，娶妻吉祥"。天地交相感应，因而万物变化生成，圣人感化人心带来天下和平昌顺。观察这一感应的法则，就可以发现天地万物的真情。

原文

《象》曰：山上有泽，咸。君子以虚受人。

初六　咸其拇。

《象》曰："咸其拇"，志在外也。

六二　咸其腓，凶。居，吉。

《象》曰："虽凶，居，吉"，顺不害也。

译文

《象传》说：山上有湖泊，水土相互滋润，此为咸卦。君子效法此精神，虚怀若谷，容纳感化众人。

初六，感应发生于脚拇指。

《象传》说："感应发生于脚拇指"，是因为志向是往外发展。

六二，感应于小腿肚，有凶险，安居静修可获得吉祥。

《象传》说：虽然有凶险，安居静修可获得吉祥，说明六二顺从事物发展趋势，才不会招致祸害。

原文

九三　咸其股，执其随，往，吝。

《象》曰："咸其股"，亦不处也。志在"随"人，所执下也。

九四　贞吉悔亡，憧憧往来，朋从尔思。

《象》曰："贞吉悔亡"，未感害也。"憧憧往来"，未光大也。

译文

九三，感应发生于大腿，执意盲从泛随他人，将会在行动中受挫。

《象传》说："感应发生于大腿"，说明不可能再停下来了。"心志在盲从泛随他人"，说明它追求得非常卑下。

九四，走正道可获吉祥，没有悔恨。来来往往心意不定，朋友们最终将理解你的想法。

《象传》说："走正道吉祥，没有悔恨"

原文

九五　咸其脢，无悔。

《象》曰："咸其脢"，志末也。

上六　咸其辅、颊、舌。

《象》曰："咸其辅、颊、舌"，滕口说也。

译文

九五，感应于背脊肉上，没有悔恨。

《象传》说："感应于背脊肉上"，说明九五的志向太小了。

上六，感应于口舌。

《象传》说："感应于口舌"，说明上六不过是玩弄口舌。

智慧应用

人心向背，苻坚兵败淝水

男女之间心灵相通而生爱慕之情，结为夫妇，组成幸福和谐的家庭；天地交感促成万物发育生长；君子以其德行感化百姓，上下一心，则天下太平。这是咸卦中阐释的道理，俗话说："同心山成玉，协力土变金。"把上上下下的智慧集中起来，把方方面面的力量凝聚起来，才会取得事半功倍的成效。对于领导者来说，善于团结是一种责任，是一种胸怀，要处处从大局出发，要有讲团结的良好愿望，要有兼听纳谏的宽阔胸怀，更要有善于同不同意见的人合作共事的协调能力。这样才能领导属下干出一番轰轰烈烈的事业来。

公元383年发生的淝水之战，是偏安江左的东晋王朝同北方氐族贵族建立的前秦政权之间进行的一次战略性大决战。战争的结果，是弱小的东晋军队上下团结，利用前秦统治者苻坚不得人心和战略决策上的失误而大获全胜，成为中国历史上以弱胜强的著名战例之一。淝水之战中双方得失关键在于人心归一与否。胜负双方的原因辩证地说明了咸卦中阐释的相互感应的重要性。

公元316年，在内乱外患的多重打击下，腐朽的西晋王朝灭亡了。在割据混战的状态下，占据陕西关中一带的氐族统治者以长安为都城，建立了前秦政权。公元357年，苻坚自立为前秦天王。他即位后，重用汉族知识分子王猛治理朝政,推行一系列改革,在吏治整顿、人才擢用、学校建设、农桑种植、水利兴修、军队强化、族际关系调和方面均收到显著的成效,在一定程度上使前秦国实现了"兵强国富"的局面。在这种情况下,前秦积极向外扩张势力,初步统一了黄河流域的北方地区。

公元373年,苻坚亲率大军向南挺进,攻占了东晋的梁、益两州,这样长江、汉水上游就纳入了前秦的版图。接着,前秦军队又先后占领了襄阳、彭城两座重镇,直接威胁偏安于长江下游的东晋王朝。秦晋矛盾日趋尖锐,终于导致了淝水大战。

东晋太元七年(公元382年)四月,被军事上的胜利冲昏了头脑的苻坚决定大起军队攻打江南,想一举荡平江南地区。群臣中只有少部分人附和苻坚的意见,多数大臣对此却持有反对的意见。尚书左仆射权翼认为,东晋虽然弱小,但是君臣和睦、上下团结,且晋拥有长江天险,又得到民众的拥护支持,进攻不易取胜。但苻坚却骄狂地声称:"以我百万大军,把马鞭扔在长江中,也完全可以阻断长江水流,东晋方面还有什么天险可以凭恃的呢?"(典故"投鞭断流"即出于此)。深得苻坚信任的兄弟阳平公苻融也不同意出兵,苻融还陈述了前秦表面强盛的背后是民族矛盾、阶级矛盾还相当激烈。然而这一切苻坚根本听不进去,固执地认为,以强击弱,垂危的东晋政权可以迅速消灭。

这年七月,苻坚不顾大臣们的反对,决意南下。任命其弟为征南大将军,委任谏议大夫裴元略为巴西、梓潼二郡太守,积极经营舟师,企图从水路顺流东下会攻建康。

为了劝阻苻坚南下攻晋这一冒险举动,前秦的大臣们进行了最后的努力。他们针对苻坚信佛的特点,通过释道安进行劝说。苻坚的爱妃张夫人和太子宏、幼子诜也都一再相劝,苻坚依然是不改初衷,积极备战。

太元八年(公元383年)八月,苻坚认为攻晋的时机成熟,挥军南下,誓师一举攻灭东晋,并扬言说要生擒司马曜(即晋孝武帝)。于是,苻坚亲率90万大军,水陆并进,在东西长达几千公里的战线上摆开了南下攻晋的阵势。

在苻坚积极备战的同时,晋孝武帝司马曜在谢安等人的强有力辅弼下,任命桓冲为江州刺史,谢石为征讨大都督,谢玄为前锋都督,胡彬为水军都督,摆

开了与前秦大军决战的态势。

由于双方力量悬殊太大，东晋城池相继失守，苻融部将梁成率兵五万进抵洛涧（今安徽怀远县境内），并在洛口设置木栅，阻断淮河交通，遏制从东西增援的晋军。晋军将领胡彬困守硖石，粮草乏绝，难以支撑，便写信请求谢石驰援，可是此信却被前秦军所截获。苻融及时向苻坚报告了晋军的情况，建议前秦军迅速开进，以防晋军逃遁。苻坚得报，便亲率骑兵八千驰抵寿阳，并派遣原东晋襄阳守将朱序到晋军中劝降。心念旧主的朱序到了晋军营阵后，抱着以身报国的必死决心，不但没有劝降，反而建议谢石等人主动出击。谢石听了朱序的情况介绍和作战建议后，决定转守为攻，争取主动。

十一月，晋军前锋都督谢玄派猛将刘牢之率领精兵五千迅速奔赴洛涧。前秦将梁成在洛涧边上列阵迎击。刘牢之分兵一部迂回到前秦军阵后，断其归路；自己率兵强渡洛水，猛攻梁成的军队。前秦军腹背受敌，抵挡不住，主将梁成阵亡，步骑五万人土崩瓦解，争渡淮水逃命，丧生者不计其数。晋军活捉了前秦扬州刺史王显等人，缴获了前秦军的大批辎重、粮草。洛涧遭遇战的胜利，极大地鼓舞了晋军的士气。谢石乘机命诸军水陆并进，直逼前秦军。苻坚站在寿阳城上，看到晋军部阵严整，又望见淝水东面八公山上的草和树木，以为也是晋兵，心中顿生惧意和怨气，对苻融说："这明明是强敌，你怎么说他们弱不堪击呢？"（典故"风声鹤唳"即出于此）

前秦军洛涧之战失利后，沿着淝水西岸布阵，企图从容与晋军交战。谢玄知道自己兵力较弱，利于速决而不利于持久，于是便派遣使者激将苻融说："将军率领军队深入晋地，却沿着淝水布阵，这

不是速战速决的方法。如果您能让前秦兵稍稍后撤，空出一块地方，使晋军能够渡过淝水，两军一决胜负，这不是很好吗？”前秦军诸将都认为这是晋军的诡计，力劝苻坚不可上当。但是苻坚一意孤行，说：“只引兵略微后退，待他们一半渡河，一半未渡之际，再用精锐骑兵冲杀，便可以取得胜利。”于是苻融在苻坚的命令之下指挥秦军后撤。前秦军本来就士气低落，人心不齐，指挥不灵，这一撤更造成阵脚大乱。此时朱序率领旧部乘机在前秦军阵后大喊：

“秦军败了！秦军败了！”

前秦军听了信以为真，丢盔弃甲，争相逃命。谢玄等人指挥东晋军队乘势抢渡淝水，展开猛烈的攻击。苻融眼见大势不妙，骑马飞驰巡视阵地，想整顿稳定退却的士兵，结果马倒在地，被追上的晋军手起刀落，一命呜呼。主帅毙命，前秦军全线崩溃，人马相踏而死者，满山遍野，堵塞大河。活着的人更没命地拔脚向北逃窜。苻坚本人也中箭负伤，仓皇逃至淮北。淝水之战，秦军被歼灭的十有八九。从此前秦王朝便江河日下，一蹶不振了。

淝水之战的结果，使东晋王朝的统治得到了稳定，为江南地区社会经济的恢复和发展提供了必要的契机，也是促使北方地区暂时统一局面的解体。北方贵族重新崛起，乘机肢解了前秦的统治，苻坚本人也很快遭到了身死国灭的悲惨下场。

苻坚惨败淝水，其中最主要原因是：主将骄横，一意孤行；内部不稳，意见不一，降将思乱，人心浮动。与此相反，东晋军队的胜利，最主要的原因就是：主将有能，指挥若定；君臣和睦，将士用命。

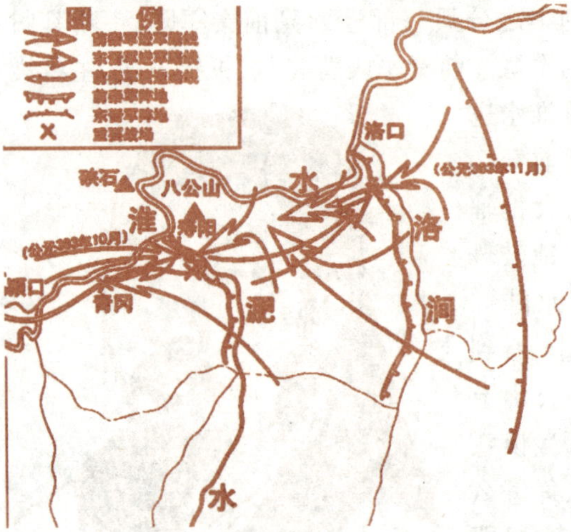

“人心齐，泰山移”，事实表明，无论是一个人的自身发展还是社会的进步，都需要有各种条件，其中最重要的是人和的力量，而人和力量来自团结。团结具有强大的威力，必然带来丰厚的回报。

恒卦第三十二

〔易德经典〕

惊雷炸响于天，疾风穿行于地，成为巽下震上、应天随物的恒卦之象。《卦辞》据此而认为，“普天之下，凡恒久者，必然亨通而没有过错。它利于坚守正道，利于前往行事。”再从易家卦序看，夫妇之道不可以不留存久远，所以在表示男女关系的咸卦后，接着是恒卦。

在易学恒道思想的深刻影响下，中国人历来重视守恒道、树恒心、立恒基、置恒产、把循恒道、开恒业、有恒心、持之以恒当作恒德高深、人格饱满、事业成功的标志，而将逆恒道、无恒业、无恒心、无恒产当作心浮气躁、漂萍游蟹、盲动失败的同义词。道家始祖老子也说：“恒德不离，复归于婴儿。……恒德不忒，复归于无极。”认为只要时刻不离恒道恒德，就能复归天性，修达正道，树典范，化万物。

具体而言，人们在恒德不变的时代，应如何坚守正道，趋善避恶呢？这正是恒卦六爻所要探讨的。人们从易家推理的六爻主旨可以看到，即使在利于坚守，亨通正确的恒德时代，也并不是凡事持恒就能获吉的，它需要人们根据事理实情，轻重缓急，决定取舍，持正纠偏，守恒循道。

原文

恒　亨,无咎,利贞。利有攸往。

《彖》曰:恒,久也。刚上而柔下,雷风相与,巽而动,刚柔皆应,恒。“恒亨无咎,利贞”,久于其道也。天地之道,恒久而不已也。“利有攸往”,终则有始也。日月得天而能久照,四时变化而能久成。圣人久于其道,而天下化成。观其所恒,而天地万物之情可见矣。

译文

恒卦象征恒久,亨通顺利,没有灾咎,利于坚守正道,利于出行,有所作为。

《彖传》说:恒是恒久的意思。阳刚居上而阴柔处下,雷震风行交相配合,谦逊以动,阳刚阴柔完全得以应和,这都表明了恒常持久。“恒久,亨通顺利,没有灾咎,利于坚守正道”,是因能长久地守持正道。天地运行的法则,也是恒久而永不停息的。“利于出行,有所作为”,说明应该循环不止,终而复始。日月遵循天的法则而能永久照耀天下,四季的往复变化遵循天的法则而能永久地化生万物,圣人恒久保持其品德,天下就能遵从教化形成风俗。观察这些恒常持久的现象,便可知道天地间万物的性情。

原文

《象》曰:雷风,恒。君子以立不易方。

初六　浚恒,贞凶,无攸利。

《象》曰:“浚恒”之“凶”,始求深也。

九二　悔亡。

《象》曰:“九二悔亡”,能久中也。

译文

《象传》说:雷发风行交相不息,象征恒常持久。君子应效法此种精神,树立立世为人的原则,永不改变。

初六,追求恒久之道,若开始便乱挖深掘,凶险而没有什么利益。

《象传》说:“追求恒久之道的凶险”,说明于开始时即不求实际而一味深挖。

九二，悔恨消亡。

《象传》说："悔恨消亡"，说明他能恒久地持守中正之道。

原文

九三　不恒其德，或承之羞，贞吝。

《象》曰："不恒其德"，无所容也。

九四　田无禽。

《象》曰：久非其位，安得"禽"也。

译文

九三，不能恒久保持他的美德，会蒙受羞辱，以致处境困难。

《象传》说："不能恒久保持他的美德"，说明将不被人容纳。

九四，田猎没打到鸟兽。

《象传》说：长久处在不适宜的角色，怎么打得到鸟兽呢。

原文

六五　恒其德。贞，妇人吉，夫子凶。

《象》曰："妇人贞吉"，从一而终也。"夫子"制义，从妇"凶"也。

上六　振恒，凶。

《象》曰："振恒"在上，大无功也。

译文

六五，恒久保持柔顺服从的德行，坚守正道。妇人守此道吉祥，男人守此道有凶险。

《象传》说：妇人坚守正道可获吉祥，说明妇人一生应顺守一个丈夫。男人则必须衡量事理，因事制宜，若盲目听从妇人摆布，那是很危险的。

上六，振摇晃动恒久之道，有凶险。

《象传》说："振摇晃动恒久之道"，又高居上位，这样做一点功劳也不会有。

智慧应用

持之以恒，冯立军经营“南国徽都”

坚持就是胜利，这是永远不变的真理！中央电视台《人与自然》节目，曾播放过这样一组画面：几十只大象在“象王”的带领下开始了它们异常艰苦的旅程，恶劣的天气和高山大河的阻挡，并没有改变它们前进的方向，它们总是坚定不移地朝着遥远的目的地进发。有个非洲国家为了防止大象侵害庄稼，在路上设置了有刺的金属围栏，阻止它们北上，结果象群踏平了围栏，继续它们的千里征程。象的坚持只是出于生存的本能，不带任何功利色彩，而人类的“坚持”却融入了太多的内容，结果也就千差万别。

有这样一则故事：

师傅教两个徒弟酿酒之法，告诉两个徒弟要选重阳节正午颗粒饱满的米，与冰雪初融的高山流泉调和，注入千年紫砂铸成的陶瓮，密封九九八十一天，直到鸡鸣三遍时方可启封。两个徒弟按照师傅的说法去做了，然后就是漫长的等待。

终于，第八十一天到了，两人夜不能寐。远远地传来第一声鸡鸣，过了很久很久，才依稀响起了第二声，漫长的等待已经让其中一个徒弟再也忍不住了，未等第三声鸡鸣，他迫不及待地打开陶瓮，里面全是像中药一般苦、醋一样酸的水！他追悔莫及，只能失望地把它洒在地上。

而另外一个，虽然也按捺不住想要伸手，但还是坚持到了三遍鸡鸣响彻天宇时才启封。呈现在这个徒弟面前的是芳香醉人、甘甜清澈的美酒。只是多等了一遍鸡鸣，结果却大相径庭。

这个故事告诉人们，成功者与失败者的惟一区别，就在于是否坚持到底，而坚持，并不都是漫长的时间，一年，一天，有时甚至是“一遍鸡鸣”而已。坚持目标，永不停息，谁能坚持到底，谁就能取胜。这也是恒卦所诠释的道理。

现在有不少的成功人士，他们就是因为坚持自己的人生目标，最终走出了一条成功的终南捷径，冯立军就是其中一个。

说起冯立军，中山市民没有一个不知道的。可能和许多大企业的老板相比，他的经历不值得一提，但他有一个成功必备的素质——眼光长远、持之以恒。或许，正是这种人的创业过程和创业故事更能贴近我们的生活，所以，人们记住了他的名字。

冯立军的老家在皖南山区一个偏远的小山村。十年前，只有初中文化的他只身一人来到繁华的中山市,租了一间十几平方米的小房子,开始在一家小快餐店打工。打工的日子十分艰辛,然而,在远大的目标的驱使下,他总是重活累活抢着干。由于他吃苦耐劳、手脚勤快,而且聪明伶俐,很快就被主人安排到厨房学习炒菜,不久就成了快餐店的大厨。有了一门手艺和稳定的收入,他渐渐在城里立了足。但冯立军和别的打工仔不同的是,他并不满足于这种生活。他省吃俭用,并留心学习小快餐店的管理方法。

积累了一定的资金后,冯立军开始实现人生理想的第一步,自己做老板开了一家小餐馆。他把老婆从老家接到中山,冯立军既当老板,又当厨师,早上还要赶早市买菜。老婆是服务员兼收银员。开业半年,小店被他经营得红红火火。短短两年时间他便净赚 8 万余元,这笔钱对于冯立军贫寒的家来说无疑是一笔巨款。但他并未就此打住。经过考察他花了 4 万元接手了一家距小快餐店不远的经营不善的小玩具经营部,雇一个老乡看店。由于他的销售形式灵活,生意日渐红火。

到了 1999 年初,他又看准新的商机,跨出人生第二步,花 9 万元吃进一家近 200 平方米的饭店,而将小快餐店转让给他人经营。自己买菜、做厨师,又雇了 2 人,加上老婆一共 4 人,经营着一家饭店,他早上 5 点起床去早市买菜,买回来后要清洗、摘切;客人来了要热情接待,让客人满意。有时晚上生意做到很晚才能休息。回忆起那段时光,冯立军说:"人是很累,但有生意做,就是不觉得累。"经过两年多的苦心经营,他积累了一定的资产,他把自己的饭店装饰一新,取名为"南国徽都",由于管理得当,饭店的生意日渐兴隆。

2003 年,第一家"南国徽都"的分店在中山市繁华闹市石岐凤鸣路开业了,自此,冯立军的餐饮事业进入到了蓬勃发展的黄金时期。如今,在珠江三角洲的很多大城市都开有集娱乐、休闲和餐饮为一体的"南国徽都"的分店。今年刚刚 30 岁的冯立军已经成为"南国徽都"餐饮集团的老板了!

"经商不易,功从苦来。"冯立军就是靠这种持之以恒的精神,苦干、实干加巧干,10 年功夫,从一位一文不名的伙计成为资产几百万元的饭店老板。他依然过着俭朴的生活,他的心里只有一个目标——将生意做得更好更大,把"南国徽都"打造成一个品牌走向全国,走向世界。

纵观古今,凡是有卓越成就的人,无不是靠恒心、耐心和自己顽强的意志、毅力获取的。

发展之路从来就不会是一马平川,面对目标的持之以恒,不管经历多少磨折,无怨无悔,心无旁骛,就一定能战胜各种诱惑和困难,最终获得成功。

遁卦第三十三

〔易德经典〕

在古易家看来,万物不可以永久地居留在它原来的住所里,所以接着恒卦的正是遁卦。遁是易经十二消息卦的六月卦,遁时属未,正是阴爻增长,由卦的一阴到卦的二阴,阳气在逐渐消退之际。之义通“遁”,即由此意而来,遁正是逃遁、避遁、隐遁、溜之大吉的意思。而卦《卦辞》则对退避之义下了如下判断,“退避隐遁,这是亨通的。小事上较为顺利,但要坚持走正道。”

不只在政治、经济、军事上如此,对任何事物而言,退与进也都是不可偏废的,知进不知退者,绝不是好将军、好官员、好专家、好企业家,只有善知进退,才能立于不败之地。易经将遁德作为中国人的必修之德,是很有哲学眼光的。

从天山遁的卦象看,阴爻由一变二,正拼命蚕食阳爻,使阳爻处于不利的守势,不得不向上退避。然而,正如卦象所示,小人不仅被沉沉地压在大山下,无法翻身,而且山势再危,小人再得势,即使登上了山的也不会比天更高。何况遁卦中阳爻与阴爻的力量对比,是四比二,居于绝对优势,故君子虽要等候时采运转,暂时不能大有作为,但只要修好遁德,明哲保身,从小事做起,以退为进,坚持正道,还是会继续掌握主动权的。

原文

遁　亨。小利贞。

《彖》曰：遁"亨"，遁而亨也。刚当位而应，与时行也。"小利贞"，浸而长也。遁之时义大矣哉！

《象》曰：天下有山，遁。君子以远小人，不恶而严。

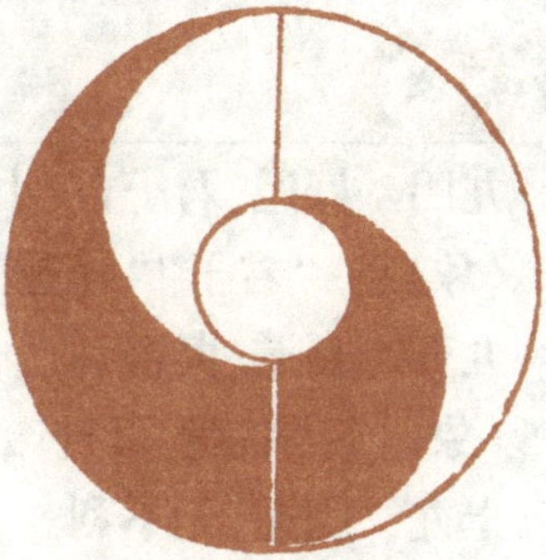

太极图

译文

遁卦象征退避，亨通顺利，利于柔小者。

《彖传》说："遁卦事通顺利"，是说退避可获亨通顺利。九五阳刚居中正之位，与六二阴柔相应，所以退避应当见机行事。

"利于柔小者"，表明阴柔之气有逐渐浸润成长之势。"退避"应顺应时势，这一点十分重要。

《象传》说：天底下耸立大山，象征退避。君子应效法此精神，远离小人，虽不表现憎恶之情，但是以威严自律来做到这样。

原文

初六　遁尾，厉。勿用有攸往。

《象》曰："遁逐尾"之"厉"，不往何灾也？

六二　执之用黄牛之革，莫之胜说。

《象》曰："执用黄牛"，固志也。

九三　系遁，有疾，厉。畜臣妾，吉。

《象》曰："系遁"之"厉"，"有疾"惫也。"畜臣妾吉"，不可大事也。

译文

初六，逃避在后，有凶险，不宜冒险前进。

《象传》说："逃避在后有凶险"，但如不冒险前进，又怎么会有灾祸呢？

六二,像用黄牛的皮革捆缚东西一样,没有力量将其挣脱。

《象传》说:"像用黄牛的皮革捆缚东西一样",说明意志坚固。

九三,被牵系住而不得退避,有疾患和危险,先畜养臣仆婢妾可得吉祥。

《象传》说:"被牵系住而不得退避以至有危险",说明如有病痛并被拖累得疲惫不堪。"畜养臣仆婢妾吉祥",说明无法干大事。

原文

九四　好遁,君子吉,小人否。

《象》曰:"君子""好遁","小人否"也。

九五　嘉遁,贞吉。

《象》曰:"嘉遁,贞吉",以正志也。

上九　肥遁,无不利。

《象》曰:"肥遁,无不利",无所疑也。

译文

九四,喜好高明地隐遁,于君子吉祥,于小人不吉利。

《象传》说:君子喜好高明地隐遁,小人却做不到。

九五,成功及时地隐遁,符合正道而可获吉祥。

《象传》说:"成功及时地隐遁,符合正道而可获吉祥",说明能够端正志向。

上九,远走高飞,没有什么不利。

《象传》说:"远走高飞,没有什么不利",说明没有疑虑牵系,当遁则遁。

智慧应用

曹操煮酒论英雄,能屈能伸者成气候

龙,这种神话中的灵物,能大能小,能升能降。大可以兴云吐雾,小可以隐而无形;向上升可以升腾于宇宙之间,向下降可以潜伏于大海深处。世间的英雄就像龙一样,俗话说:"形势比人强,识时务者为俊杰。"面对纷纭变幻的世界,你要做到能屈能伸,才能大有作为。

人世间是个复杂多变的世界。在这个世界里充满了喧嚣纷争,充满了坎坷不平,充满了喜悦甜蜜,充满了爱恨情仇……这些构成了一幅五彩斑斓的生动

画面。面对这复杂的人生，一腔热血办不了大事，只进不退成就不了壮丽的人生，前面是悬崖峭壁，再要继续下去很可能身败名裂，甚至丢了性命。此时，必须当机立断，隐忍待时。因为从来真正的英雄都是"能屈能伸"的高手。

《三国演义》中有这样一个故事：刘备由于苦不得志，迫不得已去投靠曹操。

一日与曹操青梅煮酒论英雄，酒席之间，曹操问刘备："汝周游四方，一定知道当今的英雄，你道来我听。"

刘备说了几个人的名字，曹操均摇头表示不同意。

曹操对刘备讲："所谓英雄，就是要胸怀大志，腹有良谋，有包藏宇宙之机，吞吐天地之志。"

刘备接着问道："那么当今谁能称得上是盖世的英雄呢？"

曹操用手指了指刘备，又指了指自己，说道："现在天下能称得上是英雄的人，非你我二人莫属！"

刘备闻听此话，大吃一惊，手中的筷子不小心落在了地上。好在此时雷声大作，刘备巧妙借雷声掩饰住了自己内心的惶恐。

刘备为何会被吓成这样呢？因为他与曹操心存异心，他正在养精蓄锐，他害怕曹操发现自己诛曹扶汉的意图。

刘备能够成就一番事业，首先在于他脑中始终藏有一股夺取天下的霸气，这股霸气迫使他跟自己赌着一口气，也跟曹操赌着一口气，就是做个乱世英雄而不屈居人下。

其次就在于他聪明的处世方法，也就是为求存而善于蛰伏，为求得生存能够做到能屈能伸。

但是，刘备在这一点上与曹操相比还略有逊色。

刘备历尽千辛万苦，终于占领了东西两川和荆州之地。然而由于关羽的失

误,荆州被东吴夺取,关羽也惨死麦城。

刘备得知消息,肝肠痛断,发誓要为关羽报仇,他要起兵伐吴。尽管赵云再三劝阻,但丧失了理智的刘备依然兴兵伐吴。

后来,刘备被陆逊火烧连营七百里,全军大败,自己也一病不起,命丧白帝城。堪称一代枭雄的刘备不能做到能屈能伸,感情用事,结果换来的是彻底的失败。

一个人有七情六欲是完全正常的,也是完全应该的,但一个做事只考虑感情的人一定是一个不成熟的人。事情是复杂多变的,感情往往左右人们的理智,使人们错误地分析复杂多变的形势。刘备感情用事,在心态上,他无法与曹操相比。

曹操镇压了黄巾起义后,声势大振,有了一块较为稳定的根据地,于是派人去接他的父亲曹嵩。当曹嵩带着一家老小途经徐州时,徐州牧陶谦出于一片好心,同时也想借此结交曹操,便亲自出境迎接曹嵩一家,并给他们全家以热情招待。一般来说,事情办到这种地步就可以了,但陶谦还嫌不够,他还专门委派五百多士兵护送出城。这样一来,好心却办了坏事。护送的这批人原来是黄巾军余党,他们只是出于无奈才归顺了陶谦,而陶谦却没给他们任何好处。如今他们看见曹家的车辆满载着金银财宝,顿时起了歹心,半夜杀了曹嵩一家,将宝物

抢劫一空。曹操闻听此讯后,咬牙切齿道:"陶谦放纵士兵杀死我父亲,此仇不共戴天!我要兴起大军,将徐州踏平。"但是,当曹操正准备率军攻打徐州报仇雪恨之时,情况出现了变化:吕布率兵攻破了兖州,占领了濮阳。这该如何是好?一边大仇未报,一边情况又发生了突变。如果曹操被复仇的心态所左右,那么,他就看不出事情的发展趋势,也察觉不出情况的危急。曹操毕竟是一个十分冷静沉着的人,而且很会控制住自己的心态。正因为如此,他便立刻分析出了情况的严重性,他说:"兖州失去了,这就等于让我们没有了归路,不可不早做打算。"

于是,曹操彻底放弃复仇计划,立刻决定拔寨退兵,去收复兖州。他对事态做了较为全面的考虑,才做出了这个决定。从而摆脱了这次危机,保住了自己的地盘和势力。

将曹操的遭遇与刘备的情况进行比较,就可以看出:刘备仅失去了一个义弟关羽,曹操一家老小四十余人被杀,曹操的根应该更大、更强烈。刘备与曹操却截然相反,他只凭自己复仇的心态而制定实施了伐吴的计划。因此,刘备的失败是必然的。

能忍者自安。我们面对纷纷纭纭的大千世界,对待千变万化的人间世事,要成功地把握住事态发展“方向盘”。能够抓大局,从全一面考虑,决不可凭一时的冲动,感情用事,最终做出错误的决定。事实证明:能屈能伸的人才是真正的“伟丈夫”。

大壮卦第三十四

〔易德经典〕

根据卦序,天下万物不可以始终隐藏遁避,所以接着遁卦的为大壮卦。“大壮”即阳气大壮之义。它是十二消息卦的二月卦,紧接着三阳开泰的一月泰卦之后,是阳爻逐渐增长为四,阴爻逐渐退缩为二,形成了乾下震上,雷天大壮的可喜构局,真可谓:天上雷动声威壮,地下万物阳气足,朗朗乾坤澄玉宇,歪风邪气顿时除，体现出邪气惊恐而收敛潜伏，正气则昂扬向上，一派阳气充盛的大好景象。

大壮时期是正道大行于世，伟业不断壮大，形势向好的一面演变的时期，这种时候，易家的主张，尤重壮德，即适度壮大武力，遵循正道，亦即后来儒家发展为“非礼勿动，非礼勿听，非礼勿视”的礼德。说到礼德，人们都不会忘记，中国向为文明古国，礼仪之邦。礼的道德化和规范化，是中国步入文明社会的必由之路。如果人幼不学礼，大不知礼，那他不是无知文盲，就是不开化的野蛮人。

归根结底，所谓礼，亦即文明规范，是人类社会进化的产物和象征。无规矩不成方圆，无礼仪则不成文明世界。易家早在人类思壮好强，尚武崇力的古代，就提出了修壮德——即武德礼德，促精神文明建设的远见，这真是中华民族关于两个文明不可偏废的最早阐发。

原文

大壮　利贞。

《彖》曰：大壮，大者壮也。刚以动，故壮。大壮“利贞”，大者正也。正大，而天地之情可见矣。

《象》曰：雷在天上，大壮。君子以非礼弗履。

译文

大壮卦象征强盛，利于坚守正道。

《彖传》说：大壮是指刚大而强盛，刚健而有行动，所以说强盛。“强盛，利于坚守正道”，是说刚大者还必须端正守中。正直而且刚大，就能发现天地万物的真情。

《象传》说：雷在天上轰隆作响，象征声势浩大。君子应效法于此，不合礼仪的事不干。

原文

初九　壮于趾。征，凶，有孚。

《象》曰：“壮于趾”，其“孚”穷也。

九二　贞吉。

《象》曰：“九二贞吉”，以中也。

九三　小人用壮，君子用罔。贞厉。羝羊触藩，羸其角。

《象》曰：“小人用壮”，“君子”罔也。

译文

初九,只是脚趾强壮,往前进发会有凶险,这是毫无疑问的。

《象传》说:“只是脚趾强壮”,贸然前进,当然无路可走。

九二,坚守正道定获吉祥。

《象传》说:九二“坚守正道定获吉祥”,因为居处中正,修养正德。

九三,小人以强壮骄人,君子用无为处世。这么做很危险。公羊用角冲撞藩篱,角被缠挂住进退不得。

《象传》说:只有小人才以强壮骄人,君子用无为处世。

原文

九四　贞吉,悔亡。藩决不羸,壮于大舆之輹。

《象》曰:“藩决不羸”,尚往也。

六五　丧羊于易,无悔。

《象》曰:“丧羊于易”,位不当也。

上六　羝羊触藩,不能退,不能遂,无攸利,艰则吉。

《象》曰:“不能退,不能遂”,不详也。“艰则吉”,咎不长也。

译文

九四,保持正道吉祥,悔恨消亡。就像藩篱被闯开了一个缺口,羊角没被缠挂,又如大车的轮辐坚固耐用。

《象传》说:“藩篱被闯开了一个缺口,羊角没被缠挂”,说明要勇于往前进取。

六五,在田畔遗丧了羊,无须悔恨。

《象传》说:“在田畔遗丧了羊”,说明自己居位不正当。

上六,公羊猛撞藩篱,不能前进,不能后退,没有什么利益,但只要艰苦奋斗便可获吉祥。

《象传》说:“不能前进,不能后退”,说明它处事不慎,“只要艰苦奋斗可获吉祥”,说明灾咎不会长久。

智慧应用

好大喜事，乾隆王朝由盛而衰

“大壮”本是好事，但很容易引起自满的情绪，于是骄矜滋生，最终导致失败。很多大成者曾经受各种困苦赢得了成功，然而成功的光环却让他们头晕目眩，于是整天陶醉在歌舞升平的景象当中，没有意识到浮华的背后潜伏着重重危机，骄傲自大，放任自流，危机就在他们懈怠的那一刻突然出现，顷刻间，大厦倾倒，成功的辉煌变成过眼云烟，淹没在沧桑变幻之中。

“大壮”卦告诉人们应省身自律，不被一时的“壮”所陶醉，才能使“大壮”的状态保持长久，一旦危机来临，也不会措手不及。曾经英明一世的乾隆皇帝，就因为晚年好大喜功，劳民伤财，宠幸佞臣，致使满清王朝江河日下，最终走向崩溃的边缘。

乾隆帝在其统治的早期，文治武功，励精图治，沿袭着康熙以来的国富民强盛世景象。这种“天朝大国”的盛况滋长了他不可一世的傲气，于是他开始巡游南北各省，以图声威天下。一开始的时候，乾隆是本着巡视天下，抚恤民生的意图，是打着陪奉太后巡幸的旗号，侍候皇太后南巡。然而随着巡游的次数增多，其目的也发生了变化，再加上宠臣和珅串通上下官吏，大肆搜刮民财，铺张浪费，乾隆的巡游也就成了天下百姓的灾祸了。

乾隆八年(1743 年)，乾隆与太后前往盛京祭谒祖陵。这边还没开始走，那边便忙于修筑桥梁道路，装饰皇帝所要住的行宫，以及准备为其来临所需要的一切。孝圣太后与乾隆帝到达盛京后，先赏赐盛京将军银 5000 两、副都统银 2500 两。随即举行大宴，盛京文武官员、三陵官员及自京随来的王公大臣、官员、蒙古王公、额驸等均入宴，耗费银两达千万计。

乾隆十年七月(1745 年)，乾隆帝再次奉皇太后谒陵。因“途次迎銮者，踊跃趋事”，重奖吉林将军、副都统以下各级执事官员、兵丁。到了盛京谒陵完后，又是颁赏盛京官兵。而盛京礼部侍郎郎世臣，因备办祭典“并不竭尽诚敬，草草办理”，被发往黑龙江。乾隆此举助长了官员重金迎驾的风气。

1748 年 2 月，乾隆帝侍奉太后去曲阜谒孔子陵庙，游泰山，一路冠盖如云，极尽奢华之能事。

乾隆追求排场奢华，生活也日益奢靡。乾隆前后六次南巡，每次的队伍都相当庞大。除随行的后妃、皇子孙，还带有一整套政务处理班子及王公、章京、侍卫等，约两千五百余人。走水路得用千余艘大小船只，巡幸所经地方，各级官

员都要提前建造行宫，训练士卒，通缉盗匪，清理刑狱，筹办珍玩，安排迎銮。

南巡途中，乾隆的生活条件和设施与宫中没有两样，每日早晚照例鸣鼓奏乐。茶房所用乳牛多至75头；膳房所用羊1000头，牛300头，均提前从北京运到镇江、苏州等地。乾隆对饮食极为讲究，每天仅供乾隆一人生活所需的就几达千人。

乾隆六次南巡靡费了大量人力、物力和财力。江浙商人们又为了迎合乾隆的享乐，绞尽脑汁，煞费苦心，不惜银两，慷慨资助。正由于商人的积极参与，使乾隆南巡显得格外铺张豪奢。然而商人们为了报效银两，资助他的南巡活动，加重了对百姓的盘剥，民不堪命，商业也陷入日趋困顿的局面。

乾隆南巡多打着治理河患的旗号，对黄河、长江等处水利治理多少也有些推动。但这种极其靡费的"观风问俗"方式，不仅耗费了前代积聚的大量资财，也助长了地方官员竞尚奢华、贪贿敲索的颓风，影响是巨大的。

乾隆后期的奢靡之风，很大的原因就在于宠臣和珅。乾隆中期，正红旗人和坤承袭了一个三等轻车都尉的低级世职，1769年转到銮仪卫当差。后承袭了三等侍卫之职，1785年，升为副督统；1786年，升任户部侍郎，命为军机大臣，尔后执掌朝政几十年。乾隆退位前，对和珅的擅权，已有所觉察，但依然是任其所为。和珅虽有辅政之能，但惟利是图，生活奢侈糜烂，有这样的辅政大臣，群臣不贪才怪。

事实上，自从乾隆30年以后，清王朝已经开始有了衰败的迹象，边关的战争和皇室贵族的日常开支，已经开始让朝廷财富日益变少。再加上官吏的贪污腐败，朝廷的政务也开始慢慢变了味道。各地不断出现的大案要案就是明证。比如1768年两淮盐政营私案、山东库银案、江苏包庇贪吏案、浙抚贪污案等等。乾隆帝虽然严厉惩处了这些大案的贪官，但因和珅从中周旋，为贪官撑腰，始终无法制止各地的贪风。

乾隆禅位后，嘉庆并没有对和坤做出什么动作，1799年，乾隆驾崩后的第6天，嘉庆列了和珅20款大罪，将他赐死，并没收了他的全部家财。据说所得约值白银10亿两，相当于清政府20年的财政总收入。

做了六十年的皇帝，早年的乾隆的确很有作为，这和他的才能与勤政都是相互联系的。他大权在手，勤于政事；他有较高的文化素养，他懂得蒙文、藏文、维文等多种民族文字，他精于骑射，领悟军事。在所有的帝王之中，他也算是一个文治武功都不错的皇帝。就因为晚年不能洁身自保，使他的功业大打折扣。或许是封建帝王特殊的地位，“康乾盛世”“天朝上国”让乾隆沉醉于“千古第一全人”的迷梦之中，如果他能看到当时西方工业革命的兴起和发展，如果他能看到满清王朝内忧外患的势头，那么，书写中国帝王史杰出篇章的非乾隆莫属！

凡是成功者，必定是经过千辛万苦、艰苦努力才最终成功。取得成功不容易，保持它就更难。这需要我们正确面对成功之后的喜悦，保持冷静的头脑，正确地看待自己和对手。如果是不可一世，轻视对手，这样不仅不能守成，失败也会跟着来了。

晋卦第三十五

〔易德经典〕

一轮红日，喷薄而出，使黑沉沉的大地顿时充满了光明与热力，处处是生机勃发、繁茂明盛的气象。这就是易家用卦象思维之笔，借晋卦坤下离上之杰构，描绘出来的壮丽情景。《卦辞》借题发挥道，“因功晋升的康侯，获得众人的拥护，得到车马细布的许多赏赐，受到了天子一日三次的隆重接见。”

何谓晋德？这可从人才培养学的角度，从“晋”的本义求解。晋除作地名、国名、朝代名外，其本义为进为升，可组成晋京、晋见、晋谒和晋升、晋级等词。前一组含有下级到都城进见拜见上级的意思，后一组词是指因提拔和升级从较低职位升至较高职位。由此可见，晋德，其实就是如何处理与上级的关系，如何对待升级机遇的道德规范。值得注意的是，易学所主张的在官场晋升六阶段修养晋德的具体方法，从中我们可以获得古人对如何晋升的道德修养和选拔人才标准的丰富启示。

原　文

晋　康侯用锡马蕃庶，昼日三接。

《彖》曰：晋，进也。明出地上。顺而丽乎大明，柔进而上行，是以“康侯用锡马蕃庶，昼日三接”也。

《象》曰：明出地上，晋。君子以自昭明德。

译　文

晋卦象征长进，诸侯得到天子赏赐的众多车马，一天之内三次被接见。

《彖传》说：晋的意思是长进，犹如太阳升出地面。大地万物柔顺地依附于太阳，循着柔顺之道长进向上发展，所以“诸侯得到天子赏赐的众多车马，一天之内三次被接见”。

《象传》说：太阳由地面升起，象征晋升增德，君子当效法于此，使自己的光明德行愈加明显光辉。

原　文

初六　晋如摧如，贞吉。罔孚，裕，无咎。

《象》曰：“晋如，摧如”，独行正也。“裕无咎”，未受命也。

六二　晋如，愁如，贞吉。受兹介福，于其王母。

《象》曰：“受兹介福”，以中正也。

六三　众允，悔亡。

《象》曰：“众允”之，志上行也。

译文

初六:长进之初就遭挫败,坚守贞正本质,即使不能取信于人,能坦然以对则没什么过错。

《象传》说:“长进之初被遭挫败”,说明如此是独守了正道的结果。“能坦然以对则无过错”,说明它此时还没得到任用。

六二,进步之中有忧愁,只要保持贞正的晋德,就能获吉,将从其祖母那里承受宏大的福泽。

《象传》说:“承受宏大的福泽”,因为他注意修养中正的晋德。

六三,因修养晋德而得到众人的信赖支持,悔恨消亡。

《象传》说:“因修养晋德而得到众人的信赖支持”,是由于有向上进升的志向。

原文

九四　晋如鼫鼠,贞厉。

《象》曰:“鼫鼠贞厉”,位不当也。

六五　悔亡,失得勿恤。往,吉。无不利。

《象》曰:“失得勿恤”,往有庆也。

上九　晋其角,维用伐邑。厉,吉,无咎,贞吝。

《象》曰:“维用伐邑”,道未光也。

译文

九四,如田间的鼫鼠一样得到长进,坚守正道以防危险。

《象传》说:“田间的鼫鼠,坚守正道以防危险”,说明个人位置摆得不当。

六五,悔恨消亡,不必为得失担忧。往前进自会有吉祥,没有什么不利。

《象传》说:“不必为得失担忧”,说明只求上进自然有吉庆。

上九,长进至极,钻进角尖,唯有征伐邑国,虽然危险,但可转危为安,不致过错,要坚守正道以防憾惜。

《象传》说:“唯有征伐邑国”,说明晋道之德未能发扬光大。

智慧应用

步步为营，万向集团稳步发展

弓弦拉得太满就容易绷断，人对自己要求过高、过急、过苛、过于理想化，就如同拼命拉一张本已绷紧的弓，往往会适得其反。真正老练的弓箭手，都是稳稳地拉弓、缓缓地加力，一旦拉满，力贯千钧，势不可挡。当一个人蓄势待发、胸有成竹时，也就是掌握了拉弓的真谛之时。这个真谛就是不断地积累、蓄势，让人们不断地领略你那日见深厚的潜质。有潜质的人，是最具魅力的人，也是最具成功希望的人。

万向集团的掌舵人鲁冠球，就是这样一个具有潜在魅力的人，从万向的发展进程，我们就不难看出他是如何蓄势而发，一步一步走向成功的。

企业家是企业的缩影，企业是企业家的放大。几十年来，鲁冠球把一个小作坊发展成通用、福特汽车的合作伙伴，一举开创民营企业收购海外上市公司的先河。带领万向集团牢牢抓住汽车零部件主业不放松，坚持以高新技术改造传统产业，向新型工业化道路一步一步地迈进，企业发展不断跃上新的台阶。他身上见证了民营企业的过去，也反映了民营企业的未来，他向人们展示了一个民营企业家稳步发展、与时俱进的真实传奇。

万向创建之初，由于是计划经济，只能拾遗补缺，生产五花八门的产品，犁刀、铁耙、万向节等等只要能做的都做。企业因此生存下来。70 年代中期，有了一定的积累以后，鲁冠球开始选择了专业化的发展道路，专攻万向节。

那时的鲁冠球总认为船小好调头，几年的磨练，鲁冠球慢慢地懂得，如果老是调头，不仅容易迷失方向，而且耽误时间，影响速度。这做企业必须要有目标，目标确立以后，专注执着，集中精力，一步一个脚印地向主攻目标逼近。这样，才能够保证每一件事都在为目标而创造价值，工作的效率也才能够得到最大的发挥，这样，成功的机会也才会最大。鲁冠球当即选定了企业的奋斗目标，他表示，发展汽车零部件产业是万向长远的战略，这不仅是一种追求、一种积累，更是一种坚定不移的承诺。

1980 年，机械部对全国 56 家万向节生产厂家的产品进行整顿评比，万向一举成名，成为全国三家定点万向节生产厂家之一。从此，鲁冠球带领企业稳扎稳打，一步一个台阶，小产品逐渐做出了大市场。

改革之初，鲁冠球制订了“立足国内创业，面向国际创汇，扎根企业内部，脚踏实地工作”的战略。用的是国内先进设备，产品销往了全国。

员工辛勤的汗水点点滴滴地完成了资本的累积,1994 年,企业改名为万向集团,正式形成集团化管理结构,创建董事局,并对下属企业实行公司制改造,变原来的行政式放权为经营式放权。并制订了“大集团战略、小核算体系、资本式运作、国际化市场”的战略。此时的万向用上了国际先进设备,产品销往国际市场。1996 年,鲁冠球进行资产重组,以较低的投入和较快的速度获得了多家年销售亿元、利润超千万元的成长性公司,实现了相关产品的系列化,核心业务能力显著增强。第二年,随着万向技术中心的设立,企业知识产权工作逐步走向规范化、科学化。

21 世纪,鲁冠球把战略方针调整为“大集团战略,小核算体系,资本式经营,国际化运作”。别看只在 20 世纪 90 年代的目标上调整了 4 个字,却反映了他带领万向从国际营销到国际生产,再到国际资源配置,不断融入全球化的思考和实践,也是万向发展战略再一步提升的具体体现。

如今的万向已经拥有国家级技术中心,2004 年综合能力评比列全国 332 家国家级技术中心第 3 位;拥有国家级实验室,出具的试验报告获得 46 个国际组织的互认资格。在首届中国自主产权百强企业排行榜中,万向名列第 9 位,并成为世界上万向节专利最多的企业。

跑得快,还得跑得稳。三十多年,鲁冠球咬定汽车零部件不放松,坚持走产品延续、技术延续、市场延续的道路,一步一个脚印,锲而不舍地实施从零件到部件,到系统模块化的发展战略。从一个产品、一家企业,发展到现在的几十家企业,几千个品种的产品,老老实实地做配角,专心致志地把零部件做专、做精、做透、做强、做大,国内已形成 4 平方公里的制造基地,小产品做出了大市场。

鲁冠球常说,办企业,谁都想做大,做到行业第一。但制订发展战略,必须遵循实事求是、循序渐进的原则,有多少能力做多少事情。企业一旦超越了自己的承受能力,过度的扩张,就等于把自己的命运交给了别人。如果企业不超越自己的能力,宏观再调控,银根再紧缩,土地再控制,都不会影响发展。稳健的经营决策和作风使万向一步一步走向辉煌。

惊人的业绩并没有使鲁冠球懈怠,他依然豪情万丈地带领万向人向新的台阶迈进。

万向的成功是一个积累和渐进的过程,做人和做事是一样的道理。人的智力和才华,是随着知识与经验的积累而逐渐丰富的,而既是积累,也就需要有一个实践和感悟的渐进阶段。对自己要求过急、过高、过苛,企望一口吃成个胖子是不可能,也是不现实的。

做人做事都要有程序,不能逾越事物的自然发展阶段,不从小事做起,积累经验,怎么能有办大事的能力呢？南柯一梦终究有醒的时候,再美好的蓝图那也只是梦境，毕竟不是现实，梦里可以一步登天，现实之中干什么事都不是那么容易的，都要脚踏实地地去干，想很快把什么事情做完又做好的可能性是很小的。

为官是一级一级地上升，致富是一点一点地积累。打败强大的对手，必须一步一步地去做；急躁冒进，只能是暴露自己的实力，不仅不能挤掉对手，反而有可能使自己处于危险之中。初出茅庐未必就非要当那个莽撞的初生牛犊，而应当在知识与经验的积累中逐渐展示自己的才华，稳中求进，步步高升。“万丈高楼平地起”，只有不断的积累才能达到一个质变的飞跃。

明夷卦第三十六

〔易德经典〕

离下坤上的“明夷”，从易学卦理看是火在地下之象，有如火山即将爆发，滚烫熔岩在黑暗沉重的地壳下聚集涌动，等待喷出地面之前那沉寂闷热局面，一种易使人冲动受害而不得不防的形态。针对这种形态和局面，明夷的《卦辞》提出了“光明隐藏，易受伤害的时期，有利于艰苦奋斗走正路”的忠告。也就是说，在黑暗笼罩的时候，要明白时势，韬晦隐光，避害远祸，修养明德，以保持坚定正确的方向，继续艰难行进，这样做是有利的。

根据易家卦序的精义，前进过快会受伤，所以接着晋卦的是明夷卦。创夷就是伤害的意思。从社会规律看，在不利条件下，尤其是在功劳威望突出，连连晋升，春风得意，位重权高，遭到嫉恨和打击时，不能不知道“明夷”之德。它知于明，行于隐，故也可将明夷之德称之为明德，或者隐德。明德与隐德相辅相成，缺一不可。明而后隐，是真明善隐，隐而不害，不失其明；不明而隐者，虽隐而不明，德薄行浅；明而不隐者，遭害遇难，绝非真明；不明不隐者，则徒受其害。看起来，明夷之德主张的是明哲保身，似乎消极，但实际是在政治、经济、军事形势不利时的一种积极保全手段，与"德"有异曲同工之妙。

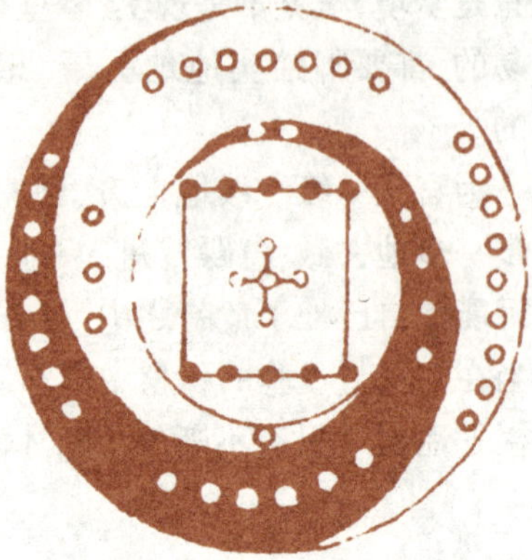

太极河图

原文

明夷　利艰贞。

《彖》曰：明入地中，明夷。内文明而外柔顺，以蒙大难，文王以之。"利艰贞"，晦其明也。内难而能正其志，箕子以之。

《象》曰：明入地中，明夷。君子以莅众，用晦而明。

译文

明夷卦象征光明损伤，利于在艰难中坚守正道。

《彖传》说：光明潜入大地中，象征光明损伤。内守文明的美德，外显柔顺的情态，可以承受大灾大难，当年周文王被纣囚禁时即以这种方式渡过危难。"利于在艰难中坚守正道"，说明要收敛光芒，身陷萧墙之难而仍旧秉正守志，箕子以巧妙地隐晦自己的聪明才智而自守正态的方式对待的。

《象传》说：光明潜入大地中，象征了明白夷难所在而远害避祸。君子当效法于此，在治理众人时大智若愚，从而更显出其道德的光明。

原文

初九　明夷于飞，垂其翼。君子于行，三日不食。有攸往，主人有言。

《象》曰："君子于行"，义"不食"也。

六二　明夷，夷于左股，用拯马壮吉。

《象》曰："六二"之"吉"，顺以则也。

九三　明夷于南狩，得其大首，不可疾贞。

《象》曰："南狩"之志，乃得大也。

译文

初九，光明损伤时飞翔，羽翼低垂，君子仓皇出走时，三日吃不上饭也不要停步。到了所去的地方，又受到主人责备。

《象传》说："君子仓皇出走时"，说明坚持正义而舍弃俸禄，不食不义之食。

六二，光明损伤之时，左腿受伤，用强壮的马脱离险境，可获吉祥。

《象传》说：六二的吉祥，是因为顺应局势而又能守持法则。

九三，光明损伤时在南方巡狩征伐，俘虏罪魁祸首。不能操之过急，这才正确。

《象传》说：在南方巡狩征伐表现出的志向，能够大施抱负。

原文

六四　入于左腹，获明夷之心，于出门庭。

《象》曰："入于左腹"，获心意也。

六五　箕子之明夷，利贞。

《象》曰："箕子"之"贞"，"明"不可息也。

上六　不明，晦。初登于天，后入于地。

《象》曰："初登于天"，照四国也。"后入于地"，失则也。

译文

六四，要深入左方腹部，探获光明损伤的内中情况，并毅然走出门庭。

《象传》说："深入左方腹部"，是为了探获内中情况。

六五，箕子在光明损伤时明智逃避，是有利而正确的。

《象传》说：箕子坚守正道的做法，说明光明不会熄灭。

上六，天空晦暗不明，起初升上天空，最终坠落地下。

《象传》说："起初升上天空"，说明光明普照四方；"最终坠落地下"，说明违失正义的原则以至失败。

智慧应用

惨遭宫刑，司马迁谱写“无韵离骚”

困难正是磨练人意志的最好时机，只有经受了困难挫折考验的人，才能成大事。人的一生之中，不可能是一帆风顺的，总会遇到各种各样的困难、挫折，无论是来自自身的，还是来自外界的，都在所难免。能不能忍受一时的不顺利，这就看你是否有雄心壮志。一个真正想成就一番事业的人，志在高远，不以一时一事的顺利和阻碍为念，也不会为一时的成败所困扰。面对挫折，必然会发奋图强，艰苦奋斗，去实现自己的理想，成就功业，这是一种积极的人生态度。

“天将降大任于斯人也，必先苦其心志，劳其筋骨，饿其体肤，空乏其身，行拂乱其所为，所以动心忍性，增益其所不能。”这是《孟子·告子下》中那一段尽人皆知的话，同样也是明夷卦中所阐释的要义，它们很好地总结了如何才能走向成功彼岸的道理。西汉司马迁经受非人的磨难而著《史记》就是这方面最好的例证。

司马迁，字子长，汉景帝中元五年(公元前145年)出生于龙门山下(在今天的陕西省韩城市)。司马迁的祖先并不十分显要，其家族世代掌管太史的官职。但是司马迁和他的父亲司马谈都以此为荣，在他们的心目中，修史是一项崇高的事业。他们为此奉献了自己一生的精力。

司马谈一直准备写一部贯通古今的史书。在父亲的直接教导下，司马迁十岁时便开始学习当时的古文。后来，他又跟着董仲舒学习《春秋》，跟孔安国学习《尚书》。司马迁学习刻苦，进步非常快，极有钻研精神。

司马谈去世后，司马迁一直牢记父亲的遗志，他决心效法孔子编纂《春秋》，写出一部同样能永垂史册的专著。公元前104年，司马迁在主持历法修改工作的同时，正式动手写他的伟大著作《史记》。在写作的过程中，发生了司马迁为李陵辩护的事件。司马迁也因此事被判了死刑。

据汉朝的刑法，死刑有两种减免办法：一是拿五十万钱赎罪，二是受“腐刑”。司马迁官小家贫，当然拿不出这么多钱赎罪。腐刑既残酷地摧残人体和精神，也极大地侮辱受刑者的人格。司马迁当然不愿意忍受这样的刑罚，悲痛欲绝的他甚至想到了自杀。可后来他想到：人总有一死，但死的轻重意义是不同的。他觉得自己如果就这样“伏法而死”，是毫无价值的。他想到了孔子、屈原、左丘明和孙膑等人，想到了他们所受的屈辱以及所取得的骄人成果。

司马迁毅然选择了腐刑。面对最残酷的刑罚，司马迁痛苦到了极点，但他此时没有怨恨，也没有害怕。他只有一个信念，那就是一定要活下去，一定要把《史记》写完，“是以肠一日而九回，居则忽忽若有所亡，出则不知所往。每念斯耻，汗未尝不发背沾衣也”。正因为还没有完成《史记》，他才忍辱负重地活下来。

司马迁在这种残酷的打击下，不仅没有在耻辱中颓废，还使他的思想发生了深刻的转变，司马迁在奇耻大辱的震撼中获得了新生，极大地影响了他的写作。他不羁的性格从此挥发出内在的洒脱，拿得起、想得开、放得下。

他用传统的力量来宽解传统的压力，对世俗的“俗人”，他视若等闲，积极、充分地保护自己；在历史人物身上找到自慰和自励；他为自己的生命设立了目标，他要以惊人的毅力忍受肉体和精神上的摧残，为了完成《史记》而勇敢地活下去，即使碎尸万段亦不言悔。

这崇高的信念和坚强的意志使他把满腔的悲愤化作无穷的动力，兢兢业业地写作，用他真实的心，强劲的笔，和着他的血和泪，融着他的感情和智慧，构建着中国史学辉煌的大厦。

汉武帝要把这位旷世奇才推进万丈深渊，却把他推向了光辉的顶点，《史记》在耻辱的激励下丰满传神。司马迁通过《史记》表达了对汉武帝及其封建专制的不肯屈服的信念，也表达了自己的爱憎。

《史记》这部鸿篇大著至今闪烁着耀眼的光辉。它把一幅幅色彩斑斓、威武雄壮的历史生活画面再现给千千万万的读者，并洋溢着感人肺腑的艺术力量，使《史记》成为“史家之绝唱，无韵之离骚”。

艰苦的生活对人是一种磨炼，是对意志、品质的考验，也是培养自己远大理想和浩然正气的途径。

只有用晦明隐忍待机的法则，忍住这种生活中的艰苦，韬光养晦以自保，以外柔内刚之法，采取非常行动，也就不怕前进道路中的任何障碍了。

顺境容易使人陶醉，不思进取，于是虚度顺境，甚至会造成命运的逆转。逆境虽然会给个人成长带来不利的影响，但只要不悲观、不消沉，努力与逆境抗争，扬长避短，变不利为有利，同样能够成才，甚至做出通常情况下做不出的奇迹。

家人卦第三十七

〔易德经典〕

家庭是生活的港湾，家人是家庭的核心。对家人及其伦理关系予以高度重视，提倡夫妇父子之道，是坚信“修身，齐家，治国，平天下”人生奋斗目标，将《易经》作为五经之首的儒家主张。而这一主张，源自于中国传统文化的宝典《易经》。

《易经》关于“家人”的《卦辞》，大意为“家人和睦，得益于女人的贞正品行”，只有“利女贞”这短短三个字，却最简明不过地表现了古人对相夫教子的“内当家”“贤内助”——家庭主妇，在家庭道德文化建设中极重要地位的充分肯定。对于提倡男女平权，反对男主外，女主内传统家庭格局的女权主义者说来，认可“家人”的《卦辞》，似乎是难堪的。其实，承认主妇在家庭中的主导地位，与妇女解放并不矛盾。

从家人“利女贞”的主旨出发，《易经》不仅结合了治家时代的各个阶段的特点，对妇女如何治家作了进一步的探讨，有很强的实用价值，成为中国古代最早的家政学经典，而且提出了国家领导人应视天下为一家，修养家德，让天下人“交相爱”的伟大思想！

原文

家人　利女贞。

《彖》曰：家人，女正位乎内，男正位乎外。男女正，天地之大义也。家人有严君焉，父母之谓也。父父，子子，兄兄，弟弟，夫夫，妇妇，而家道正。正家，而天下定矣。

《象》曰：风自火出，家人。君子以言有物，而行有恒。

译文

家人卦象征家庭，利于女子被操持家道。

《彖传》说：家庭，女子在家中居正当之位，男子在外面居正当之位。男女在家庭内外各有正当的位置，这是天地间的大道理。

家庭之中有严正的君长，这就是父母。父子各尽其责、兄弟各尽其责、夫尽夫责、妇守妇德，那么家风自然就正了。家道端正了，天下也就安定了。

《象传》说：燃烧的火生成了风，象征了“家庭”。君子应效法于此，日常言语有实在的内容，日常行为贯彻以恒定的原则。

原文

初九　闲有家，悔亡。

《象》曰：“闲有家”，志未变也。

六二　无攸遂，在中馈，贞吉。

《象》曰：“六二”之“吉”，顺以巽也。

译文

初九，在家庭中凡事防患于未然，就不会有悔恨出现。

《象传》说：“在家庭中凡事防患于未然”，说明应在用心尚未改变之时加以防范。

六二，不要独专家政，以中正平和的态度在家中主持烹饪事宜，自然可获吉祥。

《象传》说：六二的吉祥，是因为柔顺谦逊的缘故。

原文

九三　家人嗃嗃，悔，厉，吉。妇子嘻嘻，终吝。

《象》曰："家人嗃嗃"，未失也。"妇子嘻嘻"，失家节也。

六四　富家，大吉。

《象》曰："富家大吉"，顺在位也。

译文

九三，若对家人要求严格，尽管有所怨恨，有危险，仍可获得吉祥。妇人与孩子成天嬉戏，最终仍会带来种种麻烦。

《象传》说："一家人受到严责"，说明并未失家道；"妇人与孩子成天嬉戏"，说明有失家中礼节。

六四，使家庭富足，大为吉祥。

《象传》说："使家庭富足，大为吉祥"，说明顺守本分，当居正位。

原文

九五　王假有家，勿恤，吉。

《象》曰："王假有家"，交相爱也。

上九　有孚威如，终吉。

《象》曰："威如"之"吉"，反身之谓也。

译文

九五，君王用美德感化众人并视天下为一家，无须忧虑，吉祥。

《象传》说："君王用美德感化众人并视天下为一家"，说明天下人人应视同一家相互亲爱。

上九，心存诚信又威严肃穆，终获吉祥。

《象传》说："威严肃穆获得的吉祥"，是说应当反省自身，严于律己。

智慧应用

相夫教子，长孙皇后母仪天下

一个家庭的幸福和睦包含了每个家庭成员的身心健康、老有所养、小有所教、婚姻美满等许多因素。家庭和事业同样重要，家庭和睦、舒心，事业才会蒸蒸日上；同样，家庭也需要事业的成功，如果没有事业，碌碌无为，生活就会缺乏经济基础。所以重视家庭，也别忽视事业、放弃事业。在干事业的同时，也要注意多顾自己的小家。这就是家人卦中所阐释的道理。如果你想做成一件事，整天后院起火，那你就绝对做不成，反之，你将迅速做好，只有凭借家庭的力量，才能达到事半功倍的效果。其中更为关键的是夫妻团队，夫妻一条心，黄土变成金，好的夫妻团队就是另一半可以给他全力、无私的支持，反之，将给他同样的反作用力。

现在社会流行这样一种说法：一个男人的终极品位在于选择妻子，因为选择了什么样的妻子就等于选择了什么样的人生。事实也确实如此，俗话说得好“女怕嫁错郎”，男人何尝不是。年少的时候，或许曾迷惑于外貌的绚丽，可是生活终究不是广告，随着日子的流逝，渐渐地，发现妻子这也不是那也不是，必然会给自己带来很多烦恼，糟糕的家庭关系必然影响到自己的工作和事业。一代明主唐太宗的成功很大程度就得益于他的妻子长孙皇后。

长孙皇后自幼饱读诗书，受过良好的教育。当唐太宗闲暇无事时，常与她谈古论今。她品评古代人物非常精到，对唐太宗处理政务很有帮助。长孙皇后嘉言懿行，对唐太宗帮助很大。唐太宗正是把长孙皇后作为依靠，才开拓出一片大唐盛世。

唐太宗有暴戾的性格，有时对毫无过错的宫女乱发脾气。长孙皇后见此情况，往往会顺从皇帝，假装发怒，将宫女暂且拘押，等到皇帝怒气平息之时，长孙皇后再为宫女申辩。

每当唐太宗生病的时候，长孙皇后总是亲自侍奉，昼夜不离皇上身边，并常在衣带上系着毒药，说："皇上如有不测，我也不忍独生。"

长孙皇后有胃病，有一次跟随唐太宗到九成宫，柴绍等人半夜报告有变故，唐太宗穿起甲衣出门询问情况，长孙皇后也抱病随从，左右加以阻止，她义正辞严地说："皇上已受震惊，我心里怎能自安！"从此病情日益加重。

后来长孙皇后病重，众医都束手无策。一日，太子对皇后说："医药尽备，可疾病不愈，望奏请皇上赦免罪人及剃度一些人士为僧，或可得到神灵福佑。"

皇后听后摇摇头，严肃地对太子说："死生在天，不是人力所能转移。如果为善即有福，我又不曾干过恶事；如果为善与有福无关，妄自祈求又有什么用！赦免罪犯的诏旨，是国家大事，不可屡屡下达。岂能因为我一个妇人，而让皇上做他不想做的事！如果按你的想法去做，我还不如早早死掉！"

面对长孙皇后这铿锵有力、掷地有声的话，太子再没有胆量上奏了，他只好私自将这件事情告诉宰相房玄龄，房玄龄又转告唐太宗。唐太宗听后，想颁布赦令，却遭到长孙皇后的制止。

这期间，房玄龄因事被免官，长孙皇后知道后很不放心。几个月后，长孙皇后知道自己离大限之期不远的时候，便与太宗诀别："房玄龄伺候皇上多年，小心谨慎，屡有奇谋妙计，如果无重大过失，请陛下不要责罚他。"言辞恳切，令太宗潸然泪下。

长孙无忌与唐太宗是布衣之交，又是皇后之兄。太宗将他视为心腹，平时对他以礼相待，甚至想任用他为宰相。没想到，这一想法遭到长孙皇后的坚决反对，她说："妾位居后宫，我家所受富贵荣宠已达极点，为了宗族安全，实在不应让我的兄长再执掌国政。汉朝吕氏、霍氏和上官氏，可为彻骨之戒，请陛下体察我的心意。""妾生时无益于人，更不能以死害人，愿陛下不要因坟茔之事劳烦天下百姓，只要借山为坟，有些瓦木葬器就可以了。""妾还愿皇上亲近君子，远离小人，接纳忠谏，省息劳役，中止游猎。如

果这样，妾身虽灭于九泉，亦再无所怨恨。此外，也不要儿女前来看我，见到他们悲哀，只会在我心中徒增悲苦。”

然后，皇后取出衣中毒药给皇上看，说：“妾身本想在陛下患病不愈之日，以死随从车驾的，因我不想处在当年吕后那样的地位。”

不久，长孙皇后便与世长辞。长孙皇后不仅是一位杰出的女性，更是一位伟大的“妻子”，从她平时对丈夫——唐太宗细致入微的照顾和她的遗嘱中，我们可以看出：唐太宗李世民之所以能够享有一代明君的美誉，与长孙皇后的竭力相助是分不开的。

长孙皇后去世后，唐太宗非常悲痛，将皇后生前采录历代妇人得失之事写成的《女则》出示诸位近臣，说：“皇后所写这些书文，足以百世垂范。朕不是不知天命而做无益的悲伤，只是从此以后再也听不到那些有益的劝谏之言，失去了一位良佐，所以不敢忘怀！”于是他马上召回房玄龄，让其官复原职。长孙皇后难能可贵的是身为皇后，相夫、教子，母仪天下。

作为一个男人，如果有一位贤明的妻子陪你度过一生，那将是你莫大的幸福与荣幸。爱人不但是你生活中的可靠伴侣，更是你事业上的得力助手。

睽卦第三十八

〔易德经典〕

火焰炎炎向上烧，水泽茫茫向下流。这在自然界并不罕见，是一种事物在矛盾和运动的发展中，所出现的背道而驰的睽违乖异现象，用易家的卦象思维来描绘，就是兑下离上，即泽下火上。由于睽与合反，阴阳不调，事理不顺，故此《卦辞》认为，“违背不合的时候，只宜做些小事，方可获吉。”

将《象传》的“睽：君子以同而异”，理解为，修养求同存异的品德——睽德，是有哲学根据的。无论是在自然界还是在社会界，差异和相违的现象都是存在的。如动植物的类别、个体的强弱、活动的范围与相生相克，社会界的国家、民族、阶级、阶层、集团和党派的利益不同等等。有的人因其不同而过于强调其相异的一面，反对求同的可能，非要斗个你死我活方才罢休，其实并不聪明，而且十分有害。

要而言之，要想办事成功，就要学会求同存异而不是党同伐异，就需要修好睽德——善于处理和化解矛盾之德，善于团结一切人，包括反对过自己，并且被实践证明是犯了错误的那些人，抓住事物异中有同，可以归类划别的本质一面，以德报怨，以同而异，共求进步。

原文

睽　小事吉。

《彖》曰：睽，火动而上，泽动而下。二女同居，其志不同行。说而丽乎明，柔进而上行，得中而应乎刚，是以“小事吉”。天地睽而其事同也，男女睽而其志通也，万物睽而其事类也，睽之时用大矣哉。

译文

睽卦象征乖离，小事吉利。

《彖传》说：乖离，就像火焰燃烧往上，水泽流动下浸，又像两个女子同居一室，志向不同而行为各异。下卦和悦地附丽于上卦离的光明，阴爻柔顺求进向上直行，得居中正地位而与阳刚者呼应，因此说“小事吉利”。天和地相乖离，但作育万物的事理却相同。男人和女人大不一样，但交感求合的心志相通，天下万物的形态各异，但禀受天地阴阳气质的心志却相类似。乖离之时有待施用的范围是多么广大啊！

原文

《象》曰：上火下泽，睽。君子以同而异。

初九　悔亡，丧马，勿逐，自复。见恶人，无咎。

《象》曰：“见恶人”，以辟“咎”也。

九二　遇主于巷,无咎。

《象》曰:“遇主于巷”,未失道也。

译文

《象传》说:上为火下为泽,互相违背,象征着乖离。君子应效法于此,求大同而存小异。

初九,悔恨可以消亡。丢失马匹,不必追寻,自己会返回。见到恶人没有过错。

《象传》说:“遇见恶人”,是为了避免灾祸的方法。

九二,在小巷中邂逅主人,没有过错。

《象传》说:“在小巷中邂逅主人”,说明并没有违背正道。

原文

六三　见舆曳,其牛掣,其人天且劓。无初有终。

《象》曰:“见舆曳”,位不当也。“无初有终”,遇刚也。

九四　睽孤,遇元夫,交孚。厉,无咎。

《象》曰:“交孚无咎”,志行也。

译文

六三,看见牛车被拖曳难行,驾车的牛被阻掣住,是一个遭刺额削鼻的人干的,起初不利,但可得善终。

《象传》说:“看见牛车被拖曳难行”,说明居位不适当。“起初不利,但可得善终”,说明得到了强者的帮助。

九四,乖离之时孤立无援,后遇阳刚的大丈夫,彼此以诚相待,虽有危险,终无过错。

《象传》说:“彼此以诚相待,终无过错”,说明能施行自己的意志。

原文

六五　悔亡。厥宗噬肤。往,何咎。

《象》曰:“厥宗噬肤”,“往”有庆也。

上九　睽孤,见豕负涂,载鬼一车。先张之弧,后说之弧,匪寇婚

媾,往,遇雨,则吉。

《象》曰:“遇雨”之“吉”,群疑亡也。

译文

六五,悔恨消亡,与其宗族亲者之关系如咬柔软的肉一般和顺,往前进发又有什么过错呢?

《象传》曰:“与其宗亲之关系如咬柔软的肉一般和顺”,说明前往必有喜庆。

上九,乖离至极孤独无援,犹如见肥猪满身泥巴,又像看见一辆大车满载鬼怪,起初张弓欲射,后又迟疑将弓放下。原本不是草寇,而是求婚者。往前走遇雨吉祥。

《象传》说:“遇雨吉祥”,说明种种疑惑都已消失。

智慧应用

异中求同,苏秦合纵连横

有离必有合,有异必有同,这是必然的自然法则。这与对方建立合作关系,能否成功的核心就是彼此间有无共同的利益。战国时的苏秦之所以能够凭借一张嘴,从求同存异的角度切入,让各国认清了“合纵”与自己国家的利害息息相关,将相异的六国联合在一起,形成了对付强大秦国的联盟。战国中期,著名纵横家苏秦,开始时企图推行连横政策,当时秦孝公已卒,他坚决支持商鞅的变法,而孝公的继承者秦惠王新立,不用辩士,故而苏秦没有在秦国得到什么职位。

苏秦怀着愤恨和不满,转而到关东六国组织合纵反秦。周显王三十六年(公元前 333 年),苏秦到达燕国,求见燕文公,对他说,燕国与赵国是近邻,受到赵国的威胁要大于秦国,所以要联合赵国来保全燕国。燕文公认为他的话很有道理,便采纳了这个意见,于是苏秦得到燕国器重。

苏秦到了赵国,对赵肃侯说:“赵国处于关键的地方,对于六国有所偏移,则最终对自己不利，而联合六国，可以有效地制衡秦国，成就霸业。”赵肃侯觉得苏秦说得很有道理，打心眼里高兴，立即优厚地款待苏秦，赐给他大量财物，作为他去联络其他诸侯的费用。苏秦到了韩国，见到韩宣惠王，针对韩国的形势分析说韩国的土地是有限的，而秦国的需求是无限的，以有限的土地，去对付无限的需求，这简直是拿钱去买祸害，不经过战争就悄悄地把土地消耗光。韩宣惠王把苏秦的话琢磨了一阵，决定参加合纵。

苏秦到了大梁，假托赵王的命令，向魏王提出六国同盟、合力抗秦的方针，劝魏王不要向秦国称臣，说魏国地方似乎不大，但是人烟稠密，武士众多，足以联合他国，抗击强秦。魏王也采纳了苏秦的方针。苏秦又来到齐国，向齐王发表了长篇的说辞，晓之以秦国不可能越过赵魏来攻打齐国，而齐国居然臣服于秦国，很令人蒙羞的。齐王听了他的话，顿时有所醒悟，急着向苏秦请教今后的方针。苏秦果断地说：“你们还没有沦为秦国的附庸，并且有着自己的地位。因此，我建议大王参加六国同盟，互相支持，使秦国根本不敢跨进关东半步。”齐王连连答应。

苏秦对楚威王说：“楚国是天下的强国，秦国最怕的就是楚国，六国中其他各国已经联合，楚国不参与，则必然为秦国所攻。”楚威王高兴地同意加入合纵集团，并愿意做联盟的领袖。

经过这样的一番游说，建立起了秦国为之忧虑的六国合纵联盟。苏秦成为纵约长，执六国相印，并给秦国下了纵约书，秦国15年不敢出函谷关东进。

异中求同，是客观规律。国家与国家的建交是这样，个人之间的交往也是如此。有作为的人，有时固然因为时势的考虑、坚持原则的需要，虽同而存异，虽合而有别，但是在一般情况下，应以积极主动的姿态，努力从异中求同，团结所有的力量以便大有所为，这对所有加入者都有益处。

团结产生力量，任何一个团队必须先统一思想，成员之间要相忍、相容，要有吃亏精神，要善于在异中求同，在同中存异。领导者要有自知之明，切不要有狭窄的视野、固定的模式、陈腐的框框，更不要疑心太重。还要保持清醒的头脑，学会“去粗取精。去伪存真”，择其善者而从之。遇到困难时，团队成员应该做到患难与共、共同承担责任，处理工作要有大局观念，在处理内部的团结上也要有大局观念，从大局出发求团结，这样团队才能经得起波折和风浪，才能无往而不胜。

蹇卦第三十九

〔易德经典〕

“蹇”是跛足的意思,引申为蹇驴或驽马。人若骑着跛足蹇驴,前行于沟渎蹇塞、崎岖坎坷的路上,其陷入困境的艰难之状是可想而知的。这也正是蹇卦与代表不利的剥卦连用,组成“蹇剥”一词,并与蹇连、蹇滞、蹇涩等词大致同义,均用以表示不顺利的由来。从卦序看,万物乖戾不和下去必定会有难处,所以紧跟着睽卦的是蹇卦。

其实,万事不仅开头难,中间有曲折,结束得好亦不易,故此,顺利与蹇难,险阻与畅达,永远是一对既相对立又相统一的矛盾。《易经》特意列出蹇卦,正是透过蹇卦艮下坎上的卦象的研究,对事物发展的艰难路途的一种清醒认识,它对于人们修养蹇德——不畏路途艰难,勇于向前之德,具有重要的指导意义。

原文

蹇　利西南,不利东北。利见大人。贞吉。

《彖》曰:蹇,难也,险在前也。见险而能止,知矣哉。蹇“利西南”,往得中也。“不利东北”,其道穷也。“利见大人”,往有功也。当位“贞吉”,以正邦也。蹇之时,用大矣哉。

译文

蹇卦象征行走艰难,往西南走有利,往东北不利。利于进见伟大的人物,坚守正道吉祥。

《彖传》说:蹇,意思是艰难,险难在前面。遇到险难即能停止,这才是明智的啊!"行走艰难,往西南走有利",因为往前走可得正确道路;"往东北走不利",因为这个方向将致路困途穷。

"利于进见伟大的人物",因为往前进发将获成功。居位适当"坚守正道吉祥",说明可以摆脱蹇难摆脱困境救振邦国。蹇卦所示依时势变化而济蹇的功用真伟大啊!

原文

《象》曰:山上有水,蹇。君子以反身修德。

初六　往蹇来誉。

《象》曰:"往蹇来誉",宜待也。

译文

《象传》说:高山上有水,象征行走艰难。君子应效法于此,遇有艰难时反省自身,修好品德。

初六,往前进发艰难,往回走将获称誉。

《象传》说"往前进发艰难,往回走将获称誉",说明应当等待时机。

原文

六二　王臣蹇蹇,匪躬之故。

《象》曰:"王臣蹇蹇",终无尤也。

九三　往蹇来反。

《象》曰:"往蹇来反",内喜之也。

六四　往蹇来连。

《象》曰:"往蹇来连",当位实也。

译文

六二，君王的臣仆历尽艰难，不是为了自己的私事。

《象传》说："君王的臣仆历尽艰难"，说明终无过失。

九三，往前行走艰难，返回时则正好相反。

《象传》说："往前行走艰难，返回时则正好相反"，内心欢喜返归。

六四，往前进发艰难，返归则可联合许多同志。

《象传》说："往前进发艰难，返归则可联合许多同志"，说明正当坚实之位。

原文

九五　大蹇，朋来。

《象》曰："大蹇，朋来"，以中节也。

上六　往蹇来硕，吉。利见大人。

《象》曰："往蹇来硕"，志在内也。"利见大人"，以从贵也。

译文

九五，行走极为艰难，却有朋友前来救助。

《象传》说："行走极为艰难，却有朋友前来救助"，说明九五坚守了中正的品德和节操。

上六，往前进发艰难，返归可获硕硕成就，吉祥，利于晋见伟大的人物。

《象传》说："往前进发艰难，返归可获硕硕成就"，说明志在于联合内部共济艰难。"利于进见伟大的人物"，说明追随贵人得到利益。

智慧应用

坚韧不拔，海伦·凯勒在逆境中重生

身处逆境，也许他失去了健康，也许他失去了财富，甚至是失去了家庭，但只要不失去坚韧的品质，他最终还会拥有一切的，甚至比失去前更多。

海伦·凯勒是位全世界家喻户晓的盲人成功者，她的成功，对所有的人来说，都是一堂生动感人的人生课。

海伦刚出生时，是个正常的婴孩，健康可爱，能看、能听，也会牙牙学语。可

是，一场疾病却改变了她的一切，她变得既盲又聋又哑——那时她才 19 个月大。

人生的不幸，令小海伦性情大变。稍不顺心，她便会乱发脾气，又敲又打，野蛮地用双手抓食物塞入口里；若试图去纠正她，她就会在地上打滚，乱嚷乱叫，甚至双手乱抓。父母在绝望之余，只好忍痛将她送到波士顿的一所盲人学校，特别聘请一位老师照顾她。

万幸的是，小海伦在最黑暗的时候遇到了一位伟大的光明天使——安妮沙莉文女士。沙莉文也是位有着痛苦经历的女性。她 10 岁时，和弟弟一起被送进麻省孤儿院，在孤儿院的悲惨生活中长大。由于房间紧缺，幼小的姐弟俩只好住进放置尸体的太平间。在卫生条件极端恶劣而生活又非常贫困的环境中，幼小的弟弟 6 个月后就夭折了。她也在 14 岁患了眼疾，几乎失明。后来，她被送到帕金斯盲人学校学习凸字和指语法，现在她做了海伦的家庭教师。

从此，沙莉文女士与这个蒙受巨大痛苦的姑娘的斗争就开始了。固执己见的海伦以哭喊、怪叫、乱抓乱打等方式全力反抗着严格的教育。然而她最终成功了，沙莉文女士用无比的爱心与惊人的信心，倾注于一位全聋全哑而眼睛又失明的小女孩身上，通过潜意识的沟通，靠着身体的接触，为她们的心灵搭起一座桥。接着，自信与自爱在小海伦的心里产生，使她从痛苦孤独的地狱中拔救出来，通过自我奋发，将潜意识无限能量地发挥，一步步走向光明。

就这样，两人手牵手，心连心，用爱心和信心作为“药方”，经过一段别人难以想象的痛苦挣扎，唤醒了海伦那沉睡的意识力量。一个既聋又哑且盲的少女，初次领悟到语言的喜悦时，那种令人感动的情景，实在难于描述。海伦曾写道：“在我初次领悟到语言存在的那天晚上，我躺在床上，兴奋不已，那是我第一次希望天快点亮——我想再没其他人，可以感觉到我当时的喜悦吧。”

仍然是失明，仍然是又聋又哑的海伦，凭着触觉——指尖去代替眼和耳，学会了与外界沟通，凭着永不放弃的坚忍，证明了自身的存在与价值。她 10 岁多一点时，名字就已传遍全美，成为残疾人士的模范——一位真正的由弱变强者。

小海伦成名后，并未因此而自满，她仍孜孜不倦地学习。1900 年，这个 20 岁的、学习了指语法、凸字及发声，并通过这些手段获得超过常人的知识的姑娘，进入了哈佛大学拉德克利夫学院学习。她说出的第一句话是：“我已经不是哑巴了！”当她发觉自己的努力没有白费时，兴奋异常，不断地重复说：“我已经不是哑巴了！”4 年后，她作为世界上第一个受过大学教育的盲聋哑人，以优异的成绩毕业。

海伦不仅学会了说话，还学会了用打字机著书和写稿，她著了 7 本书。她虽然是位盲人，但读过的书却比视力正常的人还多。而且，她比正常人更会“鉴赏”音乐。

海伦的触觉极其敏锐，只需用手指头轻轻地放在一个人的唇上，就能知道他在说什么；把手放在钢琴、小提琴的木质部分，就能“鉴赏”音乐。她能以收音机和音箱的震动来辨明声音，又能够利用手指轻轻地碰触对方的喉咙来“听歌”。

海伦的坚韧和顽强引起了全世界的震惊，也赢得了全世界人民的赞扬。她大学毕业那年，人们在圣路易博览会上设立了“海伦·凯勒日”。她始终对生命充满信心，充满热忱。她喜欢游泳、划船，以及在森林中骑马。

二战后，她在欧洲、亚洲、非洲等地巡回演讲，唤起了社会大众对身体残疾者的注意和同情，她被《大英百科全书》称颂为有史以来残疾人士最有成就的由弱而强者。美国作家马克·吐温评价说：“19世纪中，最值得一提的人物是拿破仑和海伦·凯勒。”

海伦·凯勒，虽然严重残疾，但她凭着坚强的信念，终于战胜自己，体现了自身的强者价值。她虽然没有成为巨富，也没有成为政界伟人，但是，她所获得的成就更感人肺腑、辉煌灿烂。

解卦第四十

〔易德经典〕

中国古代有“解民于倒悬”的赞语。在易家眼里，解卦就意味着苦难的解除，束缚的解脱，人民的解放，是动而脱险的卦象。解卦下位为坎，是大水、暴雨、深陷、危险之象，上位为震，是鸣雷、躁动、草木万物破土穿壳而出，欣欣向荣之象，坎下震上，其寓意正是天地交合，雷鸣雨降，人民得救于水火之中的欢欣景象。

《序卦传》则认为，万物不可以始终都受到阻难，所以接着蹇卦的，正是解决困难的解卦。解决就是缓解困难的意思，应该说，在古代等级森严，刑法苛厉，下层百姓动辄获咎，惨遭刑罚囚禁的黑暗岁月，易家注重解时，提倡解德，使众多被判有罪者得到解脱释放，重获人身自由的主张，还是很有进步意义的。以古鉴今，按照先哲关于只有解放全人类才能使自己得到真正解放的远大理想，如果我们在制定和执行法规条律时，宽严结合，恩威并重，对敌对阵营的俘虏，对违法的初犯者、误犯者、偶犯者等一切情有可原者，惩教结合，软硬兼施，予以宽大处理；对确实悔改者、将功赎罪者则予以解押释放，以儆后尤，想必是颇合古人易道与解德之旨的。

原文

解　利西南，无所往，其来复，吉。有攸往，夙，吉。

《彖》曰：解，险以动，动而免乎险，解。“解，利西南”，往得众也。“其来复，吉”，乃得中也。“有攸往，夙，吉”，往有功也。天地解而雷雨作，雷雨作而百果草木皆甲坼。解之时大矣哉。

译文

解卦象征解除困难，西南方有利。没有事情不必前往，回到原地安居可获吉祥。出现危难当迅速前往，及早行动可获吉祥。

《彖传》说：解卦象征身陷险境而努力行动，行动而能脱离危险，这就是解除困难。“解除困难利于往西南方走”，前往必得民众之拥戴。“回到原地安居可获吉祥”，因为修养中正之德。“出现危难当迅速前往，及早行动可获吉祥”，说明前往解难可以建功。天地解脱危机于是雷行雨降，雷行雨降而万种物种破壳而出萌发新芽。解除困难的因时制宜的意义太伟大了。

原文

《象》曰：雷雨作，解。君子以赦过宥罪。

初六　无咎。

《象》曰：刚柔之际，义“无咎”也。

九二　田获三狐，得黄矢。贞吉。

《象》曰：“九二”“贞吉”，得中道也。

译文

《象传》说：雷行雨降，象征“解除困难”。君子当效法于此，多施恩泽，赦免过失，宽恕有罪之人。

初六，没有过错。

《象传》说：初六与上卦的九四阴阳相应，就解除困难的道理看必然没有过错。

九二，田猎获得多只狐狸，并得到黄铜箭头，坚守贞正品德是吉祥的。

《象传》说：九二坚守贞正品德是吉祥的，是因为居守中正不偏之道。

原文

六三　负且乘，致寇至，贞吝。

《象》曰："负且乘"，亦可丑也。自我"致戎"，又谁咎也？

九四　解而拇，朋至斯孚。

《象》曰："解而拇"，来当位也。

译文

六三，背负重物而乘坐大车，将招致匪盗的劫掠。这样做是错误的。

《象传》说："背负重物而乘坐大车"，这本身是很丑恶的。自己招来的匪盗，又会是谁的过失呢？

九四，与小人的关系，朋友们将前来，彼此间心诚相应。

《象传》说："解除与小人的关系"，说明自己居处的位置不适当。

原文

六五　君子维有解，吉，有孚于小人。

《象》曰："君子有解"，"小人"退也。

上六　公用射隼于高墉之上，获之，无不利。

《象》曰："公用射隼"，以解悖也。

译文

六五，君子被纠附的险难解除，吉祥。以诚信之德感化小人。

《象传》说：君子能够解除险难，因为小人畏服退缩了。

上六，王公射杀高城上的恶隼，一举射获并捕获之，没有什么不利。

《象传》说："王公射杀高城上的恶隼"，说明是在解除悖乱的险难。

智慧应用

迎难而上,史玉柱再写辉煌

解卦所阐述的是面对困境应把持的原则,譬如迎难而上,赦免过失,宽大罪犯,缓和矛盾等等。这些内涵丰富的哲理启迪着千千万万的人们去面对困难,战胜挫折,赢得辉煌的人生。

一个人要想干成一番事业,不但会遭遇挫折,而且还会遭逢困难和艰辛。有的人在一般情况下,也是不怕困难的。但若碰到太多的困难,感到"对手"太强大了,则往往被慑服。其实,在自然界和社会历史的限定下,人生的主宰就是人自己。在困难面前能否有迎难而上的勇气,这有赖于和困难拼搏的心理准备,也有赖于依靠自己的力量克服困难的坚强决心。黑格尔说:"人格的伟大和刚强只有借矛盾对立的伟大和刚强才能衡量出来。"困难只能吓住那些性格软弱的人。对于真正坚强的人来说,任何困难都难以迫使他就范。相反,困难越多、对手越强,他们就越感到拼搏有味道。史玉柱就是一位善于在困境中拼打的铁汉。

十几年来史玉柱一直是中国经济界的风云人物,他白手起家,创造了 90 年代的财富神话,后经巨浪,又陷至一贫如洗,然而几年后又奇迹般东山再起。他的创业经历给人最深刻的印象,不是他的广告轰炸,而是他顽强的意志和永不言败的信念。

史玉柱的老家在安徽怀远。1984 年他从浙江大学数学系毕业,分配到安徽省统计局。因工作出色,1986 年安徽省统计局认为他人才难得,将其列入干部第三梯队送至深圳大学软件科学管理系读研究生,毕业回来即是稳稳的处级干部。一般人皆认为他官运亨通,前程似锦,但到深圳后他开阔了眼界,同时为深圳"遍地金钱"所打动的史玉柱,深大研究生毕业后所做的第一件事竟是辞职。为此遭到了领导、亲人的一致反对,但他义无反顾,很快带着其在读研究生时开发的 M-6401 桌面文字处理系统返回深圳。

重返深圳的史玉柱一贫如洗,只能借宿于深大学生宿舍,买不起电脑编写程序,便采用"瞒天过海"之手法冒充深大学生混入学生计算机实验室,被管理人员发现驱逐后,他又通过熟人来到配置有电脑的学校办公室,别人下班他上班,天天苦干到凌晨。1989 年夏,他自认自己开发的 M—6401 桌面文字处理系统作为产品已经成熟,便用手中仅有的 4000 元承包下天津大学深圳电脑部。该部虽名之为电脑部却没有一台电脑,仅有一张营业执照。

当时深圳电脑价格最便宜一台也要8500元。为了向客户演示、宣传其产品，他决定赌一把，以加价1000元的代价获得推迟付款半个月的“优惠”，赊得一台电脑。以此方式，如他在半月之内没有收入，不能付清电脑款项，不但赊购之电脑需要交回，1000元押金也将鸡飞蛋打。

为了尽快打开软件销路，史玉柱想到了打广告。他再下赌注，以软件版权做抵押，在《计算机世界》上先做广告后付款，推广预算共计17550元。1989年8月2日，他在《计算机世界》上打出半个版的广告“M-6401，历史性的突破”。广告刊出后，他天天跑邮局看汇款单，整个人几乎为之疯狂。直到第13天早上，史终于收到汇款单，不是一笔，而是同时来了数笔。史玉柱长出一口气。此后，汇款便如雪片一般飞来，至当年9月中旬，他的销售额就已突破10万元。他付清全部欠账，将余下的钱重新投向广告宣传，4个月后，M-6401桌面文字处理系统的销售额突破100万元。这是他的第一桶金。

此后，史玉柱再接再厉，又陆续开发出M-6402，一直到M-6405汉卡，获得巨大成功。但他也为此付出惨重代价，妻子也与他分道扬镳。1991年巨人总部从深圳迁往珠海，M-6403实现利润3500万元，38层的巨人大厦设计方案出台。后来这一方案因头脑发热、行政暗示等各种因素一改再改，从38层窜至70层。1992年成立巨人高科技集团，注册资金1.19亿元。

1993年，巨人推出M-6405，中文笔记本电脑、中文手写电脑等多种产品，其中仅中文手写电脑和软件的当年销售额即达到3.6亿元。巨人成为位居四通之后的中国第二大民营高科技企业。史玉柱成为珠海第二批重奖知识分子。

1994年初，巨人大厦一期工程动土，计划3年完工。8月推出脑黄金，一炮打响。史玉柱当选为中国十大改革风云人物。

1995年，巨人推出12种保健品，投放广告1个亿。史玉柱被《福布斯》列为大陆富豪第八位，而且是惟一高科技起家的企业家。

1996年保健品方面因为巨人大厦“抽血”过量，再加上管理不善，迅速盛极而衰。巨人大厦资金告急。1997年初巨人大厦未按期完工，国内购楼者天天上门要求退款。而媒体地毯式报道巨人财务危机，客观上进一步封堵了巨人的迂回余地。不久巨人大厦停工，巨人名存实亡。

1998年初，史玉柱黯然离开成就他一番事业的珠海。只是此次之苍凉哀伤同当年南下深圳开始创业的豪迈不同。离开珠海的时候，史玉柱几乎身无分文。当时身上几乎没有钱，只得给人做市场策划，以应生活之需。

史玉柱决定东山再起，他再次选择保健品作为个人再起的一个突破口，有他自己的理由，由于资金有限，刚开始的时候，史玉柱采取的是委托加工的生产方式，边生产边试销。后来，脑白金侧重于对功效的宣传。南京、常州、苏州、苏南地区就这样做起来了，之后，延伸至浙江、山东等地。

史玉柱的市场销售才能又再次得到发挥。于是我们看到了同以往脑黄金、三株口服液、飞龙等相类似的产品营销手法和市场再演。确实，由于其出奇的广告效应，脑白金以星火燎原之势迅速占领全国市场，2000 年实现销售收入 8.01 亿元；2001 年，销售收入突破 10 亿元，稳居保健品市场榜首。

脑白金迅速红遍大江南北，使史玉柱很快有了归还巨人大厦欠款的经济实力。2001 年 1 月，史玉柱以个人名义开始偿还原巨人大厦在香港及内地的楼花欠款，用两亿多元的钱挽救了自己的名声。史玉柱用从脑白金赚来的钱基本还清了债。史玉柱再一次神话般崛起。

史玉柱经受了常人无法承受的挫折，从他的创业经历中我们可以看到：真正的强者，不但在碰到困难时不害怕困难，而是在碰到困难时，还积极主动地解决困难。

“上帝给你关上一扇门，必然会给你开一扇窗。”假如上帝在关上门的同时，也封闭了窗。那就只能背水一战——画一扇窗给自己！它可以让希望重新燃起，让一切还没有来得及实现的梦想在心灵的窗前翩然起舞。

许多人在困境中变得沮丧，当进展受挫、陷入困境时便张皇失措，或怨天尤人，或到处求援，或借酒消愁。这些做法只能徒然瓦解自己的意志和毅力，客观上是帮助困难打倒自己。还有的人，面对很大的困难不愿竭尽自己的全力，当攻不动困难时，便心安理得地寻找这样或那样的理由，似乎是“天亡我，非战之罪也”，其实这就是一种怯弱。不言而喻，这种人永远不能克服困难，成功的足迹只能永远湮没在困难的泥淖里。

泰戈尔曾这样写过——明月说：“我的清辉洒向了人间，虽说我身上有些许污斑。”困难的环境，虽然耗去了我们的时间和精力，但更磨练了我们的意志，增强了我们的才干。害怕困难，回避挑战，都是懦夫的表现，只有以积极的态度迎难而上，在前进的过程中不断地正视困难、征服困难，这样的成功才会令人目眩。

损卦第四十一

〔易德经典〕

世上的事情,从来都是有损有益,有得有失。塞翁失马,焉知非福?只要立场对头,一般人看来不利的“损”,其实却也可以获德,收益。易家早就深察其中奥秘。按照卦变的原理,损卦原来是由泰卦变来。泰卦的内卦为乾卦,外卦为坤卦,乾在下坤在上,两卦的最下一爻,因为“损”而互相交换后,乾卦少了一阳爻,补了一阴爻,天变成湖,实阳变成了虚阴;坤卦多了一阳爻,少了一阴爻,地变成了山,虚阴变成了实阳,这就是损下益上的“损”卦。

损卦是乾受损坤受益,下遭损上得益,其隐喻义为,下层百姓被上层统治者剥夺了一部分财产,结果是上层受益而下层受损。上层得益,虽可增强了实力,而下层受损过多,则对国家的根基有所削弱。

如果说“损德”也是一种需要修养的道德,那其实就是特指在不得不损时,少损为妙,损得合度的统治者必修道德。这也就是说,一要充分了解损下益上的危害性,不得随意损人益己;二要在受情势所迫,不得不酌情损下的情况下,尽量少损一些,损得合理一些,而且要守信用,不能乱损暴损。

原文

损　有孚,元吉,无咎,可贞。利有攸往。曷之用二簋,可用享。

《彖》曰:损,损下益上,其道上行。损而“有孚,元吉,无咎,可贞。

利有攸往。曷之用,二簋,可用享”,二簋应有时。损刚益柔有时,损益盈虚,与时偕行。

译文

损卦象征减损,心怀诚信,大为吉祥,没有过错,可以保持正确方向,利于往前进发。减损之道何以运用呢?用两簋淡食享祀神灵即是。

《彖传》说:减损的意思是减损下方,增益上方,它的轨道是由下奉献于上。减损的时候“心怀诚信,就会大吉,没有过错,可以保持正确方向,利于往前进发。减损之道何以运用呢?用两簋淡食享祀神灵即是”。用两簋淡食享祀应当守时守信,阳刚减损而阴柔增益也随时节而变。事物的减损增益、盈满亏虚,都是顺适其时而运行的。

原文

《象》曰:山下有泽,损。君子以惩忿窒欲。

初九　巳事遄往。无咎。酌损之。

《象》曰:“巳事遄往”,尚合志也。

九二　利贞。征,凶。弗损,益之。

《象》曰:“九二”“利贞”,中以为志也。

译文

《象传》说:高山的下面有深泽,象征减损。君子应当效法于此,抑制愤激,堵塞邪欲,以免逐渐损害人的德行。

初九,停下手头的事迅速前往辅助别人,没有过错,应当斟酌损减刚阳之质。

《象传》说:“停下手头的事迅速前往辅助别人”,是由于与上方志同道合。

九二,利于坚守正道,急于向外发展凶险,不用减损自我就能增益上方。

《象传》说:九二利于坚守正道,是因为它应当以持中正的品德为其志向。

原文

六三　三人行,则损一人。一人行,则得其友。

《象》曰:“一人行”,“三”则疑也。

六四　损其疾,使遄有喜,无咎。

《象》曰:"损其疾",亦可"喜"也。

译文

六三,三个人同行,会因为其中两人背地同谋,而损害另外的一个人。一个人独自行旅,可以得到真正的朋友。

《象传》说:一个人独自行旅可以专一求合,三人同行则将使彼此之间疑惑无主。

六四,减损自我错误,能使他人速来相助,使事情有惊喜的收获,没有什么过错。

《象传》说:"减损自我错误",这是很可喜的事。

原文

六五　或益之十朋之龟,弗克违,元吉。

《象》曰:"六五""元吉",自上祐也。

上九　弗损益之,无咎,贞吉。有攸利。得臣无家。

《象》曰:"弗损益之",大得志也。

译文

六五,有人以价值昂贵的大龟相赠,不必辞谢,是大吉事。

《象传》说:六五的大吉,是因上天的保佑。

上九,不用减损自我而能施益于人,没有过错,坚守正道吉祥,事业进展顺利,可天下臣服,不限于家族。

《象传》说:"不用减损自我而能施益于人",说明遂行自己施惠天下的志向。

智慧应用

损小益大,福特汽车跑遍全美

损益必须坚持损有余益不足的原则。办任何事情都得有投入,自然会有损失,这就要求人们权衡利弊,斟酌得失。特别是讲求经济效益的今天,是损是益就更成为人们关注的焦点。以使损失减低至最低限度,使增益得到最大的效果成为所有商家的追求。损与益,要适时运用,应当减损时减损,应当增益时增益,而且柔和、谦虚、中正,才能获得他人的全力支持,得以施展抱负。这损益之道早在20世纪初就被福特汽车公司的创始人亨利·福特巧妙地运用在他的经营策划之中,而且取得了非常好的效果。20世纪最初的20年里,美国工人的工资很低,一个月上满班,也不过三四十美元。那时能买得起汽车的人中很少有工薪阶层,因而汽车的销售也非常困难。

随着生产出来的汽车大量地积压,亨利·福特想,我的汽车卖给谁呢?连我的工人都买不起汽车,谁还买我的汽车!一个重大的损益决策在他头脑里产生了。一天,他把媒体的记者请到公司的总部,他发布了一条震惊全美的消息:从今天开始,福特公司所有的生产线上的员工月工资涨到150美元!让自己的员工能买得起自己生产的汽车。

这一新闻铺天盖地地撒向全美,就是这一句话新闻,福特把汽车推向了广大消费者。事后他对记者说:“自己生产的产品是必须卖出去的,是必须有人使用的,汽车是一般大众都可以使用得起的交通工具,而不是一种奢侈品。”福特的员工首先能买得起福特所造的车,只有这样循环才能推动福特公司的发展。

那个时候,一辆福特汽车要卖二百多美元。如果一个员工一个月只能挣三四十美元钱,那么他可能打消买汽车的想法。反过来,如果一个员工一个月挣150美元钱,公司再补贴一点,工人只需要干一个多月,就可以买一辆汽车,他的员工马上都可以变成福特汽车的买主。也正如福特所想的,一个月以后,他的很多员工都开着福特汽车上班了,其他很多公司员工羡慕不已,于是一些经济效益好的公司员工也开始开车上班了。汽车销售市场迎来了前所未有的火爆,积压的汽车很快被兜售一空,从全国各地发来的订单像雪片一样飞到福特的办公桌上。

福特刺激汽车消费的办法不是压低汽车的价格,而是把消费者的工资提上去,这种方法很有效。他不是把汽车制造和销售当作简单的做生意,而是想将整个汽车市场带动起来,使之创造、培养和扩大。

亨利·福特虽然出发点是为自己谋取利润,但是他的做法暗合了“损有余以奉不足”的损益之道,想出了提高工人工资让他们买得起汽车的好主意。这样,一方面工人得到了实惠,调动了他们的积极性,另一方面,他的汽车也推向了市场,这是一举两得的大好事,何乐而不为?

益卦第四十二

〔易德经典〕

“益”有增益和利益两种含义。增益与减损相反，利益则是民众的福祉，政策的核心。有益事多做，无益事莫为，是习知的常理。

益卦虽与损卦一样，是乾受损坤受益，但意义却根本相反。损卦损下益上，本弱枝摇，上层的受益并不稳固持久。益卦则不同，益卦是损上益下，下层在上层的资助下增强了实力和活力，稳固了国家的根基，本固枝荣，整个时代都是繁荣发展的。

在这里，《象传》所提倡的“迁善改过”，其实正是易家通过益卦之理，所提倡的君子必须修养的益德，那就是损上益下、固本强根的道德。从风骤而雷迅，雷激而风烈，风雷相助增益而势不可当的自然现象及其内在规律里，可以看到易家在《卦辞》和《彖传》《象传》里所表现出来的光辉思想，那就是肯定损上益下，牺牲社会上层不合理的既得利益，增加和维护下层人民利益的合理性和正义性，把它视为社会的进步现象。

实际上，损上益下的关键，很大程度上，取决于上层的自觉和自愿，易家的这种益民安国的益德思想，是古代政治学的思想高峰，具体内容则可以详见于六爻之辞。

原 文

益　利有攸往。利涉大川。

《彖》曰：益，损上益下，民说无疆。自上下下，其道大光。“利有攸往”，中正有庆。“利涉大川”，木道乃行。益动而巽，日进无疆。天施地生，其益无方。凡益之道，与时偕行。

译 文

益卦象征增益，利于往前进发，利于涉越大江巨流。

《彖传》说：增益的意思是减损上层的以增益下层，这样民众喜悦无穷。由上而下推行益德，这种道义必能发扬光大。“利于往前进发”，因为六二与九五都居中持正，所以有吉庆。“利于涉越大江巨流”，是因为上卦巽木成船，顺风而动，涉渡之事通畅。增益之时下者兴动而上者谦逊，所以能够天天增进，以至无边无际，正如上天普降利惠，大地受益万物而茁壮生长，自然之生益遍及万方。大凡事物增益的现象和规律，都是随时令的到来同步地进行。

原 文

《象》曰：风雷，益。君子以见善则迁，有过则改。

初九　利用为大作，元吉，无咎。

《象》曰：“元吉，无咎”，下不厚事也。

译 文

《象传》说：风雷交动相互助长，象征着增益。君子应效法于此，见善美之德行就认真效仿，有了过错就马上改正。

初九，有利于大有作为，至为吉祥，没有过错。

《象传》说：“至为吉祥，没有过错”，说明本来就处下层和起步阶段，不能胜任大事。

原文

六二　或益之十朋之龟，弗克违。永贞吉。王用享于帝，吉。

《象》曰："或益之"，自外来也。

六三　益之，用凶事，无咎，有孚，中行告公用圭。

《象》曰："益用凶事"，固有之也。

译文

六二，有人以价值昂贵的大龟相赠，无法辞谢，永远坚守正道就能吉祥。君王任用他来祭祀天帝这是吉利的。

《象传》说："有人以价值昂贵的大龟相赠"，说明这是外来的赠与，有益无害。

六三，凶险事故中求助增益，没有过错，应心怀诚信，中道而行，向王公告急执玉圭。

《象传》说：凶险事故中求助增益，这当然是可行的。

原文

六四　中行告公，从，利用为依迁国。

《象》曰："告公从"，以益志也。

九五　有孚，惠心勿问，元吉。有孚，惠我德。

《象》曰："有孚，惠心"，勿问之矣。"惠我德"，大得志也。

上九　莫益之，或击之，立心勿恒，凶。

《象》曰："莫益之"，偏辞也。"或击之"，自外来也。

译文

六四，持中慎行求告王公，他必言听计从，有利于依从君上迁都益民。

《象传》说："求告王公，他必言听计从"，这是有损己益天下的志向。

九五，有诚信态度和恩惠他人之心，毫无疑问是至为吉祥的。这样天下百姓必然也会诚意回报我的恩德。

《象传》说："有诚信态度和恩惠他人之心"，其吉祥是无疑的。"诚意回报我的恩德”，说明这是益民之志大得遂行。

上九，没有人增益援助，反而有人攻击，不能长久恒守立下的心志，有凶险。《象传》说：“没有人增益援助”，因为是求益的片面言辞。“反而有人攻击”，说明凶险是从外部不招自来的。

智慧应用

轻徭薄赋，顺治帝稳固大清基业

益卦，“上卦阳多，故曰有余，下卦阳少，故曰不足”，卦象告诉我们，治国有一条原则，就是“自上惠下”，统治者减损，使人民增益。“天道下济品物咸亨，圣人下济万国咸宁”，范仲淹曾说：“益上曰损，损上曰益。何也？夫益上则损下，损下则伤其本也，是故谓之损；损上则益下，益下则固其本也，是故谓之益。本斯固矣，干斯茂矣，源斯深矣，流斯长矣。”由此可见，损下益上也罢，损上益下也罢，不管表面上直接受损的是谁，但是在国家社稷这个统一体之内，受损者最终还是能够有所得益。这就是上下、损益之间最突出最根本的相辅相成的关系。

历来英明的政治家把“民”当作国家的“本”“源”，在一定程度上认识到了上与下、统治者与民之间相反相成的辩证关系。他们认为，如果无限制地搜刮人民、减损人民，统治者不过是收一时之利。相反，如果人民富庶，民富则国强，统治者就可永享太平，其利将取之不尽用之不竭。清顺治皇帝就是这样一位英明之主。

在叔父多尔衮执掌朝政期间，顺治福临这个皇帝也就当得无忧无虑了。随着年龄的增长，福临已经步入了少年时代，他不仅骑射之术日精，更关心治国用兵之道。他也很想君临天下，有一番作为。顺治七年（1650 年）十一月，多尔衮出猎坠马受伤，不久在喀喇城去世。顺治八年（1651 年）正月十二日，顺治皇帝在太和殿亲政，14 岁的福临成为真正的一国之君。然而，摆在顺治面前是国家贫弱、民生凋敝的景象，长期的战乱使社会经济遭到严重的破坏，耕地大量荒芜，农民死亡逃徙，广大人民群众的生活极端困苦，阶级矛盾十分尖锐。

由于宫廷中良好的学习条件，顺治 6 岁时以少年人所特有的热情和勤勉，阅读了大量汉文书籍，左史庄骚、先秦两汉、唐宋八大家、宋元时期的著述等都耳熟能详。勤奋读书使他摆脱了先辈那种游牧民族的草莽之气，他不再像自己的先辈一样单靠“武功”治天下，转而以“文教”，作为治国之本。他非常清楚，要维持自己的统治，就要缓和阶级矛盾，安定人民的生活，以促进社会经济的发展。如果进一步竭泽而渔，对人民进行残酷的剥削，不仅不能稳固自己的统治，而且也不可能有任何效果，因为广大农民已在死亡线上挣扎，只有给农民以实惠，才会有民富国强，天下太平的景象出现。

顺治即位伊始，大胆革除多尔衮摄政时期的一些弊政。在军事上，他决定首先采取以抚为主的怀柔政策和先西南后东南的先主后次的战略措施，终于使大规模武装反清斗争得以平息，一个统一的多民族的封建王朝终于在顺治的文治武功中完成了草创，这为老百姓营造了安居乐业的外部环境。

顺治不愧是一代明君，他从明朝的灭亡中看到，苛重的剥削是造成农民起义的重要原因，认识到“收拾民心，莫过于轻徭薄赋”，“行蠲免，薄赋敛，则力农者少钱粮之苦，而从逆之心自消”，因此，采取了“轻徭薄赋”的政策。这对当时的清统治者来说，是巩固政权的惟一途径。顺治以国计民生为首务，采纳了范文程等人的建议，设立兴屯道厅，在北方推行屯田开荒，制定了一系列的鼓励政策。顺治十四年（1657 年），清政府免除明朝天启、崇祯年间繁重的杂派，不久又编成《赋役全书》颁行天下。以防止各级官吏的加征和私派。第二年，鼓励垦荒的措施立见成效，使顺治十分喜悦，他对主持这件事的官员大为称赞，并立即加以提拔重用。

多尔衮摄政时曾进行了两次大规模的圈地。一些满族官兵随意将民地指为官庄，把私人熟田硬说成是无主荒地，一律圈占。许多百姓被圈地弄得倾家荡产，无以为生。被圈的土地中只有少量分给了八旗旗丁，大部分落入皇室王公和八旗官员之手。顺治认为田野小民全仰赖土地为生，亲政后便下了严禁圈地的谕令。令地方官将以前所圈土地全部退还原主，使其抓住时机耕种。在顺治期间，这种危及千家万户的滋扰总算暂时中止了。

多尔衮执政时期，对文武官员的烧杀掳掠、贪污行贿多持放纵态度，造成吏治腐败。顺治清楚地认识到吏治的腐败威胁着清政权的巩固和稳定，开始亲政时，他就下达了惩治贪官的谕令，明示臣下。他派出权力很大的监察御史巡视各地，对违法的总督、巡抚、总兵进行纠举。顺治亲自召见这些监察御史，对注意事项一一做了指点。不久，漕运总督吴惟华、江宁巡抚土国宝、云南巡抚林天擎等人就因贪污不法苛派累民被革职。巡按御史顾仁辜负圣上重任，执法犯法，"违旨受赃"，被立即处死。据记载，仅顺治九年被革职的贪官污吏就达 200 余人。

顺治的这些措施，都是从老百姓的根本利益出发，对安定人民生活，调动农民的生产积极性，促进社会生产力的发展，起了积极作用。康熙以后，全国耕地面积扩大，人口增长，均与这一政策有一定的关系。一时间，大清天下出现了政治清明，百姓安居乐业的局面。

益人必然使人悦服。不但治国如此，对于个人而言，如果能诚心诚意地帮助别人，让他人得到实惠，也必然能得到他人诚心诚意的回报，自己也得益。

夬卦第四十三

〔易德经典〕

天渊之别，常用来指上天与深渊的巨大差距。水泽处于天之下，是司空见惯的。然而，自然界偶尔也会有水泽聚于山顶，高与天齐，湖天一色的壮丽奇观,这就是被人称之为天池、天湖或天潢的地方。易卦中乾下兑上的夬卦卦象所指、正是如人间天池、峰巅天湖那样美丽的旅游胜地。

夬音怪,通"决"。决有大水破堤决坝之意。江河东去,波涛汹涌,堤危岸摇,其势正如唐代著名经学家孔颖达在注疏时所言"泽性润下,虽复泽上于天,决来下润,此串必然",而天泽盈满,飞瀑倒挂,漫壁直落,自天而决,摧枯拉朽之势,又远比河决堤溃更为迅猛。

夬是第五个消息卦,是阳气增长到了即将消灭阴气邪气的决胜阶段,但也预示着敌人的垂死挣扎和黎明前的黑暗。从《卦辞》的定义和《彖传》《象传》的解释看,决的时代是铲除高居于君子之上的邪恶小人的时代,夬德的要点,是讲究斗争方式,借助舆论,通过和平裁决来解决为宜,而不能以冒险的武力手段来解决,给坏人以口实,给人民造成不必要的损失。这里反映出易家民本政治学的进步性。其具体的裁决除恶步骤,可见于六爻爻辞。

原文

夬　扬于王庭,孚号有厉。告自邑,不利即戎。利有攸往。

《彖》曰:夬,决也,刚决柔也。健而说,决而和。"扬于王庭",柔乘五刚也。"孚号有厉",其危乃光也。"告自邑。不利即戎",所尚乃穷也。"利有攸往",刚长乃终也。

译文

夬卦象征决断,在君王的朝廷上宣布小人的罪状,心怀诚信地疾呼危险。告诫自己封邑中的人,不利于立即动用武力制裁,但往前进发是顺利的。

《彖传》说:夬的意思是决断,犹如阳刚君子果决制裁阴柔小人。刚健勇进而又使人心悦诚服,果决行事而又意气平和。"在君王的朝廷上宣布小人的罪状",因为阴柔小人乘凌在阳刚君子之上。"心怀诚信地疾呼危险",这样才能度过危险使君子的作为发扬光大。"告戒自己封邑中的人,不利于立即动用武力制裁",说明若一味崇尚武力将使刚决之道衰微;"往前进发是顺利的",说明阳刚盛长终获善终。

原文

《象》曰:泽上于天,夬;君子以施禄及下,居德则忌。

初九　壮于前趾,往,不胜为咎。

《象》曰："不胜而往"，"咎"也。

九二　惕号，莫夜有戎，勿恤。

《象》曰："有戎勿恤"，得中道也。

译 文

《象传》说：泽水蒸发升至天空，象征决断。君子当效法于此，果决地广施恩泽于下民，仅停留在个人功德上将为人憎恶。

初九，足趾前端强盛，冒失前往不能胜任，反而是错误的。

《象传》说：不能胜任而往前冒进，是咎由自取的。

九二，时刻忧惧地警惕呼号，就是夜间遭到敌人攻击，也不必担心。

《象传》说："夜间遭到敌人攻击也不必担心"，说明修养德，不失持中慎行之道。

原 文

九三　壮于頄，有凶。君子夬夬独行，遇雨若濡，有愠。无咎。

《象》曰："君子夬夬"，终"无咎"也。

九四　臀无肤，其行次且。牵羊悔亡，闻言不信。

《象》曰："其行次且"，位不当也。"闻言不信"，聪不明也。

译 文

九三，决断之心显于脸部，有凶险。君子当刚毅果决，独自行事，尽管遇雨被淋，心中颇有怨气，但终究事成无过错。

《象传》说："君子刚毅果决"，说明终能成功，不致过错。

九四，臀部皮肤已经磨烂，行动趑趄困难，如能像牵羊一般跟从他人前进，悔恨消亡，无奈听了这忠告也不相信。

《象传》说："行动趑趄困难"，说明居处的位置不恰当。"听了忠告也不相信"，说明虽然听见了但却不能审明事理。

原 文

九五　苋陆夬夬中行，无咎。

《象》曰："中行无咎"，中未光也。

上六　无号,终有凶。

《象》曰:“无号”之“凶”,终不可长也。

译文

九五,像斩除柔脆的苋陆草一样刚毅果决地清除小人,居持中正品行就没有过错。

《象传》说:“居持中正品行就没有过错”,说明中正之道尚未发扬光大。

上六,不必呼号求救,凶险终究难逃。

《象传》说:“不必呼号求救,凶险难逃”,说明小人高居上位的情况终究不可长久。

智慧应用

杀一儆百,乾隆铲除奸佞

清朝初期,许多大臣和官僚都是靠着祖上的功勋和对百姓的刻薄而发迹崛起的,这些官员习于官场旧俗,胸中毫无主见,遇事不计其是非曲直,拿着朝廷优厚的俸禄,在其位不谋其政,对国计民生的利弊一无所知,但却是实施苛政的老手。乾隆当政后,想努力改变这一状况,他希望以仁德治理天下,建立新政,找到一条振兴大清的出路。要推行“宽仁”,势必会遭到这些官员的极力阻挠和坚决反对,他也知道除暴灭恶为治政之大手段,实行新政,实现以宽代严的转变,也不是轻而易举之事。为此,乾隆采取了“杀一儆百”的措施,很快地使清朝官场出现了前所未有的生机和活力。

乾隆即位后,户部尚书史贻直极言河南垦荒之弊,揭露“小民鬻儿女以应绢粮”的社会现实。乾隆闻知下谕,对雍正苛严政治的积极执行者田文镜予以谴责,说:“河南地方,自田文镜为巡抚、总督以来,苛刻搜求,以严厉相尚,而属员又复承其意旨,剥削成风,豫民重受其困。”王士俊继任河东总督兼河南巡抚后,不以田文镜为前车之鉴,反而督促州县开垦更加严厉,为此,乾隆撤销了王士俊的官职。王士俊在雍正时期颇负骨鲠之名,当他看到乾隆一上台,废除陈规,不遵遗轨,极为慨叹,于是便进言指斥时政,指责新帝乾隆的新政违反了雍正的老政策。指责群臣以翻驳前案为名,影射新君,把乾隆当作去翻父皇所定之案的不孝之子,实属狂妄和谬误之举。更为严重的是,王士俊由此彻底否定了以宽代严、革除弊政的指导方针,这不仅涉及对新皇帝的评价问题,而且关系到新政能否继续施行,若不加以制止,便会混淆视听,扰乱人心,新政就会有夭折的危险。

乾隆看过王士俊的密折后十分愤怒,马上在奏折上严批申饬,将原折发于总理事务大臣和九卿传阅,又在养心殿召见他们,严厉驳斥王士俊的欺君悖理之行为。乾隆还详细论证了康熙、雍正和乾隆三朝方针的一致性,强调王士俊所指责的"违反祖制"是"巧诈之习,牢不可破,外饰鲠直,以便己私,敢将悖理之言,妄行陈奏"。乾隆的观点得到拥护新政的大臣们的赞同。随后,即令将王士俊革职拿京。原拟斩决,后来又因宽容之策,免他死罪,驱逐回籍为民了。

在雍、乾政治交替时,甘肃巡抚许容也是以对百姓刻薄而闻名的封疆大吏。当乾隆下令赈恤灾民,树立自己仁君形象的时候,许容却按雍正时的旧规,克扣灾粮。乾隆对此甚为不满,下谕说:"政莫先于爱民,甘肃用兵以来,百姓急公踊跃,今值歉收,当加恩赈恤。汝治事实心,而理财过刻。国家救济贫民,非较量锱铢时也。"但是,许容仍迟迟不予照办。

乾隆对许容甚为不满,只好将其解任,并为此降谕,从灾民的困苦出发,予以严厉谴责。紧接着,大学士查郎阿秉承乾隆旨意,疏劾许容匿灾殃民,结党营私。乾隆下令将许容押解来京,交刑部治罪,部拟杖徒,后来也被缓免了。此后,许容虽也复出为官,但经历这次打击,名声已经扫地,郁郁而死。

在清除严苛的官僚时,除王士俊、许容外,因"严刻"被处置的官员还有很多。广东布政使萨哈谅奏办理征税情形,乾隆下谕痛陈征税扰民之弊,要让百姓实沾恩泽。除此谕外,乾隆还分别给四川总督黄廷桂、广东巡抚杨文斌、福建布政使张廷枚等下谕,要他们减轻百姓负担,不要做那些急功近利,苛刻百姓的事。他说,对那些"以苛为察,以刻为明,以轻为德,以重为威,此则拂人性、逆人情者",要严以查办,不能姑息养奸,扰害良民。

山东文登知县王维干杖毙二命,乾隆听说后,让巡抚岳严审定拟具奏,斥责说:"残忍刻薄,如疯如狂,肆无忌惮,且创设不经见之非刑,草菅民命。似此酷劣之员,身为巡抚,何以不行查参?著伊明白回奏。以次奉旨严审,不得回护前非,丝毫容隐,自干严谴。"

乾隆曾反复强调过:"安良必先除暴,容恶适足养奸,此为察吏之法。"在对官吏的训教中,乾隆反复阐明宽仁,让他们以休养百姓为己任。对一批推崇严苛政治的奸佞加以处分,表明了乾隆通过法纪来维护自己政治革新的决心。乾隆采取"杀一儆百"的措施,让其他对新政不满或存有疑虑的大臣官僚们明白,不守新规、不行新政的人下场会和王士俊等人一样。铲除了一些奸佞,为乾隆施行新政进一步铺平了道路,使新政在短时间内收获很好的成效。也正是他对"奸"者毫不留情,对"恶"者惩除务尽,从而促进了臣民的向心力。凝聚力得以生成,使乾隆早期依然保持着太平盛世的局面。

姤卦第四十四

䷫

〔易德经典〕

巽下乾上的姤卦，在易理图中，像一场飓风由天而降，势不可挡，为天下万物卷来了许多成事相合的机遇，但它风势虽猛，毕竟脚跟不牢，很有些头重脚轻的样子，而且暗藏着一种自下而起，刚刚冒头的阴风，显出伺机而上、蠢蠢欲动的危险苗头，故不可不防。《卦辞》中所谓“女壮，勿用取女”的忠告，正由此而来，其意可理解为：“遇合结交，阴物壮盛时，切勿重用阴险小人，以免遭其暗害。”

易家卦序法指出，姤随夬卦而来。意思是冲决之后，必能会有所遭遇，“姤”就是相遇的意思。姤德，也就是遇合之德，接人待物之德。所谓遇合之德，就是合德，当合则合之德，也就是在各种机遇和诱惑面前，特别是僧多粥少、男女比例失调有如姤卦的特殊境域里，要始终保持清醒的头脑，正确的立场，当合则合，不当合不合，决不误合、苟合，乱合，特别是千般警惕与看似娇柔弱小，实则阴险强硬的小人媾和，以免久后阴壮阳消，反遭其害。

从六爻之言的演述里，可进一步体会到易家对治乱、病理、运动的哲学思考，其在天下万物交感生华，中正合德者主政，号令风行天下的大好形势下，能防患于未然，确实是独具只眼，高瞻远瞩。

原文

姤　女壮，勿用取女。

《彖》曰：姤，遇也，柔遇刚也。“勿用取女”，不可与长也。

天地相遇，品物咸章也。刚遇中正，天下大行也。姤之时，义大矣哉。

《象》曰：天下有风，姤；后以施命诰四方。

译文

姤卦象征邂逅，女子过分强壮，则不宜娶为妻室。

《彖传》说：姤，是相遇、邂逅的意思，即阴柔遇阳刚而相合。

“不宜娶为妻室”，说明娶这种女子为妻是不会长久的。天与地相遇，各种物类才得以生存繁盛。刚者遇到居中守正的柔者，则能使其抱负大行于天下。“邂逅”之时的意义是多么的宏大啊！

《象传》说：天下有风吹起时，象征“邂逅”。君王应当效法于此，布告四方，推行伟大道德。

原文

初六　系于金柅，贞吉。有攸往，见凶。羸豕孚蹢躅。

《象》曰：“系于金柅”，柔道牵也。

九二　包有鱼，无咎，不利宾。

《象》曰：“包有鱼”，义不及“宾”也。

九三　臀无肤，其行次且。厉，无大咎。

《象》曰：“其行次且”，行未牵也。

译文

初六，紧紧系缚在金属制成的刹车上，坚守正道可获吉祥。往前进发，将出现凶险，那就像瘦弱的猪狂躁不安一样。

《象传》说：“紧紧系缚在金属制成的刹车上”，说明此爻应居守柔顺之道，接受阳刚的牵制，难于自主。

九二，厨房里有鱼，没有过错，但不宜于用来招待宾客。

《象传》说："厨房里有鱼"，从道义上看不宜用来宴请宾客。

九三，臀部皮肤被磨穿，行动趑趄困难，有危险，但没有大难。

《象传》说："行动趑趄困难"，说明行为还没有受到牵制。

原文

九四　包无鱼，起凶。

《象》曰："无鱼"之"凶"，远民也。

九五　以杞包瓜，含章，有陨自天。

《象》曰："九五""含章"，中正也。"有陨自天"，志不舍命也。

上九　姤其角，吝，无咎。

《象》曰："姤其角"，上穷"吝"也。

译文

九四，厨房里没有鱼，奋起争执有凶险。

《象传》说：没有鱼招致的凶险，说明远离下民丧失民心。

九五，用柳条包扎甜瓜，修养内在的文采，好运由天而降。

《象传》说：修养内在的文采，是由于居中守正。"好运由天而降"，说明它的心志没有违背天命。

上九，与墙角相遇，心有憾惜，但没有过错。

《象传》说："与墙角相遇"，说明已至上位极点而导致相遇无人的憾惜。

智慧应用

亲佞贪色，陈后主丧命灭国

姤与夬是姊妹篇。夬是三月卦，五阳剥一阴，阳盛阴衰；姤是五月卦，"是月也，日长至，阴阳争，死生分"（《礼记·月令》），将其运用到社会发展上，提出了以阳遇阴，以阳抑阴，清除和抑制小人和女色的道理。历史上奸佞小人和女色误国之事屡见不鲜，帝纣"好酒淫乐，嬖于妇人。爱妲己，妲己之言是从"（《尚书·殷本纪》），结果商灭！周幽王为博取他那褒姒美人的开颜一笑，竟然以烽火调动千军万马，戏弄了各路诸侯，博得了褒美人的红颜冰释。然而待到西戎

起兵再举狼烟之时，被戏弄的却不再是诸侯们反而是周幽王自己了。陈朝后主陈叔宝就因为亲佞贪色，最终走上了一条不归路。

陈叔宝早年做皇太子时就是一个偏爱“长夜之饮”的酒色之徒，后来亲政后“复扇淫侈之风”，把陈朝推向了亡国的深渊。他生活腐化，宠幸妃子张丽华，在当皇帝之前就出了名。据说贵妃张丽华长得十分迷人，头发长有七尺，发黑如漆，其光可鉴，神采飞扬且又聪明能干。她总是临窗梳妆打扮，人们遥遥望见便似觉神仙下凡。陈叔宝对她可是言听计从，虽然有个沈氏做皇后，但是那不过形同虚设，张丽华享受的是皇后所不能及的待遇。

陈叔宝身边除有一大群美人外，还有一班奸佞的大臣，陈叔宝对他们更是信任有加，放手将朝政交予他们处理。这些奸臣知道陈叔宝是一个奢靡贪色的荒唐君王，对其更是投其所好，拼命搜刮老百姓的钱财，供皇帝挥霍浪费，皇帝在疏于朝政的时候，他们好滥用手中的权力。朝廷中一些正直的大臣只要露出一点不满情绪，或者有点小小的过失，这些奸臣们就唆使陈叔宝把这些人罢官免职。而这个荒唐皇帝不辨是非，任由朝政混乱。

被皇帝重用的奸臣中，施文庆、沈客卿最为得宠。他们的所有本领莫过于对上溜须拍马，厚颜薄唇；对下苛剥百姓，贪求无厌，欲壑难填。他们的所作所为，完全是为了“自取身荣，不存国计”，把国家安危存亡抛到了九霄云外。而一些忠良谏言的臣子，如傅縡、章华等人却遭到杀身之祸。

陈后主“亲小人而远贤臣”，让奸佞当朝，忠良蒙冤，而自己则整天沉溺在荒淫无度的腐朽生活之中。此外，他还大兴土木，造起了三座豪华的楼阁，让他的宠妃们居住。陈后主和宠妃经常在宫里举行酒宴，宴会的时候，还让宫廷里一些腐朽的文人一起参加。大家通宵达旦地喝酒赋诗，为此还挑选了一千多个宫女，为他们歌舞。

皇帝如此沉迷于享乐，无暇过问朝政，甚至有时大臣们很难见上皇帝一面，即便有宦官传上来折子，也是由张贵妃代为处理，结果造成了贿赂公行，赏罚无常，纲纪紊乱的腐败局面。

物极必反，天下不会永远都是皇帝一个人的，当陈后主和他的臣子们在悠闲享乐的时候，长江以北的形势已发生了很大的变化。“后庭花”唱开了皇帝臣子们的心扉，也唱开了国家的大门。

公元581年，杨坚正式废掉北周静帝，自己即位称帝——隋文帝。隋文帝上台以后，实行了一系列改革，经济得到了很大的恢复和发展，加上他本人生活俭朴，使隋国逐步出现繁荣景象，国力也随之雄厚起来。于是，他就开始对外扩张并树立了统一整个华夏大地的雄心。他在消灭了后梁政权后，把下一个目标定在了陈朝。而且陈叔宝荒淫无度、不理国事的消息，早已经是路人尽知，他认为这正是个好机会。

公元588年，隋文帝派兵攻打陈朝，陈朝的兵居然连抵抗的勇气都没有，隋朝的几路大军顺利地开到江边。江边陈军守将告急的警报接连不断地送到建康。然而这样紧急的军情，陈后主连拆都没有拆，就往床下一丢，继续他的淫乱生活。后来终于在大臣们的建议下商议战事，陈后主居然说："东南是个福地，从前北齐来攻过三次，北周也来了两次，都失败了。这次隋兵来，还不是一样来送死，没有什么可怕的。"

他的臣子们更是随声附和："陛下说得对，我们有长江天堑，隋兵又没长翅膀，难道能飞过来！这一定是守江的官员想贪功，故意造出这个假情报来。"结果朝政大事就这样当作了玩笑，随后又叫歌女奏乐，通宵玩乐。

然而，倒行逆施的人，天也不会助他，长江天堑更不会助他。公元589年，

隋朝将军贺若弼的人马从广陵渡江，攻克京口。与此同时，将军韩擒虎已渡江到采石，接着又攻下姑苏，与贺若弼迅速形成两股力量，建康成了被夹击的饺子。面对如此险恶形势，陈叔宝才发出抵抗的命令。可惜一切都已经太晚了，亡国已经成为不可逆转的事实。隋军打进皇宫后，陈后主慌不择路地跳进了井里，隋军遍寻不见陈后主。后来，捉住了几个太监，才知道陈后主逃到后殿投井了。隋军兵士找到后殿，果然有一口井，就高声呼喊。兵士们威吓着叫喊说："再不回答，我们要扔石头了。"说着，真的拿起一块大石头放在井口，装出要扔的样子。井里的陈后主吓得尖叫起来。兵士把绳索丢到井里，才把陈后主和两个宠妃拉了上来，陈后主做了隋军的俘虏。

陈朝作为南朝的最后一个国家被灭亡了，中国自从公元316年西晋灭亡起，经过二百七十多年的分裂局面，重新获得了统一。杨坚并没有杀掉这荒唐的皇帝，陈后主于公元604年病死于洛阳。

作为一国之主，有傅縡、章华等忠贞之臣的辅佐，又有长江天堑作为屏障，陈后主本可以奋发图强，远播国威。然而他偏信佞臣，贪图女色，最终屈为囚徒，冤死异地他乡，这一惨痛的教训警示人们：只有避开小人，远离女色，才能有所作为。

萃卦第四十五

〔易德经典〕

精英云集，人才荟萃，是伟大事业繁荣壮大的必备条件。《易经》萃卦《卦辞》认为："萃聚的时代，办事会很亨通。于是君王来到庙里，汇集起民众，举行盛大的祭典，并宣布文告。当此之时，面见大人物定很有利，而且是会亨通顺利而正确的。萃聚的时代是物质丰富汇聚的时代，故祭祀时，宜选用肥大壮实的牲畜，才会吉祥如意。这时候如前往办事，一般是会很顺利的。"

从以上对《易经》萃卦《卦辞》的意译里，人们可以看出萃德的要旨，就是在物资荟萃丰盛的时代，应不惜以丰厚的物质为基础，以伟大人物为核心，通过纪念先祖先驱的光荣业绩，聚集众多民众，齐心协力干一番无愧于时代的大事业。

观象联想，预防不测，是易学精髓。从泽聚于地，联想到万物汇聚的机理；从君王祭于庙宇，聚义起事，联想到伟大人物的高贵品德，起事的正确目标，必备的物质基础和防患于未然的前瞻；从万物相遇而后聚合生发，联想到接着姤卦的是萃卦的卦序易理。《易经》的萃卦给人的启示确是丰富多元而又主旨鲜明的。

原文

萃　亨。王假有庙。利见大人，亨，利贞。用大牲，吉。利有攸往。

《彖》曰：萃，聚也。顺以说，刚中而应，故聚也。“王假有庙”，致孝享也。“利见大人，亨”，聚以正也。“用大牲，吉。利有攸往”，顺天命也。观其所聚，而天地万物之情可见矣。

译文

萃卦象征聚集，亨通顺利。君王到宗庙祭祀，利于出现伟大的人物，亨通顺利。祭祀时宜奉献大牲畜，吉祥，利于往前进发，一切顺利。

《彖传》说：萃的意思是聚集。和顺而欢悦，刚健中正而应和时代，所以能得到四方响应，用聚民众。“君王到宗庙祭祀”，是说能尽其心，以祭品对祖先表达孝意。“利于出现伟大的人物，亨通顺利”，说明大人主持聚会必要遵循正道。“奉献大牲畜吉祥，利于往前进发”，说明此时顺应了天道规律。观察聚集的现象，天地万物的性情和规律就可以明白了。

原文

《象》曰：泽上于地，萃。君子以除，戎器，戒不虞。

初六　有孚不终，乃乱乃萃，若号，一握为笑，勿恤。往，无咎。

《象》曰：“乃乱乃萃”，其志乱也。

译文

《象传》说：水聚为泽而居地上，象征聚集。君子应当效法于此，经常清理整备兵器装备，戒备不测之事的发生。

初六，心有诚意而不能贯彻至终，将导致心神迷惑，行为紊乱而与人妄聚。如果及早悔悟呼援，就能握手言欢。不要忧虑，往前进发不会有过错。

《象传》说：“心神迷惑，行为紊乱而与人妄聚”，说明心志迷乱。

原文

六二　引吉，无咎。孚乃利用禴。

《象》曰：“引吉，无咎”，中未变也。

译文

六二，被人援引可获吉祥，没有过错。只要诚心诚意，即使是微薄的祭祀也利于献享神灵。

《象传》说：“被人援引可获吉祥，没有过错”，说明中正的本性始终未曾改变。

原文

六三　萃如嗟如。无攸利。往，无咎，小吝。

《象》曰：“往无咎”，上巽也。

九四　大吉，无咎。

《象》曰：“大吉无咎”，位不当也。

九五　萃有位，无咎。匪孚，元永贞，悔亡。

《象》曰：“萃有位”，志未光也。

上六　赍咨涕洟，无咎。

《象》曰：“赍咨涕洟”，未安上也。

译文

六三，聚集一起叹息，没有什么利益。往前进发没有过错，但有小小的憾惜。

《象传》说：“往前进发没有过错”，说明能谦逊地顺从上面的阳刚。

九四，至为吉祥，没有灾咎。

《象传》说：“至为吉祥，没有过错”，说明居位不适当。

九五，聚集的时候高居尊位，没有过错，但尚未取信于民。宜于永久不渝地修养德行，保持正确方向，则悔恨消亡。

《象传》说：“聚集的时候高居尊位”，说明志向有待光大而人还未信服。

上六，悲伤哀叹，痛哭流涕，没有过错。

《象传》说：“悲伤哀叹，痛哭流涕”，说明高居极位，孤立无援，以致心不能安。

智慧应用

相得益彰，竹林七贤传佳话

孔子曾经说过："有益的朋友有三种，有害的朋友也有三种。和正直的人交朋友、和诚恳的人交朋友、和见多识广的人交朋友，就得益了；和谄媚的人交朋友、和奸佞的人交朋友、和不学无术的人交朋友，就有害了。"朋友之间的友谊是人生的一种需要，思想上互相欣赏，品行上互相磨砺，学识上互相帮助，事业上互相支持，生活上互相关心……谁能不需要呢？

萃卦中说道：真正的友谊的基础是诚信和中正。不论是集体的凝聚力，还是团结他人，以诚信相待、信守无欺是人们应普遍遵守的准则，虚伪和欺诈只能产生罪恶。"竹林七贤"的故事为我们很好地阐释了这些道理。

三国时北魏文学家嵇康，他是一个很讲究气节的人，不但能写一手好文章，而且还爱好音乐，能弹琴、善吹笛，尤其爱竹，因为竹子既具有梅花笑迎风霜雪雨的坚强品格，更以文静、高雅、虚心进取、高风亮节、乐于奉献的美德给人留下完美的形象。他在家宅旁种了一片竹林在竹林深处盖了一间竹屋，竹屋前放了一张竹桌，桌边放了一把竹椅，竹桌上放着文房四宝和竹笛，悠闲独处，读书写诗，弹琴吹笛。

嵇康喜爱交友，但很是讲究，常以竹量人，不三不四、不学无术、没有德行气节的人，不与交往。由于他有了名声，来拜访的人很多，他常常躲起来，不予会见。

一次，他正在竹林中写文章，忽听到有人进了竹林，便拿纸提笔，想写几句拒客诗，刚写好一句，脚步声近了，于是便扔下笔匆匆钻进密林深处躲了起来。来人名叫阮籍，也是个有名气的诗人，他走近竹屋一看无人，以为嵇康不在家，很觉扫兴。转身走时，猛见桌上诗笺上有行字，仔细一看，写的是"竹林深处有篱笆"，墨迹还没有干。阮籍望着墨迹，思索着诗意，明白这是句拒客诗。阮籍嘿嘿一笑，提笔在那句诗的下面写句"篱笆难挡笛声转"。写罢，便拿起桌上的竹笛使劲吹起来。

这一吹不要紧,来找嵇康的人循声而来,一会儿就来了五个人,他们是山涛、向秀、阮咸、王戎、刘伶。那些人只见阮籍吹笛,不见嵇康,便向阮籍询问嵇康的去处。阮籍向桌上的诗笺努了努嘴,一语不发,微笑着只管吹他的“高山流水”。大家一见诗笺,明白了,于是一人一句在原诗下联对起句来。

嵇康躲在暗处,原想来人见不到他就会回转的,谁知来人不但不走,反而越来越多,万般无奈,只好出来相会了。

阮籍一见嵇康,哈哈大笑起来:“来来来,以文会友。诗笺上你起了头句,看来是叫来人做联诗的,我们都联了一句,你看看我们这些人值不值得一交?是拒是会看你大笔一挥了。”嵇康拿起诗笺来看,只见上面写着:“竹林深处有篱笆,篱笆难挡笛声转。笛声换来知音笑,笑语畅怀凝笔端。笔笔述志走诗笺,笔笔录下珠玑言。箴语共话咏篁句……”

嵇康一看联诗每句起头之字都是竹字头,心想:来者都是喜爱竹子之人,值得一交,于是便提笔在下边添了句:“篁篁有节聚七贤。”从此以后,这七个人成了好朋友,史称“竹林七贤”。他们经常在竹林里聚会,无话不说,无所不谈,相互间结下了深厚的友谊。

友谊的前提是善于择人。君子与谄媚、奸佞、虚浮的人交往,就如同良木与山火相近,其结果可想而知。而与正直、诚信、多知的人相亲近,却能提高自己。嵇康以“竹”会友,向人们传达了志行高洁的交友标准,因此获得了为千古传诵的友谊佳话。

如今,友谊在人们的生活中越来越显示其不可替代的作用,但不要盲目地急于寻求与他人建立良好的关系,先要问清楚自己交友的目的何在?是否正当?而且与他人交往时还要选择恰当的时机。若因孤立而乱方寸,急于寻求某种依托,草草构成的友谊反而会对你的生活产生负面影响,对你的人生和事业都会毫无帮助。不管是什么时候,我们都应懂得用诚信、中正的心态去维系友谊,为他人做表率,以德服众,这样才能达到目的并增进友谊。

升卦第四十六

〔易德经典〕

天红日升，地沃风扬，巨树挺拔，象征着君子的日新其德和事业的蓬勃发展。“升”是易学卦变历史上，所出现的第六个繁荣期，它利用了前期益卦、犬卦打下的基础和卦提供的机遇，以及萃卦中期聚集的雄厚力量，终于通过自身的奋力提升，为贤人的起用晋升创造了有利条件，使社会出现了一片升平的康乐局面。

综合升卦的《卦辞》《象传》和《象传》之意，以及《序卦传》关于荟萃就是聚集。聚集上扬就是高升，所以接着萃卦是升卦的解释，其共同的一点，就是以木为象，通过卦象思维的联想，从植物学引申至人才学，深入浅出地说明万物求“升”的深奥哲学道理。

如果说有所谓易家的“升德”，这就是升德，即以人内在的道德升华为前提，积极寻求提升人才之士，通过人才的升迁起用，达到实现社会升平伟大目标的道德追求。

原文

升　元亨，用见大人，勿恤。南征吉。

《象》曰：柔以时升，巽而顺，刚中而应，是以大“亨”。“用见大

人，勿恤”，有庆也。“南征吉”，志行也。

《象》曰：地中生木，升。君子以顺德，积小以高大。

译文

升卦象征上升，至为亨通顺利，宜于出现伟大的人物，无须担忧，往南方开拓事业吉祥。

《彖传》说：以柔顺之德适时上升，谦逊而又和顺，保持刚强中正的品性而能与上呼应，所以大为亨通顺利。“宜于出现伟大的人物，无须担忧”，说明此时上升将有福庆。“往南方开拓事业吉祥”，说明有志者的心志如愿畅行。

《象传》说：地里生出树木，象征上升。君子应效法于此，遵循美德修行之道，积小善而逐渐成就崇高宏大的德业。

原文

初六　允升，大吉。

《象》曰：“允升大吉”，上合志也。

九二　孚乃利用禴，无咎。

《象》曰：“九二”之“孚”，有喜也。

九三　升虚邑。

《象》曰：“升虚邑”，无所疑也。

译文

初六，守时守信的上升，大为吉祥。

《象传》说：“守时守信上升，大为吉祥”，说明顺合上方的高远志向。

九二，只要诚心诚意，即使微薄的祭祀也利于献享神灵，没有过错。

《象传》说：九二的诚信之美德，必然带来喜庆。

九三，高高地上升，一路顺利，如入无人之境。

《象传》说：“高高地上升，一路顺利，如入无人之境”，说明顺畅而升，是因为无所疑虑。

原文

六四　王用亨于岐山。吉,无咎。

《象》曰:“王用亨于岐山”,顺事也。

六五　贞吉,升阶。

《象》曰:“贞吉,升阶”,大得志也。

上六　冥升,利于不息之贞。

《象》曰:“冥升”在上,消不富也。

译文

六四,君王来到岐山祭祀神灵,吉祥,没有过错。

《象传》说:“君王来到岐山祭祀神灵”,说明顺从了事物之情理。

六五,坚守正道吉祥,登阶而上升。

《象传》说:“坚守正道吉祥,登阶而上升”,说明遂行心志。

上六,昏昧至极而继续上升,有利于不停息地坚守正道。

《象传》说:昏昧至极而继续上升,高居上位,说明位置过高而养料消减,实力已不富足。

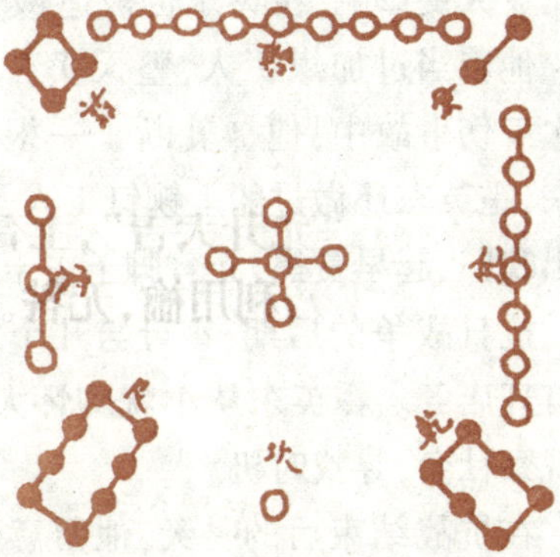

后天纳卦图

智慧应用

次第而升,霍英东从机场苦力到香港富豪

两千多年前,老子就曾说过:“要几个人合围才能抱住的大树,是从细小的嫩芽成长起来的;九层的高台,是一筐筐泥土筑起来的;千里的行程,是由一步步走出来的。”

每一个成功的经历,都应该是人们成就事业的借鉴,尤其是那些从平凡中跨向卓越的成功人士,更应该是我们效法的榜样。他们曾经是不名一文的“小人物"，当初生活在社会的底层，没有任何背景，没有一点权势，没有分文财产，他们靠的是自己坚韧不拔的毅力，两手空空，却拼搏不已，终于开创出了灿烂的人生。他们的经验成为人们追求卓越、走向成功的宝贵基石。霍英东的成功之路，尽管充满艰辛和曲折，但一路走来，无不闪烁着催人奋发的光辉，更值得现在的人们去探寻。

霍英东，祖籍广东省番禺市，1922 年出生于香港，童年是在舢舨上度过的。他 7 岁那年，父亲在一场风灾里被巨浪吞噬。本来家中生活就已非常困难，父亲的早丧使这个家如雪上加霜。霍母为维持生计，以经营驳艇业养家糊口。虽然收入极为微薄，但霍母仍节衣缩食，想法把 3 名子女送去读书。霍英东是个聪明勤奋的孩子，他不负母望，12 岁那年以优异成绩考入香港著名学府——皇仁书院。

他读中三那年，卢沟桥事变发生，中国军民奋起抗战。因战乱关系，霍母的驳艇业大受影响，霍英东也被迫辍学。此后，霍英东开始了艰难曲折的创业历程。他曾当过加煤工人，整天卖苦力。日军占领香港时，他又在机场卖苦力。一次工伤事故中，他被轧断了一根手指。工头同情他，后安排他做修车学徒。后来，霍英东还做过船上铆钉工人及试糖工人，为了做好这些工作，他长年累月早出晚归，起早贪黑，光着脚丫去干活。

抗日战争的后期，霍母与几个友人合资开了一间杂货店，霍英东便协助母亲打理店务。霍英东从小就胸怀大志，决心创立自己的事业。为此，他十分注意观察社会，寻找时机。

在抗战结束后的一天，他留意到香港宪报上刊登了一则消息，大意是说将有战后剩余物资拍卖。具有冒险精神的霍英东决定参加拍卖活动，收购这些剩余物资做转卖经营。眼光卓识的霍英东此举十分成功，从中盈利不少。

50 年代初，正当霍英东自立门户创业不久，朝鲜战争爆发了。当时一些西方国家出自政治目的，对中国实行禁运。他立刻意识到船运业有利可图。他抓住这个机会，在朋友们的资助下，开始单独经营驳运业务。霍英东出于正义感和凭着冒险精神，果断地将二次大战的剩余物资及药物运到大陆，既支援了中国的抗美援朝及经济建设工作，又从中赚到一些钱，使其霍兴业堂有限公司的业务得到迅速发展。

朝鲜战争一结束，香港的经济逐步得到恢复和发展。霍英东看到香港的特殊地位和作用，他敏锐地看到了香港建筑业的潜在机遇。于是，他又投身到房地产市场。

1954 年，他筹建了立信建筑公司，收购和拆除旧楼，同时兴建楼宇。他利用宣传册以及广告推销楼宇，开创售楼花的先河（即楼宇在建筑阶段已开始售卖，收取投资者的订金)。这种带有极大风险的投资活动,使霍英东的财富以几何级数增加。公司创办只几年时间,便打破了香港房地产的纪录,拥有香港70%的建筑生意。60年代初期,他又成为“淘沙”大王。“淘沙”这个行当是香港工商界许多人都不敢干的事,干这行用工多,获利少,赚钱难,风险大。而霍英东却另有高见,他不图一时之暴利,而是看好“淘沙”行业的长远利益。1961年他从泰国购进了一艘长288英尺、载重2890吨的大挖泥船,开始了“淘沙”业。他稳妥获利,以少积多,不久,就获得了香港海沙供应的专卖权,成为香港淘沙业的头号大亨。中国实行改革开放之初,霍英东率先走进中国大陆。80年代初,他联同广东省旅游局投资2亿港元,兴建中山温泉宾馆,另外又投资兴建珠海宾馆与广州白天鹅宾馆。

到80年代后期,他开始开发番禺南沙以东的21平方公里土地,工程包括兴建港口、高尔夫球场、旅游区等,投资额超过100亿港元。1993年,霍英东基金会联同香港粤海集团、陈瑞球(长江制衣厂)与两家中方机构,共斥资2.3亿美元兴建番禺大桥,各占20%股权。

现在,霍英东家族拥有的企业包括:有荣及霍兴业堂多家公司、澳门旅游娱乐公司(占股40%)、董氏信托(占股30%)、信德船务(占股40%)、东方海外实业(董氏信托控股75%)、信德集团等八十多家公司,其中信德集团和东方海外实业是上市公司。

霍英东成功了,由一个名不见经传的机场苦力跻身于香港巨富的行列,他惟一的依靠就是自己敏锐的商业头脑和自强不息的拼搏精神,他一步一步走来,虽然步步艰辛,但能从小做大,次第而升,最终用自己的能力和智慧改变了自己,也向人们证实了自身的价值。

困卦第四十七

〔易德经典〕

人在困中生烦恼，眼前无路心忧愁。人生总有遭困无计的时候。

从上升不止必然会受困，联想到升卦之后是围卦，由植物学意义上木的受困，联想到哲学意义上人的受困，《序卦传》说的和语义学的是同一道理。人往往不困不学，困而后学。而人受困程度又与上升的进度成正比，即地位越升得快升得高，越感到人际关系、区际关系、国际关系的复杂，越感到陷入的困境深，越感到因知识、才力、修德不足的困惑。这就是知识圈外延越大，未知的领域也越大，学而后知不足，升而后知困的深刻道理。

学习易理，分析困卦，将使我们对“困”的产生和解除，有更形象更深刻的了解，修养困德，不断解决升与困、困与学、学与知、知与升的永恒矛盾，推动人类社会及其知识经济的发展。

从困卦的经义和六爻之辞里，我们可以看到，受困难免，但并非不可解脱，关键是“知困早悟重实践”。这也就是说，受困遭难者不论处于何种境地，采取何种对策，都不能靠空话许诺解困，而要靠修养困德、及早觉悟、拼命苦干的实际行动。这是解困出险的第一原则。

原 文

困 亨。贞大人吉,无咎。有言不信,

《彖》曰:困,刚揜也。险以说,困而不失其所,“亨”其唯君子乎。“贞大人吉”,以刚中也。“有言不信”,尚口乃穷也。

译 文

困卦象征困顿,困顿之时而能自强自济也能亨通。坚守正道,大人可获吉祥,没有过错。此时仅有空言不会见信于人。

《彖传》说:穷困是由于阳刚被掩盖。处险难而心中愉悦,这样虽处困顿也不失亨通之道,大概只有君子才能做到这一步吧!“坚守正道,大人可获吉祥”,因为他有刚正中直的美德。“空言语不会见信于人”,说明仅靠多言巧辩无补于事,反而会使自己更加困顿。

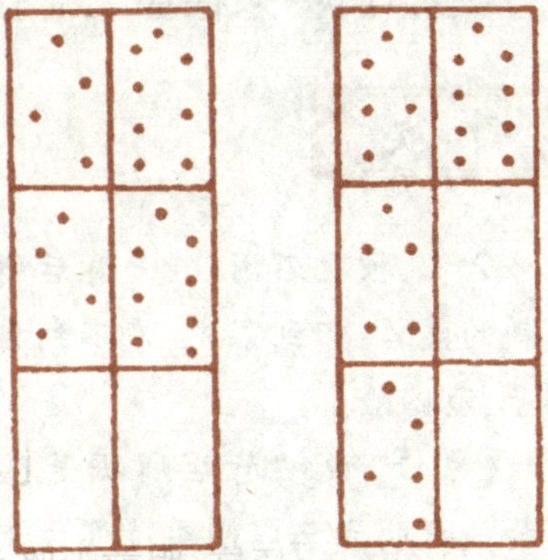

著变奇偶图

原 文

《象》曰:泽无水,困。君子以致命遂志。

初六 臀困于株木,入于幽谷,三岁不觌。

《象》曰:“入于幽谷”,幽不明也。

九二 困于酒食,朱绂方来,利用享祀。征,凶,无咎。

《象》曰:“困于酒食”,中有庆也。

译 文

《象传》说:泽中没有水,象征穷困。君子应效法于此,困顿之中不惜以生命来实现理想。

初六,臀部困坐于树桩上不能动弹,只得在幽深的山谷中徘徊,三年不见一线光明。

《象传》说:“在幽深的山谷中徘徊”,说明处在幽暗不明的处所。

九二，被酒食应酬困住，荣禄即将到来，利于主持宗庙祭祀。此进发有凶险，但没有灾咎。

《象传》说："被酒食应酬困住"，说明居守中道会有喜庆。

原文

六三　困于石，据于蒺藜，入于其宫，不见其妻，凶。

《象》曰："据于蒺藜"，乘刚也。"入于其宫，不见其妻"，不祥也。

九四　来徐徐，困于金车。吝，有终。

《象》曰："来徐徐"，志在下也。虽不当位，有与也。

译文

六三，被巨石困住，而背后所附是多刺的蒺藜；回到家中，看不到自己的妻子，有凶险。

《象传》说："背后所据是多刺的蒺藜"，说明六三以阴柔凌驾于阳刚之上。"回到家中，看不到自己的妻子"，这是不祥的征兆。

九四，迟缓前来，被金车困住，有所憾惜，最终仍能有满意结果。

《象传》说："迟缓前来"，是说志在援救下层。虽然它本身居处的位置不妥当，但因与下应合，能达到目的。

原文

九五　劓刖，困于赤绂，乃徐有说，利用祭祀。

《象》曰："劓刖"，志未得也。"乃徐有说"，以中直也。"利用祭祀"，受福也。

上六　困于葛藟，于臲卼。曰动，悔有悔。征，吉。

《象》曰："困于葛藟"，未当也。"动，悔有悔"，吉行也。

译文

九五，割鼻断足，受困因穿着不合身的赤色祭服。但可以逐渐摆脱困境，利于举行祭祀。

《象传》说："割鼻断足"，说明尚未实现其心志。"逐渐摆脱困境"，因为它持守刚中正直之道。"利于举行祭祀"，这样可得神的降福。

上六，被葛藤缠绕困住，陷入动摇不安的危险境地。这行动将招致悔恨，及时悔过，前进仍然吉祥。

《象传》说："被葛藤缠绕困住"，说明居位还不妥当。"行动将招致悔恨，及时悔过"，说明往前进发可走出困境，获得吉祥。

智慧应用

锲而不舍，包玉刚跻身世界船王

人的一生不可能只有成功而没有挫折。而一个人能不能把困境看作是对自己的挑战而重新振作起来，是能否最后成功的关键性一步。可以说，如果你拥有了智谋、策略以及坚韧的性格，那么你几乎就拥有了成功。

有句古话说"人生不如意之事十有八九"，企业也是一样，在企业发展的进程中，难免碰到各种各样的逆境，而领导者智谋、策略和坚韧的毅力，正是战胜困境的法宝。世界上没有免费的午餐，任何成功都要以艰辛的付出为代价。在困难面前，或是向前，或是后退，都是一个难以做出的抉择。事实上，人的能力最容易在困境中展露出来，世界船王的横空出世就是这方面的最好例证。

1918年10月13日，包玉刚生于宁波市近郊的一个农村——钟包村。在他诞生之前，其父亲包兆龙已有一子一女。在包玉刚以后，他还有一个弟弟三个妹妹。从16岁起，包玉刚就开始了他的社会实践生涯。1934年，包玉刚也和许许多多的宁波年轻人那样，小学毕业就到上海"学徒"。在上海，他工作吃苦耐劳。后来由于一个亲戚的帮助，他有幸进入了一家洋行工作。在这个工作岗位上，他不懂就问，勤劳刻苦，赢得了同事们的尊重和老板的赏识。还由于他上进与谦虚的作风，以及在洋行工作当中积累了大量的工作经验，他被举荐进入当时国民党的官办银行。之后，包玉刚成了官办银行的要员，并且得到了前后两任市长的器重与提拔。1949年上海即将解放时，基于更大的理想，包玉刚向行长提交辞呈。当军政人员大都随国民政府去台湾时，包玉刚却选择了中立区香港。一天早晨,包玉刚携妻子女儿乘机离开上海前往香港!包玉刚英语不太熟练,粤语则一窍不通。一想到一个月以前自己还是上海大名鼎鼎的银行要员,而到了香港连谋个银行差事都困难,他就非常沮丧。他接连面试了好几个银行都被拒之门外。香港人的排外与歧视使得这个以前颇为成功的人士的信心大受打击。然而,事业的受挫,家庭的重担,都没有挤垮他。坚强的包玉刚始终挺直他的腰杆,坚决不向任何困难低头。其实,所有的困难已经在他递交辞呈的时候就已经注定了。这是包玉刚自己的选择,他也不想去怨天尤人!后来回忆起当时的情况,他不无感慨地对身边的人说:“世界上没有免费的午餐,任何的成功都要以艰辛的付出为代价。在困难面前,或是向前,或是后退,都是个难以做出的抉择。一旦选择,也就无从后悔!但是,真正重要的只有一点——相信自己,依靠自己!”1951 年,朝鲜战争爆发,中国人民志愿军出兵朝鲜,联合国对中国实行贸易禁运。这对在香港经营内地生意的英商来说,不啻是晴天霹雳;对与内地有千丝万缕联系的华商来说,又是天赐的发财良机。包玉刚公司中的 4 人,由于都是银行家出身,作风保守。他们从欧洲购买了许多化工原料、铸铁锭、轮胎等一般性的战略物资,通过第三国或中立区澳门再卖给别的商人。显然,包玉刚等人不求暴利,但求平安。

但是由于他们在数量方面有保证,赢利也比较可观。而且,在朝鲜战争期间,由于业务的扩大,包氏家族的成员不断加入公司。朝鲜战争之后,世界的局势有了新的变化。当时所有的世界大国都处在了二战后的休养阶段,连美国也不得不加以调整与休养,这样,由于有待于经济迅速恢复,至少 20 年不再会有世界性的战争。世界经济将会有大的发展与繁荣,船的作用愈来愈重要,船东若赚不到钱,只能怪自己无能。有海的地方,都可以走船。但是,整个 50 年代,放眼亚洲,最大的大陆国——中国始终处于一种封闭的状态,就连上海这个远东最大的进出口贸易港都封港。香港的地位因此显得格外突出,世界来远东的货物都将云集香港。只要有船,就不愁没生意做。在这种国际形势之下,包玉刚竭力说服父亲同意自己的想法。当包兆龙正为是否买船犹豫不决时,包玉刚从香港船舶经纪公司获悉,英国威廉逊公司有一艘燃煤旧货轮,要价 22 万英镑。但包氏父子把家中稍值一点钱的东西都已经全部变卖,亲戚朋友中稍有一点财力的也都出了钱集资,只筹集了 20 万英镑。包玉刚在走投无路之际,试图直接说服威廉逊公司给他们以一定的优惠。包玉刚带着这种侥幸心理急忙飞赴伦敦。事情出乎意料的顺利,包玉刚果然以 20 万英镑的价格,谈妥并买下这艘二手船。最后,威廉逊公司按照协议,将船维修油漆一遍。包氏为“新船”定名“金安”号。

1955 年 8 月初,包玉刚拥有了自己的第一艘轮船。从此以后,香港航运界又冒出一家新户。在同行眼里，包玉刚既没做过船长大副，也没在船务公司做过职员。他懂得旗语灯语吗？懂得航速、航线、耗煤，运价之间的微妙关系吗？因此，同行们并没感到他的威胁。

然而，包玉刚比别人更了解自己。他更清楚自己对于航运业一无所知的现实状况。他索性把船以低于市面运费的固定价格，长期包租给精明的日本人。几年之后，同行们才发觉，原来真正懂得船业的是包玉刚。他们再也不敢小觑包玉刚了。此时，包玉刚把他的船队打理得有条不紊。又过了若干年，同行对包氏更是刮目相看，他那长期租船的笨办法，却使他的船队急剧膨胀，其势力直逼老船王董浩云。

1956 年，也就是“金安”号出租半年之后，发生了一件对全球航运业产生巨大影响的事件：埃及总统纳塞尔占领苏伊士运河，非友好国家的船只不得通过运河。几乎所有的资本主义国家都被列入非友好国家，而世界商船的 80%都为这些国家所拥有。悬挂英国米字旗的香港船只也在其列。

而这对包玉刚来说，不是灾难，而是福音。因为欧亚航线的船只大都须绕道非洲好望角，船只紧缺，运费暴涨。正在这时，日本山下公司的租船期届满。山下公司出数倍于原价的租金，为“金安”号续了约。当包玉刚拿到这笔保证金之后，他马上加上自筹资金购入一艘二手船，又与一家货运公司签下租约，拿到钱再想方设法去买船。短短的几年时间，包玉刚已经拥有了 10 艘二手船。此时的包玉刚感到时机已经成熟了，于是他立即组建了环球航行公司，正式宣告他开创了长期租船的经营方式。在他的租赁业当中，精明能干的包玉刚采用出租船和船员等多种经营方式把环航公司打理得红红火火。

在以后的日子里，包玉刚带领庞大的队伍，尽心尽力地经营着环航公司这个誉满全球的大产业，走过重重困境，迈向辉煌的峰巅。包氏的好友曾经和他开玩笑道：“都说你是个旱鸭子，现在你的旗下有这么多的船只，你无论在什么地方落水，你的船都会及时地赶到救起你。”

“创业艰难百战多”，成功源于千锤百炼。每一个成功者，都是从艰难中磨炼出来的。遭遇困境，从不抱怨，百折不挠地继续努力，这就是成功的不二法则。

井卦第四十八

〔易德经典〕

中国有句古话“改邑不改井”,记载在《易经》中的井卦里,最早强调了井在古代社会生活中的重要。

如果仅从井卦辞看,“井”是矢志不渝热心为民众服务的象征。那么,我们又如何理解井卦辞里关于“井水眼看提至井口了,却打翻了水瓶,凶险”的警告呢?难道井卦真是一个令人恐怖、避之唯恐不及的凶卦吗?这与易者提倡的高尚伟大的井德岂非大相径庭?

首先,从井卦的卦象看,如《象传》所言,是木上有水之象,就像用桶盛水,用勺舀水,使水源源不断地从地下提上来,这就是井;故此君子以辛勤的劳动来鼓励和劝慰人民,提倡勤勤恳恳为民服务的井德精神。而《彖传》也说,顺应水的本性把井水提升到地面上来,这就是井;它滋养万物而没有穷尽。所谓改变了城邑不改不了井,这是因为井有刚正中直的井德。眼看把水提到井口了却没把水提上来,这是还没有取得功劳啊;打翻了水瓶,无水可饮,所以才凶险。

由此可见,井之象虽然有深陷之意,却并无必然的危险。危险的是汲井人的不修井德和粗心大意,以至用井不当,功败垂成。易家唯恐人们有负井德,有违井训,故提出此警告,用心可谓良苦。这一切可从井卦五常一吉的《爻辞》里看出。

原文

井　改邑不改井，无丧无得。往来井，井汔至，亦未繘井，羸其瓶，凶。

《象》曰：巽乎水而上水，井。井养而不穷也。“改邑不改井”，乃以刚中也。“往来井，井汔至，亦未橘井”，未有功也。“羸其瓶”，是以凶也。

译文

井卦象征水井，村邑迁移而井不改变，每日汲取不见减少，泉水流入不见增多，来来往往者都依赖井水为用。汲水已至井口，绳索还没离开井口时水瓶却倾覆，有凶险。

《象传》说：木瓶入于水而汲水上来，便是水井。水井养人而功德无穷。“村邑迁移而井不改变”，是因为刚正中直的品德。“汲水已至井口，绳索还没离开井口”，说明这时仍未有所收获。“水瓶倾覆”，无水可饮，所以有凶险。

原文

《象》曰：木上有水，井。君子以劳民劝相。

初六　井泥不食。旧井无禽。

《象》曰：“井泥不食”，下也。“旧井无禽”，时舍也。

九二　井谷射鲋。瓮敝漏。

《象》曰：“井谷射鲋”，无与也。

译文

《象传》说：使水源源不断自地下提来，象征“水井”。君子应效法于此，鼓励百姓勤劳，并劝勉他们相互协助。

初六，井底泥沙沉积，不能饮用，这口井久未修治，甚至禽兽也不来饮水。

《象》说：“井底泥沙沉积不能食用”，说明处在最卑下的位置；“这口井久未修治，甚至禽兽也不来饮水”，说明因迁移而将其舍弃。

九二，在井下的穴隙中射取小鱼，瓶罐破漏。

《象传》说：“在井下的穴隙中射取小鱼”，说明上方没有人应和援引。

原文

九三　井渫不食，为我心恻，可用汲。王明，并受其福。

《象》曰："井渫不食"，行"恻"也。求"王明"，受福也。

六四　井甃无咎。

《象》曰："井甃，无咎"脩井也。

译文

九三，水井已掏治洁净却没有人汲用，这使我心里为之忧虑！这是可以汲取饮用的水，如果君王贤明，君臣万民必同享井水的福泽。

《象传》说："水井已掏治洁净却没有人汲用"，说明九三的行为让人忧虑；希望"君王圣明"，是希望赏识它的上级享受福泽。

六四，水井正在加固修治，没有过错。

《象传》说："水井正在加固修治，没有过错"，说明这是修井的美德。

原文

九五　井洌。寒泉，食。

《象》曰："寒泉"之"食"，中正也。

上六　井收勿幕，有孚，元吉。

《象》曰："元吉"在"上"，大成也。

译文

九五，井水清凉且有如寒泉，很好喝。

《象传》说："井水清凉且有如寒泉，很好喝"，说明它具备刚毅中正的德性。

上六，汲取井水的功事已成，不必覆上盖子。心怀诚信，至为吉祥。

《象传》说："至为吉祥"在于将美德发扬，说明此时大功告成。

智慧应用

正本清源，唐太宗修身治国

水是生命之源，井是提供源泉的地方，这就是井与水的关系。井卦以此来说明个人需要不断地培养道德修养和不断开发知识潜能，只有不断地自我完善，才能有望成就一番事业。在中国历史上，唐太宗李世民是一位有名的明君，更是一位能够正己修身、以自身为表率的君主。在贞观初年，李世民刚刚登上帝位，就下令放走皇宫园圃中的鹰犬，指令各地州县不得进献珍禽异物，停止修建宫殿楼阁，甚至不让后宫妃子们多添新衣，他自己的龙袍也是3年不换新的。言行都比较谨慎，注意克己节欲，不以玩乐分心。上朝时，大臣们讨论军国大事，或请示皇上决断问题，一般都先听后说，多听少说。较难办理的事情，总在调查了解后，三思而后行。他爱护百姓，不夺农时，而违犯法律的人也少，有一年全国竟然仅有二十几个违法的人。

贞观元年(公元626年)五月，有位外地大臣上书唐太宗，请求清除朝内的奸臣，唐太宗反复思考，也不明所指。最后，在这个人进京述职时，就当面问他："你说让我清除奸臣是好事，但奸臣是谁呢？"这位大臣说："臣下远在外地，不能确定谁是奸臣。但我肯定朝中有奸人。陛下不妨故意说错一件事，而且装作固执己见，可以试验大臣的态度。那些能够敢于进谏、不屈不挠的，就是忠直之臣；如果巧言迎合的，就是谄媚奸臣。"太宗听了，虽然明白他的意思是用一些驭臣之术，但还是摇了摇头，笑了笑，对他说："你的主意不错，但我不能这么做。因为君主是源，臣下是流，如同江河。江河的源头若浑浊了，就不能要求下游流水清澈。君主自己诡诈，怎么能责备大臣忠直呢？我是以至诚来治理天下的，有时看到前代有些帝王用权谋诡诈来驾驭臣子，实在觉得是一种可耻的行径。"这位上书的官员也无话可说，只好尴尬惭愧地退下了。

然而，这位大臣的话时刻困扰着唐太宗，是朝中真的有奸臣，还是上书者想由此表明自己的忠直呢？太宗便拿这个问题问耿直的大臣魏征。魏征分析说："我认为这种空泛的议论没有什么价值，其用意也不必深究。我倒觉得，陛下所提出的君源臣流的思想，是难能可贵的，更是值得庆幸的大事。君主您能严于律己，则天下必定能够治理得很好。从前楚王请詹何做谋士，问他治理天下的要领，而詹何却只讲了君主正身修己的方法。楚王又问：‘那国家究竟如何治理呢？’詹何回答说：‘我没有听说过君主自身修养好了而国家却败乱的。’古代圣

明的君主都能修正自身，远离享乐之欲，天下自然安乐。陛下所说，正同古代圣明君主的主张是一致的。”唐太宗听了以后，高兴地说：“要安定天下，君主必须先修正自身，没有身正而影歪、上理而下乱的。我常想损害修身的因素，不在外界而在自身的贪欲。比如美味、声色等，贪欲越多，损害越大。既妨害治理国政，又侵扰百姓利益。如果再有违背礼义德行，万民就会解体，怨声载道，叛离之乱必然发作。”魏征称赞说：“陛下为社稷深谋，常能正己修身，真是天下老百姓的幸运。”

李世民的想法得到了魏征的赞许，心里更觉踏实。第二天上朝时，唐太宗又兴致勃勃地向群臣讲了一通君源臣流的道理。“自古君王治理天下，惟有对自己修身、对臣民修德这两件事最为要紧，其他虚浮的事情都不必关心。尧舜用仁德治理天下，臣下就跟着仁德；桀纣用暴虐统治天下，臣下也暴虐。臣下的举动都是依照君主的喜好行事，比如南朝的梁武帝父子二人都崇尚浮华，信奉佛教和道教。梁武帝末年，武帝本人荒废国事，到寺庙里宣讲佛经，文武官员都头戴僧帽，脚穿高履，整天陪同僧尼拜佛，谈论苦海空门，不把军国大事放在心上。直到侯景领兵攻入京城，多数官员都不会骑马，狼狈步行逃亡，死伤遍及路旁，武帝都被侯景囚禁而死。武帝之子孝文帝逃到江陵，被人包围，还向百官宣讲老子的道义，突然城被攻破，君臣都做了俘虏。这些教训实在不能忘却，我们应以此为鉴戒。我现在所喜好的，只有尧舜的仁德之道和周公的理政之教。古人说：‘君主犹如盛水的容器，臣民犹如水。水的形状或方或圆，都在于容器的形状，而不在于水本身。’这些治国安民的正

道，是我们一定要坚持的啊。”文武百官频频点头表示敬服，并山呼“万岁，万岁，万万岁”。

由于唐太宗真正地按他所说的去做了，因而出现了“贞观之治”，这是封建历史上少有的太平盛世时期。

孔子把君子的最重要的标准定为“修己”，但并不局限于此，而是“修己”之后要“齐家，治国，平天下”。修身养性并不仅仅是个人的事，而是有“博施于民”和“济众”的目的。自古以来，人们恪遵儒家思想，以加强自身的修养作为为人处世的前提条件，认真严肃地履行自身的职责，用他们的德行和智慧推动着时代的车轮向前运转，谱写出了中华民族光辉灿烂的历史篇章。

革卦第四十九

〔易德经典〕

将兽皮去毛加工的过程叫“制革”，它是为了制造衣鞋帽箱等皮具的需要。“革”的制成改变了兽皮的性质，这就叫“变革”。易家从这一皮革质地的改变引申出哲学意义，得出了革卦的结论。“革”的卦象离下兑上，是水泽之中一片火，水火不容，相灭相克的象征，它意味着一场不是烈火燎原，就是水漫平川的矛盾冲突，将带来一场改变自然面貌，推动社会变化的大变革。

从本质上说，所谓“革”，其实就是对旧事物本质的改变，故不论是改革，革故，革新，还是革命，都有“改变”的意义。

从《卦辞》和《象传》《象传》看，其对“革”的定义是相当成熟和谨慎的。一是在革之前要认真谋划，取信于民。所谓“已日乃孚”，就是要在长期筹备策划并取得民众信任和支持后，选准最佳时机，万不能草率从事。二是在革之时要手段稳健，文明和悦，正当适宜，少走弯路，尽力避免不必要的牺牲和破坏，以免日后悲痛悔恨。这种按部就班，文明进步的“革”，正是今人倡导的稳健文明的“改革”——这也正是易家所说的“革德”。其具体步骤，则可见于六爻爻辞。

原文

革　巳日乃孚，元亨，利贞。悔亡。

《彖》曰：革，水火相息，二女同居，其志不相得，曰革。“巳日乃孚”，革而信之。文明以说，大“亨”以正。革而当，其“悔”乃“亡”。天地革而四时成。汤武革命，顺乎天而应乎人。革之时，大矣哉。

译文

革卦象征变革，多日筹谋之后再推行变革方能取信于民，至为亨通顺利，利于坚守正道，悔恨消亡。

《彖传》说：变革，像水火相克相息。两个女子同居一室，她们的志趣不相容，这就叫变革。“多日筹谋之后再推行变革并取信于民”，说明变革过程中应得到民众的信赖。以文明的美德使民众悦服，这样就能大为亨通顺利，使一切步入正道，变革而又合于正当的法则，一切悔十艮消亡。天地的变革形成了四季变化，商汤和周武王的革命，顺从了天道规律而又应合民众的愿望，取得了胜利。变革之时的意义是多么伟大啊！

原文

《象》曰：泽中有火，革。君子以治厤明时。

初九　巩用黄牛之革。

《象》曰：“巩用黄牛”，不可以有为也。

六二　巳日乃革之。征，吉，无咎。

《象》曰：“巳日革之”，行有嘉也。

译文

《象传》说：汪洋大泽中有烈火，象征急需变革。君子当效法于此，改革历法来明确显示季节的变化，按规律行事。

初九，像用黄牛皮捆缚一样的牢固。

《象传》曰："像用黄牛皮捆缚一样的牢固"，说明初九应慎重行事，不可有所作为。

六二，巳日果断推行变革，进展吉祥，必无过错。

《象传》说："巳日果断推行变革"，说明准备充分的行动将带来嘉美的成果。

原文

九三　征，凶，贞厉。革言三就，有孚。

《象》曰："革言三就"，又何之矣。

九四　悔亡。有孚，改命，吉。

《象》曰："改命""之吉"，信志也。

译文

九三，行动过激必生凶险，顽固保守也危险。变革必须慎重，须再三讨论达成一致再施行，要有诚心。

《象传》说："变革必须慎重，须再三讨论达成一致再施行"，说明这样就不会走错路！

九四，悔恨消亡，取得民众信赖而革除不合天命的旧制度，吉祥。

《象传》说："革除不合天命的制度吉祥"，说明取信于民遂行心志。

原文

九五　大人虎变，未占有孚。

《象》曰："大人虎变"，其文炳也。

上六　君子豹变，小人革面。征，凶。居贞吉。

《象》曰："君子豹变"，其文蔚也。"小人革面"，顺以从君也。

译文

九五，伟大人物像猛虎一样推行变革，不必占卜就知能取得民众的充分信任。

《象传》说："伟大人物推行变革像猛虎一样"，说明美德光彩显耀。

上六，君子像豹子一样协助变革，小人改变其旧面目，贸然前进有凶险，正确的改革才会吉祥。

《象传》说："君子像豹子一样协助变革"，说明他的美德蔚然成彩。"小人改变其旧面目"，说明他们只是表面顺从君主。

智慧应用

鼎新革故，王安石厉行变革

改革，古人称之"布新猷，除旧政"，或者叫作"变法乱常"。用现在的话说，就是除旧布新，打破常规。它意味着对原有的权力配置、利益关系、社会秩序乃至人们的生活习惯、思维方式、价值观念进行新的调整。必然引起新的矛盾，因而，在改革过程中。及时化解新出现的矛盾，保持社会稳定，就是保证改革顺利进行，这也是古人所说的要善于以"小变"求"不变"。古往今来，无数历史事实证明，只有不断地革除旧政，才能更好地促进社会的健康发展。

我国封建社会的历史，经历了两千三百多年。其中，宋王朝约占七分之一。尽管自给自足的自然经济在整个宋王朝始终占统治地位。但是，在经济方面自唐代以来商品经济已有了较大程度的发展；在政治方面处于我国封建社会大变革的时代。这一切成果的取得都与当时的改革派厉行变革是分不开的。

北宋建立之初，一直奉行"不抑兼并"的土地制度。到宋仁宗时，全国已逐渐形成了"富者有弥望之田，贫者无立锥之地"的局面。再加上繁重的苛捐杂税，人民不得翻身。当时的北宋王朝很多的大臣都想改变这一局面，但始终是没有多大成效，及至王安石的变法横空出世，北宋的面貌才为之一新。

王安石出身于中下层官宦之家，自幼聪明好学，他博览群书，诸子百家、诗词歌赋无不精通，甚至还阅读下层社会的市井文学。王安石始终怀着学以致用的目的，深切而透彻地了解古代典籍。阅历和学识的增长使得他的思想日益成熟。因为经常跟随做地方官的父亲辗转各地，见多识广，早年的迁徙生活使他较为广泛地接触到社会的贫困和人民的苦难，对广大挣扎在贫困线上的劳动人民寄予深切的同情。他从小立下大志，即以天下为己任，很小的时候，他曾写诗言志：

此时少壮自负恃，
意气与日争光辉。
乘闲弄笔戏春色，
脱略不省旁人讥。

由此可见，少年时代的王安石就有着不同凡响的志趣。

宋仁宗庆历二年（1042年），王安石高中进士，任淮南判官。

庆历七年（1047年），王安石调任鄞县（今属浙江）知县。他到任后便大量访问多方面人士，对鄞县的自然状况做了一番深刻的调查。经过调查得知这个县跨江临海，有着丰富的水利资源。由于前期统治者废掉营田吏，致使水土流失，连年荒旱，农业歉收。当他了解到这一情况之后便抓住了这一地区兴利除弊的关键，广修堤堰和川渠以确保丰收。他还发动乡民们疏通渠道。这些水利设施起到了蓄水排灌的作用，对农业生产大大有利。

每当青黄不接的季节，穷人的口粮接不上的时候，他就让人打开官仓，把粮食借给农民，待到秋收以后，要他们加上官定的利息偿还。这样做，农民可以免除大地主豪强的重利盘剥，日子比较好过一些，因此很受百姓爱戴。同时也使政府从中得到一笔稳定的经济收入，搞活了政府经济。这是王安石立志改革的第一次尝试，因成功而受到朝廷的器重，也赢得了老百姓的尊敬与爱戴。初次改革的成功不仅坚定了他继续前进的信心，还为他将来从事政治改革积累了一定的经验。

王安石在任鄞县知县期间，曾多次上书上级官吏建议兴利除弊。皇枯三年（1051年），他勇敢地向当时的宋仁宗递上了一封长达万言的《言事书》。《言事书》对北宋王朝以来内忧外患、积贫积弱的局面及形成的原因做了较为精辟的

分析，王安石主张重新建立宋王朝的“法度”，对现实政治进行大胆而深刻的改革。当时范仲淹“新政”失败之后，仁宗对改革持怀疑态度，他心里根本无意改革，于是王安石的上书石沉大海。

治平四年（1067年），宋英宗死，宋神宗即位。神宗立志改变现实，有所作为。他需要一个得力的政治助手。由于神宗早就听说王安石的杰出才能，他就下令把正在江宁做官的王安石调到京城来面谈，面谈非常投机，宋神宗便决定重用王安石。

熙宁二年（1069年），宋神宗将王安石提升为副宰相，主持朝政。王安石在内忧外患、矛盾重重的状态下，提出了“天变不足畏、祖法不足法、人言不足恤”的口号，但守旧派却以“祖宗之法不可变”为由极力反对王安石的变法，并认为王安石的思想观点是大逆不道、不能容忍的。但是由于有宋神宗的大力支持，王安石还是开始大刀阔斧地进行了改革。

王安石变法的内容主要有：

一、青苗法。这就是他在鄞县试用过的借粮济民的办法，现在拿来推广到全国实行。

二、农田水利法。政府鼓励地方兴修水利，开垦荒地。

三、免役法。官府的各种差役，百姓自己可以不服役，改为由官府雇人服役。各家各户按贫富等级，缴纳免役钱，原来不服役的官僚、地主也要交钱。这样既增加了官府收入，也减轻了农民的劳役负担。四、方田均税法。为了防止大地主兼并土地，隐瞒田产人口，由政府丈量土地，核实土地数量，按土地多少、肥沃程度收税。五、保甲法。政府把农民按住户组织起来，每十家是一保，五十家为一大保，十大保为一都保。家里有两个以上成年男子的，抽一个当保丁，农闲练兵，战时编入军队打仗。

王安石的变法很快取得了成效，宋王朝的经济收入大大增加，政府和军队裁撤了大批冗员，效率大大增加，农田水利设施建设蒸蒸日上。社会生产力有了巨大发展，垦田面积大幅度增加，全国高达七亿亩，单位面积产量普遍提高，多种矿产品产量为汉代、唐中叶的数倍至数十倍，城镇商品经济取得了空前发展。这一时期被人们俗称为“王安石变法时期”。

王安石的改革促进了宋王朝社会生产力的发展。北宋王朝的农业、手工

业、商业等发展水平，大大超过了唐朝，成为秦汉以后，中国经济发展的又一个高峰期，这说明王安石改革所确立的多种经济制度，是适应社会生产力发展要求的。

革卦中包含着"只有变革，才能产生新的气象"的道理，如果说北宋王朝的社会生产，在整个封建时代居于两个马鞍形的最高峰，那么就应当说，王安石变法时期的社会生产，则居于这个最高峰的最高点。

尽管变法在司马光等守旧势力的复辟活动中以失败而告终，但它所产生的巨大作用和深远的历史影响，则是永远不会磨灭的。

"述往事，思来者。"人类迈入又一个新的千年，中国共产党人正率领全民族进行着一场前无古人的改革大业。

当然，今天的改革所面临的政治、社会、文化环境，与历史上的改革有着根本的不同；但是，我们高兴地看到，今天的改革继承我国传统文化的精髓，从丰腴的历史沃土中汲取充足的营养，继承前人高尚的改革情操，立足于对社会现实及发展规律的深刻洞察和准确把握上，反映最广大人民群众的根本要求，创造了并继续创造着璀璨夺目的中国改单文化。举世瞩目的辉煌成就也充分地说明了这是历史上任何一项改革都无法比拟的。

鼎卦第五十

〔易德经典〕

鼎，既是形而下的器具，也具有形而上的深意，它被易家选作卦名，成为与除旧的“革”相对应的布新的象征“鼎”，构成了鼎新革故，相辅相成的哲学概念。而“鼎”之所以成为“布新”的象征，是与它作为烹饪器皿和国之重器的双重作用所决定的。

应该说，《卦辞》《象传》和《象传》所强调的，都是一个意思。这就是，鼎新之举是符合历史发展规律的，故可一无阻挡。但对于具体实施鼎新方案的领导者来说，却不可以因此而掉以轻心。而是要如老子所说的“治大国若烹小鲜”那样，小心谨慎，谦虚柔顺，聚精会神地“烹调”，这才能完成历史所赋予的鼎新革故的伟大使命。

如果说鼎新时代需要有高尚的道德，那就是“鼎德”，也就是在鼎新时期迎风鼎立，当仁不让，点火燃薪，熬雉烹鲜，稳重谨慎，把握鼎新时机，精研鼎新谋略，团结鼎新志士，把鼎新大业推向胜利的高尚美德。

原文

鼎　元吉，亨。

《象》曰：鼎，象也。以木巽火，亨饪也。圣人亨以享上帝，而大亨

以养圣贤。巽而耳目聪明，柔进而上行，得中而应乎刚，是以“元亨”。

《象》曰：木上有火，鼎。君子以正位凝命。

译文

鼎卦象征鼎器，至为吉祥，亨通顺利。

《彖象》说：鼎器是一种烹饪的形象，将木材放入火中，可以烹煮食物。圣王烹煮祭品享祭天帝，又烹饪大量食物以供养圣贤良才。谦逊柔顺而能耳聪目明，以谦柔的美德前进上行，得居中正之位而又下应阳刚，因此至为亨通顺利。

《象传》说：木上面烧着火，象征鼎器在烹饪食物。君子应当效法于此，端正稳固身心的位置，严守自己使命。

原文

初六　鼎颠趾，利出否。得妾以其子，无咎。

《象》曰：“鼎颠趾”，未悖也。“利出否”，以从贵也。

九二　鼎有实。我仇有疾，不我能即。吉。

《象》曰：“鼎有实”，慎所之也。“我仇有疾”，终无尤也。

译文

初六，鼎器的足颠倒翻覆，利于倒出残渣污物。就像娶妾生子被扶为正室，没有过错。

《象传》说：“鼎器的足颠倒翻覆”，这还不悖常理。“利于倒出残渣污物”，这是为了遵从新的贵人。

九二，鼎器内装满了食物，我妻有病，不能接近我，仍然吉祥。

《象传》说：“鼎器内装满了食物”，说明谨慎前行较好。“我妻有病”，终将没有怨尤。

原文

九三　鼎耳革。其行塞。雉膏不食，方雨，亏，悔，终吉。

《象》曰：“鼎耳革”，失其义也。

九四　鼎折足，覆公餗。其形渥，凶。

《象》曰：“覆公餗”，信如何也。

译文

九三，鼎器的耳柄变异，移举行动阻塞，致使美味的野鸡膏脂不能煮食。一旦霖雨降下，悔恨消散，最终将得吉利。

《象传》说："鼎器的耳柄变异"，说明其失去了本身存在之意义。

九四，鼎器折断其足，王公的美食全被翻倒，鼎器上油腻龌龊，有凶险。

《象传》说："王公的美食全被翻倒"，说明德行浅薄而地位尊贵不足信任。

原文

六五　鼎黄耳、金铉。利贞。

《象》曰："鼎黄耳"，中以为实也。

上九　鼎玉铉。大吉、无不利。

《象》曰："玉铉"在"上"，刚柔节也。

译文

六五，鼎器配有黄铜鼎耳，刚坚的铉环，这是顺利正确的。

《象传》说："鼎器配有黄铜鼎耳"，说明居中守正而获充实之利。

上九，鼎器配着镶玉的铉环，大为吉利，无所不利。

《象传》说：镶玉的铉环高居上位，说明刚柔相济，互相调节。

智慧应用

启用智囊团，罗斯福如虎添翼

"滚滚长江东逝水，浪花淘尽英雄。"

从三皇五帝到唐宗宋祖，从苏秦到诸葛亮，从恺撒大帝到丘吉尔……他们留给世人的除其文治武功的恢弘伟业之外，更为灿烂夺目的是其独具一格的用人思想。抚今追昔，大凡有所建树的英雄人物，无不在用人方面留下了让后人久久玩味的佳话，而这些人之所以名垂青史，也正在于他们能够"让天下英雄为我所用"，最终得以"运筹帷幄之中，决胜千里之外"。

早在两千多年前，我国先哲在《周易》鼎卦里就阐释养贤的道理。养贤用才，不仅是变革的需要，也是事业长期保持发展势头的需要。只知用贤而不知养贤，人才的储备就会枯竭,难以适应事业的长期性发展。因此,养贤用才,除旧布新,不断地培养新的人才是每一个执政者和领导者的要务。时至今日,养贤用才已经不再局限于对于人才的笼络与统治,而是更多地渗入了科学管理的思想观念。无论对于个人、企业,抑或是政府,今天的用人,既是人力资源管理的重要内容,又是成就事业的关键所在,愈来愈多的人已经认识到,得人才者得天下,失人才者失天下。在人才的得失之间,恰恰反映的就是用人者的韬略、技巧,乃至人格魅力。罗斯福之所以能在美国政坛上叱咤风云,在很大程度上靠的就是用人之术。

罗斯福在晋升和施政过程中,组建和使用了一个强有力的智囊团,这也开创了美国历史上用人的先河。智囊团中的人职位比部长低,但在影响和制定政策方面作用却更大,他们是对新政府起了重大作用的高参,后来不少的美国政要就是最早一批的智囊团成员。

从实践中知人,从细节知人,从人才的心理变化知人等等。鉴知人才的手段和途径数不胜数,而一旦知晓了人才的特点,就可以扬长避短,人尽其才。当然,知人的关键是力求全面,这样任用时才能做到随心所欲,事业也就会无往而不胜。

震卦第五十一

〔易德经典〕

震动,所造成的巨大力量的破坏性释放,无论是自然界的大地震,还是社会中的大震荡,都是一种不以人的意志为转移的周期性现象。对于自然和社会发生的各类大震荡,一般人若缺少必要的心理准备,会很难适应,甚至惊恐不安。易家则不然。由于早已掌握了自然、社会由震而定、由乱而治的演变规律，易家对大自然的雷霆震怒，以及人类社会的大碰撞、大震荡等现象，均取静观促变态度。

从《卦辞》的主旨，以及《彖传》《象传》的发挥看，易家对雷震现象进行了卦象思维后，采取的是一种既来之，则安之的客观态度，既不充耳不闻，假作镇定而形同木偶，也不惊慌失色，一味恐惧害怕而无所措手足；而是主张将闻雷后自然发生的心理恐惧转化为自觉的震德修养，由远及近，从做好身边小事开始，培养自己，临乱不惊，镇定从容的长者气质和风度，为即将担当的大任做好人格和心理准备。

原文

震　亨，震来虩虩，笑言哑哑。震惊百里。不丧匕鬯。

《彖》曰：震"亨"，"震来虩虩"，恐致福也。"笑言哑哑"，后有则也。"震惊，百里"，惊远而惧迩也。"不丧匕鬯"出可以守宗庙社稷，以为祭主也。

《象》曰：洊雷，震。君子以恐惧修省。

译文

震卦象征震动，亨通顺利。雷电袭来万物恐惧，然后戒惧慎行遂能谈笑自若，雷声惊动百里，而祭主没有被惊吓致失落手中的酒匙。

《彖传》说：震动可致亨通顺利。"雷电袭来万物惶恐惊惧"，说明恐惧而戒备能带来福泽。"戒惧慎行遂能谈笑自若"，说明警惧之后就能防患于未然。"雷声惊动百里"，以致远近都震惊恐惧，防患于未然。继承大业的长子能做到如此，说明他出来能够长守宗庙社稷的安危，成为祭祀典礼的主持人。

《象传》说：接连不断的轰轰震雷，象征震动。君子当效法于此，心怀惊惧，自我修身反省。

原文

初九　震来虩虩，后笑言哑哑，吉。

《象》曰："震来虩虩"，恐致福也。"笑言哑哑"，"后"有则也。

六二　震来厉，亿丧贝，跻于九陵。勿逐，七日得。

《象》曰："震来厉"，乘刚也。

译文

初九，雷电袭来万物恐惧，然后戒惧慎行遂能谈笑自若，吉祥。

《象传》说："雷电袭来万物恐惧"，说明恐惧而戒备能带来福泽。"戒惧慎行遂能谈笑自若"，说明恐惧能使其拥有做事准则。

六二，震动骤至，有危险。大大地丧失财帛，应当登上高峻的九陵高山以远避，不要去追索，七天后将失而复得。

《象传》说："震动骤至，有危险"，说明性本柔弱却偏乘凌在阳刚之上。

原文

六三　震苏苏。震行，无眚。

《象》曰："震苏苏"，位不当也。

九四　震遂泥。

《象》曰："震遂泥"，未光也。

译文

六三，震动之时恐惧不安，因雷动而谨慎前行将不遭祸患。

《象传》说："震动之时恐惧不安"，说明阴居阳位，位置不妥当。

九四，震动之时惊落泥潭。

《象传》说："震动之时惊落泥潭"，说明阳刚之德没能发扬光大。

原文

六五　震往来厉。亿无丧有事。

《象》曰："震往来厉"，危行也。其事在中，大"无丧"也。

上六　震索索，视矍矍，征凶。震不于其躬，于其邻。无咎，婚媾有言。

《象》曰："震索索"，未得中也。虽"凶"无咎，畏邻戒也。

译文

六五，震动之时上下来往行动有危险。万无一失，长保祭祀盛事。

《象传》说："震动之时上下来往行动有危险"，说明谋事在中正之位，幺允无偏，不会有太大损失。

上六，震动之时畏畏缩缩，两目惶恐不安，若行动会有凶险。震动还没波及自身，而只是波及近邻时，没有过错，婚媾将导致闲言。

《象传》说："震动之时畏畏缩缩"，说明上六未修得中正之德。虽然凶险没遭过错，是因为畏惧近邻所受的震惊而心存戒备之故。

智慧应用

镇定自若，刘邦安然走出鸿宴

遇险不惊，镇定沉着，乃化险为夷之良策。倘使惊慌失色，处置不当，就会坏了大事。警惕而不经变故，会让人在巨变发生的时候，能够从容应对，最终安然无恙。刘邦在鸿门宴脱险的事例，可作为此解。

刘邦率先入关破咸阳，退驻埸上。后项羽率军西来屯军新丰鸿门，扬言要同刘邦交战。公元前 206 年，刘邦率大军进入咸阳后，项羽麾兵 40 万，进驻鸿门(今陕西临潼东北)。

秦末，"天下苦秦久矣"，公元前 209 年陈胜、吴广起义，刘邦、项羽也起兵江东。项梁拥立老楚怀王之孙为"楚怀王"，召集诸将结成反秦联盟，命主力军刘、项分南北两部，合力西击秦军，并约定"先入关中者王之"。项羽在北边打仗，很快地，北边的战局平定下来，于是项羽带着自己的军队浩浩荡荡地也往关中地区开过来了，开到函谷关的时候，刘邦的军队把函谷关守起来了，项羽以勇猛著称，马上下命令英布攻打函谷关。刘邦的军队是打不过项羽的，项羽把函谷关打开后，他的军队开到了鸿门，这个情况对于刘邦来说就不利了。这时刘邦自己的队伍内部中的左司马曹无伤出卖刘邦，跑去报告项羽，说刘邦野心很大，要

在关中称王。项羽一听，勃然大怒，马上下命令说，明天早上让所有的将士饱餐一顿，歼灭刘邦。

当时项羽兵力 40 万，号称 100 万，刘邦的兵力 10 万，号称 20 万，刘邦如果和项羽打一仗的话，那叫“以卵击石”，根本就不是对手，可以说此刻的刘邦是危在旦夕。项羽的叔叔项伯与张良有生死之交，连夜给张良通风报信，劝他速速逃命，免得与刘邦同归于尽。张良便将此事报告了刘邦。刘邦大惊失色，恳请项伯从中斡旋。他恭敬地尊项伯为兄长，献上一杯美酒为他祝寿，并决定把女儿许配给项伯的儿子。

刘邦此举，受益匪浅。项伯慨然答应在项羽那里为刘邦解释、疏通，并出计要刘邦第二天一早亲自去拜会项羽，说明原委，以消除误会。接着，他又连夜返回鸿门，劝说侄儿项羽，替刘邦开脱。项羽怒气消了大半。

第二天一早，刘邦带着张良、樊哙，在百名骑兵的护卫下，就从埸上到了鸿门去拜见项羽。一见项羽，刘邦就说：“将军啊，当年臣和将军一起在怀王手下当差，接受怀王的命令出击，将军战河北，臣战城南，臣也没有想到，怎么一不小心，我就先来了，实在不好意思，不过也好，我不是很荣幸地又见到将军了吗？”项羽见刘邦言语诚恳，不但怒火全消，且觉得自己委实对不住刘邦，说：“这都是你的左司马曹无伤挑唆的。否则，我怎会如此！”遂命人摆下酒宴，款待刘邦。

随后就留刘邦一同饮酒。项羽、项伯面东而坐，范增面南而坐，刘邦面北而坐，张良面向西侧陪侍。席间，范增多次给项王使眼色，三次举起身上所佩饰的玉块，示意项王当机立断，杀死刘邦，可是项王默然不应。

范增起身，出去叫来项庄，对他说：“君王为人心软，不忍下手，你进去敬酒祝寿，祝寿完毕，请求用剑起舞，趁机在刘邦坐着时用剑杀死他。若不这样，将来我们所有人都要被他俘获。”项庄于是就进去敬酒祝寿。祝寿完毕，他说：“君王和刘邦饮酒，军中没有什么可以助兴，请允许我舞剑助兴。”项羽说：“好吧！”

项庄拔剑起舞，于是项伯也拔剑起舞，用自己的身体掩护刘邦，让项庄没有机会杀掉刘邦。

情况紧急，张良离席，来到军门，见到了樊哙。樊哙问："事态如何？"张良说："非常紧急。现在项庄拔剑起舞，用意一直是放在刘邦身上。"樊哙说："看来真的很紧迫，请让我进去，我要跟刘邦同生死。"说完，樊哙立刻带着宝剑，拿着盾牌闯入军门。卫士想拦住他，樊哙就干脆撞倒卫士，进入军门。他分开帷帐，瞪大眼睛注视项羽，头发向上直立，眼眶都要瞪裂了。

项羽一惊，按剑问道："来者何人？"

张良回答："刘邦的参乘樊哙。"

项羽称赞说："好一个壮士！赶快赐酒！"侍者斟给他一大杯酒，樊哙拜谢后，立饮而尽。项羽又说："赐他一个蹄筋。"侍者给了樊哙一个生蹄筋，樊哙把盾放在地上，然后把蹄筋放在盾上，用剑切了就吃。

项羽更加赞叹，问他还能不能喝酒。

樊哙起身说："臣连死都不怕，还怕一杯酒吗！秦王有虎狼之心，杀人惟恐不能杀尽，处罚人惟恐不能重，天下的人都背叛了他。怀王和诸侯约定说：'首先攻破秦军，打入咸阳的人，应该被封为关中王。'现在刘邦首先攻破秦而打入咸阳，对于秦室的财富一点儿边都不敢接近，封藏了宫室，退出军队驻扎到埸上，专门等待大王。刘邦之所以派人把守函谷关，是为了防备其他盗贼，防止意外事件的发生。刘邦这样劳苦功高，却没有得到封侯的奖赏，而你听信了小人的谗言，想诛杀有功的人。这样做是亡秦的继续，我相信，大王是不会采取这种做法的。"

项羽无话可答，只是说："请坐。"樊哙于是随张良就座。坐了一会儿，刘邦起来去厕所，叫着樊哙一起出帐。

刘邦打算不辞而别，对樊哙说："我准备回去，但没有向项王告别，怎么办呢？"

樊哙说："现在的情况人家好比是刀和案板，我们是要被宰割的鱼肉，还告什么辞呢？"张良这时也出来了，他问刘邦带来了什么礼物，刘邦说："我带了一

对玉璧,准备献给项羽,一对玉斗,准备送给亚父(范增),刚才他们生气,没敢拿出来,你就代我献给他们吧。"

张良说:"遵命。"

在这时,项羽驻军鸿门,刘邦驻军塌上,相距40里。刘邦就没有坐车,骑马逃离,樊哙和夏侯婴、靳强、纪信等四人手持武器跟着徒步奔跑,抄小道行进。刘邦对张良说:"从这条道路到达我们军中,不过20里。你估计我到了军中以后,再回军帐中告辞。"估计刘邦已经回到军中,于是张良入帐辞谢,他说:"刘邦喝多了,不能亲自告辞。委派臣下献上白璧一双,玉斗一双,献给大王。"

项羽问:"刘邦现在哪里?"

张良答:"刘邦听说大王有意责怪他,只好独自回去,已经到达军中了。"项羽听后,接过了玉璧,把它放在座位上。范增接过玉斗,把它摔到地上,还拔剑击破了它,说:"唉!项伯这帮无知的小子,不能和他们共同图谋大事。夺取项王天下的人,一定是刘邦。我们这些人都逃不掉。"

刘邦从鸿门脱身以后,回到军中第一件事情就是把曹无伤杀了。刘邦之所以能够从鸿门宴上安然脱险,虽然得力于项伯、张良等人的相助,但关键还在于他自身的镇定。这种从容不仅消除了项羽的疑忌,也为自己的随机应变提供了必需的保证。

刘邦到南郑后,积极准备反攻。先夺取关中三秦之地作为根据地,然后出兵东向,进攻项羽。后来,项羽被迫与刘邦约定:"中分天下,割鸿沟以西为汉,以东为楚。"定约后,项羽东归。刘邦在张良、陈平的提议下,决定趁此时机消灭项羽,于是用大将韩信、彭越围困项羽于垓下(今安徽灵璧南)。项羽兵败突围,至乌江(今安徽和县东北)自刎。刘邦也因此成就了自己的霸业。

处变不惊是当代人应当具有的基本能力之一。在当今社会中,我们每个人每天都要面对比过去成倍增长的信息,如何迅速地分析这些信息,是人们把握时代脉搏、跟上时代潮流的关键。它需要我们具有良好的应变能力。另一方面，随着社会竞争的加剧，人们所面临的变化和压力与日俱增，努力提高自己的应变能力，对事业的发展是大有帮助的。

艮卦第五十二

［易德经典］

动极生静，震极艮止。“艮”就是停止的意思。艮卦由震卦“上转下转”而来，根据万物不可以始终震动，需要适可而止的卦序逻辑要求，接着震卦的必然是艮卦。它是事物经大震荡动极之后，复处于一种不可避免的极为静止的状态的表现。根据易理，艮是八纯卦之一，以山为象。历史上的《连山易》，曾以本卦为首，记录了先民穴居时代披荆斩棘，勇敢无畏的精神风貌。从卦象思维看艮卦的卦象，艮下艮上，下山上山，前山后山；有山叠山，山外山，山上山之貌，是山障路阻，前行止步之时，内含因势而止之意。

有人认为，止是停滞，甚至是倒退，对事物的发展十分不利，故是凶态。这是片面的，其实不然。天下事当行则行，当止则止。知进不知止，绝非明智睿达。所以易家把艮止视为凶吉兼容的常态，在强调“天行健，君子自强不息”的乾德，以及“恐惧修省”的震德的同时，不忘提醒人们注意艮德的修养，即达到《卦辞》所说的“艮其背，不获其身；行于庭，不见其人”的境界，从而动定自如，知进识止，无悔无咎。

将注意力集中在心不可欲的背部，达到心如止水，亦即老子的“不见可欲，使心不乱”的境界。

原文

艮　其背不获其身，行其庭不见其人。无咎。

《彖》曰：艮，止也。时止则止，时行则行。动静不失其时，其道光明。艮其止，止其所也。上下敌应，不相与也。是以“不获其身。行其庭不见其人，无咎”也。

《象》曰：兼山，艮。君子以思不出其位。

译文

艮卦象征抑止，抑止其背部的活动，其身体不能面向所抑止的地方。犹如在庭院中行走，没看见背后的人，没有过错。

《彖传》说：艮的意思是抑止。应当停止时就停止，可以行动时就行动，动一静都不失时机，前途必然光明。“抑止其背部的活动”，说明抑止要适得其所。全卦六爻上下相互敌对，不能相应。所以说“其身体不能面向所抑止的地方，犹如在庭院中行走，没看见背后的人，没有过错”。

《象传》说：两山重叠，象征抑止。君子体察此现象，经常考虑行动不应超越本位。

原文

初六　艮其趾，无咎，利永贞。

《象》曰：“艮其趾”，未失正也。

六二　艮其腓，不拯其随，其心不快。

《象》曰：“不拯其随”，未退听也。

九三　艮其限，列其夤，厉，熏心。

《象》曰：“艮其限”，危“熏心”也。

译文

初六，抑止其脚趾的行动，没有过错，利于永久坚守正道。

《象传》说："抑止其脚趾的行动"，说明没有离失正道。

六二，抑止其小腿的行动，无法举步向上承应跟随，心里不痛快。

《象传》说："无法举步向上承应跟随"，这是由于未能听从其劝退回。

九三，抑止其腰部的行动，脊肉撕裂，危险就像烈火一样熏灼其心。

《象传》说："抑止其腰部的行动"，说明身处的危险像烈火一样熏烤其心。

原文

六四　艮其身，无咎。

《象》曰："艮其身"，止诸躬也。

六五　艮其辅，言有序，悔亡。

《象》曰："艮其辅"，以中正也。

上九　敦艮，吉。

《象》曰："敦艮"之"吉"，以厚终也。

译文

六四，抑止上身的活动，没有过错。

《象传》说："抑止上身的活动"，说明能自己控制而保持正直。

六五，抑止其口，说话中肯而条理分明，悔恨消亡。

《象传》说："抑止其口"，因为不偏倚，正确无误。

上九，敦厚而知足知止，吉利。

《象传》说："谨慎敦厚而知足知止的吉利"，说明上九能以敦厚的品德获得善终。

智慧应用

当止即止，曾国藩韬晦不凡

进退的学问在《孙子兵法》中有述："不以进为进，不以退为退，进中可退，退中可进。”兵法亦可以用于处世为人,曾国藩对此别有体悟。他说:审时度势,知进知退,应是造就人生进取的要件。如何造就,那就是靠一双慧眼、一种信念和一腔知识和学问。他的这种进退之术,可以说是炉火纯青,特别在人生的关键时候,能够淋漓尽致地发挥出来,做到以藏代露、以退为进。此等智慧,决定了曾国藩为“中兴之臣”。

曾国藩认为大凡人在初创崛起之时,不可无勇,不可以求平、求稳,而在成功得势的时候才可以求淡、求平、求退。这也是人生进退的一种成功学问。

在曾国藩兄弟满门封侯,大功告成之日,本该是静思谦退,保泰持盈的时候,而这时,偏偏有些人在势盛之时,头脑发热,让欲望的火焰障住了双眼,总想再越雷池一步。当时风行一时的“劝进”浪潮,着实给曾国藩出了一道难题。

有一则笔记是曾国藩的一位朱幕府所记南京城攻破后湘军秘闻:当曾国藩攻破南京城,宣布太平天国覆亡。曾国藩进入残破不堪的南京城后,全城余烬未熄,颓垣败瓦,满目荒凉,惨不忍睹。一天晚上,约11点钟,曾国藩亲审李秀成后,进入卧室小憩,湘军的高级将领约有30余人忽然云集大厅,请见大帅。中军向曾国藩报告,曾国藩即问九帅有没有来(九帅即其弟曾国荃),中军回答未见九帅,曾国藩即令立即召见曾国荃。曾国荃是攻破南京的主将,这天刚好生病,可是主帅召唤,也只好抱病来见。曾国藩听到曾国荃已到,才整装步入大厅,众将肃立,曾国藩态度很严肃,令大家就座,也不问众将来意,众将见主帅表情如此,也不敢出声。如此相对片刻,曾国藩乃命随员去拿纸笔,随员进以簿书纸,曾国藩命换最好的大红纸,就案挥笔写了一副对联,掷笔起身,一语不发,从容退入后室。众将莫之所措,屏息良久,曾国荃乃趋至书案前,见曾国藩写了14个大字,分两行上下联:

倚天照海花无数;

流水高山心自知!

曾国荃读此联时,起初好像很激动,接着有点凄然,最后则是惶然。众将围在曾国荃之后,观读联语,有点头的,有摇头的,有叹气的,有热泪盈眶的,各式各样表情不一,然后曾国荃用黯然的声调对大家宣布说:“大家不要再讲什么了,这件事今后万万不可再提,有任何枝节,我曾九一人担当好了。”

这一段笔记显示了南京城破后湘军确有拥立曾国藩为帝的一幕,可是这种非常之举是成则为王、败则诛杀九族的危险举动。所以谁也不敢明言说出口。曾国藩明知众将来意,也不说破,只用十四字联语作答,相互之间都不点破。

其实,早在安庆战役后,曾国藩部将即有劝进之说,而胡林翼、左宗棠都属于劝进派。劝进最力的是王闿运、郭嵩焘、李元度。当安庆攻克后,湘军将领欲以盛筵相贺,但曾国藩不许,只准各贺一联,于是李元度第一个撰成,其联为:

王侯无种；

帝王有真。

曾国藩见后立即将其撕毁，并斥责了李元度。在《曾国藩日记》中也有多处诫勉李元度审慎的记载，虽不明记，但大体也是这件事。曾国藩死后，李元度曾哭之，并赋诗一首，其中有“雷霆与雨露，一例是春风”句，潜台词仍是这件事。

一次，曾国藩寿诞，胡林翼送曾国藩一联，联说：

用霹雳手段；

显菩萨心肠！

曾国藩最初对胡联大为赞赏，但胡告别时，又遗一小条在桌几上，赫然有：“东南半壁无主，我公其有意乎？”曾国藩见之，惶恐无言，将纸条悄悄地撕个粉碎。

左宗棠也曾做一联，联说：

神所凭依，将在德矣；

鼎之轻重，似可问焉！

左宗棠写好这一联后，便派专差送给胡林翼，并请代转曾国藩，胡林翼读到“似可问焉”四个字后，心中明白，加封转给了曾国藩。曾阅后，乃将下联的“似”字用笔改为“未”字，又原封退还胡。胡见到曾的修改，乃在笺末大批八个字：“一似一未，我何词费！”曾国藩改了左宗棠下联的一个字，其含意就完全变了，成了“鼎之轻重，未可问焉”！所以胡林翼有“我何词费”的叹气。一问一答，一取一拒。

曾国藩的门生彭玉麟，在他署理安徽巡抚、力克安庆后，曾遣人往迎曾国藩，在曾国藩所乘的坐船还未登岸之时，彭玉麟便遣一名心腹差弁，将一封口严密的信送上船来，于是曾国藩便拿着信来到了后舱。但展开信后，见信上并无上下称谓，只有彭玉麟亲笔所写的十二个字：

东南半壁无主；

老师岂有意乎？

这时后舱里只有曾国藩的亲信倪人皑，他也看到了这“大逆不道”的12个字，同时见曾国藩面色立变，并急不择言地说：

“不成话，不成话！雪琴（彭玉麟的字）他还如此试我。可恶可恶！”

接着，曾国藩便将信纸搓成一团，咽到了肚里。

当曾国藩劝石达开降清时，石达开也曾提醒他，说他是举足轻重的韩信，何不率众独立？曾国藩默然不应。

曾国藩熟读儒家经典，是晚清有名的理学家，在关键时刻，是进是退？何去何从？他还是看得非常清楚的。他坚拒纵横家王闿运劝其称帝的事，尤能反映曾国藩的品格特征和处世风格。

王闿运是湖南湘潭人，二十几岁开始研究经学，对《春秋公羊传》尤有深入研究，但他通经在于致用，他的致用是将经与术结合起来。术是权术，治理国家的一种方法、手段，所谓纵横之术。王闿运想用纵横之术来辅助识时务之人成帝王之业。

王闿运的这种抱负因太平军起义的爆发而更趋强烈了。起义军入湘后，曾国藩奉清政府之命帮办湖南团练，组织湘军与起义军为敌，王闿运曾多次上书言事，得到了曾的重视。后虽因身系独子。未能从军，但从此与湘军将帅保持了密切的关系。在太平天国存在期间，他曾三度至曾国藩驻地探视，并参与谋划。

咸丰五年（1855 年）王闿运劝曾国藩自立不成。咸丰十年（1860 年）再入曾府，仍喋喋而谈，其意也是“彼可取而代之”的意思，但曾国藩却正襟危坐，以食指蘸杯中茶汁，在几上点点划划。不多时，曾起立更衣，王闿运便站起窃视几上，只见上面依稀有个“妄”字。

一晃又是几年过去了，此时的曾国藩正准备北上“剿捻”。一见王闿运到来，极为高兴，但因有了前两次“劝进”，曾国藩自然有所警惕。但王闿运这次却好像换了一个人似的，只是与曾国藩讨论学问。但到后来，曾国藩还是听出了王闿运的弦外之音。原来还是让他做曹操！但曾国藩这次倒也平静，故作不知。王闿运自知他的帝王之术再无实现的机会，颇为沮丧，只得悻悻而归。

三次纵横计不就，王闿运对曾国藩的看法大为改变。说曾国藩再次出山已“变节为巽顺”，虽功成名就，但“避事”不敢担当。直到晚年，王闿运已经历了清亡、袁世凯复辟败亡等重大的历史事变，才对曾国藩当初不自立为帝的看法有了改变。自惭形秽，并书一联曰：“花鸟总知春浩荡，江山为助意纵横。”书毕，对身边的人说：“吾不敢着墨文正联上，以重污文正。另书此，纪文正之大，且以志吾过。”

王闿运对曾国藩的霸才悔过，对曾国藩恪守名分的行为赞叹不已，这说明曾国藩的头脑始终是清醒的，为人之道的确是精深的。

识时务者为俊杰。曾国藩功成身退，德泽后世，如果当初听了属下之意，背叛朝廷，另立为王，带来的或许是国家的战乱和百姓的涂炭。他深知，一个人无论有多大的实力，他总是受周围环境及诸多因素的制约，为所欲为，最后吃亏的只是他自已。

人生在世，时空在变，世态也在变，因此人们一定都经历过或经历着各种各样的境遇，而每一种境遇的抉择，往往都不同程度地影响着以后的命运。“当行则行，当止则止”依然是今天人们的行为准则。

渐卦第五十三

〔易德经典〕

量变与质变规律，是辩证法哲学的基本规律之一。易家虽然没有明确提出量变与质变规律的现代哲学概念，却早已经知道量变的道理，这就是“渐”变。渐变就是量变，就是逐渐改变、有序量变、徐变渐化的意思。从变证法的变化观看，渐变是数量和质量的兼有的逐渐变化，量变是质量不变的数量增减，二者对事物变化本质的认识有深浅高下之分。而从易家卦序看，渐卦紧跟“艮”卦之后，是因为事物不可以总是停止，所以要逐渐起步，再图前进。

无论是自然科学还是社会科学，都十分重视易家早在数千年前，就立卦撰辞所肯定了的渐变的作用，把它视为社会进步、生物进化、人才成长的必要阶段和形式，从各自的角度对物和人的渐变状态和规律做了研究。

从确保婚姻成功的社会学角度，易家提出了君子必修渐德的命题。但所谓的渐德，即循序渐进之德，并不限于一事，而是要像《彖传》《象传》所主张的那样，站稳中正的立场，不偏不躁，不断积累增进高尚的品德，逐渐改善包括烦琐婚俗在内的落后习俗，有条不紊循序渐进地把国家的事业纳入正轨，推向前进。其具体的实践，可见于六爻之辞。

原文

渐　女归吉。利贞。

《彖》曰:渐之进也,“女归吉”也。进得位,往有功也。进以正,可以正邦也。其位刚得中也。止而巽,动而不穷也。

《象》曰:山上有木,渐。君子以居贤德善俗。

译文

渐卦象征渐进,女子出嫁吉利,利于坚守正道。

《彖传》说:渐渐地前进,就像女子出嫁循礼渐进可获吉祥。

往前进而获居正位,前往就会立功受赏。遵循正道渐次而进,就能够端正邦国。卦中各爻刚健者得居中位,守静知止而又谦逊和顺,所以能永远保持生命的进化运动。

《象传》说:高山上有树木依山势而长,象征渐进。君子体察此种现象,蓄积贤德,逐渐改变落后的风俗。

原文

初六　鸿渐于干。小子厉,有言,无咎。

《象》曰:“小子”之“厉”,义“无咎”也。

六二　鸿渐于磐,饮食衎衎。吉。

《象》曰:“饮食衎衎”,不素饱也。

九三　鸿渐于陆。夫征不复,妇孕不育,凶。利御寇。

《象》曰:“夫征不复”,离群丑也。“妇孕不育”,失其道也。“利用御寇”,顺相保也。

译文

初六,大雁徐徐飞行停息在水边。年幼小子靠近有危险,会遭人指责,没有过错。

《象传》说:“年幼小子靠近危险”,从渐进的意义看应无过错。

六二,大雁徐徐飞行停息在磐石上,欢喜饱享饮食,吉利。

《象传》说："欢喜饱享饮食"，说明六二并非自吃饱饭，而是有所为的。

九三，大雁徐徐飞行停息高平之地，就像丈夫出征不复回，妇人失贞怀孕生子而不能养育，有凶险。有利于抵御外来的强寇。

《象传》说："丈夫出征不复回"，说明脱离了家乡的人们。"妇人失贞怀孕生子而不能养育"，说明失去了妇道。"有利于抵御外来的强寇"，说明应当顺从需要以互相保卫。

原文

六四　鸿渐于木，或得其桷，无咎。

《象》曰："或得其桷"，顺以巽也。

九五　鸿渐于陵。妇三岁不孕，终莫之胜，吉。

《象》曰："终莫之胜，吉"，得所愿也。

上九　鸿渐于陆。其羽可用为仪，吉。

《象》曰："其羽可用为仪，吉"，不可乱也。

译文

六四，大雁徐徐飞行停息在树上，或许能寻得横平的树枝栖息，没有过错。

《象传》说："或许能寻得横平的树枝栖息"，因为柔顺服从。

九五，大雁徐徐飞行停息在高陵上，妻子三年不曾怀孕，最终没有什么能阻止她得其心愿，吉利。

《象传》说："最终没有什么能阻止她得其心愿，吉利"，说明愿望得遂应。

上九，大雁徐徐飞行停息在陆地上，羽毛可用做典礼中的装饰，吉祥。

《象传》说："羽毛可用做典礼中的装饰，吉祥"，说明不可以扰乱应有的顺序步骤。

智慧应用

初衰不改，盖茨扶摇直上

一个人如果有坚定的信念，无疑会加重成功的砝码。坚定的信念，正是人们走向成功的基石。1955 年 10 月 28 日，比尔·盖茨出生在美国西部美丽的城市西雅图，他出身名门，外祖父是美国第九大银行的副总裁。

11 岁的时候，盖茨进入西雅图最著名的一所私立中学——湖滨中学学习。他进入这所学校后以他的进取心、坚韧的性格、处事的态度以及他的聪明才智，很快便超过其他的同学。这时正是计算机悄然兴起之时，湖滨中学花巨资购置了一台计算机供学生们了解、学习。喜欢数学和自然科学的盖茨很快就迷上了计算机，和盖茨同时对计算机产生浓厚兴趣的还有比盖茨大两岁的高中部的学生保罗·艾伦，共同的爱好使他们成了好朋友。当他们掌握了一定的计算机技术后，他们便经常在一起规划他们的梦想。1971 年年初，湖滨中学程序编制小组得到了一笔重要的业务，一家计算机公司找到他们，要他们为公司的一家客户编写一份工资表程序，这是一个极好的机会。由于平时盖茨在这方面具有特殊的才华，所以在这一次工作中他便成了小组的中心人物。程序编出来以后，这家计算机公司答应将公司所获利润的 10%给程序小组，并且还给他们提供大约 1 万美金的计算机使用时间。也是这一年的秋天，盖茨的好朋友保罗从湖滨中学毕业，进入了华盛顿大学计算机系。但他仍然和盖茨保持联系，而且他们联手四处招揽生意。这时他和盖茨又办了个公司，因为他们又接到一笔业务，为市政府设计一个交通数字软件，因而他们为这个公司取名为交通数据公司，这个公司在这项业务中获得了 2 万美元的赢利。

1973 年，盖茨被哈佛录取。哈佛是世界著名的大学，这里云集了全美乃至世界各地的优秀学生。其间他和同学们研发出著名的 BASIC 语言程序。然后比尔·盖茨从哈佛大学退学，开始在计算机行业上纵横驰骋。

1974 年，保罗在一个书摊上看到一则第一台个人电脑问世的消息。于是保罗便赶忙跑去告诉了盖茨。对于他们来说，微型计算机的问世，使他们长期以来致力研究的计算机编程技术有了用武之地。1975 年，盖茨和保罗终于成立了自己的公司。他们将自己的公司命名为微软公司，它是微型计算机和软件公司的缩写。

微软成立后，盖茨和保罗达成了一份协议。按协议的规定，盖茨获得了微软公司 60 比 40 的权益，而随着公司的不断发展，比例又变更为 64 比 36，盖茨在公司中的地位愈加显著了。

1975年7月下旬,盖茨和保罗与一家公司达成了一个关于8080BA-SIC使用权的协议。通过这份协议,盖茨和保罗获得了非常不错的收益。微软在这次交易中获得了大约18万美元的收益,取得了开门红。此时的微软虽然还没有形成大的气候,但盖茨以及他的朋友在计算机界已小有名气了。这时微软获得了两笔很大的交易,著名的通用电气公司和全国收款机NEC决定使用BASIC。这两项生意给微软带来了丰厚的收益,更重要的是微软从此声名大震。

接着,最大的计算机公司IBM公司需要一种配合计算机使用的软件,他们经过慎重考虑,决定试一试微软。1981年8月12日,IBM正式展出其新型个人计算机。这台计算机有一个磁盘驱动器,16K存储器。IBM推出的计算机轰动一时,而更引人注目的是,为IBM先进的计算机提供语言程序的正是年轻的盖茨领导下的微软。

微软公司为个人电脑PC所编写的软件包括BASIC语言和游戏节目。虽然目前只有微软MS-DOS这一种操作系统供IBMPC使用,但IBM并没有确定其操作系统的标准,因而盖茨的操作系统仍然前景堪忧。然而上帝似乎又一次赐幸运于比尔·盖茨,微软最大的竞争对手——基尔代尔教授虽然能提供16位CPAM操作系统,但这种系统很复杂,需要几个月才能完成,而且价格也比微软的DOS贵得多,因此,IBM决定全力进行DOS的开发。与IBM合作的盖茨又一次赢得了胜利。

1982年春,基尔代尔教授的16位CPAM操作系统终于推向了市场。虽然这种系统的价格较贵,但对微软的DOS仍然具有很大的威胁。盖茨为此立即展开了攻势,他派出了公司里的精兵强将兵分四路出击,说服了许多商家使用微软的操作系统。由于盖茨足智多谋,巧妙地引导着对手,同时凭着对市场的深入了解,使他的对手一直未能占到什么优势。

经过不懈的努力,微软取得了最终的胜利,在IBM个人电脑问世半年后,微软正式成为个人电脑软件方面的领导者,微软的DOS成为这个产业的惟一标准。随着IBM个人电脑的节节胜利,微软也平步青云。微软并没有因此而陶醉,他们正积极地抓紧开发MS-DOS的升级版本。1982年5月,作为MS-DOS的升级版本——DOS.1版正式完成,公开发售。这种升级版本的磁盘容量将增至32K,比原来的大一倍多。这个版本的开发成功,使微软更上一层楼,这时只有26岁的盖茨一跃而成为计算机软件行业举足轻重的人物。

1995年,微软又开发出了“视窗95”系统软件,其功能更为先进,操作更为方便,是微软几年来的杰作。为此,盖茨准备全力将它推出。在正式发售之前,盖茨耗资5亿美元以各种方式进行了密集的广告宣传,更是世界广告史上前所未有的壮举。到年底,各种文字版本的“视窗95”在全球各地推出,“视窗95”风靡了全球。1998年,微软再次出击,推出“视窗98”,其功能更为完善,操作更为简便。盖茨终于凭借着自己的实力登上了计算机软件世界的巅峰,成为这个行业的霸主。如果不是由于对计算机的浓厚兴趣,不是对计算机的梦想,不是对计算机的痴心不改,或许就没有今天微软公司的辉煌。如今的盖茨,不仅为美国IT界做出了杰出的贡献,自己也享受到了成功所带来的甘甜。看到他今日的成就,谁会想到他一路的艰辛呢?盖茨用自己坚强的意志,自强不息,开创了自己成功的天地。

可见,成功需要坚韧和毅力,古语说“不积跬步,无以至千里;不积小流,无以成江河”。只要我们一步步来,什么是巅峰,这不重要,重要的是在不断前进的过程中坚定信念,矢志不移,就一定能走到成功的彼岸。

归妹卦第五十四

〔易德经典〕

中国商朝的英明君王帝乙,为了弥合商周两家濒临破裂的政治关系,将自己的妹妹嫁给了后来的周文王姬昌,这就是历史上著名的和亲事件——“帝乙归妹”,它开创了商周良好关系的新时期,为热爱和平的商周人民所深深感激怀念。易家借用这一人所皆知的历史事件,以及古代娣侄制度的规矩,来形象说明人生的哲理。

由《卦辞》《彖传》和《象传》的主旨可见,女子出嫁成婚,本是天经地义的男女的终身大事,它贯穿着人的一生,故此夫妻间应相敬如宾,白头到老,如果一方违反夫妻之义,或角色不正,或以强凌弱,甚至随意破坏婚姻这一稳定的关系,那是必然会招来凶险之事的。“归妹”谐音“鬼魅”,直斥捣鬼的妖媚之卦辞中又明确强调它“征凶,无攸利”,都是从反面苦口告诫人们,不要暗中搞不得人心的阴谋诡计,否则是会害人害己的。它反过来也就是对正人君子的警戒:恶虽小而不为,自可免祸避难。

正是在这一认识基础上,易卦做出了君子必修养归妹之德,维护好文明的婚姻关系的结论。而这一结论,是贯穿于六爻爻辞的始终的。

原文

归妹 征,凶。无攸利。

《彖》曰:归妹,天地之大义也。天地不交,而万物不兴。归妹,人之终始也。说以动,所归妹也。“征凶”,位不当也。“无攸利”,柔乘刚也。

《象》曰:泽上有雷,归妹。君子以永终知敝。

译文

归妹卦象征婚嫁,一步走错就有凶险,没有什么利益。

《彖传》说:婚嫁,这是天地间意义至为重大的事。天地阴阳不交合,万物就不能繁殖兴盛,婚嫁使人类始终循环无止境。欢喜而向上行动,是出嫁的少女。“一步走错就有凶险”,说明位置安排不妥当。“没有什么利益”,是因为阴柔乘凌阳刚上。

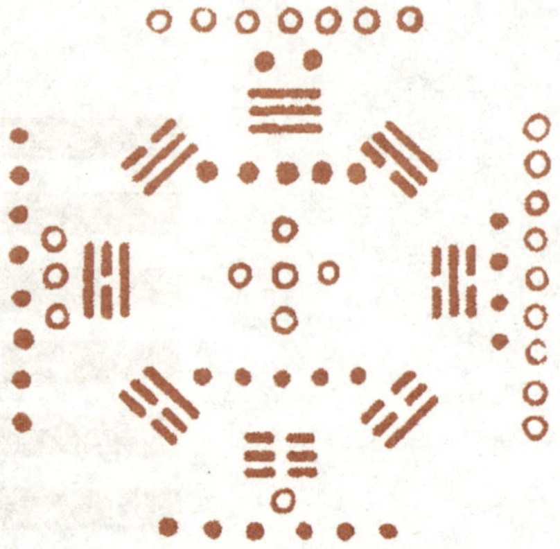
先天卦配河图之象图

《象传》说:水泽上雷声震响,象征婚嫁。君子体察这种现象,长久不渝终守正道,知道男女恒定婚姻关系被破坏的弊端。

原文

初九 归妹以娣。跛能履。征,吉。

《象》曰:“归妹以娣”,以恒也。“跛能履,吉”,相承也。

九二 眇能视,利幽人之贞。

《象》曰:“利幽人之贞”,未变常也。

六三　归妹以须,反归以娣。

《象》曰:“归妹以须”,未当也。

译文

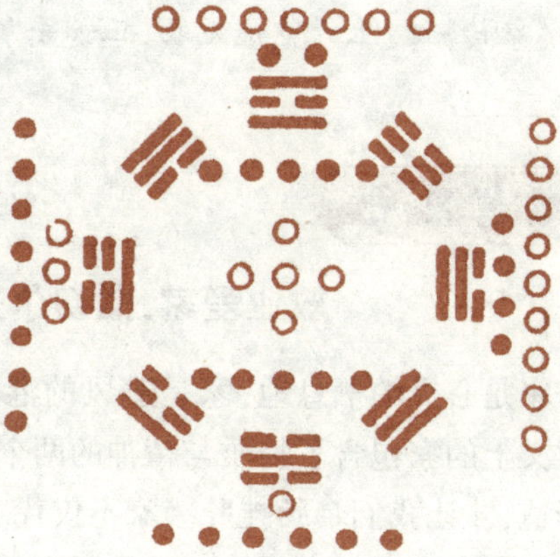
后天卦配河图之象图

初九,嫁出少女作为侧室,就像跛脚的人努力行走,为之。

《象传》说:“嫁出少女作为侧室”,这是恒常之道。“就像跛脚的人努力行走,吉祥”,说明能秉承夫意协助匡扶家务。

九二,眼睛偏盲而勉强看物,利于坚守妇德。

《象传》说:“利于深居妇人坚守妇德”,说明没有改变恒常之道。

六三,出嫁之后尚需等待扶为正室,不如反归嫁为侧室。

《象传》说:“出嫁之后尚需等待扶为正室”,说明此种行为不妥当。

原文

九四　归妹愆期,迟归有时。

《象》曰:愆期之志,有待而行也。

六五　帝乙归妹,其君之袂,不如其娣之袂良。月几望,吉。

《象》曰:“帝乙归妹”,“不如其娣之袂良”也。其位在中,以贵行也。

上六　女承筐,无实。士刲羊,无血。无攸利。

《象》曰:“上六”“无实”,“承”虚“筐”也。

译文

九四,出嫁少女延误了婚期,延迟婚嫁以待时机仍有希望。

《象传》说:九四延误婚期的心志,是为了等待合适的配偶而后行。

六五,帝乙嫁女,正室的衣饰反不如从嫁的妾衣着华丽。月亮接近圆满,吉祥。

《象传》说："帝乙嫁女，正室的衣饰反不如从嫁的妾衣着华丽"，说明地位品德均中正无偏，以高贵之位下嫁。

上六，女子手拿竹筐，里面没装东西，男子宰羊，不见血腥。办事不能顺利。

《象传》说：上六空虚无物，正如手拿虚空的竹筐。

智慧应用

敬业爱家，撒切尔夫人的铁腕与柔情

家是心灵的栖息地，家是避风的港湾，家是事业成功的能量基地。一个真正意义上的家包含了物质与精神的两个方面，只有这样的家才让我们感到温暖与舒适，才让我们牵肠挂肚。家不仅代表空间，而且代表时间，是世代相传的故事以及现实生活的全部。家里的阳光和空气也早已化为自己的体温，混合了自己的气息，即使远走天涯，仍然留在体内，激起永久的渴望和怀念。

家庭往往以女主人为核心，女人是柔中带刚的天使，即使是女强人，她绝不会放弃一些传统女人身上最珍贵的东西，也只有这样，她才能赢得家庭和事业的双丰收，从而拥有真正的幸福。

英国首相撒切尔夫人高雅大方，魅力非凡。世人大多只知道她是一位伟大的政治家，却不知她还是一位贤妻良母，她对家庭的付出并不比事业少。

撒切尔夫人是英国著名的牛津大学的高材生，而她的丈夫丹尼斯只受过中等教育，比她大 11 岁，而且离过婚，自身条件要比她差得远。可这些并未影响她对婚姻的选择，1952 年 12 月 13 日，她 25 岁时与丹尼斯结为伉俪。

撒切尔夫人和丹尼斯结婚以来，几十年如一日，他们恩爱如初，从未发生过争执，彼此尊重对方、支持对方。撒切尔夫人在接受记者采访时说："他忙他的事，我忙我的事。他的事对他很重要，我的事对我也很重要，我们从不干涉对方的事业。"丹尼斯担任一家大公司董事长，他给自己的妻子很高的评价："在我看来，夫人品质高尚，始终如一。她美丽、乐观、善解人意，更有思想。"撒切尔夫人在谈到他们夫妇的关系时则说："在婚姻和家庭中我们的地位是平等的，没有说哪个强或哪个弱。丹尼斯对我的帮助非常大，我经常请教于他，听取他的意见，他是一个见多识广、很有主见的人。"

撒切尔夫人对自己有明确的定位，在社会上她是一位出色的政治家，但在家里她是丹尼斯的妻子、孩子们的母亲。她在政治活动之外从来没有停止过履行一个家庭主妇的职责。生活中的她是一个充满柔情的贤妻良母，是一个女人

味十足的妻子、母亲。

撒切尔夫人生有一对双胞胎儿女，她非常喜欢孩子，她的事业并没有影响她对孩子的教育。1963 年她获得律师证书，1969 年成为国会议员，1970 年被任命为教育大臣，1975 年当选为保守党首脑。当有记者问她随地位高升对家庭生活有何影响时，她说："影响家庭生活的并非地位问题，而是家中多了两个孩子。他们从牙牙学语到入学读书都要我悉心照顾。孩子们长大了有了他们自己的朋友、自己的生活，作为母亲的我，也因他们而结识了不少年轻的朋友，他们带给我无穷的欢乐，我也从他们身上学到了很多的东西。"撒切尔夫人虽政务缠身，但家务却料理得井井有条。她在世界上有"铁娘子"之称，工作时决定国家大事，可回到家中却为丈夫和两个孩子操持家务，烹调佳肴，关心两个孩子的学习，每天早晨为两个孩子做好早餐，才去上班。

法国《观点》杂志曾报道了撒切尔夫人在 1987 年英国大选前一天的作息时间表，其中有这样的描述：

20 点 30 分，紧张工作了一天的首相回到家中，因为没有雇用厨师和侍者，她要自己动手做晚饭。她从冰箱里拿出冻肉，打开一瓶豌豆胡萝卜罐头。不一会儿就做出两三个美味可口的菜肴，夫妇俩一起享用。首相的饭量非常小，因为她很注意自己的身材。在丈夫看电视时，她在另一个房间里放上一张自己喜欢的唱片，在长沙发上一靠便又工作起来。当闹钟敲响 12 下时，她才上床休息。这天夜里，她睡觉前看的书是《一些原材料对人类未来的影响》。到 1988 年 1 月 3 日，这位伟大的女性首相在任时间已满 8 年零 8 个月，成为 20 世纪英国任期最长的首相。当天她在唐宁街 10 号官邸发表讲话说，英国政府将继续进行大规模的财政改革，控制通货膨胀，保证经济稳定增长。她的讲话赢得热烈的掌声，获得了全国民众的称赞。

这就是撒切尔夫人，一个外圆内方、柔中带刚的女性典范。她创造了事业的辉煌，也成就了一个温馨和谐的家庭。

温馨的家庭有如水的音乐，跳动着罗曼蒂克的音符。家中的一切总能让人魂牵梦绕，一盏灯可能幻出万般柔情，一张合影可能记载着如烟的生活；一幅字画可能是让爱永恒的誓言，一句话可能是家人前行的明灯。

潮平浪阔，风正帆悬，家庭像一艘船，载着人们一生的渴望。呵护家庭不是小事，它不只是成就你自己，更多的是它能承载全家人驶入成功的彼岸。

丰卦第五十五

〔易德经典〕

“丰”之义，美而满，腴而肥、多而足，人见人爱。而易家丰卦的离下震上的卦象，喻义也是雷电交加，大雨丰沛，万物繁茂的丰盛景象。同时，丰收时代的大地丰饶，五谷丰登，草木丰茂，也在形成物质丰富，文化丰美，名士丰采之际，带来了丰茂过甚以至遮阴蔽阳的不利影响，形成了丰德时代物象华美丰富，却也有森暗阴郁的一面。

事物得到其理想归宿的必定会强盛壮大起来，所以接着归妹卦的是丰卦。这是易家《序卦传》对丰卦由来的解释。而从《卦辞》和《彖传》《象传》的阐析看，丰足盛大的繁荣局面，确是每一位有作为的统治者所热切追求的，而丰收欢乐的好年景，也是每个老百姓所渴望的。但是，易家并没有短视地陶醉于一国一时的丰庆喜悦中，而是从日升月落、天地盈亏的变化规律中，富有远见地指出了“勿忧”的道路——这就是要光明磊落地做事做人，抓紧天下光明的时机，明断是非，赶紧做事，以免被丰盛时代的极大繁荣所沉迷封蔽。

由丰见封，由喜见忧，于有利中见不利，于不利中见有利，进而抓住丰时修养丰德，亦即盛世美德的规律，正是丰卦中所体现出的易家智慧。

原文

丰　亨,王假之。勿忧,宜日中。

《彖》曰:丰,大也。明以动,故丰。“王假之”,尚大也。“勿忧,宜日中”,宜照天下也。日中则昃,月盈则食。天地盈虚,与时消息。而况于人乎?况于鬼神乎?

译文

丰卦象征丰盈盛大,亨通顺利,君王可达丰盈盛大的境界。不用忧虑,宜于像太阳居正当中一样保持充盈的光辉。

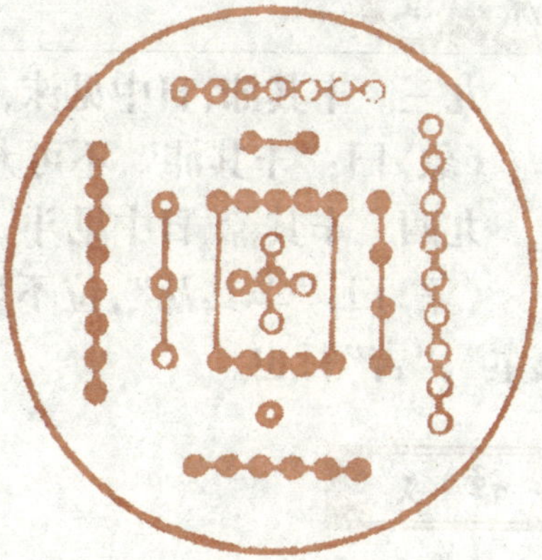
河图原图

《彖传》说:丰的意思是丰盈盛大。就像道德光明而后施于行动,所以能获得丰盛的成果。“君王可达丰盈盛大的境界”,说明王者崇尚盛大的美德。“不用忧虑,宜于像太阳居正当中一样保持充盈的光辉”,说明应该将美德照彻天下,泽被生民。日正当中必然开始西斜,月亮盈满自然会开始销蚀。天地自然的盈满虚亏,都是随着一定的时节消亡生息的,更何况人,更何况鬼神呢?

原文

《象》曰:雷电皆至,丰。君子以折狱致刑。

初九　遇其配主,虽旬,无咎。往有尚。

《象》曰:“虽旬无咎”,过旬灾也。

六二　丰其部,日中见斗,往得疑疾,有孚发若。吉。

《象》曰:“有孚发若”,信以发志也。

译文

《象传》说:雷鸣电闪交相而至,象征丰盈盛大。君子体察此现象,以威震和光明审断讼狱,谨慎施用刑罚。

初九,遇到相匹配的主人,尽管追问质询也没有过错,往前进发将受到赞扬。

《象传》说："尽管追问质询也没有过错"，说明如若想打破均等必有灾祸。

六二，云层丰积厚重遮蔽太阳，日正当中之时却出现星斗，前往则会被猜疑和嫉恨，只要以诚信待人，心地光明可获吉祥。

《象传》说："以诚信待人，心地光明"，说明应当通过诚信来开拓丰大光明的志向。

原文

九三　丰其沛，日中见沫，折其右肱。无咎。

《象》曰："丰其沛"，不可大事也。"折其右肱"，终不可用也。

九四　丰其蔀，日中见斗。遇其夷主，吉。

《象》曰："丰其蔀"，位不当也。"日中见斗"，幽不明也。"遇其夷主"，"吉"行也。

译文

九三，丰大掩蔽太阳的幔幕，太阳中天的正午可见小星星。折断自己的右臂，没有过错。

《象传》说："丰大掩蔽太阳的幔幕"，说明不可以做大事。"折断自己的右臂"，说明终究不可以施展才用。

九四，丰大掩蔽太阳的光辉，太阳中天的正午出现星斗。遇见明智的主人，吉祥。

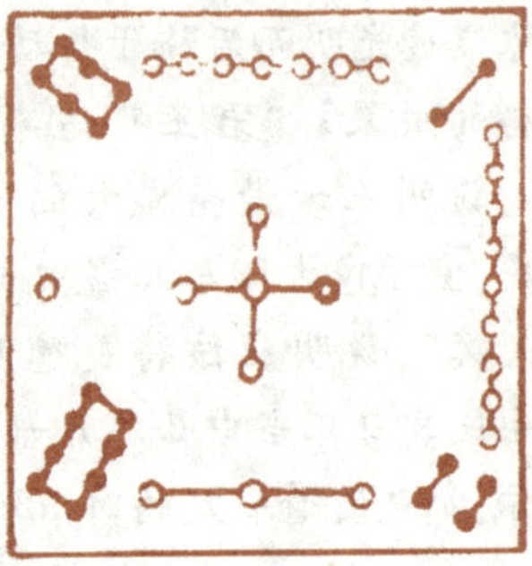

洛书原图

《象传》说："丰大掩蔽太阳的光辉"，说明所处居位不妥当。"太阳中天的正午出现星斗"，说明居于幽暗不明的时期。"遇见明智的主人"，说明获得吉祥可以往前进发。

原文

六五　来章，有庆誉，吉。

《象》曰："六五"之"吉"，"有庆"也。

上六　丰其屋，蔀其家，窥其户。阒其无人，三岁不觌。凶。

《象》曰："丰其屋"，天际翔也；"窥其户，阒其无人"，自藏也。

译文

六五，招纳天下贤才，获得福庆和美誉，吉祥。

《象传》说：六五的吉祥，是因为修养丰德，因此有福庆啊！

上六，丰大完美自己的房屋，障蔽其居室，从门缝向外窥视，内里寂静无人。三年之久不出来见人，凶险。

《象传》说："丰大完美自己的房屋"，说明居处极位就像飞翔在天空中般快乐自在；"从门缝向外窥视，内里寂静无人"，这是自蔽深藏。

智慧应用

盛极而衰，元太宗"晚节"不保

"窝阔台将继承我的汗位，因为他的旨意坚定卓越，他的识见颖敏优越。凭借他灵验的劝告和良好的见解，军队和人民的管辖以及帝国边界的保卫将得以实现。因此，我指定他为我的继承人，把帝国的钥匙放在他的英勇才智的手中。"

成吉思汗的英明得到了一半的诠释，窝阔台果然是诸子中最明智者。

他具有与父亲一样的判别能力和稳重，但却没有继承其父亲的统治能力和政治远见。他待人非常宽厚和慷慨，他利用他的绝对权威，按自己的方式饮酒取乐。他活得倒是人生之自在！晚年政务的荒废似乎从来没有让他放在心上。

窝阔台是成吉思汗的正妻孛儿帖生的第三个儿子，很小就开始骑马射箭，在马背上度过了少年时光。他在跟随父亲四处征战中，逐渐成长为一位骁勇善战的虎将。

嘉泰三年（1203 年），成吉思汗率军同克烈部王罕大战于合兰真沙陀之地（今东乌珠穆沁旗北境）。年仅 18 岁的窝阔台随军征战，奋力搏杀。在成吉思汗消灭乃蛮部之后，北攻篾儿乞部，篾儿乞部首领脱黑脱阿战死，成吉思汗将其子忽秃的妻子朵列格涅送给窝阔台做妻室。后来朵列格涅为他生下了定宗贵由,成为昭慈皇后。

嘉定十二年(1219年),成吉思汗准备挥师西征,决定安排后嗣。他召见诸子及胞弟,有意选择忠厚宽仁、举事稳健的窝阔台为汗位继承人。成吉思汗认识到自己需要一位政治家以巩固和发展所创立的帝国,完成未竟之业。窝阔台足智多谋,治国才能较幼子拖雷全面。从帝国的前途出发,成吉思汗克制了自己对幼子的宠爱之情,量才用人,打破蒙古的旧传统,擢升窝阔台为继承人。

窝阔台被确立为继承人之后,随同父亲踏上了讨伐花剌子模国的征程,历经7年的征战,嘉定十八年(1225年)春,窝阔台随父亲回到蒙古故土,结束了历史性远征。第二年,成吉思汗指责西夏国主违约,再次亲征西夏。次年六月,西夏国主遣使求降。成吉思汗随即将兵锋转向了金国。七月,他率军攻下京兆(西安)。年迈多病的成吉思汗终因积劳过度,在六盘山的营帐里离开了人世。

绍定二年(1229年)秋,窝阔台秉承父亲的旨意,继承了汗位,是为元太宗。

元太宗即位之初,按成吉思汗的规划,励精图治,开始发动了灭金战争。元太宗与拖雷率军穿过大漠南进。绍定三年(1230年)冬抵达阿哲儿拜占,一路凯旋,最后,绰儿马罕遂又攻掠了波斯西北部许多地方。于绍定五年(1232年)三月,围攻汴京,在与宋军的联手夹击下,金国遂亡,金哀宗自缢而死。端平二年(1235年),元太宗召诸王大会,决定征讨钦察、斡罗思等未服诸国,征讨大军逼临亦的勒河下游的钦察部(今亦的勒河下游)。至嘉熙元年(1237年)春,尽歼钦察军,其首领也被擒杀。次年初,窝阔台兵分四路,一直攻到太和岭(高加索山)。尔后蒙古军再分兵二路,一路直指孛烈儿(波兰),一路攻入马札儿(今匈牙利)。此时窝阔台的蒙古帝国横跨欧亚大陆,成为世界史上最大的帝国。

在驱动铁骑震撼欧亚的同时,元太宗窝阔台还非常重视对中原地区的治理。太宗执政以后,命人严守成吉思汗所制定的法令,对于王位空缺的两年时间里的犯罪者一律降恩赦免,以后的犯罪者仍依法惩处。当时礼仪典章都很简率,元太宗重用耶律楚材等人进一步健全了蒙古的法律制度和政治制度。元太宗采纳耶律楚材的建议,在中原地区维持原来的农业、手工业生产,征收地税、商税以及酒醋盐铁等税。元太宗还在汉人地主中设置了万户、千户。加上由耶律楚材主持黄河以北汉民的赋调,这就使得蒙古在灭金战事中有了黄河以北地区的兵力和财力的支持。同样也是在耶律楚材的劝谏下,元太宗已开始注意保存人口。绍定五年(1232年),元太宗征河南时,同意制旗数百面,发给降民,让他们持旗为凭,回归乡里。他还保留了中原的郡县制度。在括户的基础上,元太宗让耶律楚材主持制定了中原赋役制度,轻徭薄赋。这种较轻的赋税定额,对已遭到严重破坏的中原地区的休养生息是有利的。

这些措施使得国内政局稳定,社会经济、文化事业都有了长足的发展,统一的多民族国家得到了进一步的巩固,成为当时世界上当之无愧的最强大的国家。

盛极必衰。虽然元太宗文治武功,但依然没有超脱这一自然规律的束缚,灭金之后,他指派朝中的大将率师征伐,自己则不再受亲征之苦。他嗜酒如命,亲近美色,耽于射猎。到晚年更是溺于酒色;每饮必彻夜不休。耶律楚材多次劝谏,有一次拿着酒具上的铁盖对他说:"这块铁已被腐蚀成锈斑,人的内脏总不如铁坚硬吧,陛下如此嗜酒,岂有不伤身之理!"元太宗听此言顿悟,对近臣说:"你们爱君忧国之心,应该如同耶律楚材一样。"于是以金帛赏赐耶律楚材,诏告近臣自己饮酒三盅就加以劝止。但时间一长,元太宗的酒瘾又犯了,复又饮酒无度,朝政几乎荒废。元朝统治的全盛局面逐渐中止,并且逐步进入了它的衰落时期。当然,这个由盛而衰的过程,有着深刻的历史原因。但是,作为一国之君的元太宗也有着不可推卸的责任,他纵酒贪色,荒于理政,是造成这种局面的重要原因之一。

1241年农历十一月元太宗再次出猎,骑射5日之后还至呼兰山,在行帐中同众多的侍女畅饮美酒,豪饮至深夜才散。左右在第二天进入帐内,发现元太宗已中风,不能言语,不久便死于行殿之中,时年56岁。后追谥为"英文皇帝",庙号"太宗"。

元太宗晚年的"变节",打乱了昔日他自己修订的全盘计划。如果不是继任者忽必烈有扭转乾坤的雄才,或许元朝的历史会因为元太宗晚年的严重过失而划上并不圆满的句号。

居安思危,防微杜渐,这是千百年来人们在血与火的历练中总结出来的经验教训,这对于现代处在安逸生活中的人们依然是警世良言,违拗不得。

旅卦第五十六

〔易德经典〕

“旅”是空间的转换，心态的放宽，生命的迁移，人生的驿站，是动物为谋求更好生存方式的时空运动。把“旅”列为易学范畴，在《序卦传》中用“极其丰盛壮大的必然会失掉自己的居所，所以丰卦之后是旅卦”来解释人生之旅，既是易家对生命体如何调整主体，以适应外界环境的研究心得，也是易家发现旅行与经济基础的关系后，重视旅行以及旅游文化，主张旅德修养，增益人生的表现。可以说，《易经》的旅卦，是世界最早的人生旅游学。

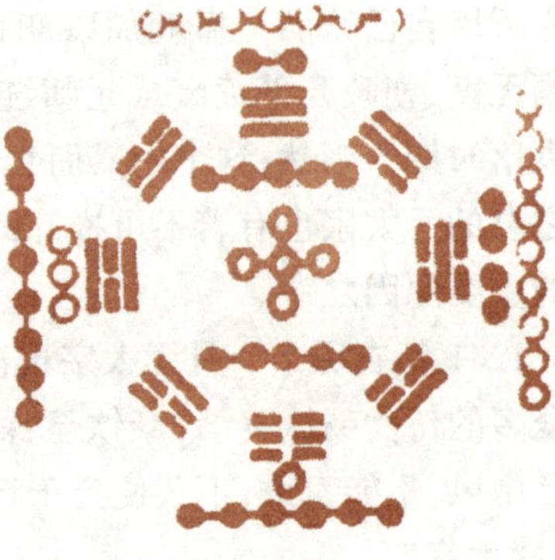

朱予先天卦配河图之象图

如果要追究《象传》所说的，用刑与狱案和旅行的关系，那只能是旅人与羁押流放者的类比。要知道，古人旅行，风餐露宿，尚没有今天的现代交通工具，如飞机火车汽车等代步，即使是自由的商旅，诗人的漫游，也会遇到许多难以想象的困难。且不说旅舍的简陋，旅居的苦寂，旅伴的难寻，旅费的短缺，单是那旅途的漫长和艰辛，就足以让商旅蹙眉，商妇哀怨的了。

明白了“行”即“旅”在一定时间内，所完成的空间转移，对人生质量的提高，对生存环境以至命运的改变的重要性，就可以进一步探讨易卦六爻对旅行研究的心得，明白其强调旅德——在人生之途修养高尚品德的苦心了。

原文

旅　小亨。旅贞吉。

《彖》曰：旅，“小亨”，柔得中乎外，而顺乎刚，止而丽乎明，是以“小亨旅贞吉”也。旅之时，义大矣哉。

《象》曰：山上有火，旅。君子以明慎用刑，而不留狱。

译文

旅卦象征旅行，小有亨通顺利，旅行能坚守正道就会吉祥。

《彖传》说：“旅行，小有亨通顺利”，谦柔者品德中正，并顺从刚强者，适可而止又能附丽于光明，所以说“小有亨通顺利，旅行能坚守正道就会吉祥”。旅行的时代和意义是多么宏大啊！

《象传》说：山上火在燃烧，象征旅行。君子体察此种现象，明智慎重地施用刑罚，而不积留狱案。

原文

初六　旅琐琐，斯其所，取灾。

《象》曰：“旅琐琐”，志穷“灾”也。

六二　旅即次，怀其资，得童仆，贞。

《象》曰“得童仆，贞”，终无尤也。

译文

初六，旅途之初事务繁琐导致猥琐卑贱，这是自己招来的灾祸。

《象传》说：“旅途之初事务繁琐导致猥琐卑贱”，说明旅人志向穷短，所以有灾难。

六二，旅行中投宿客栈，携带资财，找到童仆，这是正确的。

《象传》说：“找到童仆，这是正确的”，说明六三终于没有灾尤。

原文

九三　旅焚其次，丧其童仆，贞厉。

《象》曰："旅焚其次"，亦以伤矣。以旅与下，其义"丧"也。

九四　旅于处，得其资斧，我心不快。

《象》曰："旅于处"，未得位也。"得其资斧"，"心"未"快"也。

译文

九三，旅行中客栈被火焚烧，丧失了童仆。坚守正道以防危险。

《象传》说："旅行中客栈被火焚烧"，这是很悲惨的事。以傲慢的态度对待下人，必然要丧失童仆。

九四，旅途中暂停栖处，得到锋利的斧子，心中仍然不甚愉快。

《象传》说："旅途中暂停栖处"，说明没能真正地安身立命。"得到锋利的斧子"，心中未必畅快。

原文

六五　射雉，一矢亡，终以誉命。

《象》曰："终以誉命"，上逮也。

上九　鸟焚其巢，旅人先笑后号咷。丧牛于易。凶。

《象》曰：以"旅"在"上"，其义"焚"也。"丧牛于易"，终莫之闻也。

译文

六五，旅途中射野鸡，丢失了一支箭，最后仍然得到荣誉和爵命。

《象传》说："最后仍然得到荣誉和爵命"，说明与上层很接近。

上九，鸟巢被焚烧，旅行者开始欣喜欢笑，后来号啕大哭，就像在田畔丢失牛，有凶险。

《象传》说：作为一名旅行者却高高在上目中无人，当然导致被焚毁的灾祸。在田畔丧失了牛，说明上九羁旅遭祸终将没有人知道。

智慧应用

明辨取舍，汉武帝改过自新

有这样一个耐人寻味的寓言故事：一个大热的天气，两朵鲜艳的玫瑰花要去旅行。走着走着，来到一条小河边，他们都感到口渴得受不了，想借点水喝。小河说："想喝水可以，但必须留下一个花瓣。"于是玫瑰甲便以一个花瓣作为代价，喝足了水继续赶路，而玫瑰乙却舍不得自己的花瓣，强忍着继续赶路，又走了一段，前面又出现一条小河，同前面一样，这条小河也要求留下一个花瓣做代价，于是玫瑰甲又摘下一个花瓣喝足水继续赶路，而玫瑰乙照样还是拒绝付出又坚持着继续往前走，就这样，他们按各自的方式进行着相同的旅程。待到旅途结束时，玫瑰甲依然水灵灵的，但却只剩下几个花瓣，根本算不上什么花了，而玫瑰乙虽然一个花瓣也没有少，但却因为没有喝上一滴水而枯萎了。一个保留了生命却丧失了自我，而另一个保留了自我却丧失了生命。这则寓言蕴涵着旅卦所阐释人在旅途中的取舍原则。在不安定的状态中，一切都不是很正常，必须守正。必须认真反省，审慎策划，然后行动。并且不计较一时的得失，才能转危为安，否则就难逃失败的命运了。汉武帝做了半个多世纪的皇帝，把汉朝推向鼎盛的时期，在文治武功的道路上都有一定的建树，如果他不是在晚年犯些错误，或者他还真可以称得上是个完美的皇帝。但是，现实里绝对没有如果，所幸的是。他后来懂得了作为一个英明的君王的取舍之道，再一次走上了正轨，但是历史不会遗忘他的过失，人们所承受的苦难也不会被遗忘。

汉武帝晚年繁刑重敛，信惑神怪，巡游无度，使百姓疲敝，尤其是中外交往开始频繁后，各种珍奇宝贝更是让武帝大开了眼界，这同时也刺激了武帝的消费欲，他开始广设苑囿宫殿，陈设布置也是日渐奢华，其他贵族官吏也竞相攀比，奢靡之风日盛。或者是他想用这种方式对那些外国人显示大汉的富庶，所以经常给那些外国使者、商人等赏赐，那些人回去后，又带来了更多的人，结果使国家因此而支出无度。

汉武帝喜欢巡游，仅仅公元前110年的那一次，就行程18000里，沿途"所过赏赐用帛百余万匹，钱金以巨万计”。可见其奢华程度！

在这样极尽奢华的情况下，农民怎能不贫困？民不聊生，那么他们就会起来反抗，于是，全国各地相继出现农民起义，虽然这些起义最终都被镇压，未能从根本上撼动汉王朝的统治，但这足以让他听见警觉的钟声。后来，他开始转变以前的政策，将注意力用于农业生产和经济的恢复。

汉武帝受方士们的诱惑，很喜欢祀神求仙。并试图寻找可以长生不老的药，甚至封一个骗子——据说有长生不老药的人——五利将军、天士将军、地士将军、大通将军、天道将军，赏黄金万两，将女儿嫁给他，这个人就是栾大，直到事情败露，才将这人拦腰斩了。但这个巨大的骗局并没有让汉武帝醒悟，他依然幻想着有一天能够找到那海上的神仙，能够让自己长生不老。

武帝晚年的时候，变得疑神疑鬼，有一次因为做了个噩梦便着人下去调查，认为是有人在诅咒他，结果出现了“巫蛊之祸”。先后杀死了几万人，其中包括亲生女儿、丞相、皇后的侄子等，后来有人污蔑太子诅咒武帝，结果太子被迫假传圣旨斩了这个负责调查的人，发兵攻占长安的要害部门，结果皇太子兵败自杀。直到第二年的时候，武帝才查明太子原来是冤枉的。后来丞相刘屈氂和将军李广利也被指控诅咒皇帝，结果刘屈氂被杀，将军李广利则投降了匈奴，所率部队七万余人几乎全军覆没。这次惨败让汉武帝彻底清醒了，他亲自调查了巫蛊事件，结果查明大多数都是办案负责人江充的诬陷之罪，他后悔不及。

一连串的挫折使汉武帝反思自己一生的所作所为，他开始检讨自己的过错，公元前89年，汉武帝最后一次出巡到山东海边，希冀在海岛上会巧遇神仙，以求长生。鸾车凤辇，冠盖如云。他在东海边流连徘徊十余日，惟见浊浪排空，海鸟悲鸣，只好怀着破灭的心情启驾返程。他边走边回首往事，心中有无限感慨。走到钜定（今山东广饶县北）时，看到农民正忙着春耕，他便拿起耒耜，亲自到田里参加劳动；他到泰山明堂里祭祀时，对着天地神灵和大臣们悔恨地说：“朕即位以来，所为狂悖，徒使天下愁苦，追悔莫及。从今以后，事有伤害百姓，悉当罢废，不得再行！”稍后，他又向全国臣民下“罪己诏”，公开检讨自己的失误。宣布：“当今务在禁苛暴，止擅赋，力本农。”任命田千秋为丞相，封为“福民侯”。任命赵过为搜粟都尉，推广“代田法”和先进的农用工具，开启了“昭宣中兴”的西汉盛世。

回到长安,朝臣动议为他祝寿,奏章中有“玩听音乐,娱养天年”之类的话,武帝二次下“罪己诏”,深刻检讨自己的过失,不再贪图安逸,也不希冀长生之术了。

自此以后,汉武帝一反过去穷兵黩武、大建宫室的政策,宣布“当今务在禁苛暴,止擅赋,力本农”,与民休息;他本人戒绝从前的种种嗜好,清心静养。经过两年的努力,社会又趋于安定了。开启了后来的“昭宣中兴,媲美文景”的西汉盛世。

不过这个时候,汉武帝已经垂垂老矣。公元前87年,武帝一病不起,于是在病床前立了太子刘弗陵,为了怕太子的亲母专权,还赐死了其母钩弋夫人。封霍光为大司马、大将军,辅佐皇太子。次日,武帝病逝。

人生有如白驹过隙,转瞬即逝。如果沉浸在欲望不能实现的躁动中,即使是倾出毕生的精力,也难以有所作为。汉武帝之所以是一位大有作为的帝王,除他为中华民族开疆拓土的伟大功业外,还在于他知过能改,迷途知返,凭此一点,便胜过历史上的绝大多数帝王。

旅卦充满了人文关怀的精神,谆谆教导人们走好生命之路。人生不是一帆风顺的,面对逆境,不当屈服,只有经过饥寒交迫的人,才会愈加发奋努力,成就事业。

巽卦第五十七

〔易德经典〕

凡旅游者都喜欢旅途一帆风顺。而风与顺均通“巽”。在八纯卦家族里,巽是长女,以顺逊阴柔为品性,喜伏喜齐喜人,如风如鸡如木,而上下卦均为巽卦的六十四卦“随风巽”,则最为充分地保存和发展了纯卦“巽”的特质,形成了顺风齐物的巽德。

易卦将下风随上风而飞扬的自然景观,联系人类社会下层随上层而行动,刚强者服从于美德者,率领柔弱者前进的社会景观,以卦象思维推演出“巽德”的结论。这就是要服从正直的大人,以免依顺不当的弊端。序卦则认为,旅行迁移而没有住所可容纳,所以接着旅卦的,自然是象征顺风而行的巽卦。

《象传》于此中获得了“随风巽”的深刻启示,主张君子当此之时,应该大胆地申饬命令,果断行事,成就大业。

原文

巽　小亨,利有攸往,利见大人。

《彖》曰:重巽以申命。刚巽乎中正而志行。柔皆顺乎刚,是以“小亨。利有攸往,利见大人”。

《象》曰:随风,巽。君子以申命行事。

译文

巽卦象征顺逊,小有亨通顺利,利于前往晋见伟大的人物。

《彖传》说:上下顺逊是为了三令五申其命令。阳刚尊者以中正的美德被人顺从而得以遂行其志向,柔弱者都顺从阳刚者,所以"小有亨通顺利,利于前往进见伟大的人物"。

《象传》说:和风不断地吹拂,象征顺逊。君子体察这种现象,大胆地申谕命令,果断施行政事。

原文

初六　进退,利武人之贞。

《象》曰:"进退",志疑也。"利武人之贞",志治也。

九二　巽在床下,用史巫纷若,吉。无咎。

《象》曰:"纷若"之"吉",得中也。

九三　频巽吝。

《象》曰:"频巽"之"吝",志穷也。

译文

初六,进退不决,利于勇武之人坚守正道。

《象传》说"进退不决",说明志向犹疑。"利于勇武之人坚守正道",是说要修治武人般刚勇的心志。

九二,顺逊卑居床底,如果能像史官巫吏那样以谦卑诚意敬神,吉祥没有灾咎。

《象传》说:"如果能像史官巫吏那样以谦卑诚意敬神吉祥",因为德行居中不偏。

九三,频频表示顺逊,有憾惜。

《象传》说:"频频表示顺逊带来憾惜",说明丧失了坚定志向。

原文

六四　悔亡,田,获三品。

《象》曰:"田获三品",有功也。

九五　贞吉,悔亡,无不利。无初有终。先庚三日,后庚三日,吉。

《象》曰:"九五"之"吉",位正中也。

上九　巽在床下,丧其资斧,贞,凶。

《象》曰:"巽在床下","上"穷也。"丧其资斧",正乎"凶"也。

译文

六四,悔恨消亡,田猎获取祭祀、饭宴和家用三类猎物。

《象传》说:"田猎获取祭祀、饭宴和家用三类猎物",表明功绩卓著。

九五:坚守正道吉祥,悔恨消亡,没有不利。开始或许不顺利,最终会有好结果。在象征变更的庚日之前三日布令,三日之后实行命令,吉祥。

《象传》说:九五的吉祥,是因为它居处的位置持中守正。

上九,顺逊至极地伏在床底,就像丢失了尖利的斧子。坚守正道以防凶险。

《象传》说:"顺逊至极地伏在床底",说明已达极端穷困的地步。"丢失了尖利的斧子",说明应守持刚正以防凶险。

智慧应用

顺势而为,刘裕平步青云

选准一个有前途的人,然后死心塌地地跟着他打天下,这是一种大智慧,只有这样他才能得到上级的信任,而一旦有了信任,机会也就不远了。

刘裕深谙巽卦之"道法",他善于把握机会,顺势而为。卑微的身份并没有消磨他的凌云壮志,在其崛起的过程中,他归顺于孙无终和刘牢之,忠心事主,开始了他"金戈铁马,气吞万里如虎"的王者生涯。中国历史也因为他而进入一个崭新的时期——南北朝时期。

东晋时期还没有科举制度,当官的主要途径是推荐,而且实权大都掌握在豪门大族手中,像刘裕这样没有背景、家世贫寒的平民想要做大官几乎是不可能的,但这并没有使刘裕放弃对成就伟业的追求,在当时的环境下他选择了走投军这条路。

由于有王谧(东晋开国功臣王导的孙子,时任晋王朝侍中)的荐书,刘裕投奔了北府军,很快得到分派安置,成了北府军将军孙无终麾下的一名司马(军事辅佐官之一)。这是一个很好的平台,刘裕有了一个小官之后,充分显示了他的

领袖能力，各种事情都做得很好，逐渐得到了老将孙无终的赏识，最后成了他的贴身幕僚。

然而，孙无终没有什么政治眼光，也没有野心，永远只能是一个将领，刘裕认识到跟着孙无终不会有太大的出息，自己还得选一个有出息的人跟着，惟有如此，才能水涨船高。

幸运的是动荡的时代又给了刘裕重新选择的机会。

公元 398 年，司马元显反叛，朝廷派北府军统帅王恭出兵征讨，王恭率北府兵对敌阵形成半包围态势。其手下的将领有辅国将军刘牢之 5000 人；东莞太守高雅之（刘牢之女婿）2000 人；镇北参军何澹之 1000 余人；冠军将军孙无终近 1000 人。北府军大将军刘牢之起了异心，要除掉北府军的统帅王恭，取代王恭掌握北府军大权。在这场权力角逐中，刘裕充分显示了他的判断力。

由于势均力敌，司马元显与王恭的军队都不敢首先发难，双方只有沉默地等待。

在长时间的对峙中，军心也渐渐烦躁不安起来。这样的环境，正是流言蜚语的温床，在士兵们的口中，流传起了一句令人惊恐的谣言："刘牢之被司马元显策反了！司马元显许诺，事成之后即以王刺史（即王恭）的官位授予刘牢之。"

听到这个消息的人，不论是大将还是兵卒，无不担惊受怕。一旦刘牢之反叛，形势必将发生重大逆转。而大家的前途和命运，也将坠入不可知的黑暗深渊。孙无终军中也有这样的传闻。他不禁忧心忡忡，并下令军中严禁散布此类谣言，并追查谣言的起源。然而，调查徒劳无功，短短几天之内，谣言就像瘟疫般笼罩了全军。

孙无终暗暗考虑，如果是刘辅国的确有了变心的可能，他对事态也无能为力，惟一可以做的，是加强戒备，深沟高垒，广布耳目，以防不测。

九月二十日清晨，负责侦察的骑兵突然来报："何澹之全军拔营，向京口方向返回！"

何澹之是王恭的心腹，又一向和刘牢之不和，此次仓促从前线撤走，想必是发生了意外事件。不久，何澹之的信使飞骑赶到孙无终营中传达口信："刘牢之与司马元显往来的使者已抓住，刘牢之反叛的证据确凿。此等背负朝廷的小人，实在令人发指！如若孙将军仍忠于王刺史，请务必与末将站在同一阵线，共讨奸贼刘牢之!”

孙无终大惊失色,他没想到自己最担心的事情终于发生了。沉默片刻之后,立即召见刘裕商谈,如何回复何澹之。听完孙无终的转述,刘裕眯起虎目,反问:“大人打算如何回复?”

孙无终思考了几分钟,回答:“不论是从道义还是从实力强弱来看,老夫都认为只有舍弃刘牢之,追随王刺史到底才是正途。你说呢?”

刘裕缓缓地说:“如今的时代,是正邪不分、无善无恶的乱世。凭着旧有的忠义仁爱,不但不能解救众生,消除祸乱,反而会危及自身的存亡。现在,全国陷入大混战中,王刺史想要以自己的方式匡扶世道,挽救国家,刘辅国的倒戈又接踵而至。由此看来,要想在乱世中立稳脚跟,进而拯救万民,一定要顺应时代潮流。”

孙无终不由得满头雾水。

刘裕接着说:“治乱世如治洪水。如果想正面与之抗衡,就像是鲧的堵塞治水法,劳而无功,反而会导致更大的灾难;只有采用大禹的疏导法,顺应天意和人心,不与时势硬碰硬的相对抗,而将各条大大小小的支流都顺其自然汇集往同一个方向流,最终才能达到平定乱世的结果。”

孙无终想不到刘裕有这等见识,但还是如云里雾里一般,说:“那么,现在究竟追随何人,才能算是顺应时代潮流呢?”

“时代潮流,就是各种势力的强弱消长。当前刘辅国和王刺史这两方胜负未分,我们也不应该立刻插足这场纠纷。而要等待大势已定,再选择胜利的一方加入。”

孙无终明白了,刘裕的意思是坐山观虎斗,然后做出抉择。他想了想觉得也有道理,于是对何澹之的信使做出允诺,托词是“辅国叛意未彰,末将不愿同室操戈,为敌人所笑”。采取了保持中立的态度。

第二天,侦骑再度来报:“王刺史急召刘辅国回镇,两人在城下饮酒欢宴,尽释前嫌。王刺史主动提出与刘辅国结为金兰兄弟,约定事成之后即以北府官职相授。并派帐下都督颜延率领精兵锐甲前往竹里,听候辅国调遣。”

“这么说来,原来的谣传全是虚惊一场喽?”孙无终不由松了一口气。

然而,刘裕却发了一句长叹,说:“王刺史真是仁人君子。不过,他的死期也不远了。”

“这怎么可能啊!”孙无终大惑不解,“司马元显给刘牢之开出的条件,也不过是王刺史的官位罢了;而如今王刺史不但表示愿将官位拱手让出,而且还大力笼络刘牢之,与他义结金兰。难道刘牢之情愿背负叛逆和背信弃义的双重罪名,也要毁掉王刺史吗?”

“如果刘辅国是仅用地位和笼络就能收买的人，他也不配称为北府第一名将了。”刘裕感慨地说，“他肯定有自己的野心，王刺史不但不早做准备，反而授人以利器，这才是真正的自寻死路啊！”

孙无终将信将疑，几天后，果然不出刘裕所料，刘牢之反目，将王恭杀了，自己执北府军政大权。在这件事情上，刘裕看出了刘牢之的野心，觉得他是一个很有前途的人，于是鼓动孙无终追随他。孙无终听取了他的意见。自此，刘裕就成了刘牢之的手下。

《中国人性报告》里有一句话总结了中国人普遍存在的一个特点，即真孝假忠。这是为人处世的一大忌，实际上忠诚胜于能力。许多聪明绝顶、精明能干的人为什么没好下场？就是在于他们缺乏忠诚的心态，忠诚不单单是要一直跟随对方，关键还要在心里认定对方，能为他解决问题，甚至替他卖命。

刘裕选择了强者刘牢之，并从心里认定了他。靠着自己的忠心，他在刘牢之手下平步青云，从幕僚变成将领，最后成了一员名将。这就是后来人们熟知的南北朝时期的开启者、宋国的开国之君——宋武帝。

兑卦第五十八

〔易德经典〕

在易家眼中，“兑”正是纯卦八口之家里，年龄最幼的少女，她脾气温和，性情如水，活泼天真，悦容喜色，尊父敬母，应对裕如，故很得全家人喜爱。

从中国后世儒家所发展并强调的“妇德”看，其受兑卦影响是很深的。所不同的是，易家的兑卦本旨，不仅仅是针对妇女而言，而是包含宇宙万物。它阐明的是一种普遍意义的生态现象,一种和乐太平高超益世的人生处世态度,其蕴含的深刻意义更为广大。

从兑卦的时义出发,爻辞进一步探讨了各爻的时段及其对兑德修养的指导意义。

原文

兑　亨。利贞。

《彖》曰:兑,说也。刚中而柔外,说以"利贞",是以顺乎天而应乎人。说以先民,民忘其劳。说以犯难,民忘其死。说之大,民劝矣哉。

《象》曰:丽泽,兑。君子以朋友讲习。

译文

兑卦象征喜悦,亨通顺利,利于坚守正道。

《彖传》说:兑的意思是喜悦。它内里刚强而外表谦柔,能使人喜悦,利于坚守正道。因此喜悦必须上顺天意,下应民情。凡事以使人民喜悦为先,那么百姓就会任劳忘苦。高兴地奔赴危难不避艰险,那么百姓也会舍生忘死。喜悦的意义是多么伟大,它能鼓舞发起民众。《象传》说:泽水相连互通,象征喜悦。君子体察此种现象,会聚朋友一起相互讨论学习。

原文

初九　和兑,吉。

《象》曰:"和兑"之"吉",行未疑也。

九二　孚兑,吉,悔亡。

《象》曰:"孚兑"之"吉",信志也。

六三　来兑,凶。

《象》曰:"来兑"之"凶",位不当也。

译文

初九,和悦待人,吉祥。

《象传》说:"和悦待人吉祥",说明友善行为光明正大不被人疑忌。

九二,心中诚信和悦待人,吉祥,悔恨消亡。

《象传》说:“心中诚信和悦待人”,表明志在诚信。

六三,前来取悦于人,有凶险。

《象传》说:“前来笑脸取悦于人,有凶险”,说明居位不妥当。

原文

九四　商兑未宁,介疾有喜。

《象》曰:“九四”之“喜”,有庆也。

九五　孚于剥,有厉。

《象》曰:“孚于剥”,位正当也。

上六　引兑。

《象》曰:“上六”“引兑”,未光也。

译文

九四:心中思度所喜悦之事不能安宁,治愈邪疾必有喜庆。

《象传》说:病愈之喜,是因为有值得庆贺的现象。

九五,施诚信于失信之人,有危险。

《象传》说:“施诚信于失信之人”,这是因为正当君位的原因。

上六,沉溺于引诱取悦于人。

《象传》说:上六“引诱取悦于人”,说明它的喜悦之道尚未光大。

智慧应用

相交以诚,管鲍之谊铭千古

“人生难得一知己,千古知音最难觅。”蔡锷拔剑南天,却壮志未酬,英雄早逝,动人的旋律唱出了京师名妓小凤仙泣血的心声。知音难觅!这不只是千百年来痴情男女的感慨,也是绝大多数人们在社会交往中的体念。兑卦中阐释的就是人与人之间怎样和悦相处的道理。譬如:在于外,待人接物柔和;在于内,有涵养有实德。人们相处和悦,彼此奉献智慧、感情和诚意,在欢悦和谐的氛围中去做自己的事情,这样就一定能融洽感情。

春秋名相管仲使齐桓公成为春秋时代第一个霸主,因之垂范后世,流芳千古,赢得了“九合诸侯,一匡天下”的美誉。然而,管仲的成就是与鲍叔牙知人让

贤的风格分不开的。可以说，没有鲍叔牙，就没有管仲。

年轻的时候，鲍叔牙与管仲就是好朋友，两人常常在一起做生意，每次分钱时，管仲常常多取一份。由于管仲并没有多付出，鲍叔牙的同伴心感不平，鲍叔牙说："管仲并不是一个贪图小利的人，我比他富裕，我情愿让着他。"

后来两人一起领兵随征，每次打仗，管仲都走在后面，等到撤退的时候，他却跑在队伍的最前面。许多人讥笑他胆怯，鲍叔牙却替他解释说："管仲有老母在堂，保全性命，为的是奉养高堂，是一个孝子啊，哪里是害怕战斗？"

管仲又屡次与鲍叔牙谋事，总是挫折重重。鲍叔牙劝慰他说："人固有遇或不遇，将来只要你得遇其时，定当百不失一。"管仲不禁感叹道："生我者父母，知我者鲍子也！"后来齐国政治斗争的客观形势，却偏偏把这两个生死之交划在了誓不两立的敌对阵营。齐襄公在位时，分别让管仲和鲍叔牙辅佐公子纠和小白，后来在一次宫廷政变中襄公被杀。流亡在莒国的公子小白与流亡在鲁国的公子纠，都急于回国争夺君位。有一次，双方发生了争执，管仲乘小白不防备时照小白射去一箭。公子小白惨叫一声，口喷鲜血，倒在车上，管仲见大功告成，策马飞驰而去。

其实，这一箭恰巧射在小白的衣带钩上，小白知道管仲箭法厉害，急中生智，咬破舌尖，应声倒下，装死逃过此劫。他怕管仲去而复回，马上改变装束，沿小路疾驰，直奔齐都，抢先登上王位，即齐桓公。

齐桓公即位不久，遂命鲍叔牙统率三军，讨伐公子纠。鲍叔牙将公子纠杀了，又将管仲囚禁引渡齐国。

齐桓公要任鲍叔牙为国相，他再三推辞不受，却苦口婆心向桓公推荐管仲。齐桓公说："我听从你的劝告，不记他的一箭之仇，已经仁至义尽了。但让我的仇人当相国,我怎么能容忍呢!”

鲍叔牙说:“我有五点不如管仲:对人民宽和,把人民鼓动起来,不如他;治国严谨,使国家政权巩固,不如他;使百姓心悦诚服,忠君爱国,不如他;制定礼仪,威加四海,不如他;统率三军,使将士勇往直前,视死如归,不如他。你如果要建立霸业,非管仲不可。”

齐桓公最后听从了鲍叔牙的建议,亲自到郊外迎接管仲,加封他为上卿,即百官之首,与之同车回朝。

齐桓公担心一个敌国的囚徒主持国务,怕难以服众,他又接受鲍叔牙的建议,称呼管仲为“仲父”,并把号令百官、掌握财政、处置贵族这三个大权都一并交给管仲,管仲大权在握,开始放手对经济、内政、外交、军事进行了一系列大胆改革,很快为齐国称霸诸侯奠定了雄厚的物质基础。

公元前645年,管仲因操劳过度,重病不起,齐桓公前往探望,与管仲共同商谈身后何人可继承相国大任。

齐桓公欲任鲍叔牙,管仲诚恳地说:“鲍叔牙是君子,但他善恶过于分明,是不可以为政的。”他举荐了不耻下问、居家不忘国事的隰朋。管仲还提醒齐桓公,千万不可任用易牙、竖貂和卫公子开方这三个小人,料定他们会祸乱齐国。

桓公与管仲的交谈传到了易牙的耳中。他就去挑拨鲍叔牙,说:“管仲与你是莫逆之交,可是他推荐隰朋出任相国,却反对你继任。可见他对你其实并不怎么样。”

鲍叔牙笑着回答道:“管仲荐隰朋,说明他一心为国,不存私心偏爱友人。现在我做司寇,驱逐佞臣,正合我意。如果让我当政,哪里还会有你们的容身之处?”

易牙大为惭愧,深切地感觉到了管仲与鲍叔牙知交之深。

后世用“管鲍之交”一词形容友情深厚、心心相印、公而忘私的朋友,他俩彪炳万世的深情厚谊践行了兑卦阐述的精神。

涣卦第五十九

䷺

〔易德经典〕

人一高兴愉悦就会显得精神焕发。虽然涣卦的“涣”是水旁而不是火旁，但从卦意看，涣卦的涣散接兑卦的善说而来，与高兴愉悦也很有关系，是说而悦，悦而涣然冰释，开心一乐，气血由凝结而舒散的结果。就涣卦的本质而言，“涣”就是涣散。涣散是聚合的反面，是离散、分散的意思。有正就会有反，有聚合就会有涣散。聚合是涣散的前提，涣散是聚合的解体，两者相反相成。

涣散在自然界里，是一定的系统在内部运动和外界影响下，发生显著结构变化的解体消散现象，其中又以与人类关系密切的水的固体、液体、气体变化为最明显和常见。老子所说的“涣呵其若冰释”，说的正是春天来到，坚冰化水的涣散现象，而易学的涣卦，坎下巽上，水在风下，也是水面在风吹而过的外界影响下，水纹被风力吹得四散而去的意象。

可以说，聚与散，萃与涣，是万物发展的两种相辅相成的时段和组合形式。易家将“涣”象列入易学范畴，本身就是了不起的哲学贡献，它生动说明了古易家看问题全面而不片面的辩证观点。

原文

涣　亨，王假有庙。利涉大川。利贞。

《彖》曰：涣，“亨”，刚来而不穷，柔得位乎外而上同。“王假有

庙”，王乃在中。“利涉大川”，乘木有功也。

《象》曰：风行水上，涣。先王以享于帝，立庙。

阴阳五行错乱图

译文

涣卦象征涣散，亨通川页利，君王以至诚之心到宗庙祈祷保有庙祭，利于涉越江河巨流，利于坚守正道。

《彖传》说：涣散，亨通顺利，阳刚汹涌而来居阴柔之中而不致穷困，阴柔获得高正位并与阳刚同德同心。“君王以至诚之心到宗庙祈祷保有庙祭”，说明君王处居众人之正中。“利于涉越江河巨流”，说明乘着木舟而得风助必会建功立业。

《象传》说：风吹行于平静水上，象征涣散。先代君王观此象，隆重地祭祀上帝，建立宗庙，从而以归系人心。

原文

初六　用拯马壮，吉。

《象》曰：“初六”之“吉”，顺也。

九二　涣奔其机，悔亡。

《象》曰：“涣奔其机”，得愿也。

六三　涣其躬，无悔。

《象》曰：“涣其躬”，志在外也。

译文

初六，借助健壮的兵马勉力拯济可获吉祥。

《象传》说：初六的吉祥，是因为顺应时势的缘故。

九二，涣散之时直奔安全之地，悔恨消亡。

《象传》说：“涣散之时直奔安全之地”，说明达成了阴阳聚合的愿望。

六三，涣散不惜自身受损，没有悔恨。

《象传》说：“涣散不异自身受损”，说明心志在于向外发展。

原文

六四　涣其群,元吉。涣有丘,匪夷所思。

《象》曰:"涣其群,元吉",光大也。

九五　涣汗其大号,涣王居,无咎。

《象》曰:"王居无咎",正位也。

上九　涣其血去逖出,无咎。

《象》曰:"涣其血",远害也。

译文

六四,涣散朋党,至为吉祥。涣散小团体,而结成山丘般的大团体,这是常人的思虑达不到的。

《象传》说:"涣散朋党至为吉祥",说明行为光明正大。

九五,像发汗一般发布君王的命令,散发君王居积的财富,没有过错。

《象传》说:"散发君王居积的财富",说明君王尊位正当而坚固。

上九,散流体内淤血,除去忧患,没有过错。

《象传》说:"散流淤血",是说当彻底远离祸害。

图书合一之图

智慧应用

力挽狂澜,汉景帝一统天下

任何一个组织或团体,人心若不齐,可致离心离德,重私利而忘公益,使风气败坏,最终走向腐朽没落。因而,当显露涣散的迹象时,应顺应民情,以强有力的对策,及时消灭派系,抑制私利,革除弊端,才能不断地精进。国家一旦陷入分裂的局面,则政令不通、军备废弛、民生凋敝,惟有及时采取行动,保证国家

安定，才有可能创造出国泰民安的景象。汉景帝刘启谙熟涣卦中所阐释的挽救涣散原则，所以才大有作为。

刘启生于公元前189年，在10岁的时候被立为太子。公元前157年，32岁的刘启即位。他接手的是一个国泰民安的王朝，但因为文帝当政期间对于藩王的政策是安抚有余，施威不足，导致了同姓诸王的势力发展很快，他们拥有军队，自置官职，政治力量和经济力量不断增长。早在济北、淮南相继谋反时，贾谊就曾指出藩王势力是汉朝的一大弊病，当时晁错也提出相同的见解，主张削藩，但此建议没有被采用，还是用安抚政策暂时解决了问题。经过了多年的发展，藩王的势力已经对汉室构成了威胁，所以，景帝一上台，便采纳了晁错的建议。

晁错认为藩王势力强大而又最危险的是吴王刘濞。刘濞是刘邦之侄，当初刘邦封他为吴王时就担心他会反叛，所以，告诫后人要注意他的动向。刘濞到封地以后，就不断地发展自己的势力，企图有朝一日夺取帝位。

景帝为太子时，是典型的王公贵族形象，纨绔子弟的做派。一次，因为误会打死了吴王刘濞的儿子，刘濞因此怀恨在心，更加强了势力培植。到景帝即位，刘濞已经准备了40年，成为威胁最大的诸侯王。所以，晁错主张先削吴王的封地，景帝也听从晁错的意见，决定先削夺吴的两个郡。

吴王刘濞见朝廷有所行动，立即联合其他藩王叛乱。他以“诛晁错、清君侧、安社稷”为旗帜，联合各地诸侯王起兵。公元前154年正月，削吴诏书一到，刘濞便在广陵（今扬州）起兵，接着胶东、胶西、济南、淄川四国起兵，包围齐都临淄；赵则与吴兵汇合西进。声势之浩大可谓前所未有，史称“吴楚七国之乱”。久居太平的景帝从没见过这架势，当时也慌了手脚。一些奸臣趁机也想除掉晁错。其中曾任吴相、与晁错有隙的袁盎与窦婴说动景帝杀晁错以息叛乱，说是这样就可以兵不血刃地将叛乱平息。景帝虽然知道晁错是朝廷得力的栋梁大臣，但也想不出更好的办法，于是就一面调兵遣将，一面诛杀晁错，并派袁盎等去宣谕吴王息兵。

景帝初时还以为叛乱可以就此平息，可是，他根本就是小看了吴王刘濞的野心，吴王刘濞嘲讽地说："我已经是东方的皇帝了。还有谁配给我下诏？"此时，景帝才知道自己错杀了晁错，这是一件令亲者痛而仇者快的蠢事。吴王根本只是给自己找个借口，他的目的本来就不只是杀晁错。于是景帝派郦寄率领一支队伍击赵，派栾布率领一支队伍入齐，派太尉周亚夫率36位将军讨伐吴楚叛军，又召窦婴拜为大将军，屯兵荥阳，统率全军。各位将领都显示出了杰出的才能，不到三个月就平了叛乱。其中赵王、楚王自杀，吴王逃奔东越，后被东越人杀死。胶东、胶西、济南、淄川四王全部伏诛。

七国之乱平定，地方割据势力受到沉重的打击，在很大程度上解决汉高祖分封同姓诸侯王所引起的政治矛盾。景帝乘势"抑损诸侯，减黜其国"，把叛王封地做了一番调整，收回了藩镇的行政权和官吏任免权，使王国的独立地位被取消，权力也大大削弱。从此，诸侯王只能享用王国的租税，而不能过问行政，成为只有爵位而无实权的贵族。后来汉景帝颁行"推恩令"，彻底为结束汉初以来诸侯"涣散"割据的状态创造了必要的条件。这一平叛不仅使藩镇对于朝廷的威胁得以消除，也提升了景帝的威信，只不过晁错的死却是景帝一生的憾事。

汉景帝的平叛，实质上就是一次挽救涣散局面，使之重归统一的行动。要"聚合"就必须消除导致涣散的力量，在强力打击这种阻力的同时，也必须以自身的精诚正道来形成一种向心力，使之向"中央"归附，从而达到聚合的目的。此后，汉景帝承袭文帝的治国方略，继续发扬着"无为而治"的思想，保持政治的清明和政局的稳定，减租减赋，轻刑安边，使西汉进入了一个辉煌的历史时期，于是就有了世人所熟知的"文景之治"。

节卦第六十

〔易德经典〕

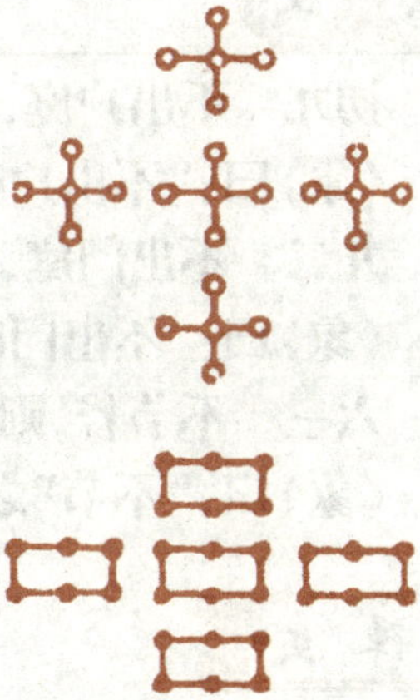

龙图天地未合之数图

易家的《序卦传》深刻指出，任何事物都不可以始终分离涣散，涣散的局面终归需要加以节制，否则就会一发而不可收。所以接着涣卦之后是节卦。节制就是易经节卦所说的要义。

“节”的现象广泛地存在于自然，深入于社会，深入于人心，故此受到了易家的高度重视，把它作为治涣理政、节财益民的易学范畴加以论述，成为中国政治学和经济学的宝贵文献。

从中外数千年的政治与经济发展看，易学这种认为适当节制能亨通，超量苦节必害民的思想，是颠扑不破的真理。宋儒道学的苦节主张，违反人性，戕害妇女，遭到鲁迅等新文化先驱的痛斥。孙中山节制资本的主张，则因符合国情而受到社会各界重视。因此，重视“节”的时和区，度和量，是节能否亨通，达到治涣兴国目标的关键。

原文

节　亨。苦节，不可贞。

《彖》曰：节，“亨”，刚柔分而刚得中。“苦节，不可贞”，其道穷

也。说以行险，当位以节，中正以通。天地节而四时成。节以制度，不伤财，不害民。

《象》曰：泽上有水，节。君子以制数度，议德行。

译文

节卦象征节制，亨通顺利，但不可以过度地节制。应当坚守正道。

《彖传》说："节制，亨通顺利"，阳刚阴柔上下分得很合理而阳刚得到中止恰当之位。"不可以过度地节制，应当坚守正道"，因为过分节制将使其道穷困。以欣喜的态度穿行于险难中，居位妥当而能自我节制。居中守正因而畅通无阻。天地自然有一定的节制，从而形成四季的变化，君主以典章制度来，加以节制，就能够不伤费钱财，不损害百姓利益。

《象传》说：大泽上面有水，象征节制。君子体察此种现象得到启示，因此制定制度礼节以为准则，评议道德行为以为规范。

原文

初九　不出户庭，无咎。

《象》曰："不出户庭"，知通塞也。

九二　不出门庭，凶。

《象》曰："不出门庭，凶"，失时极也。

六三　不节若，则嗟若，无咎。

《象》曰："不节"之"嗟"，又谁"咎"也？

译文

初九，不走出屋门内院，没有过错。

《象传》说："不走出屋门内院"，说明深知道通则行，路塞则止之理。

九二，始终不跨出大门庭院，有凶险。

《象传》说："始终不跨出大门庭院"，说明彻底地丧失了时机。

六三，不能自我节制，必然会忧伤嗟叹，没有过错。

《象传》说："不能自我节制，必然会忧伤嗟叹"，这能责怪谁呢？

原文

六四　安节，亨。

《象》曰："安节"之"亨"，承上道也。

九五　甘节，吉。往有尚。

《象》曰："甘节"之"吉"，居位中也。

上六　苦节，贞凶，悔亡。

《象》曰："苦节，贞凶"，其道穷也。

译文

六四，安于现状自我节制，亨通顺利。

《象传》说："安于现状自我节制，亨通顺利"，说明奉承谨守尊上之道，按规律办事。

九五，甘美愉悦地节制，吉祥，往前进发受人嘉奖。

《象传》说："甘美愉悦地节制，吉祥"，是因为居守中正，修养品德。

上六，极端节制十分痛苦，应当坚守正道以防凶险，悔恨消亡。

《象传》说："极端节制十分痛苦，应当坚守正道以防凶险"，说明此节制之道已至穷困。

智慧应用

躬行节俭，道光力戒奢侈

节卦的卦象是兑（泽）下坎（水）上，为泽上有水之表象，象征以堤防来节制。水在泽中，一旦满了就溢出来，而堤防本身就是用来节制水的盈虚的。君子应当效法节卦的义理，制定典章制度和必要的礼仪法度来约束自己的行动。

"节"的道理应用范围很广，人的喜怒哀乐、衣食住行、欲望所求，动植物的生殖繁衍，国家经济的运行、财政的收支……都离不开节制。面对经济事业的发展壮大，要循序渐进，不可过分追求高指标。要保持节制，有计划地扩大。对人对己不可要求过高，当行则行，应止则止，顺其自然。工作沉闷易出错误，生活放荡常惹祸端。相交朋友，不可超越界限，事事适可而止。符合规律的节制有利于事物的发展，反之，则有凶有咎，受到惩罚。晚清的道光皇帝在这方面身体力行,可以说是这方面的典范。

嘉庆二十五年(1820年)夏秋之交,年老多病的嘉庆皇帝,在热河避暑山庄离开了人世。大臣们即遵旨拥立旻宁即皇帝位。八月二十七日旻宁在太和殿登基,颁诏天下,改年号为道光。和他的父亲——嘉庆皇帝一样,道光也是个勤政图治的皇帝。登基后,雄心勃勃的道光,也曾效仿其先辈,勤于朝政,意图振兴祖业。

道光登基君临天下,很想有一番作为,以归复"康乾盛世"旧观。为了实施他的思想主张,道光即位后颁发了其著名的"声色货利论",着力阐明声色货利为害之大,关系到大清王朝的生死存亡,要求为官从政者不为声色货利所诱,严格"俭束身心,屏除声色",力崇节俭,一切"概从朴实,勿尚虚文"。终道光之世,一直把倡节俭、杜奢靡放在十分重要的地位,对大小文官武吏要求更是严格,谆谆告诫他们要懂得"一丝一粟皆出于民脂民膏",千万不可为声色所迷惑。他倡行节俭的谕旨和措施,尽管在整个统治时期中收效甚微,但他自己确乎是躬亲实践,身体力行。

饮食上,道光每天多时准令做四样菜,有时则只要一碗豆腐烧猪肝,闹得管御膳房的官员们也没有油水可捞,实在无法虚报冒领。道光如此节省,朝廷文武官员初时将信将疑。一次是皇后生日,道光谕令备宴官员,只准宰猪两只,用打卤面招待群臣,其余概行裁减,搞得赴宴文武百官哭笑不得。

服饰上的节俭,在历代君王中也属罕见。道光不但不求华美,而且少穿新衣,特别是不显眼的衣物,更是多穿一日是一日,道光长年多穿旧裤,日久膝盖处先行磨破,就令内务府差人补上一块圆形补丁。朝廷官员历经多次亲身所验,已深知皇帝节俭是实。

在内廷后宫及外出一应所需用品方面,亦概行节省俭朴,力戒奢靡浮华。御用毛笔历来都是特制紫毫笔,即刚锐的紫色兔毛,为世所罕见,道光觉得紫毫笔既然珍贵难得,即命此后不再征用,御用笔改换为普通臣民常用的纯羊毛或羊毛与一般兔毛相间合制而成的毛笔。

道光躬行节俭,力戒奢靡,在一定程度上影响了统治阶级上层的一部分人,多少遏制了奢侈腐化之风的恶性发展,沿袭了满清王朝苟延残喘的命运,但终

究难以实现其令大清臣民"返本还淳"的愿望。况且时势业已大变,传统的节俭观无法起弊振衰,"守其常而不知其变",他只能在自恨、自愧与自责中,忍辱接受英国的城下之盟,签订了近代史上第一个不平等条约——《中英南京条约》。他执政以来,厉行节约,事必躬亲,但却了无成就,面对先祖的昭彰业绩,他也只能留下无奈的声声叹息,大清王朝也不可避免地在衰败的道路上越走越远。

道光三十年(1850年)正月十四日,节俭一生的道光,外耻未雪,内忧未除,饱含一腔恨和愁,悄然长逝。道光虽然走了,但其"节俭"的品质依然在历史的星河中闪烁,及至今日还让人们念念不忘。

节俭是一个人的重要品质,很难想象,一个从小大手大脚随便浪费的人能创造一番事业,建设好家庭,能为社会做点什么。中国有句古训:成由勤俭败由奢。成功由勤劳节俭开始,失败因奢侈浪费所致,即使到了很富裕、很有钱的时候,这个朴素的真理也不会过时。

随着经济的发展,社会的繁荣,高质量的生活水准成为人们的普遍追求,节俭也逐渐地淡出了人们的生活准则。为了满足物质的需求,很多人不择手段以达到目的,于是人性的天平倾斜了,金钱、美色等诸多物欲成为权力的砝码,不惜慷国家之慨而中饱私囊,岂知欲壑难填,最终逾越马其诺防线,成为遭人唾弃的罪人。许多传媒一个劲地宣传吃好、穿好、用好,形形色色的广告刺激人们盲目消费,非合理消费的心理——从众、追时髦、攀比、喜新厌旧等等也随之产生,这是一种很不好的现象,更何况我们还是生长在一个发展中国家呢?

老子主张,知足就可以免于屈辱,知止就不会招致危险。欲望是无边无际的,人的欲望一旦无法节制,就会像滚雪球一般,越滚越大也越滚越快,然后一路奔向无底深渊。

享受生活固然没错,但应该建立在自己力所能及的范围之内,只有知道生活中的止境,才能过上真正平安幸福的日子。

中孚卦第六十一

〔易德经典〕

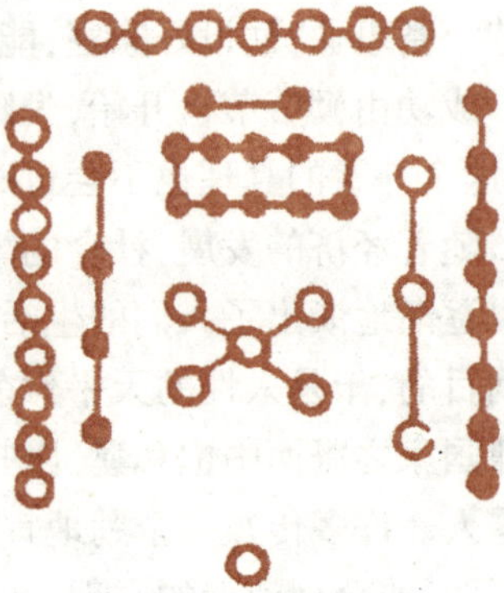

朱予发河图

号召人们勤俭节约的人，首先自己要诚心实意地带头勤俭节约。易家在主张节制、节约的节卦之后，紧接着就列出了“中孚”卦，以强调修德守信的重要性。从卦序易理看，正是适当诚信的节制得到了大家的信任，所以接着节卦的是象征中直守信的中孚卦。

对于易家所说“中孚”的含义，一般人没有多少歧见，都认为是发自内心的诚信的意思，指一种诚信忠实的道德修养。从兑下巽上的“中孚”卦看，一二、五六爻皆阳，三四爻皆阴，形成了上下卦的两中爻皆实、全卦中虚的格局。这是一种内心诚实，而又能虚己容物的卦象，正与“中孚”的诚信之意相符。

易家用守信实干，不畏艰辛，筑好土墩，蓄上塘水，喂养鱼儿做比喻，说明只要保持一种诚信的心态，踏踏实实地做好每一件事，那么哪怕是筑墩养鱼这么难办棘手的事情，也能够一样吉祥如意，取得成功。反之，心地不诚，偷工减料，朝三暮四，那么不是坝漏塘干，就是鱼尽无收，哪能办成大事呢？

原文

中孚　豚鱼，吉。利涉大川。利贞。

《彖》曰：中孚，柔在内而刚得中，说而巽，孚乃化邦也。“豚鱼吉”，信及豚鱼也。“利涉大川”，乘木舟虚也。中孚以“利贞”，乃应乎天也。

《象》曰：泽上有风，中孚。君子以议狱缓死。

译文

中孚卦象征心中诚信。诚信感化小猪小鱼，吉祥。利于涉越江河巨流，利于坚守正道。

《彖传》说：“心中诚信”，因为柔顺者居内能够谦逊诚挚，而刚健者处外能够持中守正，下者愉悦而上者和顺，诚信之德于是可以教化万邦。“诚信感化小猪小鱼，吉祥”，说明诚信通过用豚鱼祭祀而表达出来。“利于涉越江河巨流”，说明乘木舟行渡可畅行无阻。心中诚信的修养，利于坚持下去，这才能应和上天之道。

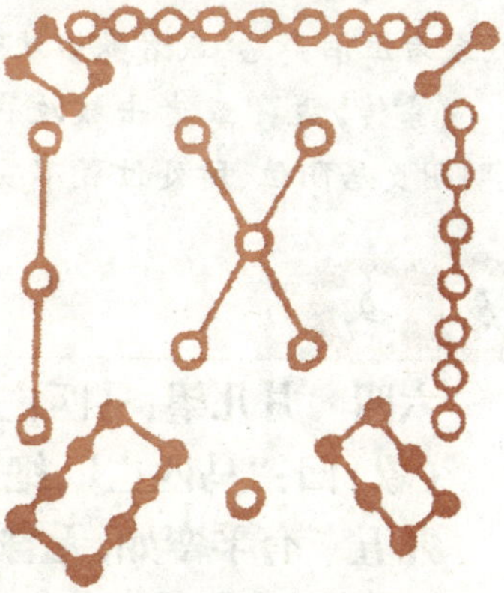

朱予发洛书

《象传》说：大泽上和风吹拂，象征心中诚信。君子体察于此，因而以诚信之心审议诉讼，暂缓死刑以查明真相。

原文

初九　虞，吉。有它不燕。

《象》曰：“初九”“虞吉”，志未变也。

九二　鹤鸣在阴，其子和之。我有好爵，吾与尔靡之。

《象》曰：“其子和之”，中心愿也。

六三　得敌，或鼓，或罢。或泣，或歌。

《象》曰：“或鼓或罢”，位不当也。

译文

初九，虞官诚信尽职吉祥，别有它求则不会心安。

《象传》说：初九之时虞官诚信尽职吉祥，说明诚信的初衷没有改变。

九二，白鹤在荫蔽处鸣叫，小鹤声声应和：我有美酒，愿与你共享。

《象传》说："小鹤声声应和白鹤"，这是发自内心的愿望。

六三，遭遇敌对，或者击鼓攻击，或者罢兵回营，或者泣泪声悲，或者歌乐欢唱。

《象传》说："或者击鼓攻击，或者罢兵回营"，说明阴爻居阳位，所处位置不妥当。

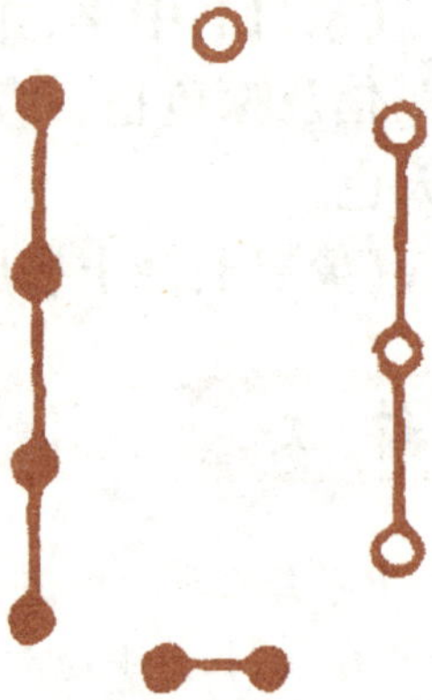

刘牧太极生两仪图

原文

六四　月几望，马匹亡，无咎。

《象》曰："马匹亡"，绝类上也。

九五　有孚挛如，无咎。

《象》曰："有孚挛如"，位正当也。

上九　翰音登于天，贞凶。

《象》曰："翰音登于天"，何可长也。

译文

六四，月亮接近圆满之时，良马走失，没有过错。

《象传》说："良马走失"，说明断绝与同类交往而追随上层。

九五，心存诚信并以之牵系天下，没有过错。

《象传》说："心存诚信并以之牵系天下"，说明居位中正妥当。

上九，锦鸡鸣叫，声达极天，应当坚守正道以防凶险。

《象传》说："锦鸡鸣叫，声达极天"，这种情况怎么会长久呢？

智慧应用

其诚可嘉，李嘉诚左右逢源

诚信能够感动一切。诚信之人，无论做什么事情，都能如愿以偿，无论遇到什么困难都能克服。平时的为人处世，要有诚信；在上层的政治生活中，更要以诚信为本。诚信不仅能使自己心安，也能感动他人。

“君子爱财，取之有道。”李嘉诚是一个典型的“儒商”，在叱咤商界的同时，坚持以诚为本，外圆内方。这不仅使他赢得了良好的声誉，更使他交下了无数朋友，为他带来了无数商机。正如他自己所说：“有钱大家赚，利润大家分享，这样才有人愿意合作……财源滚滚来。”

曾经有一位相士见了李嘉诚，说李嘉诚相貌出色，以后非大富即大贵。这一点居然被他说中了。然而与其说李嘉诚后来的发达是因为相貌，不如说是由于他为人处世的诚信。

李嘉诚说：“我现在就算再有多十倍的资金也不足以应付那么多的生意，而且很多是别人主动找自己的，这些都是为人守信的结果。对人要守信用，对朋友要有义气。今日而言，也许很多人未必相信，但我觉得，‘义’字实在是终身用得着的。”

早年，在塑胶厂濒临倒闭的那些日子里，李嘉诚回到家里，强作欢颜，担心母亲为他的事寝食不安。知儿者，莫过其母。母亲从嘉诚憔悴的脸色、布满血丝的双眼，洞察出长江厂遇到了麻烦。母亲不懂经营，但懂得为人处事的常理。母亲是个虔诚的佛教徒，嘉诚走向社会，母亲总是牵肠挂肚，早晚到佛堂敬香跪拜，祈祷儿子平安。她还经常用佛家掌故，来喻示儿子。

母亲平静地说道：很早很早之前，潮州府城外有一座古寺。云寂和尚已是垂暮之年，他知道自己在世的日子不多了，就把他的两个弟子——大寂、小寂召到方丈室，交两袋谷种给他们，要他们去播种插秧，到谷熟的季节再来见他，看谁收的谷子多，多者就可继承衣钵，做庙里的住持。云寂和尚整日关在方丈室念经，到谷熟时，大寂挑了一担沉沉的谷子来见师父，而小寂却两手空空。云寂问小寂，小寂惭愧道，他没有管好田，种谷没发芽。云寂便把袈裟和瓦钵交给小寂，指定他为未来的住持。大寂不服。师父道，我给你两人的谷种都是煮过的。

李嘉诚悟出母亲话中的玄机——诚信是做人处世之本，是战胜一切的不二法门。李嘉诚为自己所做的事，流下悔恨的眼泪。

翌日，李嘉诚回到厂里，工厂仍笼罩在愁云惨雾之中。李嘉诚召集员工开会，他坦诚地承认自己经营错误，不仅拖垮了工厂，损害了工厂的信誉，还连累了员工。他向这些天被他无端训斥的员工赔礼道歉,并表示,经营一有转机,辞退的员工都可回来上班,如果找到更好的去处,也不勉强。从今后,保证与员工同舟共济,绝不损及员工的利益而保全自己。

李嘉诚说了一番渡过难关、谋求发展的话,员工的不安情绪基本稳定,士气不再那么低落。

紧接着,李嘉诚一一拜访银行、原料商、客户,向他们认错道歉,祈求原谅,并保证在放宽的限期内一定偿还欠款,对该赔偿的罚款,一定如数付账。李嘉诚丝毫不隐瞒工厂面临的空前危机——随时都有倒闭的可能,恳切地向对方请教拯救危机的对策。

李嘉诚的诚恳态度,使他得到他们中的大多数人的谅解,他们都是业务伙伴,长江塑胶厂倒闭,对他们同样不利。银行放宽偿还贷款的期限,但在未偿还贷款前,不再发放新贷款。原料商同样放宽付货款的期限,对方提出,长江厂需要再进原料,必须先付70%的货款。

客户们态度不一,但大部分还是做了不同程度的让步。有一家客户,曾把长江厂的次品批发给零售商,使其信誉受损,经理怒气冲冲来长江厂交涉,恶语咒骂李嘉诚。李嘉诚亲自上门道歉,该经理很不好意思,承认他的过失莽撞。该经理说李嘉诚是可交往的生意朋友,希望能继续合作,他还为长江厂摆脱困境出谋划策。

李嘉诚的"负荆拜访",达到初步目的。他却不敢松一口气,银行、原料商和客户,只给了他十分有限的回旋余地,事态仍很严峻。

产品积压,库满为患。这之中,一部分是质量不合格;另一部分是延误交货期的退货,产品质量并无问题。李嘉诚抽调员工,对积压产品普查一次,将其归为两类:一类是有机会做正品推销出去的;一类是款式过时,或质量粗劣的。

李嘉诚如初做行街仔那样,马不停蹄到市区推销;正品卖出一部分。他不想为积压产品拖累太久,全都以极低廉的价格,卖给专营旧货次品的批发商,在制品的质检卡片上,一律盖上"次品"的标记。李嘉诚陆续收到货款,分头偿还了一部分债务。

在危机之中,原来的一些亲戚朋友,有的对李嘉诚敬而远之,生怕他开口借钱或带来麻烦。李嘉诚又一次体验到世态炎凉、人情冷暖。每个人都难免会有这样或那样的弱点,李嘉诚求发达,丝毫不含报复的成分,他后来发达成巨富,不计前嫌,仍与这些在危难中曾疏远他的亲友保持来往。

危难见人心,路遥知马力。李嘉诚能渡过难关正是靠那些真诚亲友,获得新订单,筹到购买原料、添置新机器的资金。被裁减的员工,又回来上班,李嘉诚还补发了他们离厂阶段的工薪。

李嘉诚又一次拜访银行、原料商和客户,寻求进一步谅解,商议共渡难关的对策。长江塑胶厂出现转机,产销渐入佳境。

1955年的一天,李嘉诚召集员工聚会。他首先向员工鞠了三躬,感谢大家的精诚合作。然后,用难以抑制的喜悦之情宣布:

"我们厂已基本还清各家的债款,昨天得到银行的通知,同意为我们提供贷款。这表明,长江塑胶厂已走出危机,将进入柳暗花明的佳境!"

话音刚落,员工顿时沸腾起来。散会前,每个员工都得到一个红包,由李嘉诚亲自分发。

夜深沉,海风裹挟着丝丝凉意。忙碌了一整天的李嘉诚,爬上附近的一座小山岗,眺望着中区的万家灯火和海域中行走的巨轮,陷入沉思之中。

李嘉诚回首这段岁月时说:

"诚信就是生命,有时比自己的生命还重要!"

李嘉诚干出了一番伟大的事业,但单凭他在商场上的东拼西杀是远远不够的,就像单枪匹马无法打赢一场战争一样。他以诚为本,与人为善,广交朋友,左右逢源,赢得更多的机遇,使自己的事业从无到有,不断壮大,走向辉煌。

人最可宝贵的品格就是诚信,没有诚信的品格,热情就会变成逢迎,谦虚就会变成虚伪,而一旦从商就会欺诈而不讲信誉。反之,以诚待人则有义,以诚经商则信立,于是朋友如云,机遇迭至,成功自然不在话下。

小过卦第六十二

〔易德经典〕

常言道:"小过不改,终成大错。"但易家的小过卦却别开生面,甚至是一吉卦，其中有何深意呢？

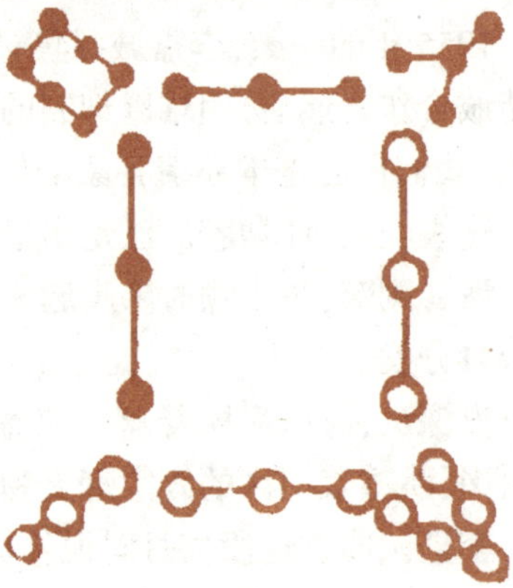

刘牧四象生八卦图

从《卦辞》《象传》《象传》的阐析看，“小过”可获大吉之义，其实是肯定纠枉过正的“小过”，其目的是求正，“小过”只是纠枉的手段和形式过分一点点，或是在正确的方向下超前过火了一点，故只是小的偏差没有大的害处。在易家看来，在符合时代精神的前提下，在待人接物上礼貌周全一点，在亲友去世时悲哀过度一点，在生活小事上节约多了一点，因符合柔顺的小过之德，都是无伤大雅的，无违时代的，所谓礼多人不怪，爱深情更切，俭为持家宝，所为均属情有可原。

当然，即使是为了纠枉，小过之法也不可滥用，特别是对待大事，更不可马虎随便，应该深入下层，了解真相，集思广益，找到合情合理、恰到好处、公平正确的解决问题的办法，而切不可浮在上面，凭想当然乱发谬论，甚至高高在上发号施令，打着矫枉过正的幌子，刚烈过激，盲动乱来，在“一抓就死，一死就放，一放就乱，一乱就抓”的怪圈里瞎转，把事情弄得一团糟。这正许是小过卦德所谓“可小事不可大事，不宜上宜下”的深意吧。如能依此办理，大吉是铁定的。

原文

小过　亨，利贞。可小事，不可大事。飞鸟遗之音，不宜上，宜下。大吉。

《象》曰：小过，小者过而亨也。过以“利贞”，与时行也。柔得中，是以“小事”“吉”也。刚失位而不中，是以“不可大事”也。有“飞鸟”之象焉，“飞鸟遗之音。不宜上，宜下，大吉”，上逆而下顺也。

译文

小过卦象征稍有超过，亨通顺利，利于坚守正道。可以做寻常小事，不可以干大事。就像鸟飞过留下悲鸣之声，不宜强向上飞，而宜于向下安栖，大为吉祥。

《象传》说：稍有超过，是说寻常小事可以稍有超过而得亨通顺利。但过度必须有利于坚守正道，即要顺应适当的时机而行动。阴柔上下居中位，因此在寻常小事上吉利。阳刚失正位而不能持中，所以不能够成就大事。卦中有飞鸟的象征："鸟飞过留下悲鸣之声，不宜强向上飞，而宜于向下安栖，大为吉祥。"说明往上成就大事是逆理而行，向下做小事则顺势。

原 文

《象》曰：山上有雷，小过。君子以行过乎恭，丧过乎哀，用过乎俭。

初六　飞鸟以凶。

《象》曰："飞鸟以凶"，不可如何也。

六二　过其祖，遇其妣。不及其君，遇其臣。无咎。

《象》曰："不及其君"，臣不可过也。

九三　弗过，防之。从或戕之，凶。

《象》曰："从或戕之"，"凶"如何也。

译 文

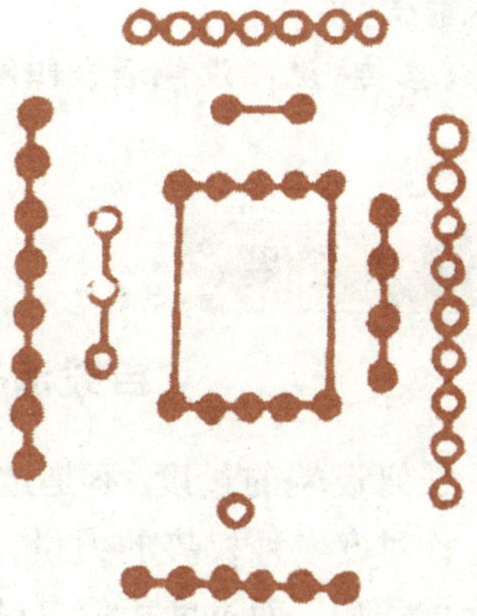

朱予启蒙河图

《象传》说：山上响动雷声，象征稍有超过无妨。君子体察此象，因此行止略过于恭敬，丧事稍过于哀痛，用度稍过于节俭均无妨。

初六，鸟逆势高飞有凶险。

《象传》说："鸟逆势高飞有凶险"，说明其自寻凶险，旁人无可奈何。

六二，越过祖父，与祖母相见，没有达及君王那里，而与臣仆遇合，没有过错。

《象传》说："没有达及君王那里"，说明不可超过臣仆而直达君王跟前。

九三，如不加倍防患于未然，就会被人加害，凶险。

《象传》说："就会被人加害"，说明这是多么的凶险啊！

原 文

九四　无咎，弗过，遇之。往厉，必戒。勿用永贞。

《象》曰："弗过，遇之"，位不当也。"往厉，必戒"，终不可长也。

六五　密云不雨，自我西郊。公弋，取彼在穴。

《象》曰："密云不雨"，已上也。

上六　弗遇，过之。飞鸟离之。凶，是谓灾眚。

《象》曰："弗遇，过之"，已亢也。

译文

九四，没有过错，不过分刚强便能遇到阴柔。往前进发有危险，必须警惕自戒，不能意气用事，永远保持正确方向。

《象传》说："不过分刚强便能遇到阴柔"，说明居位不妥当。"往前进发有危险，必须警惕自戒"，说明过分行为终究不可长久。

六五，乌云密布而不下雨，它是从我西郊那边升起的。公侯拿绳箭射取穴中害兽。

《象传》说："乌云密布而不下雨"，说明居处得过高。

上六，没能遇合阳刚却超过很远，如同飞鸟上天遭到射杀，凶险，这就叫作自我罪受。

《象传》说："没能遇合阳刚却超过很远"，说明已升得过高，到了亢极之地。

智慧应用

自毁清誉，郭子仪执掌四朝大权

任何极端的过度，不是过侈便是过俭，过刚或过柔，都必然走向自己的反面。你过度崇拜权势的力量，就会在权势面前失败。过度相信自己的聪明，你就会被蒙蔽。而过度相信自己宝剑的锋利，最终必将被宝剑杀死。这便是"小过"卦所揭示的事物变化的规律。

郭子仪爵封汾阳王，王府建在首都长安的亲仁里。汾阳王府自落成后，每天都是府门大开，任凭人们自由进出，郭子仪不准府中人干涉。

有一天，郭子仪帐下的一名将官要调到外地任职，特来王府辞行。他知道郭子仪府中百无禁忌，就一直走进了内宅。恰巧他看见郭子仪的夫人和他的爱女两人正在梳洗打扮，而王爷郭子仪正在一边侍奉她们，她们一会儿要王爷递手巾，一会儿要他去端水，使唤王爷就好像使唤奴仆一样。这位将官当时不敢讥笑，回去后，不免要把这情景讲给他的家人听。于是一传十，十传百，没几天，整个京城的人们都把这件事当作笑话在谈。

郭子仪听了倒没有什么，他的家人听了都觉得太丢王爷的面子。他的几个

儿子相约，一齐来找父亲，要他下令，像别的王府一样，关起大门，不让闲杂人等出入。

郭子仪听了哈哈一笑。几个儿子哭着跪下来求他。一个儿子说："父王您功业显赫，普天下的人都尊敬您，可是你自己却不尊敬自己，不管什么人，您都让他们随意进入内宅。孩子们认为，即使商朝的贤相伊尹、汉朝的大将霍光也无法做到您这样。"

郭子仪收敛了笑容，叫儿子们起来，语重心长地说："我敞开府门，任人进出，不是为了追求浮名虚誉，而是为了自保，为了保全我们的身家性命。"

一家人都十分惊讶，忙问这其中的道理。

郭子仪叹了口气，说："你们光看到郭家显赫的声势，没有看到这声势丧失的危险。我爵封汾阳王，往前走，再没有更大的富贵可求了。月盈而蚀，盛极而衰，这是必然的道理，所以，人们常说要急流勇退。可是，眼下朝廷尚要用我，怎肯让我归隐；再说，即使归隐，也找不到一块能容纳我郭府一千余口人的隐居地呀。可以说，我现在是进不得也退不得。在这种情况下，如果我们紧闭大门，不与外面来往，只要有一个人与我郭家结下仇怨，诬陷我们对朝廷怀有二心，就必然会有专门落井下石、妒贤嫉能的小人从中加油添醋，制造冤案，那时，我们郭家的九族老小都要死无葬身之地了。"

从这件事看，郭子仪虽然是一个武状元，在结束安史之乱的过程中为唐王朝立下了显赫的战功，但他同时具有很高的政治眼光，虽位居王侯，但从不彰显声势，中正平和，明哲保身，所以才能四朝为臣，对当时的社会和百姓做出了巨大贡献，也是一个可彪炳史册的伟大人物。

既济卦第六十三

〔易德经典〕

古易家认为，小过善补就能成功过渡彼岸，所以紧接小过卦之后的，是象征事物圆满成功的既济卦。它说明：再漫长的事物也会告一段落，终有所成。“既”是完成、已经的意思。所谓易理，其实也可以喻为济理，也就是如何渡过象征困难和障碍的大江，去济困救穷，拨乱反正，顺应自然和社会的规律，促成其发展而完成大业的道理。

“既济”可以理解为事业的成功和终止，与汉语中的济事即成事的意义相近。可以说，既济这一哲学概念的提出，是易理历史演化论的必然结果。凡事有始必有终，有涉必有济，有事必有果。这正是既济一卦所代表的宇宙哲理。

从“既济”一卦离下坎上的结构看，其六爻的排列次序，完全符合先阳后阴，阳阴交配的爻位次序，三阳三阴六爻全部归班就位，也正是一种卦变结束，完事成功的象征。这在《易经》里是绝无仅有的，易家把它作为“既济”的卦象确实用心良苦。它象征易理最后一个也就是第九个美满理想时代的到来。

从“既济”的爻辞看，就像一支扬鞭催马，战船香车，远征鬼国，浩浩荡荡的《渡江歌》，其中如何察机识变，用人修德，取得胜利的哲理，是发人深省的。

原文

既济　亨。小利贞。初吉。终乱。

《彖》曰：既济，"亨"，"小"者亨也。"利贞"，刚柔正而当位也。"初吉"，柔得中也。"终"止则"乱"，其道穷也。

《象》曰：水在火上，既济。君子以思患而豫防之。

译文

既济卦象征完成，柔小者亦亨通顺利，利于坚守正道。若不慎守成功，起初吉利，最终还是会混乱的。

《彖传》说："完成，亨通顺利"，是指柔小者亦能亨通顺利。

"利于贞固坚守"，说明阳刚阴柔都行正道居位妥当。"起初吉利"，因为阴柔得居中正之位。"最终停滞则将陷入危乱"，说明成功之道过久的停止导致道路困堵。

《象传》说：水位于火的上面，象征事业成功。君子体察此种现象，因此在事成之初就考虑可能出现的祸患，事先加以预防。

原文

初九　曳其轮。濡其尾，无咎。

《象》曰："曳其轮"，义"无咎"也。

六二　妇丧其茀，勿逐，七日得。

《象》曰："七日得"，以中道也。

九三　高宗伐鬼方，三年克之。小人勿用。

《象》曰："三年克之"，惫也。

水火匡廓图

译文

初九，渡河时往后拖拉车轮，车尾虽被河水沾湿，没有过错。

《象传》说："往后拖拉车轮"，从其道理上说这一做法是没有过错的。

六二，妇人丢失车辆的遮帘，不用追寻，七日后可以失而复得。

《象传》说："七日后可以失而复得"，是因为得守中道的缘故。

九三，殷高宗征伐鬼方，经三年苦战获胜利。莫任用小人。

《象传》说："经三年苦战获得胜利"，说明已是疲惫不堪。

原文

六四　繻有衣袽。终日戒。

《象》曰："终日戒"，有所疑也。

九五　东邻杀牛，不如西邻之禴祭，实受其福。

《象》曰："东邻杀牛"，"不如西邻"之时也。"实受其福"，吉大来也。

上六　濡其首，厉。

《象》曰："濡其首"，何可久也。

译文

六四，华美的衣服变成破烂衣服，应当整天警惕戒备灾祸。

《象传》说："应当整天警惕戒备灾祸"，说明有所疑惧。

九五，东边的邻国杀牛举行大祭，不如西边的邻国举行简朴的祭礼诚敬，更能实在地承受神灵施降的福泽。

《象传》说："东边的邻国杀牛举行大祭"，是说不如西边邻国简朴的祭礼诚敬合于时宜；"更能实在地承受神灵施降的福泽"，说明吉祥将滚滚涌来。

上六，渡河被水淹没了头，有危险。

《象传》说："渡河淹没了头，有危险"，这样怎么能够长久呢？

智慧应用

骄奢淫逸，隋炀帝魂断江都

六十四卦中，卦辞和爻辞多次提及"利涉大川"，至"既济"就是渡过了大江大河，事物完成了一个发展阶段，随后进入下一个发展时期。大自然的奥秘，就在于这种变化的错综复杂，推演无穷，始能生生不息。极度完成，变化法则就失去弹性，反而僵化，丧失积极奋发向前的活力，趋向没落。所以，一切愈美满的事物，愈潜伏着极大的危机。于是，创业后如何守业，就成了历代统治者都十分关切的问题。

《尚书》多处记载了周公对这方面的论述。"休兹知恤，鲜哉"，"厥基永孚于休"，"其终出于不祥"，意思是说：处在美好环境中而知道忧虑的人太少了，我

也不知道我们的事业是否能沿着这美好的道路发展下去，我们的事业能否长久。《易经》作者在既济卦中阐发了“守成艰难”的道理。隋炀帝杨广就是因为不明白这一切，不但丢了父亲杨坚开创的隋朝基业，还丢了自己的性命。

“夫人必自侮，然后人侮之，家必自毁，而后人毁之；国必自伐，而后人伐之。”（《孟子·离娄上》）孟子的话阐明了咎由自取的哲理，强调人的安危、家庭的祸福、国家的存亡，都是由自身的原因造成的。尤其是对那些处于安逸的环境中的人们更具有积极的启迪意义。

盛极必衰，为必然现象。好大喜功，骄纵无度，只能造成不可挽救的严重后果。只有坚守正直，继续不断向前，才能减缓减少由盈而亏所造成的损害，才能使我们的事业得到进一步的发展。

未济卦第六十四

〔易德经典〕

任何伟大事业胜利之后，都仍将面临新的挑战，从来就没有大功告成而一无可为的时候。用老祖宗易家先师的话说，那就是既济虽济，济犹未济，济之再济，此即“未济”。从卦象看，“未济”，恰好是“既济”的反卦，它的爻序与“既济”

正好相反。“既济”是离下坎上，水火相济，“未济”是坎下离上，火水不济；“既济”是阴阳六爻全部归班就位，完美无缺；“未济”是阴阳六爻全部出班离位，阴差阳错。“既济”表示成功、完成、停止的意思，是事物发展的偶然的完善的短暂的阶段；而“未济”则表示未成功、未完成、未停止的意思，是事物发展的必然的缺陷的长久的阶段。

应该承认，以“未济”而不是“既济”作为六十四卦的结束，确是易理高深精妙之处。它体现了易家对宇宙生生不息、永无止境的运动发展和生命规律的清醒认识，体现了易家不迷信绝对的完美和终极的真理，永远将每一个胜利和成功，都当作新的起点的伟大而深刻的辩证思想。这也正是东方古老易学具有永恒的哲学光辉、无限生命力和无穷魅力的奥秘所在。

原文

未济　亨。小狐汔济，濡其尾。无攸利。

《彖》曰：未济“亨”，柔得中也。“小狐汔济”，未出中也。“濡其尾。无攸利”，不续终也。虽不当位，刚柔应也。

《象》曰：火在水上，未济。君子以慎辨物居方。

译文

未济卦象征未完成，勉力使成可获亨通顺利。小狐即将渡过河，水沾湿了尾巴，不太顺利。

《彖传》说：“事未完成，勉力使成可获亨通顺利”，是因为柔顺而且得守中道。“小狐即将渡过河”，说明它还尚未脱离危险。“水沾湿了尾巴，不太顺利”，说明努力不能持续到最后。虽然卦中六爻都没居其正位，但阳刚阴柔却相互援应。

《象传》说：火在水上面，象征事未成功。君子体察此象，因此审慎地辨别事物，使其各自安处于适当的场所。

原文

初六　濡其尾，吝。

《象》曰：“濡其尾”，亦不知极也。

九二　曳其轮，贞吉。

《象》曰：“九二”“贞吉”，中以行正也。

六三　未济，征，凶。利涉大川。

《象》曰："未济，征凶"，位不当也。

译文

初六，小狐过河时水沾湿了尾巴，有所憾惜。

《象传》说："小狐过河时水沾湿了尾巴"，说明它太不自量力谨慎持中了。

九二，及时往后拖拉车轮，这样做正确吉祥。

《象传》说："这样做正确可获吉祥"，说明应当持守中道，端正行事。

六三，还未做好准备，贸然前进有凶险，利于涉越江河巨流。

《象传》说："还未做好准备，贸然前进有凶险"，说明居位不妥当。

原文

九四　贞吉，悔亡。震用伐鬼方，三年，有赏于大国。

《象》曰："贞吉，悔亡"，志行也。

六五　贞吉，无悔。君子之光。有孚，吉。

《象》曰："君子之光"，其晖"吉"也。

上九　有孚于饮酒，无咎。濡其首。有孚，失是。

《象》曰："饮酒濡首"，亦不知节也。

译文

九四，坚守正道吉祥，悔恨消亡。就像用振奋威武之势讨伐鬼方，经过三年苦战，一是可以获胜而被封赏为大国诸侯。

《象传》说："坚守正道吉祥，悔恨消亡"，说明志向正在践行的结果。

六五，坚守正道吉祥，没有睁眼。君子的光辉，在于其心怀诚信，吉祥。

《象传》说："这是君子的光辉"，说明君子的光辉带来吉祥。

上九，心怀诚信地饮酒取乐，没有过错。饮得过量使酒沾湿了头部，即使心怀诚信也失却了正道。

《象传》说："饮酒取乐过量而沾湿了头部"，这是沉湎过度不知节制。

智慧应用

成即未成,曹操称王不称帝

沧海桑田,周而复始。六十四卦所述说的事物发展进程至"未济"卦时好像是要终结了。但六十三卦"既济"却从积极的角度阐发了"未济"之中必有"可济"之理。"既济"可转为"未济","未济"也可转为"既济",事物就在这否定之否定的对立统一中发展,永无止境,正如:此路的极端是另一路的起点,白天的尽头是黑夜的起点,"既济"是"未济"的开端。事物成功之后,往往要走向反面,相聚之后又往往要走向相离,这寓示着人生事业永无止境,今天的成功,意味着明天有新的征程要起步,成功永远是没有止境的。曹操在非常之乱世成就了非常之霸业,本可以取汉而自立,但他没有这样做,他克制住自己的欲望,用称王而不称帝的手段,既夺取了汉室的权力,又没有让自己背上篡位的恶名。老谋深算,处心积虑,把自己驰骋疆场而草创的天下交给了儿子曹丕,遂了自己的帝王心愿。

公元 217 年 5 月,汉献帝晋封曹操为"魏王"。次年,汉献帝下诏,命曹操配置天子旌旗,出入戒严,限制行人,清除街道。十月,又命曹操官帽中佩挂十二个旒穗(即古代君王皇冠上前后垂下的玉石串珠),乘黄金装饰的车辆,驾马 6 匹,以及 5 种颜色的 5 辆副车。此等待遇,仅次于帝王了。

此时的曹操已到了迟暮之年,群臣建议他登基称帝,但曹操始终奉行汉朝正朔,避免了天下再度陷入混乱,他曾说:"设使天下无有孤,不知当几人称帝,几人称王。"

不久,发生了一件事情,又坚定了他称王不称帝的想法。

蜀国大将关羽败走麦城后,被孙权所杀,孙权怕刘备报复,更怕刘备与曹操联合攻打自己,便把关羽的头装在木匣子里,派人送到曹操那里,同时又写了封信,表示愿意向曹操"称臣",并劝曹操顺应天命,及早称帝。

曹操接到信,随手递给左右心腹看。左右看了,说道:"汉朝寿命已尽,大王功德无量,天下人都希望您来做天子。"

曹操却笑着说:“孙权这小子要把我放在炉火上烤啊!”

然而,左右心腹却理解不了他的想法,说:“大王称帝,上合天意,下合民心,还有什么可怀疑的呢?”

曹操明白,废掉献帝,自己称帝,是很容易的,问题是汉室虽然衰落,可毕竟它还有一个正统的名义。自己一旦称帝,不但要失去天下人心,还必为刘备所不容。

“不,不行。”曹操说道:“周西伯昌,怀此圣德。三分天下,而有其二。修奉贡献,臣节不坠。”“如果天命在我,我就做周文王吧!周文王他儿子后来终于灭了殷做了王,就是武王。”

曹操心目中有一系列理想人物,如周公、管仲等。曹操对周文王情有独钟,在很大程度上是他的功业与周文王有较多的可比性,因此也立志效法周文王这样后世儒家美化的“圣德之君”,曹操说自己做周文王,意思就是说,他这一生做魏王就可以了,让他的儿子去做皇帝吧。他把灭吴与灭蜀的希望寄予自己的儿子曹丕。

公元220年正月二十三日,曹操逝世,年66岁。

曹操死后,曹丕继承父亲为魏王,十月,曹丕便废掉了汉献帝,正式称魏文帝,追尊曹操为武皇帝。

曹操是一代枭雄,“宁可我负人,不可人负我”是他的做人原则,他“挟天子以令诸侯”之行径是一般人所做不出来的非常之举,但曹操始终依附着汉朝的傀儡皇帝,这种韬略也是一般人所不能理解的。

事物的发展永无止境。曹操雄霸天下,却不愿登上封建权力的巅峰,因为他知道成功是没有终极的,他依然带着他的文臣武将在一个又一个新的起点上起跑,为儿子君临天下铺下一块又一块坚实的基石,曹丕也不负父王的厚望,文治武功,建立了强大的魏国。

历史在超越中辉煌,目标在奋斗中成功。成功只代表过去,却不能代替现在。过去的成功固然可喜,明天的新事业才是你更值得去担忧的。只有永远不放弃追求,把今日的成功看成是明日新征程的起步,又是一个重新开始,保持创业之初的勇气,就一定能书写出人生更加辉煌的篇章。

人生是一处硝烟无法散尽的战场,时时处处充满着智慧的较量。我们只能把已经达到的成功目标作为新征程的起点,走下辉煌的神坛,以谦逊的弱者姿态重新出现在新的环境中，才能立于不败之地。在六十四卦结束之际，有一个故事还值得一提。

战国时代杰出的政治家范蠡，辅佐越王勾践，进行20年"卧薪尝胆"的复仇计划，运用美人西施迷倒敌国君王夫差，然一旦复国成功，他便不辞而别，偷偷来到齐国一处偏僻的地方，开垦荒地、发展农业，开始过起另一种新的生活。而仍留在勾践身边的另一位辅佐重臣文种，却落了个拔剑自刎的下场。

范蠡在齐国没几年，便积蓄了相当可观的财产。齐国君王得知后，便邀请他担任齐国的宰相，使者走后，范蠡对下人们说："我当官当到卿相，种地得到千金，这是布衣出身的最高境界了。如果长久享受，这是不明智的。明天我们就把财产散发给穷人，离开这里。"于是他再度出走，来到齐国陶地（今山东肥城市），并改名为"陶朱公"，开始从事商业活动，没几年便富可敌国，最后在自己的引府第寿终正寝。

如果范蠡不把仕途上的成功作为弃政务农的起点，他的下场与文种没什么两样；如果他不把在齐国务农的成就作为异地经商的起点，他又怎能成为巨富而安享晚年呢？正如《宋名臣言行录》中说的"优好之所勿久恋，得志之地勿再往"。

人生旅途，永远没有终点、天外有天，人上有人，任何炫目的成功都只属于某一个领域，只有谦恭者才能笑到最后。

易传·象传上

原文

01.乾

《象》曰：大哉"乾元"，万物资始，乃统天。云行雨施，品物流形。大明终始，六位时成，时乘六龙以御天。②乾道变化，各正性命，保合大

和,乃“利贞”。首出庶物,万国咸宁。[3]

02.坤

《彖》曰:至哉“坤元”,万物资生,乃顺承天。坤厚载物,德合无疆。含弘光大,品物咸“亨”。[4]“牝马”地类,行地无疆,柔顺“利贞”。君子攸行,“先迷”失道,“后”顺“得”常。“西南得朋”,乃与类行。“东北丧朋”,乃终有庆。“安贞”之“吉”,应地无疆。[5]

03.屯

《彖》曰:屯,刚柔始交而难生,动乎险中,大亨贞。雷雨之动满盈,天造草昧,宜“建侯”而不宁。[6]

04.蒙

《彖》曰:蒙,山下有险,险而止,蒙。蒙,“亨”。以亨行,时中也。“匪我求童蒙,童蒙求我”,志应也。“初筮告”,以刚中也。“再三渎,渎则不告”,渎蒙也。蒙以养正,圣功也。[7]

05.需

《彖》曰:需,须也。险在前也,刚健而不陷,其义不困穷矣。需,“有孚,光亨贞吉”,位乎天位,以正中也。“利涉大川”,往有功也。[8]

06.讼

《彖》曰:讼,上刚下险,险而健,讼。讼,“有孚,窒惕,中吉”,刚来而得中也。“终凶”,讼不可成也。“利见大人”,尚中正也。“不利涉大川”,入于渊也。[9]

07.师

《彖》曰:师,众也。“贞”,正也。能以众正,可以王矣。刚中而应,行险而顺,以此毒天下,而民从之,“吉”又何“咎”矣。[10]

08.比

《彖》曰:比,吉也;比,辅也,下顺从也。“原筮,元永贞,无咎”,以刚中也。“不宁方来”,上下应也。“后夫凶”,其道穷也。[11]

09.小畜

《彖》曰:小畜,柔得位而上下应之,曰小畜。健而巽,刚中而志

行，乃“亨”。“密云不雨”，尚往也。“自我西郊”，施未行也。⑫

10.履

履，柔履刚也。说而应于乾，是以“履虎尾，不咥人”。“亨”，刚中正履帝位而不疚。光明也。⑬

注释

①彖：《系辞》中说：“彖的意思就是材。”“材”通“裁”，意思是裁断、解释，对一个卦象进行裁断、解释的文辞被称作彖辞。

②这里集中解释《乾》卦中“元亨”的含义。大：阳就是大，乾卦的六爻全部由阳爻组成，所以叫作大。元：是《乾》卦卦辞，应当解释为始。资：取。统：本，属。这里的意思是指六十四卦都是肇基于乾卦，就好像万物的生命是从属于上天一样。万物：原本的意思指的是自然界中的万物，在这里指的是象征万物的六十四卦。施：布。品：众多。大明终始：指的是《乾》卦从初爻到上爻都是阳爻，从始至终都有阳光照耀。终，指的是上爻。始，指的是初爻。六位：指六个爻位。时成：指每一爻都有相对应的形态。六龙：这里指六个阳爻。用龙来比喻阳爻。《乾》卦卦象由六个阳爻组成，因此被称为六龙。御：意思是驾驭。

③这里集中解释《乾》卦中“利贞”的含义。各正性命：意思是各守性命之正。正，这里是用来阐释“贞”的。性命，指的是本性。保：常存。和：和合，中和。这里是用来阐释“利”的。首：始。庶：众。咸：都。

④这里集中解释《坤》卦中卦辞“元亨”的含义。至：极。承：受。疆：指边际。含弘光大：这里是指坤卦动与静的原理。弘，大。光，广。

⑤这里集中解释《坤》卦卦辞“利牝马之贞，君子有攸往，先迷后得主。利西南得朋，东北丧朋。安贞吉。”牝马地类：指牝马属坤阴类。牝马，母马。马本为阳性，坤言牝马则属阴性，故称“地类”。坤为地，地类即坤类也。失道：失去坤道。乃与类行：是对“西南得朋”的解释。《说卦》西南为坤位，故往西南与阴类同行。类，指阴类，即“西南得朋”。乃终有庆：是对“东北丧朋”的解释。东北虽然丧朋，但《说卦》东北为艮位，艮有“成终”之义；又东北艮为阳，故坤往东北，即是阴从阳，故有“庆”。应：合。

⑥这里集中解释《屯》卦卦名和卦辞的含义。刚柔始交而难生：《序卦》：“屯者，物之始生也。”故曰“刚柔始交”。“屯”字像草木初生，勾而未舒，故有“难”之义。从卦象看，《屯》卦下震上坎，下震为乾坤所生，“乾刚坤柔”，故为“刚柔始交”。上坎为险，故曰“难生”。动乎险中：《屯》卦下震为动，上坎为险。雷雨之动：《屯》卦震为雷，坎为雨。满盈：《序卦》“屯者，盈也”。造：生。草昧：

指万物萌芽状态。屯,象形草木萌芽,通彻地上。即草木萌芽的意思。昧古文也作未,这里是说屯时,万物刚刚萌芽。

⑦这里集中解释《蒙》卦卦名和卦辞的含义。山下有险:《蒙》卦下坎上艮。艮为山,坎为险。险而止:《蒙》卦下坎为险,上艮为止。时中:于其时而适中。时,指卦爻之时。匪:非。童蒙:幼稚蒙昧之人。志应:二五其志相应。《蒙》九二为阳,六五为阴,故二五之志相应。初筮告:第一次占筮则告诉(吉凶)。初,第一次。筮,占筮。刚中:《蒙》九二为阳刚居中,以示告而有节。再三渎,渎则不告:再三(来占问)是渎慢(占筮),渎慢则不告诉(吉凶)。渎,亵渎。圣功:圣人之功。

⑧这里集中解释《需》卦卦名和卦辞的含义。须:待。险在前:《需》卦下乾上坎,坎为险在上,故"险在前"。刚健而不陷:《需》卦下乾为刚健,上坎为陷。虽然前有险,但因乾刚健,遇险而能通,故"不陷"。孚:诚信。天位:五为天位。此指《需》卦九五之刚居天位。正中:九五以阳居阳为"正",为外卦中爻故曰"中"。往有功:五多功,故前往必有功。

⑨这里集中解释《讼》卦卦名和卦辞的含义。上刚下险:《讼》卦下坎上乾,乾为刚在上,坎为险而在上。险而健:《讼》下坎为险,上乾为健。窒惕:后悔害怕。窒,通"咥",训为觉悔。惕,恐惧。"窒惕"帛《易》作"洫宁"。刚来而得中:此指《讼》九二爻自外卦乾而生来居内卦之中。《讼》外卦为乾,内卦为坎,案《说卦》坎是乾坤交索而得,故(九二之)"刚来而得中。"终凶:最终有凶。讼不可成:指在争讼中不能取胜。中正:九五居中而得位,而有中正之德。入于渊:阳来居坎中,坎在下,故为"渊"。

⑩这里集中解释《师》卦卦名和卦辞之义。众:《师》下坎上坤,坤为众,坎亦为众。刚中而应:《师》卦九二为刚处中,六五应之。行险而顺:《师》卦下坎为险,上坤为顺。毒:本指一种害人之草,可以做药物治病,后引申为治理。

⑪这里集中解释《比》卦卦名和卦辞的含义。吉:《杂卦》曰"比乐",故比为"吉"。辅:亲辅。《比》下坤上坎,坤为地,坎为水,水在地上,不容有间。故为"辅"。下顺从:《比》卦下为坤,二三四互体也为坤,坤为顺而在下,故曰"下顺从"。原筮:再筮。原,再一次。元永贞:开始永守正道。刚中:九五以阳刚居中。不宁方来:不安宁之事并行而来。方,俞樾云:"方,并也。"上下应:指上下五阴应九五。后夫凶:后来的人有凶。其道穷:上六居卦之上,又乘五阳,故曰"其道穷"。

⑫这里集中解释《小畜》卦卦名和卦辞的含义。柔得位:《小畜》六四之阴居阴位。柔,指六四。上下应之:上下五阳相应。健而巽:《小畜》下乾上巽。乾为健,故曰健而巽。巽,一本作"逊"。巽、逊音同而相通。刚中而志行:二五之

阳居中故“刚中”，阳性为动，故“志行”。密云不雨：阴云密布而不下雨。尚：上。尚往，指（云）向上而行。自我西郊：指云起自我方西郊。施：《象》释《乾》有“云行雨施”，释《益》有“天施地生”，皆谓降雨此处。“施未行”，乃指“密云不雨”。

⑬这里集中解释《履》卦卦名和卦辞的含义。柔履刚：古者有二解：（一）《履》下兑上乾，兑为柔，乾为刚，兑之柔履行乾之刚。（二）《履》六三为柔，六三履行于五刚之中。前者以卦而言，后者以爻而言，二说虽不同，但皆有据，当兼用二义。说而应乎乾：《履》下兑上乾，兑为说在下，乾刚在上，二者相应。履虎尾：踩老虎尾巴。不咥人：不咬人。咥，咬。刚中正：九五阳刚居中得正。帝位：五为帝位。疚：一本作“疾”。“疚”显有忧惧不安、追悔之义。

译文

01.**乾**　《彖》曰：伟大呵，乾元！万物就是因为有了它才开始，故而本于天。云气流行，雨水布施，众物周流而各自成形，阳光运行于（乾卦）终始，六爻得时而形成，时乘（《乾》卦六爻）的六龙，以驾驭天道。（本于天的）乾道在变化，（万物）各自正定其本性与命理，保全住冲和之气，才能“利贞”。始出众物，万国皆得安宁。

02.**坤**　《彖》曰：至极呵，坤元，万物依赖它而生成，故顺承天道。坤用厚德载养万物，德性（与天）相合而无边无际，（坤道）能包含宽厚而广大，众物全得“亨通”。“牝马”属于地类，奔行于地而无边，（它）柔顺而宜于守正，君子有所往，“先迷”而失其道，“后”柔顺而得其道。“西南得到朋友”，则是与朋友同行，“东北丧失朋友”，最终将有吉庆。“安于守正”之吉，是因为（天道）应合地道而无边。

03.**屯**　《彖》曰：屯，刚柔始相交而难以生成，动于险难之中。盛大“亨通而守正”，雷雨震动充满（天地之间），天始造化，万物萌发，（此时）适宜于封建诸侯，但将不安宁。

04.**蒙**　《彖》曰：蒙，山下有险难，知有险难而终止，故为蒙，蒙，亨通。以亨道行动，随时而得中。“不是我求童蒙，而是童蒙求我”。志向同而相应。“初次占筮则告诉（其吉凶）”，是因得刚中之道。“再三占筮（是对占筮的）亵渎则不告（其吉凶）”。这种亵渎怠慢，是蒙昧（的表现）。将蒙昧培养入正道，这正是圣人的功绩。

05.**需**　《彖》曰：需，等待。危险在前方，有刚健而不会陷入，其义为不困穷。需，“有诚信广大亨通，而占问吉利”，（九五爻）位于天子之位，故居正而得中道。“宜于涉越大河”，前往可以建功立业。

06.讼 《彖》曰：讼，上有（天之阳）刚下有（坎之）陷险，有险难而得刚健，故为讼。讼，“有诚信，后悔害怕，在争讼中得吉”。阳刚来而得中位。“最终有凶”，争讼没有取胜。“适合见有权势的人”，这是崇尚中正之德。“不宜涉越大河”，（此指将）入于深渊。

07.师 《彖》曰：师，为众，贞，为守正道。若能使众人皆行正道，则可以主天下了。（《师》九五）以阳刚居中而应众阴，行于险难而顺利。以此道治理天下，而得民众顺从它。此乃吉祥，又有何“咎”。

08.比 《彖》曰：比，为吉比，有亲辅之义。居下而能顺从。“再次占筮，开始永守正道，无灾害”，（九五）以刚而得中。“不安宁的事情将并行而来”，上下（众阴）亲比而相应和。“后来的人有凶”。此指比道到此穷尽了。

09.小畜 《彖》曰：小畜，阴柔得位而上下（众阳）应和，故曰小畜，刚健而逊顺，（九二九五）阳刚居中皆志于行施，故“亨”。“乌云密布而不下雨”，此云向上行。“云从我西郊而来”，云布施而雨未下。

10.履 《彖》曰：履，阴柔践履阳刚。悦而顺应于乾，所以“踩了老虎尾巴（老虎）不咬人，亨通”。（九五）以刚健中正之德居帝王之位，而不负疚后悔，（盛德）光明正大。

原文

11.泰

《彖》曰：泰，“小往大来，吉，亨”，则是天地交而万物通也；上下交而其志同也；内阳而外阴；内健而外顺；内君子而外小人。君子道长，小人道消也。①

12.否

《彖》曰：“否之匪人，不利君子贞，大往小来。”则是天地不交而万物不通也；上下不交而天下无邦也；内阴而外阳；内柔而外刚；内小人而外君子，小人道长，君子道消也。②

13.同人

《彖》曰：同人，柔得位得中，而应乎乾，曰同人。同人曰“同人于野，亨，利涉大川”，乾行也。文明以健，中正而应，“君子”正也。唯君子为能通天下之志。③

14.大有

《彖》曰：大有，柔得尊位大中，而上下应之，曰大有，其德刚健而文明，应乎天而时行，是以“元亨”。④

15.谦

《彖》曰：谦，“亨”。天道下济而光明，地道卑而上行。天道亏盈而益谦。地道变盈而流谦，鬼神害盈而福谦，人道恶盈而好谦。谦尊而光，卑而不可逾，“君子”之“终”也。⑤

16.豫

《彖》曰：豫，刚应而志行，顺以动，豫。豫，顺以动，故天地如之，而况“建侯行师”乎？天地以顺动，故日月不过，而四时不忒。圣人以顺动，则刑罚清而民服，豫之时义大矣哉。⑥

17.随

《彖》曰：随，刚来而下柔，动而说，随。大“亨贞无咎”，而天下随之，随时之义大矣哉。⑦

18.蛊

《彖》曰：蛊，刚上而柔下，巽而止，蛊。“蛊，元亨”，而天下治也。“利涉大川”，往有事也。“先甲三日，后甲三日”，终则有始，天行也。⑧

19.临

临，刚浸而长，说而顺，刚中而应，大“亨”以正，天之道也。“至于八月有凶”，消不久也。⑨

20.观

《彖》曰：大观在上，顺而巽，中正以观天下，观。“盥而不荐，有孚颙若”，下观而化也。观天之神道，而四时不忒。圣人以神道设教，而天下服矣。⑩

注释

①这里集中解释《泰》卦卦名和卦辞的含义,反映了《彖》作者的一种交感变化思想。泰:通。天地交:《泰》卦下乾上坤,乾为天,坤为地,天居下,地居上,像天阳之气下降,地阴之气上升,故曰"天地交"。上下交:乾为君,坤为众,《泰》卦君居下,而民居上,像上下交心。内外:是释卦辞"往""来"之义。内即内卦,外即外卦。阴阳、健顺、君子小人:是释卦辞"大""小"之义。从卦象看,《泰》卦下乾上坤,乾为内卦,坤为外卦,乾为阳,其性健,为君子,有"大"之义;坤为阴,其性顺,为小人,有"小"之义。君子道长、小人道消:乃就爻而言。《泰》卦三阳居下,有渐长之势,故为"君子道长";三阴居上,有消退之势,故为"小人道消"。"君子道长,小人道消"显系由《泰》而变《大壮》,这就清楚地表达了战国时代人们的卦变思想,从而揭示了一个重要的事实,即卦变之说早在作《彖》之前已经有之。

②这里集中解释《否》卦卦名和卦辞的含义。《否》卦下坤上乾,其卦辞与《泰》卦相反。故《彖》之释亦相反,它反映《彖》作者天地阴阳闭塞不交的思想。

③这里集中解释《同人》卦卦名和卦辞的含义。同人:即同仁。人,仁通。柔得位得中:六二以阴居阴曰"柔得位",六二处《同人》内卦之中故曰"得中"。应乎乾:指六二应外卦乾。乾,指《同人》外卦乾。同人于野:与人志同于旷野之中。野,旷野,效外曰野。乾行:乾道。《尔雅》释"行"为道。文明以健:《同人》内卦离为文明,外卦乾为健。中正而应:《同人》二五居中得正而相应。唯:犹独。

④这里集中解释《大有》卦卦名和卦辞的含义。柔得尊位大中:六五以柔居阳位而处卦之上中。柔,六五。尊位,五位。大中,五为阳而居上中故为"大中"。上下应之:指上下五阳应之。刚健而文明:《大有》下乾上离,乾为刚健,离为文明。应乎天而时行:指日顺应天而随四时运行。《大有》离为日,乾为天。

⑤这里集中解释《谦》卦卦名和卦辞的含义。天道下济而光明,地道卑而上行:《谦》卦下艮上坤,艮为阳卦,得乾阳而生,而乾为天道,为大明。艮在下,故曰"天道下济而光明"。坤为地,本在下而《谦》卦却在上,故曰"地道卑而上行"。"下济"与"卑"皆释谦之义,"光明""上行"皆释"亨"之义。亏:损。盈:满。变:倾坏。流:流注。显:指月盈则食。福:当作"富",富与福通假。逾:高而不可越。

⑥这里集中解释《豫》卦卦名和卦辞的含义。刚应:《豫》卦九四之刚为群

阴所应。顺以动:《豫》下坤上震,坤为顺震为动。如:从。行师:指出兵作战。过:失度。忒:差错,忒一本作“貣”,忒、貣二者通。天地以顺动:地常动不止,而人不知。故而说天动地亦动。时义:一卦之时所含的意义。

⑦这里集中解释《随》卦卦名和卦辞的含义。刚来而下柔:《随》从《否》卦而来,《否》之上九与初六互换而成为《随》,故就爻而言,刚来而柔下。动而说:《随》卦下震为动,上兑为说。随时之义:疑当为“随之时义”。

⑧这里集中解释《蛊》卦卦名和卦辞的含义。蛊:训为惑乱,事。刚上而柔下:《蛊》卦一阳由下而上,故曰“刚上”。一柔由上而下,故曰“柔下”。巽而止:《蛊》卦下巽上艮,艮为止。天行:即天道。

⑨这里集中解释《临》卦卦名和卦辞的含义。刚浸而长:《临》二阳爻居下,有上长趋势。说而顺:《临》卦下兑为说,上坤为顺。刚中:九二阳刚居中。消不久:阴消不久(将至)。

⑩这里集中解释《观》卦卦名和卦辞的含义。大观在上:《观》二阳在上,为下四阴所观。阳为大,阴为小,故曰“大观在上”。顺而巽:《观》卦下坤上巽,坤为顺,故曰顺而巽。中正:九五居中而得正。盥而不荐:祭前先洗手自洁,不必奉献酒食以祭。盥,古祭典前洗手谓之盥,荐,奉献酒食以祭。颙若:崇敬仰慕之貌。下观而化:在下而观示其上得以感化。化,即“德博而化”之化。神道设教:古代帝王效法天道变化至神而建庙堂,供奉鬼神,举行祭祀,让人们敬畏服从,以此达到教育感化民众的目的。

译文

11.泰　《彖》曰:泰,“小(阴)去而大(阳)来,吉祥亨通”。则是天地(阴阳之气)交感而万物通达生长,(君民)上下交感而其心志相同。内(卦)阳刚而外(卦)阴柔;内(卦)刚健,外(卦)柔顺,内(卦)为君子,外(卦)为小人。君子之道盛长,小人之道消退。

12.否　《彖》曰:“闭塞阻隔的不是其人,(此占)不利君子,大(阳)往小(阴)来。”则是天地之气不能互相交感而万物阻隔(不能生成),(君民)上下不相交感而天下没有邦国。内(卦)阴柔,而外(卦)阳刚;内(卦)柔顺,而外(卦)刚健;内(卦)为小人,而外(卦)为君子。小人之道盛长,君子之道消退。

13.同人　《彖》曰:同人,(内卦)阴柔得位而居中,与(外卦)乾相应。(天与火同性)故曰同人。《同人》卦说:“于郊野与人同志,亨通,利于涉越大河”。乾之阳道利行,文明而且刚健,(二五)处中得正而相应,此为“君子”之正道。唯有君子才能通达天下人的心志。

14.大有 《彖》曰:大有,阴柔得尊位而居(九四爻与上九爻与两阳爻之)中,而上下诸阳皆相应它,故曰“大有”。其德性刚健而又文明,顺应于天并因时而行,所以“开始即亨通”。

15.谦 《彖》曰:谦,“亨通”,天道下施(于地)故(万物)光明,地道卑下而(万物)向上生长,天道亏损盈满而增益欠缺,地道变换盈满而流注补益欠缺,鬼神祸害盈满而致富于谦虚,人道厌恶盈满而喜欢谦虚。谦道,尊让而使自己变得光明高大,处卑下(而高)不可逾越。此为是君子(德行修养)的“终”极。

16.豫 《彖》曰:豫,阳刚(为阴柔)所应,其志才能行施,顺从其性而动,这就是豫。豫,顺性而动,所以天地都遵从这一规律,更何况“封建诸侯,出兵打仗”这些事情呢!天地顺乎时而动,故日月运行不失其度,而四时更替亦无差错。圣人顺乎天时而动,则刑罚清明而万民服从。豫卦时所包含的意义,太大啦!

17.随 《彖》曰:随,阳刚(自外卦)来而居内卦阴爻之下,动而喜悦,所以称随。“大道通顺而得正无咎”,天下万物皆随时而(变化)。随卦时所含有意义,太大啦!

18.蛊 《彖》曰:蛊,阳刚居上位而阴柔居下位,逊顺而知止,所以为蛊。“蛊,开始亨通”,而天下大治。“适宜涉越大河”,前往当有事发生。“甲前三日(辛日),甲后三日(丁日)”。(月之盈亏,日之出没)都是有终必有始,这是天道运行的规律。

19.临 《彖》曰:临,阳刚浸润面增长,喜悦而顺从,阳刚居中而有应。在大的“亨通”下仍守其正,这(才体现了)天道呵!“到了八月有凶事发生”,阴消退不久(将至)。

20.观 (阳)大在上(为四阴所观),顺从而逊让。(九五)又以中居正而观天下,故为观。“祭前洗手,而不必奉献祭品以祭神,心存诚信而崇敬之貌可仰”,下(阴)观示上(阳)而感化。观示天之神道,而四时更替不出差错。圣人用神道来设立教化,天下万民皆顺服。

原 文

21.噬嗑

《彖》曰:颐中有物,曰噬嗑。噬嗑而“亨”,刚柔分,动而明,雷电合而章。柔得中而上行,虽不当位,“利用狱”也。①

22.贲

《彖》曰:贲,“亨”,柔来而文刚,故亨;分刚上而文柔,故“小利有

攸往”。[刚柔交错],天文也;文明以止,人文也。观乎天文,以察时变;观乎人文,以化成天下。②

23.剥

《彖》曰:剥,剥也,柔变刚也。“不利有攸往”,小人长也。顺而止之,观象也。君子尚消息盈虚,天行也。③

24.复

《彖》曰:复,“亨”,刚反,动而以顺行。是以“出入无疾,朋来无咎”。“反复其道,七日来复”,天行也。“利有攸往”,刚长也。复,其见天地之心乎!④

25.无妄

《彖》曰:无妄,刚自外来,而为主于内,动而健,刚中而应,大“亨”以正,天之命也。“其匪正有眚,不利有攸往”,无妄之往何之矣?天命不祐,行矣哉?⑤

26.大畜

《彖》曰:大畜,刚健笃实,辉光日新。其德刚上而尚贤,能止健,大正也。“不家食吉”,养贤也。“利涉大川”,应乎天也。⑥

27.颐

《彖》曰:颐“贞吉”,养正则吉也。“观颐”,观其所养也。“自求口实”,观其自养也。天地养万物,圣人养贤以及万民。颐之时大矣哉!⑦

28.大过

《彖》曰:大过,大者过也。“栋桡”,本末弱也。刚过而中,巽而说,行。“利有攸往”,乃“亨”。大过之时大矣哉!⑧

29.坎

《彖》曰:习坎,重险也。水流而不盈,行险而不失其信。“维心亨”,乃以刚中也。“行有尚”,往有功也。天险,不可升也;地险,山川丘陵也。王公设险,以守其国。险之时用大矣哉。⑨

30.离

《彖》曰：离，丽也，日月丽乎天，百谷草木丽乎土，重明以丽乎正，乃化成天下，柔丽乎中正，故“亨”，是以“畜牝牛吉”也。⑩

注释

①这里集中解释《噬嗑》卦卦名和卦辞的含义。颐：腮。噬：啮。以齿咬物为噬。嗑：合。噬嗑即口中有物咀嚼之。物：指九四。刚柔分：刚柔相间，分居内外卦。动而明：《噬嗑》下震上离，震为动，离为明。雷电合而章：《噬嗑》下震为雷为动，上离为电，为明。动而明，雷电并起象，故为“合”。章，明。柔得中而上行：六五之柔居中而在上行。柔，指六五。不当位：六五以阴居阳位。利用狱：适合于处理刑狱之事。

②这里集中解释《贲》卦卦名及卦辞之义。柔来而文刚：《贲》六二之柔自上来与下刚相杂。文，阴阳相杂，纯阴纯阳无文可言。分刚上而文柔：《贲》上九是分内卦一刚而居上与上柔相杂。刚柔交错：此处“天文”上脱“刚柔交错”一句，此处补足。文明以止：《贲》下离为文明，上艮为止。

③这里集中解释《剥》卦卦名和卦辞的含义。剥：剥落。柔变刚：《剥》五阴上长剥落一阳。变，剥落，倾坏。小人：指五阴。顺而止之：《剥》下坤上艮，坤为顺，艮为止。观象：指《剥》卦顺而止之性，是观示天象，即观察在象，一要顺从，一要静视（止）。消息：消退与生息。盈虚：盈满与亏虚。

④这里集中解释《复》卦卦名和卦辞的含义。刚反：《复》卦一阳居五阴之下，象阳经阴剥落而复返于初。动而以顺行：《复》卦下震为动，上坤为顺。七日来复：古有四解，主要有：（一）一阳气始，终于《剥》，至阳气来《复》，需经七月。（二）以五月《姤》卦一阴生，至十一月《复》卦一阳生。凡经七月，历七次变化。（三）以《坎》《震》《离》《兑》四正卦，每卦六爻，每爻主一气，其余六十卦，共三百六十爻，分主一年三百六十日又四分之一，因而一卦主六日七分，即：365/4（日）×1/60=67/80（日），近似七日，即七日之源。（四）以十月末，纯《坤》用事，《坤》卦将尽，则《复》阳来，隔《坤》一卦六爻为六日，《复》来成《震》，一阳爻生共为七日。刚长：《复》卦一阳居下有上长之势。天地之心：指天地生物之心。

⑤这里集中解释《无妄》卦卦名和卦辞的含义。刚自外来而为主于内：《无妄》初九之刚是从外卦乾而来而为内卦之主。刚，指初九。外，外卦。内，内卦。动而健：《无妄》下震上乾，震为动，乾为健。刚中而应：九五之刚居中而应六二。其匪正有眚：若不守正道则有灾异。匪，非。眚，本指眼有病。此指灾。何之：何往。之，适、往。行矣哉：疑问句，指岂敢行？即不可以有行。

⑥这里集中解释《大畜》卦卦名和卦辞的含义。刚健笃实:《大畜》下乾上艮,乾为刚健,艮为“成”,“成言乎艮”(《说卦》),故为笃实。辉光:朝日为辉,日中为光。刚上:《大畜》一阳刚居上。能止健:《大畜》下乾上艮,乾为健,艮为止。不家食:不食于家,而是食禄于朝。养贤:与前“尚贤”义相同。均指《大畜》上为阳爻,有“尚贤”“养贤”之义。应乎天:指六五应乎乾。《大畜》内卦为乾。

⑦这里集中解释《颐》卦卦名和卦辞的含义。颐:本指两腮,此引申为养,《序卦》:“颐,养也。”自求口实:自己求得食物,以充其口,此指自己谋生。自养:自己养活自己。

⑧这里集中解释《大过》卦卦名和卦辞的含义。大:指阳而言,阳为大。过:有越,差,误等义。栋桡:栋梁弯曲。本末弱:《大过》初上两爻为阴爻,初为本,上为末、阴爻为柔弱,故“本末弱”。刚而过中:《大过》虽阳过,但二五两阳居中。巽而说:《大过》下巽上兑,兑为说。

⑨这里集中解释《坎》卦卦名和卦辞的含义。重险:《坎》上下皆坎,坎为险,故有两险相重之义。重,是释“习”。水流而不盈:《坎》阳动于阴中故曰流,阳陷入二阴之中故“不盈”。不失其信:是释卦辞“有孚”。维心亨:经文原文是“有孚维心亨”,其义为有诚系之于心,亨通。刚中:二五之阳居中。尚:赏。功:是释“尚”。

⑩这里集中解释《离》卦卦名及卦辞之义。丽:依附。土:一本作“地”,而《易传》多以天地相称,故作“地”为准。重明以丽乎正:《离》卦上下皆为离,离为明,故曰“重明”,内卦三爻皆得正位,故曰正。此是说外卦重明依附于内卦之正。柔丽乎中正:《离》卦六二、六五居中,六二得正。畜牝牛吉:畜养母牛得吉。牝,母。

译文

21.**噬嗑** 《彖》曰:颐中含物,叫作噬嗑,噬嗑而能“亨通”,阳刚阴柔分布(内外),动而光明,雷电相合而彰明。(六五)阴柔得中位而上行,虽然它所处的爻位并不当位,但是“宜用于断刑狱”。

22.**贲** 《彖》曰:贲,“亨通”,阴柔(六二爻)来与下刚相杂,所以“亨通”。分(内卦一)阳刚上来与阴柔相杂,故“有小利而可以前往”。(日月)刚柔相互交错,为天文;得文明而知止(于礼义),这是人文。观看了天文,可以察知时节变化;观于人文,可以教育化成天下。

23.**剥** 《彖》曰:剥,剥落。阴柔剥而变阳刚。“不宜有所往”,小人正盛长。

顺从(天道)而知止,这是观察了天象。君子崇尚阴阳的消息盈虚之理,这是顺天而行。

24.**复** 《彖》曰:复,"亨通",阳刚复返(于初)。动则顺时而行。所以"出入没有疾病,朋友来而无咎害"。"往来反复其道,经七日而来归于初",这是天道的运行。"利有攸往",(是因)阳刚盛长。从〈复〉卦中,大概可以显现天地运行的规律吧!

25.**无妄** 《彖》曰:无妄,阳刚(初九)自外卦来而主(于内卦),动而刚健,(九五)阳刚居中而应(六二),有大的"亨通"。因行正道。这是天命呵!"其不正则有灾,不利有所往"。没有希望的行动,何所去?天命不保佑,岂敢行动?

26.**大畜** 《彖》曰:大畜,得刚健笃实,光辉日日增新,其德阳刚在上而尊尚贤人,能止刚健(而畜养之),这就是大的正道。"不食于家",尊养贤士。"宜于涉越大河",顺应天道。

27.**颐** 《彖》曰:颐,"守正道则吉"。养正则有吉祥。"观颐",观察其所养。"自己获取口中之食",是观察自己的谋生之路。天地养育万物,圣人养育贤人以及万民百姓。颐时(包含的意义),太大啦!

28.**大过** 《彖》曰:大过,大(阳)盛过于(阴)。"栋梁弯曲",(说明了)本与末皆柔弱。阳刚过盛而处中,逊顺喜悦而行动。"利于有所往",所以"亨通"。大过,(其义)太大啦!

29.**坎** 《彖》曰:习坎,有双重危险。水流动而不盈溢,历尽危险而不失诚信,"维系于心,亨通",这是因有刚中之德。"行动有奖赏",前往必有功效。天险,不可登越;地险,指山川丘陵。王公(观象)设置险阻,来守卫自己的邦国。坎险时的功用太大啦!

30.**离** 《彖》曰:离,为附着。日月依附于天(而光明),百谷草木依附于地(而生长),(日月)重明而依附于正道,才化育生成天下(万物)。阴柔依附于中正(之道),所以"亨通"。因而"畜养母牛,吉祥"。

易传·彖传下

原文

31.咸

《彖》曰:咸,感也。柔上而刚下,二气感应以相与,止而说,男下女,是以"亨",利贞,取女"吉"也。天地感,而万物化生;圣人感人心,而天下和平。观其所感,而天地万物之情可见矣。①

32.恒

《彖》曰:恒,久也。刚上而柔下,雷风相与,巽而动,刚柔皆应,恒。恒"亨,无咎,利贞",久于其道也。天地之道恒久而不已也。"利有攸往",终则有始也。日月得天而能久照,四时变化而能久成,圣人久于其道而天下化成。观其所恒,而天地万物之情可见矣。②

33.遁

《彖》曰:遁,"亨",遁而亨也。刚当位而应,与时行也。"小利贞",浸而长也。遁之时义大矣哉。③

34.大壮

《彖》曰:大壮,大者壮也。刚以动,故壮。大壮"利贞",大者正也。正大,而天地之情可见矣。④

35.晋

《彖》曰:晋,进也。明出地上,顺而丽乎大明,柔进而上行,是以"康侯用锡马蕃庶,昼日三接"也。⑤

36.明夷

《彖》曰:明入地中,明夷。内文明而外柔顺,以蒙大难,文王以之。"利艰贞",晦其明也,内难而能正其志,箕子以之。⑥

37.家人

《彖》曰：家人，女正位乎内，男正位乎外。男女正，天地之大义也。家人有严君焉，父母之谓也。父父、子子，兄兄、弟弟，夫夫、妇妇，而家道正。正家而天下定矣。⑦

38.睽

《彖》曰：睽，火动而上，泽动而下。二女同居，其志不同行。说而丽乎明，柔进而上行，得中而应乎刚，是以“小事吉”。天地睽而其事同也，男女睽而其志通也，万物睽而其事类也。睽之时用大矣哉！⑧

39.蹇

《彖》曰：蹇，难也，险在前也。见险而能止，知矣哉。蹇，“利西南”，往得中也。“不利东北”，其道穷也。“利见大人”，往有功也。当位“贞吉”，以正邦也。蹇之时用大矣哉！⑨

40.解

《彖》曰：解，险以动，动而免乎险，解。解，“利西南”，往得众也。“其来复吉”，乃得中也。“有攸往夙吉”，往有功也。天地解而雷雨作。雷雨作，而百果草木皆甲坼，解之时大矣哉！⑩

注释

①这里集中解释《咸》卦卦名及卦辞之义。感：感应。柔上而刚下：以内外卦看《咸》下艮上兑，艮为刚，兑为柔，柔在上，刚在下。从爻画看，《咸》上六之柔自下而上，故曰柔上。九三之刚自上而下，故曰刚下。与：犹亲。止而说：《咸》卦下艮为止，上兑为说。男下女：即男处女下，艮为少男在下，兑为少女在上，有聘士、亲迎之义。取女吉：娶此女则有吉。取，娶。

②这里集中解释《恒》卦卦名及卦辞之义。刚上而柔下：从内外卦看，《恒》下巽上震，震为刚在上，巽为柔在下。从爻画看，《恒》卦九四之刚自下而上，初六之柔自上而下。故曰“刚上而柔下”。雷风相与：《恒》卦上震为雷，下巽为风，雷风相得。巽而动：《恒》下巽上震，震为动。刚柔皆应：《恒》卦初四、二五、三六刚柔皆相应。久于其道：长久保持恒道。不已：不停止。

③这里集中解释《遁》卦卦名及卦辞之义。刚当位而应：《遁》九五得位居中而与六二相应。浸而长：《遁》二阴居四阳之下，有浸润而渐长之势。时义：指

当“浸而长”之际,应及时隐退,方合遁义。

④这里集中解释《大壮》卦卦名及卦辞之义。壮:《大壮》四阳盛长过中故曰“壮”。刚以动:《大壮》下乾上震,乾为刚,震为动。大者正也:是指《大壮》阳大过中而又有正之义。正,是释《大壮》卦辞“贞”。

⑤这里集中解释《晋》卦卦名及卦辞之义。明出地上:《晋》卦下坤上离,坤为地,离为明。顺而丽乎大明:《晋》下坤为顺,上离为日,日为大明。柔进而上行:这里指《明夷》六二爻变为《晋》六五爻,故称“上行”。康侯用锡马蕃庶:康侯得到王赏赐的马很多。康侯,一说泛指安康的侯爵;一说为周武王的弟弟卫康叔。锡,赐。蕃庶,繁育,此有众多之义。昼夜三接:一日之内受到三次接见。

⑥这里集中解释《明夷》卦卦名及卦辞之义。明入地中:《明夷》下离上坤,离为日,为明,坤为地。明入地中而伤,故为明夷。夷,伤。内文明而外柔顺:《明夷》内卦离为文明,外卦坤为柔顺。蒙:遭受。大难:指大的灾难。此指文王遭囚禁。文王以之:文王有此道,即文王内怀文明之德而外有柔顺之性蒙受纣王囚禁之大难。晦其明:《明夷》上坤为晦,下离为明。内难而正其志:箕子为纣伯父,纣王昏暗,故曰内难。《明夷》离日在内,且离三爻各得正故曰正其志。

⑦这里集中解释《家人》卦卦名及卦辞之义。女:《家人》六二之阴。内:内卦。男:《家人》九五之阳。外:外卦。严君:尊严的君长,即父母。严犹尊。

⑧这里集中解释《睽》卦卦名及卦辞之义。睽:乖异。火动而上,泽动而下:《睽》卦下兑上离,兑为泽,离为火。泽动而下润,火动而炎上。二女同居:《睽》兑为少女,离为中女。故《睽》为“二女同居”。志不同行:志向不相同。说而丽乎明:兑为说,离为丽、为明。柔进而上行:六五以柔而上进而行在尊位。似《家人》六二变《睽》六五。得中而应乎刚:六五居中而应九二之刚。刚,指九二。事同:生育万物之事相同。志通:男女交感之志相通。事类:生成事因类同,亦即《系辞》之“方以类聚物以群分”也。

⑨这里集中解释《蹇》卦卦名及卦辞之义。险在前:《蹇》卦上为坎,坎为险。止:《蹇》下卦艮为止。往得中:是释“利西南”。西南为坤方,坤为顺,前往必顺,又因外卦九五居中,故前往得中。其道穷:是释“不利东北”,东北方为艮方,艮为山、为止,故往东北为山所止难行,故前往是道因穷而不能。往有功:五多功,故前往必有功。当位:九五以阳居阳。正邦:正定邦国。

⑩这里集中解释《解》卦卦名及卦辞之义。解:有缓解之义。《杂卦》:“解,缓也。”险以动:《解》下坎上震,坎为险,震为动,动在险外,故有“解”之义。往得众:是释“利西南”,西南为坤方,坤为众。故“往得众”。其来复吉:只有回到原处则有吉。乃得中:九二居中。夙吉:行动早则有吉。夙,早。雷雨作:《解》下坎为雨,上震为雷。作,兴起。甲:皮壳。此指发芽。坼:一本作“宅”,古文

‘宅’字与‘坼’相似,故误作‘坼’,当以“宅”为是。

译文

31.**咸** 《彖传》说:咸,感应。阴柔处上而阳刚处下,(阴阳)二气感应以相亲,止而喜悦,男处女下,所以“亨通,宜于守正,娶女吉祥”。天地互相交感,万物变化生成,圣人感化人心,于是天下和平。观察所感应的方面,天地万物之情皆可以显见呵!

32.**恒** 《彖传》说:恒,恒久。阳刚处上而阴柔处下,雷风相交与,巽顺而动,阳刚与阴柔皆相互应,故为恒。恒,“亨通,无咎,利于守正”。(因为)长久恒守其道呵!天地之道,恒久而不止。“利一有所往”,终结则必有新的开始。日月得天才能长久地照耀,四季交替变化才能长久地运行,圣人能长久地恒守其道,天下之(德风美俗)才能化育而成。观察其所恒守者,天地万物的情状就可以显现了!

33.**遁** 《彖传》说:遁,“亨通”。隐退而有亨通。(九五)阳刚居正当位而应(六二阴柔),因时而运行。“小而宜于守正”,(阴柔)浸润而逐渐盛长。《遁》卦时的意义,太大啦!

34.**大壮** 《彖传》说:大壮,(阳刚)大而壮。刚健而动,故称壮。大壮,“宜于守正”,(阳刚)之大为正。能正其大,天地之情便可以体现了!

35.**晋** 《彖传》说:晋,前进生长。光明出现地上,逊顺而依附太阳,阴柔进长而升上,所以“康侯享用很多赏赐之马,一日内三次受到接见”。

36.**明夷** 《彖传》说:光明进入地中,是为明夷。内(卦有离卦的)文明而外(卦有坤卦的)柔顺,以此蒙受大难,只有文王能够做到。“利于在艰难中守正”,暗藏其明智,内有险难而能正其志向情操,只有箕子能够做到。

37.**家人** 《彖传》说:家人,女人正位在内,男人正位于外,男女各正其位,这是天地的大义!家人有尊严的君主,这就是父母。做父亲的尽父道,做儿子的尽孝道,做兄长的像兄长,做弟弟的像弟弟,做丈夫的尽到丈夫职责,做妻子的尽妇道(各守其道),因而家道得正。家道正则天下安定。

38.**睽** 《彖传》说:睽,火动而炎上,泽动而润下,(离兑)二女住在一起,志向不同,很难一起行动。喜悦而附之一文明,(六五)阴柔进而上行于(外卦),得中而应(九二)阳刚。所以“小事吉利”。天地虽有差异,但养育万物之事相同,男女性别不同,而其心志相通,万物形形色色各有差异,而各涵阴阳之事类同。《睽》卦所涵的因时的作用有盛大呵!

39.**蹇** 《彖传》说:蹇,困难,危险前面。见到危险而能停止冒险,明智呵!

蹇，“利于西南”，前往可得中道。“不利东北”，(前往)穷途末路。“宜见有权势的人”，前往必立功业，居正当之位而“守正则吉利”，可以正定邦国。《蹇》卦时的作用太大啦！

40.解　《彖传》说：解，冒险而去行动，(结果)因行动而免去危险，故称解。解，“利西南方向”，前往可以得到民众(归服)。“返回原来地方吉利”，因为得到了中道。“有所往，早行动吉”，前往可建功业。天地(阴阳)交感，而雷雨大作，雷雨大作，而百果草木皆发芽生根。《解》卦之时(的作用)太大啦！

原文

41.损

《彖》曰：损，损下益上，其道上行。损而“有孚，元吉，无咎，可贞，利有攸往，曷之用二簋可用享”。二簋应有时，损刚益柔有时，损盈虚，与时偕行。①

42.益

《彖》曰：益，损上益下，民说无疆，自上下下，其道大光。“利有攸往”，中正有庆。“利涉大川”，木道乃行。益动而巽，日进无疆。天施地生，其益无方。凡益之道，与时偕行。②

43.夬

《彖》曰：夬，决也，刚决柔也。健而说，决而和。“扬于王庭”，柔乘五刚也。“孚号有厉”，其危乃光也。“告自邑，不利即戎”，所尚乃穷也。“利有攸往”，刚长乃终也。③

44.姤

《彖》曰：姤，遇也。柔遇刚也。“勿用取女”，不可与长也。天地相遇，品物成章也。刚遇中正，天下大行也。姤之时义大矣哉！④

45.萃

《彖》曰：萃，聚也。顺以说，刚中而应，故聚也。“王假有庙”，致孝亨也。“利见大人，亨”，聚以正也。“有大牲吉、利有攸往”，顺天命也。观其所聚，而天地万物之情可见矣。⑤

46.升

《彖》曰：柔以时升，巽而顺，刚中而应，是以大“亨”。“用见大人

勿恤",有庆也。"南征吉",志行也[⑥]。

47.困

《彖》曰:困,刚揜也。险以说,困而不失其所,"亨",其唯君子乎!"贞大人吉",以刚中也。"有言不信",尚口乃穷也[⑦]。

48.井

《彖》曰:巽乎水而上水,井。井养而不穷也。"改邑不改井"。乃以刚中也。"汔至亦未繘井",未有功也。"羸其瓶",是以凶也[⑧]。

49.革

《彖》曰:革,水火相息,二女同居,其志不相得曰革。"巳日乃孚",革而信之。文明以说,大"亨"以正。革而当,其"悔"乃"亡"。天地革而四时成,汤武革命,顺乎天而应乎人。革之时大矣哉![⑨]

50.鼎

《彖》曰:鼎,象也。以木巽火,亨饪也。圣人亨以享上帝,而大亨以养圣贤。巽而耳目聪明,柔进而上行,得中而应乎刚,是以"元亨"。[⑩]

51.震

《彖》曰:震,"亨,震来虩虩",恐致福也。"笑言哑哑",后有则也。"震惊百里",惊远与迩也。["不丧匕鬯",]出可以守宗庙社稷,以为祭主也。[⑪]

52.艮

《彖》曰:艮,止也。时止则止,时行则行,动静不失其时,其道光明。艮其止,止其所也。上下敌应,不相与也。是以"不获其身,行其庭,不见其人,无咎"也。[⑫]

注释

①这里集中解释《损》卦卦名及卦辞之义。损下益上:《损》减损内卦一阳而增加到外卦。内为下,外为上,即损三爻而益上爻。其道上行:其阳道行在卦上爻。道,指阳道,上,指上爻。曷:何。簋:食物的器皿。可用亨:可以用于亨

祀鬼神。亨,祭祀鬼神。二簋应用时:是说在祭品不足的情况下,只要有诚信,二簋至簿祭品亦合礼。二簋,比喻减损之道。时,指一定条件,即当减损之时。损刚益柔:其义与“损下益上”相类似,即减损下刚而增益上柔。偕:俱。

②这里集中解释《益》卦卦名及卦辞之义。损上益下:《益》减损外卦一阳而增益到内卦,内为下,外为上,即损四爻而益初爻。说:喜悦。自上下下:《益》一阳爻自上而下居初。大光:盛大光明。中正:九五之阳居中得正。木道乃行:《益》上巽为木,下震为动,动即行,木道,指舟楫。方:《广雅·释诂》:“方,表也”,无方即无表极大。

③这里集中解释《夬》卦卦名及卦辞之义。决:决去,溃决。刚决柔:《夬》五阴一阳,五阳盛长决去一阴。健而说:《夬》下乾上兑,乾为健,兑为说。和,和悦。扬于王庭:在王庭上宣扬公布事情。扬,张扬,宣扬。柔乘五刚:《夬》卦一阴居五阳之上。孚号有厉:竭诚话呼有危厉。其危乃光:上六阴柔乘五阳刚,故“危”。但因居卦之上,其害尚广,故曰“光”。光,广。告自邑,不利即戎:告诫自己封邑内的人,不宜立即动武。邑,城邑。戎,兵。所尚乃穷:《夬》阳刚盛长,阴柔消退,卦上只有坤一阴,象坤众渐散,此时聚众兴兵,必困穷。刚长乃终:阳刚盛长,直到决去一阴而终结。

④这里集中解释《姤》卦卦名及卦辞之义。遇:不期而合。柔遇刚:《姤》一阴五阳,一阴在下而与五阳相遇。取:娶。长:长久。品物成章:众物显明。品,众。章,显著,显明。刚遇中正:九五阳刚居中得正。天下大行:《姤》卦下巽上乾,乾为天,巽为风,风行天下,故曰“天下大行”。

⑤这里集中解释《萃》卦卦名及卦辞之义。聚:集。顺以说:《萃》下坤上兑,坤为顺,兑为说。刚中而应:九五阳刚居中而得正,六二率众阴应之。王假有庙:大王至宗庙祭祀。假,至。致孝亨:这里集中解释“王假有庙”,是说大王至庙推行孝祖祭祀。致,推致。亨,祭祀。聚以正:《萃》九五居中得正,故聚用正道。用大牲吉:用大的牺牲祭祀则有吉祥。

⑥这里集中解释《升》卦卦名及卦辞之义。柔以时升:《升》与《萃》卦画像倒置。《萃》时坤在下,坤升上为《升》,坤为柔,故“柔以时升”。《序卦》:“萃者,聚也。聚而上者谓之升,故受之以升。”《杂卦》:“萃聚而升不来也。”即是此意。巽而顺:《升》卦下巽上坤,坤为顺。刚中而应:《升》九二居中而应六五。恤:忧虑。有庆:九二居中,故“有庆”。南征吉:向南出征有吉。志行:二五上下应之,故“志行”。

⑦这里集中解释《困》卦卦名及卦辞之义。刚揜:指《困》卦阳刚被阴柔所掩,有两层含义:一,《困》卦下坎上兑,坎为刚,兑为柔,坎刚被兑柔所掩。二,《困》九二被六二所掩,九三、九四为上六所掩。险以说:《困》下坎为险上兑为

说。困而不失其所:《困》阳被阴所掩故曰"困",但《困》上兑悦,下坎为通,故不失其所,即"亨"。其,大概。唯:犹是。刚中:《困》二五居中。有言不信:虽有言相说但人皆不相信。尚口乃穷:《困》上兑为口,但兑一阴居上,故曰穷,穷,穷尽。

⑧这里集中解释《井》卦卦名及卦辞之义。巽乎水而上水:《井》卦下巽上坎,巽为木,为入,坎为水,故以木(桔槔)引瓶下水吸水而上。巽,春秋战国时巽木是指井上桔槔。井:指水井,又为古时社会组织单位,八家为一井。改邑不改井:村邑变迁,井不会变动。刚中:《井》二五以阳居中。汔至亦未繘井:井干涸了,也不挖井。汔,水干涸。繘乃"矞"字之借,训为穿。未有功:指不修治井,不会发挥其功用。羸其瓶:毁坏了瓶。羸,毁缺。瓶,古代汲水器具。

⑨这里集中解释《革》卦卦名及卦辞之义。水火相息:《革》下离上兑,离为火,兑为泽,离火炎上,泽水润下,故泽火相互熄灭。二女同居:《革》下离为中女,上兑为少女。不相得:离兑皆为女,而无男,故"不相得"。巳日乃孚:到了巳日才有革命的诚心。巳,巳日,孚,诚信。文明以说:《革》下离为文明,上兑为说。汤武革命:商汤,武王改姓受天命。

⑩这里集中解释《鼎》卦卦名及卦辞之义。鼎:三足两耳,古代烹饪器具,多用于宗庙祭祀,被看作国家权力象征。象:鼎有象义。此指《鼎》卦取鼎器之象,《鼎》初六阴爻为足,九二、九三、九四阳爻为鼎腹,六五阴爻为耳,上九阳爻为铉。以木巽火:《鼎》下巽上离,巽为木,为入,离为火。亨:烹饪。享:祭献。大亨:郊用特牛,享宾之礼,牛羊豕具焉,故曰大。大,犹广、多。耳目聪明:《鼎》上为离,离为目,为明。《鼎》六五又有耳象,故"耳目聪明"。柔进而上行:《鼎》卦六五之柔进而行在上位。得中而应乎刚:六五居中而应九二之刚。得中,六五居中。刚,指九二。

⑪这里集中解释《震》卦卦名及卦辞之义。震来虩虩:雷电袭来,令人恐惧。震,雷。虩虩,恐惧貌。恐致福:恐惧可以致福祥。笑语哑哑:谈笑声声从容自如。哑哑,笑声。后有则:初九居阳位得正,故曰后有则。则,法度、寸度。震惊百里:雷声震惊百里。百里,比喻诸侯国。古者封建诸侯皆百里。迩:近。不丧匕鬯:匕鬯,指盛在棘匙中的香酒。匕,匙,以棘木为柄,祭祀时主祭人用它从鼎中将烹好的牛羊肉盛入俎中,以供大典之用。鬯,一种用黑黍酒和郁金草合成的香酒,专供宗庙祭祀之用。社稷:古语称土神为社,祭土神之坛也为社。谷神为稷,祭谷神之坛也为稷。此指社稷坛。祭主:祭礼之主人,即主祭。震为长子,长子为祭主。

⑫这里集中解释《艮》卦卦名及卦辞之义。艮其止:当作"艮其背"。背,古本作"北"。北、止二字字形相近,恐转抄"北"为"止"。故当以"背"为是。止其

所：指《艮》内外两艮各止其所。此处“所”是释“背”。上下敌应：《艮》初四、二五、三上皆不相应。不相应即“敌应”。不相与：不相亲与。《艮》两艮各止其所，故不相与。与，犹亲。

译文

41.**损** 《彖传》说：损，减损下（阳）而增益到上，阳道上行。虽然受损而“有诚信，开始即吉，无咎灾，可以守正，宜有所往，用什么（祭祀），只需二簋的（祭品）即可用来亨祀”。二簋（祭品）应有时，减损（下）阳刚而增益（上）阴柔也应当有时，或损或益，（如月亮之）或盈或虚，皆因时而一起行动。

42.**益** 《彖传》说：益，减损上（一阳）而增益至下，民众喜悦无穷，（一阳）自上而居下（初），其道盛大光明。“利于有所往”，（九五与六二）居中得正而有吉庆。“利于涉越在河”，有木舟渡水而行。增益（震）动而（外巽）顺，日日增进无穷。天施（阳气）而地生万物，其效益无尽。凡增益之道，皆与时并行。

43.**夬** 《彖传》说：夬，决去。阳刚决去阴柔。刚健而喜悦，决去而又和谐。“宣扬于王庭”，（一）阴柔乘凌（五）阳刚。“以诚心疾呼有危厉”，其危厉已很普及广大。“告诫自己封邑内的人，不宜立即动武”，所崇尚（的武力）已是穷途末路。“利于有所往”，阳刚盛长至此已经终结。

44.**姤** 《彖传》说：姤，相遇。阴柔遇阳刚。“不要娶此女”，不可与（她）长久相处。天地相遇，众物皆光明。（九五）阳刚居中得正，大行于天下。《姤》卦之时，所含意义太大啦！

45.**萃** 《彖传》说：萃，聚。顺从而招喜悦，（九五）阳刚居中而（与六二阴柔）相应，故为聚。“大王至宗庙”，致孝祖之祭。“利于见有权势的人，亨通”，聚集必以正道。“用大的牲畜（祭祀）吉利，利有所往”，顺从天命。观察所聚的道理，而天地万物的情状得以展现。

46.**升** 《彖传》说：阴柔因时而升，巽逊而顺从，（九二）阳刚居中而应（六五），所以得大亨通。“宜于见有权势的人，不要忧虑”，有吉庆。“向南出征则吉”，其志得以推行。

47.**困** 《彖传》说：困，阳刚被（阴柔）掩蔽。虽处危险之中而乐观喜悦，穷困而不失其道，故“亨通”。这恐怕只有君子（才能做到）吧。“占问大人吉祥”，因（内外卦皆以）阳刚居中。“虽有方相劝而不相信”，崇尚空口无凭，必遭穷困。

48.**井** 《彖传》说：以木引水而上，有井之象。井水供养人而不穷尽。“搬迁村邑，井不会变动”，这是因（二五）以刚得中。“井干涸了也不去挖井”，未能尽到井的功用。“毁坏了水瓶”,所以为凶的预兆。

49.革 《彖传》说:革,水火互相熄灭,二女住在一起,其心志不同,故称革。“巳日才有(变革的)诚心”,变革而使人相信。(变革时)必以文明而悦(人心),大“亨通”顺利,因其行正。变革得当,其“后悔”之事自然“消亡”,天地之气变化而四时形成,商汤、武王改姓受天命,上顺天时,下应人心。《革》卦时的作用太大啦!

50.鼎 《彖传》说:鼎,(以鼎器)象物。用木生火,用以烹饪。圣人烹饪(特牲)以祭亨上帝,而大烹(牛羊等)以宴请圣贤,巽逊而耳目聪明,(六五)阴柔进升行上位,居中而应于(九二)阳刚,所以开始即“亨通”。

51.震 《彖传》说:震,“亨通,雷声袭来让人害怕”,因恐惧而致福祥。“谈笑自如”,恐惧后而不失法度。“雷惊百里”,震惊远方而畏惧近旁。(没有失落木勺中的香酒),外出可以守卫宗庙社稷,成为祭祀的主祭。

52.艮 《彖传》说:艮,止。应该止的时候停止,应该行动的时候行动,行动与停止不失时机,(这样)其道才能光明通畅。止其背,正是止的那个地方。(《艮》卦六爻)上下皆(止而)不相应,不相交往。所以“整个身体不动,虽行于庭院,却看不到人,无咎灾”。

原文

53.渐

《彖》曰:渐之进也,“女归吉”也,进得位,往有功也。进以正,可以正邦也。其位刚得中也。止而巽,动不穷也。①

54.归妹

《彖》曰:归妹,天地之大义也。天地不交,而万物不兴。归妹,人之终始也。说以动,所以归妹也。“征凶”,位不当也。“无攸利”,柔乘刚也。②

55.丰

《彖》曰:丰,大也。明以动,故丰。“王假之”,尚大也。“勿忧,宜日中”,宜照天下也。日中则昃,月盈则食,天地盈虚,与时消息,而况于人乎,况于鬼神乎?③

56.旅

《彖》曰:旅,“小亨”,柔得中乎外而顺乎刚,止而丽乎明,是以“小亨、旅贞吉”也。旅之时义大矣哉!④

57.巽

《彖》曰:重巽以申命。刚巽乎中正而志行。柔皆顺乎刚,是以“小亨,利用攸往,利见大人”。[⑤]

58.兑

《彖》曰:兑,说也。刚中而柔外,说以“利贞”,是以顺乎天而应乎人。说以先民,民忘其劳。说以犯难,民忘其死。说之大,民劝矣哉![⑥]

59.涣

《彖》曰:涣,“亨”,刚来而不穷,柔得位乎外而上同。“王假有庙”,王乃在中也。“利涉大川”,乘木有功也。[⑦]

60.节

《彖》曰:节,“亨”,刚柔分而刚得中。“苦节不可贞”,其道穷也。说以行险,当位以节,中正以通。天地节,而四时成。节以制度,不伤财,不害民。[⑧]

61.中孚

《彖》曰:中孚,柔在内而刚得中,说而巽,孚乃化邦也。“豚鱼吉”,信及豚鱼也。“利涉大川”,乘木舟虚也。中孚以“利贞”,乃应乎天也。[⑨]

62.小过

《彖》曰:小过,小者过而亨也。过以“利贞”,与时行也,柔得中,是以“小事吉”也。刚失位而不中,是以“不可大事”也。有“飞鸟”之象焉,“飞鸟遗之音,不宜上,宜下,大吉”,上逆而下顺也。[⑩]

63.既济

《彖》曰:既济,“亨”,小者亨也。“利贞”,刚柔正而位当也。“初吉”,柔得中也。“终”止则“乱”,其道穷也。[⑪]

64.未济

《彖》曰:未济,“亨”,柔得中也。“小狐汔济”,未出中也。“濡其尾,无攸利”,不续终也。虽不当位,刚柔应也。[⑫]

注释

①这里集中解释《渐》卦卦名及卦辞之义。渐:渐进。女归吉:少女出嫁则有吉。依卦气之说,《渐》为正月之卦,少女在正月(或春天)出嫁则有吉。进得位:六四自下而上得位。往有功:因五位多功,六四承五阳前往,必有功。进以正:与“进得位”之义相同。刚得中:九五阳刚居中。止而巽:《渐》下艮上巽,艮为止。

②这里集中解释《归妹》卦卦名及卦辞之义。归:嫁。妇人出嫁曰归。妹:少女。人之终始:归者,为女之终;女归男而生育,故为人之始。说以动:《归妹》下兑为说,上震为动。所:可。征凶:也征则有凶。位不当:指《归妹》中四爻皆失位,二四阳居阴,三五是阴居阳。柔乘刚:《归妹》六三阴爻居九二阳爻之上,六五阴爻居九四阳爻之上。

③这里集中解释《丰》卦卦名及卦辞之义。明以动:《丰》下离上震,离为明,震为动。假:至。尚:尊崇。勿忧,宜日中:不要忧虑,宜在中午进行,日中,中午。宜照天下:是释“日中”,中午日之光明普照天下。《丰》内卦为离,离为日,为明,故曰“宜照天下”。昃:倾斜。食:又作“蚀”,此指月亏蚀。天地盈虚:天之盈虚,显系指日月变化;而地之盈虚,或指百果草木随天时之变而隆枯。

④这里集中解释《旅》卦卦名及卦辞之义。柔得中乎外:《旅》卦六五之柔居中而在外卦。顺乎刚:六五居九四与上九两阳之间,故有顺从阳刚之义。止而丽乎明:《旅》卦下艮为止,上离为丽、为明。小亨:小事亨通。

⑤这里集中解释《巽》卦卦名及卦辞之义。重巽:《巽》卦上下皆巽。巽,践也。申:重复。命:王命。刚巽乎中正:九五阳刚居中得正。巽,为入、为践,此指居。柔皆顺乎刚:《巽》初六、六四之柔皆顺从九二、九三、九五上九之刚。柔,指初六、六四。刚,指二、三、五、上。

⑥这里集中解释《兑》卦卦名及卦辞之义。说:说服,劝说。又通悦。刚中而柔外:《兑》卦二五阳爻居中,故曰“刚中”。三上两阴爻分居内外两卦之上,故曰“柔外”。说以先民:教导民于其先。犯难:冒险,遭难。

⑦这里集中解释《涣》卦卦名及卦辞之义。涣:当作“焕”,一作“唤”,指古代祭祀大典中的某种仪式。刚来而不穷:《涣》卦九二阳刚自外卦而来居内卦而不困穷于下。柔得位乎外:《涣》卦六四阴爻居阴位而处外卦。上同:六四与九五同处巽体。上,指九五。假:至。王乃在中:是释“王假有庙”。其意是大王在庙中,九五居中,故曰“王乃在中”。乘木有功:《涣》下坎为水,上巽为木。水上有木,舟楫之象,故木船而涉于川有功效。

⑧这里集中解释《节》卦卦名及卦辞之义。刚柔分:《节》卦刚柔相间分居内外。刚得中:《节》二五阳刚皆居中。苦节:指节制至极心苦。说以行险:《节》下兑上坎,兑为说。坎为险。当位以节:《节》九五阳居阳位而节于上。中正以通:九五居中得正故曰中正,九五处上坎,坎为通。制:法禁。

⑨这里集中解释《中孚》卦卦名及卦辞之义。柔在内而刚得中:《中孚》六三、六四二阴爻在一卦之内,故曰"柔在内"。九二、九五阳爻分居内外卦之中,故曰"刚得中"。说而巽:《中孚》下兑上巽,兑为说,孚乃化邦:诚孚发于内,邦国化于外。孚,本指卵孚,后引申为信。豚鱼吉:用豚及鱼祭祀则吉。豚,小猪。信及豚鱼:信得于以豚鱼祭祀。乘木舟虚:《中孚》上巽为木,下兑为泽,木在泽水之上,乘木舟之象。从六爻看,《中孚》上下为阳爻,故实,中间为阴爻故虚,外实中虚,故有舟虚之象。

⑩这里集中解释《小过》卦卦名及卦辞之义。小者过而亨:阳大阴小,《小过》阴多阳少,故阴小过多。又《小过》上下皆阴爻,有阴经过阳之义。即《序卦》所谓"有其诚者必行之,故受之以小过"。《杂卦》所谓:"小过,过也。"因小过有经过之义,故为"亨"。柔得中:《小过》二五阴爻居中位。刚失位而不中:《小过》九四以阳居而失位,又不居中位。《彖传》用"柔得中"释"小事吉",以"刚失位而不中"释"不可大事",其解阴为小、阳为大之义已至确。有飞鸟之象:《小过》中阳刚,外阴柔,有飞鸟舒羽之象。飞鸟遗之音:飞鸟过后,其叫声仍在,遗,留。不宜上,宜下:适合于下,不宜于往上。上逆而下顺:古有多解,(一)《小过》上二阴乘二阳爻故逆,下二阴爻承二阳爻,故顺。(二)上六五乘九四为逆,下六二承九二为顺。(三)四五失位故上逆,二三得位,故下顺。第一说较好。

⑪这里集中解释《既济》卦卦名及卦辞之义。小者亨也:阴为小,《既济》卦三阴爻得正皆在阳爻之上,以示阴气上升,故曰"小者亨也"。刚柔正而位当:《既济》六爻三阴三阳样交而得正,故曰刚柔正,初、三、五之阳爻居阳位,二、四、上之阴爻居阴位,故"位当"。初吉:最初吉利。柔得中:《既济》六二居内卦之中。"终"止则"乱":是释卦辞"终乱"。既济有止之义,《杂卦》:"既济,定也。"定,即止。《既济》外卦为坎,坎为乱。

⑫这里集中解释《未济》卦卦名及卦辞之义。柔得中:六五之阴居外卦之中。小狐汔济:小狐狸几乎渡过河。汔,帛《易》作"气",其义为"几乎"。未出中:未出险中。《未济》九二居坎中,坎为水,为险。濡其尾:(小狐狸)渡河沾湿了尾巴。濡,沾湿。不续终:不能延续到终结。不当位:《未济》六爻阴阳皆失位。刚柔应:《未济》三阴三阳皆相应。

译文

53.**渐** 《彖传》说：渐为前进，“少女出嫁吉利”，（六四）进而得位，前往可立功业。进用正道，可以正定邦国。（九五）之位为阳刚得中。（内卦艮）止而（外）巽顺，进而不陷入穷困。

54.**归妹** 《彖传》说：归妹，是存在于天地间的大道义。天地（阴阳之气）不交，则万物就不会兴盛。归妹，又是人生的终结与开始。喜悦而动，所以归妹。“出征有凶”，（中四爻）位置不正当。“无所利”，阴柔乘凌阳刚之上。

55.**丰** 《彖传》说：丰，大。光明而动，故曰丰。“大王亲至”，崇尚盛大。“不要忧虑，适宜中午（进行）”宜以（中午的太阳）普照天下。日过中午则体倾斜，月过（十五之）盈满则亏蚀。天地之间的盈满亏虚，都随着时间或消或息地变化，更何况人呢？何况鬼神呢？

56.**旅** 《彖传》说：旅，“小亨通”，（六五）阴柔居中于外卦，而顺从（九四、上九）阳刚，（内卦艮）静止而依附（外卦离之）光明，所以“小有亨通，旅中守正则吉”。《旅》卦时的意义，太大啦！

57.**巽** 《彖传》说：两巽相重以申王命。（九五）阳刚居中正之位而行其志。（初六、六四）阴柔皆顺从阳刚。所以“小亨通，宜有所往，宜见有权势的人”。

58.**兑** 《彖传》说：兑，说。（九二、九五）阳刚居中而（六三、上六）阴柔在外，教化说服才“宜于守正”，故能顺从天道而应和人心。（若）说服民众于先，民众可以忘记劳苦。说服民众渡过难关，民众便会忘记死亡。说服的力量太大啦！民众是被劝服的呵！

59.**涣** 《彖传》说：涣，“亨通”，（九二）阳刚来而不会穷困于下，（六四）阴柔得位于外卦，与上面（九五爻）同德。“大王至宗庙”，大王在庙中。“宜于涉越大河”，（因为）乘木船涉河而有功。

60.**节** 《彖传》说：节，“亨通”，阳刚阴柔分居（上下），而（九二、九五）阳刚得中。“苦苦节制不可以守正”，节制之道穷困。喜悦以行险阻，（九五阳刚）当位而施以节制，（必）中正通达。天地（阴阳之气互相）节制，而四时的变化才形成。（圣人）以制度节制，不损伤财物，不妨害民众。

61.**中孚** 《彖传》说：中孚，（六三、六四）阴柔在内而（九二、九五）阳刚居中，喜悦而逊顺，其诚才能感化邦国。“用猪和鱼（祭祀）吉”，诚信得之于用猪和鱼（祭祀）。“宜于涉越大河”，乘驾木舟中虚（行水）。中孚能“宜于守正”，才是顺应天道。

62.**小过** 《彖传》说：小过，（阴）小盛过而能“亨通”，过而“宜于守正”，是因符合于时而行动。(六二、六五)阴柔居中,所以“小事吉利”。(九三、九四)阳刚失位而不居于中,所以“不可做大事”。(《小过》)有“飞鸟”之象。“飞鸟过后遗音犹在,不宜上而宜下,大吉”。(因为)往上逆而向下顺呵!

63.既济 《象传》说:既济,“亨通”,小事而能亨通。“利于守正”,(六爻)阳刚阴柔之位皆正当。“起初吉利”,(六二)阴柔居中,“终”(若)停止则必“乱”。(事至既济,六爻皆已当位)其道当穷尽。

64.未济 《象传》说:未济,“亨通”,(六五)阴柔居中。“小狐狸将要渡过河”,未出坎水之中。(九二爻)“沾湿了尾巴,没有什么不利的。”不能延续至终。(《未济》六爻)虽然不当位,而(六爻)阳刚阴柔皆互相应合。

易传·象传上

原文

01.乾

天行健,君子以自强不息。

“潜龙勿用”,阳在下也。“见龙在田”,德施普也。“终日乾乾”,反复道也。“或跃在渊”,进无咎也。“飞龙在天”,大人造也。“亢龙有悔”,盈不可久也。“用九”,天德不可为首也。②

02.坤

地势坤,君子以厚德载物。

履霜坚冰,阴始凝也。驯致其道,至“坚冰”也。六二之动,“直”以“方”也。“不习无不利”,地道光也。含章可贞,以时发也。“或从王事”,知光大也。“括囊无咎”,慎不害也。“黄裳元吉”,文在中也。龙战于野,其道穷也。“用六永贞”,以大终也。③

03.屯

云雷,屯。君子以经纶。

虽“磐桓”,志行正也。以贵下贱,大得民也。六二之难,乘刚也。“十年乃字”,反常也。“即鹿无虞”,以从禽也。“君子舍”之,“往吝”

穷也。“求”而“往”,明也。“屯其膏”,施未光也。“泣血涟如”,何可长也?④

04.蒙

山下出泉,《蒙》.君子以果行育德。

“利用刑人”,以正法也。“子克家”,刚柔接也。“勿用取女”,行不顺也。“困蒙”之“吝”,独远实也。“童蒙”之吉,顺以巽也。“利”用“御寇”,上下顺也。⑤

05.需

云上乎天,《需》。君子以饮食宴乐。“需于郊”,不犯难行也。“利用恒无咎”,未失常也。“需于沙”,衍在中也。虽“小有言”,以“吉”“终”也。“需于泥”,灾在外也。自我“致寇”,敬慎不败也。“需于血”,顺以听也。“酒食贞吉”,以中正也。“不速之客来,敬之终吉”,虽不当位,未大失也。⑥

06.讼

天与水违行,《讼》。君子以作事谋始。

“不永所事”,讼不可长也。虽“小有言”,其辩明也。“不克讼”,“归逋”窜也。自下讼上,患至掇也。“食旧德”,从上“吉”也。“复即命渝”,“安贞”不失也。“讼元吉”,以中正也。以讼受服,亦不足敬也。⑦

07.师

地中有水,《师》。君子以容民畜众。

“师出以律”,失律“凶”也。“在师中吉”,承天宠也。“王三锡命”,怀万邦也。“师或舆尸”,大无功也。“左次无咎”,未失常也。“长子帅师”,以中行也。“弟子舆尸”,使不当也。“大君有命”,以正功也。“小人勿用”,必乱邦也。⑧

08.比

地上有水,《比》。先王以建万国,亲诸侯。

《比》之初六,“有它吉”也。“比之自内”,不自失也。“比之匪人”,不亦伤乎?“外比”于贤,以从上也。“显比”之吉,位正中也。

舍逆取顺,"失前禽"也。邑人不诫,上使中也。"比之无首",无所终也。⑨

注释

①象,此指卦象。《周易》是一部专设卦画以示卦象之书。"易者象也"。易象是对自然之象的效法,"象也者,像此者也。"从广义角度看,《周易》卦爻辞及《说卦》所列之象皆为卦象,故"象者,言乎象者也"。"八卦成列,象在其中矣(《系辞》)。"所以先儒有将象分为二种者:"象辞或有实象,或有假象。"有将象分为三种者:"有本画自有之象,如奇画像阳,耦画像阴是也;有实取诸物之象,如乾坤六子,以天地雷风之类象之是也;有只是圣人自取象来明是义者,如'白马翰如,载鬼一车'之类是也。"也有分为七种者:"八卦之象""六画之象""象形之象""爻位之象""反对之象""方位之象""互体之象"。从狭义角度看,象是指《象传》。《象传》是对《周易》卦爻象的解说。其中又可以分为《大象》《小象》。《大象》言一卦之象,《小象》言一爻之象。

②这里集中解释《乾》卦卦爻之象。天行健:天道刚健。天,为《乾》卦卦象。《乾》卦上下皆为乾,乾为天。行,运行,或作"道"解。以:用。强:自我强胜。潜龙:潜伏之龙。阳在下:《乾》卦初九之阳居卦之下。见:现。德施普:九二居中,阳德博施而普遍。德,阳德。乾乾:勤奋不懈。反复其道:九三处下体之极,上体之下,极而复返。或:惑。进无咎:九四失位上进为五,五居中得位,故曰"无咎"。造:为,或训为"作",或训为"就至"。亢:穷高。盈不可久:上九之阳居卦之上而盈满,阳极而生阴,故"盈不可久"。用九:帛《易》六十四卦作"迥九"。迥,通。乃是说《乾》卦六爻皆九。天德不可为首:《乾》上九之阳亢极,极而必有"悔",故《乾》不可用上爻。天德:阳德。首:头,指《乾》上爻。

③这里集中解释《坤》卦卦爻之象。地势坤:《坤》卦上下皆坤,坤为地,地有高下之势,厚德载物:以宽厚之德容载万物。阴始凝:《坤》卦初六居下,以示阴气开始凝结。驯:顺。直以方:指平直方正。《坤》六二得位居中,故曰"直方"。直本为乾德性,"乾其动也直"(《系辞》),但因坤应阳而动,故坤亦有乾阳之性。"坤至柔而动也刚"(《文言》),所以坤动也有"直"义。方,是坤之德性,"至静而德方"(《文言》)。不习:不熟习。地道光:地道广大。光,犹广。章:章美。以时待发:六三以阴居阳,内藏章美待时而发动。或从王事:迷惑跟从大王做事。知:一本作"智",二者通。括囊:束扎口袋。慎不害:六四之柔得正,虽处多惧之地,只要谨慎则无害。黄裳:黄色下服。文在中:坤为文,六五居上体之中。依五行方位之说,黄为土,居五行之中位,黄在色中亦居中位,由"文在中"

思之，或五行方位说在作《象》时已极为流行。龙战于野：有龙在田野交战。其道穷：上六之阴居上，阴道穷极。以大终：阳为大，坤道代替天道终结养育万物之事，曰“大终”。即《文言》“地道无成而代有终”。

④这里集中解释《屯》卦卦爻之象。云雷：《屯》下震上坎，坎为云，震为雷。此坎不为水而为云，云即雨水未下，取其未通之义。经纶：本指治丝之事，后引申为匡济、经营等义。经，编织布帛。纶，青丝绳，也指编丝成绳；或训为“论”者，经论既是论撰。磐桓：盘旋难进之貌。志行正：《屯》卦初九阳爻居阳位而得正，以贵下贱：《屯》卦初九之阳居卦之下，初为贱位。乘刚：六二阴爻居初九阳爻之上。十年乃字：十年后才许嫁。字，古礼女子订婚后即用簪子插住挽起的髻。此引申为许嫁。反常：六二从初为逆，从五为喘，去逆就顺，故曰反常。反，返。即鹿无虞：追鹿没有虞人（做向导）。即，追逐。虞，虞人。从禽：是释“即鹿”，指追逐鹿。吝：难。求而往，明也：六四与九五相比，五阳来求四阴，是迎亲，四阴前往为嫁，所以明于婚礼。到外曰“往”。屯其膏：屯答油汁。施未光：九五之阳居两阴之中，故未广大。光，广。泣血涟如：泪水不断的样子。何可长：上六为《屯》之终，故没有什么可长久的。

⑤这里集中解释《蒙》卦卦爻之象。山下出泉：《蒙》卦下坎上艮，艮为山，坎为水，泉为水之源，故曰“山下出泉”。果行：刚决、果决等，或为“过行”。刑人，受刑之人。正法：初六失位而又居坎之下。故《蒙》之初宜端正法律，坎为法律。刚柔接：九二与六五相应而交接。际，为接。取，娶，行不顺：六三失位，且乘九二，故曰不顺。困蒙：困于蒙昧。独远实：六四上下皆为阴爻而远离阳爻。阳称实。顺以巽：六五阴柔居尊，下应九二，故有顺从而卑逊下求之义。巽，一本作“逊”，二者互通。巽，又有践履之义。御寇：防御盗寇。上下顺：上九为阳刚，上以阳刚御下之柔而顺利，上九之下互体为坤，坤为顺。

⑥这里集中解释《需》卦卦爻之象。云上于天：一本作“云在天上”。《需》下乾上坎，坎为云，乾为天。宴：安。需于郊：等待于郊区。需，本为古代求雨之祭，引申为等待。不犯难行：《需》卦初九居下，远离外卦坎险，故“不犯难行”。《需》卦上坎为险。利用恒：适合于守恒。未失常：《需》初九阳居阳位而应六四之阴，故曰“未失常”。衍在中：是释“需于沙”。九二居下卦之中，以应九五，沙衍在其中。衍，本指水朝宗于海。小有言：少有口舌是非。灾在外：九三逼近外卦坎。坎为灾。外：指外卦。自我致寇：由于自己招致盗寇。敬慎不败：九三虽近坎险。但因以阳刚得正，以示恭敬谨慎而不败于寇。血：通洫，即沟洫。顺以听：六四以阴居阴故顺。六四处坎之下，坎为耳，故有听象。此是说六四柔顺而听命。中正：九五居中得正，引申为中正之德。不速之客：没有邀请而来的客人。不当位：上六之阴居卦之终，又乘九五之刚，故其位不当。从爻位看，上六

以阴居阴本当位，而此却说“不当位”。这说明了《彖传》所谓“当位”并非专指居阳位，阴居阴位。

⑦这里集中解释《讼》卦卦爻之象。天与水违行。《讼》卦下坎上乾，乾为天，坎为水，天气上升，水性润下，故违行。不永所事：不为争讼之事纠缠不休。不可长：初六失位，以柔弱争讼于下不可长久。辨明：辨别清楚。不克讼归逋：没有在争讼中取胜，回来后要逃避。窜，逃窜。自下讼上：九二与九五争讼。下，九二。上，指九五。掇：本指用手拾物，一本作“惙”。有训掇为止者，也有训为忧者。案九二居坎中，坎为“加忧”。又通观上下文义，当训“忧”为胜。食旧德：享用旧的恩德。从上吉：古有二解，（一）六三与九四相比，六三阴爻顺从九四阳爻则吉。（二）六三与上九相应，故六三顺从上九则吉，似第二说更妥。复即命渝：反悔就从命，改变初衷。中正：九五居中得正。服：是指《周易》古经中的“鞶带”。

⑧这里集中解释《师》卦卦爻之象。地中有水：《师》卦下坎上坤，坤为地，坎为水，坎在坤下，故“在中有水”。容民畜众：容纳人民畜养群众。容，容纳、包容。畜，养。师出以律：出兵打仗皆以乐律进退。失律凶：《师》卦初六以阴居阳而失位，故失律行师必有凶。师中：中军。承天宠：九二阳爻居中，上应六五而为宠，六五为天。王三锡命：大王三次赐命嘉其功劳。怀万邦：九二阳刚居中而在下，为五阴所归服，以示九二之君心怀万邦诸侯。舆尸：以车拉死尸。尸，死尸。也有训为“木主”者（即灵牌）。大无功：六三失位乘刚，内外无应，故出师必败而无功绩。左次：驻扎左方。未失常：六四得位不失常道。中行：六五居中。使不当：六五受任九二，若复任其他，则任使不当。大君有命：大君论功封爵赐命。以正功：上六以阴居阴而得正。乱邦：上六为阴爻，故为小人，若居上而用小人必乱邦国。

⑨这里集中解释《比》卦卦爻之象。地上有水：《比》下坤上坎，坎为水，坤为地。水性润下而在地上，故有亲比之义。先王，指九五。万国、诸侯，指五阴，《比》卦一阳居五、上下五阴，故法此象有“先王以建万国，亲诸侯”。有它吉：有意外的吉利。它，意外。初六失位与四不应，本当有咎，但因为与九五亲比，故“有它吉”。比之自内：亲比来自内部。不自失：六二阴柔居内卦之中得正。上应九五，故不自失其所亲比之人。比之匪人，亲比的不是自己所亲比的人。不亦伤：六三失位而无应。故有悲伤之义。外比于贤：六四于外卦与九五之贤亲比。外，外卦。贤，九五。以从上：六四外比九五，是顺从上之九五阳刚。显比：光明正大亲比。位正中：九五居中得正。舍逆取顺：天子狩猎前开一面，禽向己者则舍这，背己而去则取之，故舍逆取顺。此恐指九五舍弃下四阴而取其上六之顺。逆，指下四阴。顺，谓上六，上六背五而去。失前禽：背己而射禽，因而往

往失前禽。不诫:不戒备。上使中:九五在上而居中得正,有中正之道。比之无首:亲比而没有首领。无所终:上六比道已尽,不能与九五亲比共终。

译文

01.**乾**　天道刚健,君子(效法此)当自强不息。

"潜伏之龙,不要行动",阳爻在下。"龙出现于田野",九二阳爻之德所施普遍。"君子终日勤奋不懈",九三反复而行其道。"或跃于渊中",上进而无咎。"龙飞于天",大人有所作为。"龙飞过高则有悔",阳爻盈满而不可长久。"用九"《乾》卦天德,不可用上爻。

02.**坤**　地势柔顺,君子(效法此)当以宽厚之德容载万物。

"履霜坚冰",阴气开始凝结。顺致阴道,以导致"坚冰"。"六二"之动,"平直"而"方正"。"不习没有不利的",六二地道柔顺广大。蕴含章美可以守正,待时而发动。"惑而跟从大王做事",知道(大王才智)广大。"束扎口袋无咎",谨慎而无害。"穿黄色下服开始即吉",文德在守中。"龙交战于野外",阴道穷极。用六"永守正道",(坤阴养育万物)而大终。

03.**屯**　云雷为《屯》,君子(效法此)以经营纶理事务。

虽"盘旋难进",但志行正道。(屯难时)以高贵而下接低贱,大得民众依附。六二之"难",(在于)阴柔乘凌阳刚。"十年乃嫁",反归常理。"追逐鹿而无虞人做向导",(办能被动)跟从禽兽。"君子舍弃"之,"前往有吝难",其道必穷。求婚而前往,明于婚礼。"屯积油汁",未能广施于从。"泪水不断流",何可长久?

04.**蒙**　山下出泉水,此《蒙》卦卦象。君子(效法此)当因有过失而培养自己的品德。

"适用于受刑人",(居初)宜正法律。"儿子成家",阳刚与阴柔相接应。"不要娶此女",行动不顺利。"被蒙昧所困"而带来的困难,独自远离(阳爻)这实。"儿童般蒙昧"有"吉",是顺从而卑逊下求。适于"御防盗寇"。(是因)上下顺利。

05.**需**　云上升于天,此《需》卦之象。君子(效法此)当以饮食安乐(而待时)。

"停留于郊外",不冒险行动。"宜于安静守常无咎",未失常道。"停留在沙滩中",沙衍在其中。虽"少有责难"但以"吉"而"告终"。"在泥泞中停留"。灾难就在近前外卦。自己"招致盗寇",只有恭敬谨慎才不败于寇。"停留在沟洫中",乃柔顺而听命。"酒席上守正则吉"。因守中正之道。"不速之客到来,以礼相敬最终则吉”，虽位不当，但没有大的过失。

06.讼 天与水违背而行，乃《讼》之象。君子（效法此）当在做事时考虑好如何开始。

“不长久陷入争讼之事”，争讼之事不可长久。虽“少有责难”，但自会辩解明白。“没有在讼事中取胜，返回来躲避”，此为逃窜。（九二）在下而讼上（九五），祸患至必忧虑。“享受旧的恩德”，顺从上则吉。“反悔即从命改变初衷，”安于正道不会有失。“争讼开始得吉”，以得中正之道。在争讼中被授以鞶带，不足以尊敬。

07.师 地中有水，《师》之象。君子（效法此）当容纳人民畜养庶众。

“出兵打仗皆以乐律进退”，有律不从出师必凶。“主帅在中军则吉”，乃承应天（六五）之宠爱。“大王三次赐命嘉奖”，居下心怀万邦。“出师疑惑载尸而归”，大无功劳。“军队驻扎左方无咎”，未失常道。“长子统率军队”，而得中道。“次子载尸”，任用不当。“大君有命”，正定功劳。“小人不可用”，（用之）必乱邦国。

08.比 地上有水，《比》卦之象。先王（效比）当以建立万国，亲比诸侯。

《比》初六，“有意外的吉利”。“亲比从内部来”，不自失其所亲。“亲比不是所要亲比的人”，不也是很悲伤的吗！“从外亲比”于贤人，乃顺从上位“光明正大亲比”而有“吉祥”，是因位居中正。舍弃（下）逆而取其（上）顺，则“失去前禽”。“邑人不戒备”，自上行施中道。“亲比而无首领”，乃不能亲比到底。

原文

09.小畜

风行天上，《小畜》。君子以懿文德。

“复自道”，其义“吉”也。“牵复”在中，亦不自失也。“夫妻反目”，不能正室也。“有孚惕出”，上合志也。“有孚挛如”，不独富也。“既雨既处”，“德”积“载”也。“君子征凶”，有所疑也。①

10.履

上天下泽，《履》。君子以辩上下，定民志。

“素履”之“往”，独行愿也。“幽人贞吉”，中不自乱也。“眇能视”，不足以有明也。“跛能履”，不足以与行也。“咥人”之“凶”，位不当也。“武人为于大君”，志刚也。“愬愬终吉”，志行也。“夬履贞厉”，位正当也。“元吉”在上，大有庆也。②

11.泰

天地交,《泰》。后以财成天地之道,辅相天地之宜,以左右民。

"拔茅征吉",志在外也。"包荒,得尚于中行",以光大也。"无往不复",无地际也。"翩翩不富",皆失实也。"不戒以孚",中心愿也。"以祉无吉",中以行愿也。"城复于隍",其命乱也。③

12.否

天地不交,《否》。君子以俭德辟难,不可荣以禄。

"拔茅贞吉",志在君也。"大人否亨",不乱群也。"包羞",位不当也。"有命无咎",志行也。"大人"之"吉",位正当也。"否"终则"倾",何可长也。④

13.同人

天与火,《同人》。君子以类族辨物。

出门"同人",又谁"咎"也。"同人于宗","吝"道也。"伏戎于莽",敌刚也。"三岁不兴",安行也。"乘其墉",义"弗克"也。其"吉",则困而反则也。"同人"之"先",以中直也。"大师相遇",言相"克"也。"同人于郊",志未得也。⑤

14.大有

火在天上,《大有》。君子以遏恶扬善,顺天休命。

《大有》"初九","无交害也"。"大车以载",积中不败也。"公用亨于天子",《小人》害也。"匪其尪无咎",明辩哲也。"厥孚交如",信以发志也。"威如"之"吉",易而无备也。大有"上"吉,"自天祐"也。⑥

15.谦

地中有山,《谦》。君子以裒多益寡,称物平施。

"谦谦君子",卑以自牧也。"鸣谦贞吉",中心得也。"劳谦君子",万民服也。"无不利,㧑谦",不违则也。"利用侵伐",征不服也。"鸣谦",志未得也。可"用行师","征邑国"也。⑦

16.豫

雷出地奋,《豫》。先王以作乐崇德,殷荐之上帝,以配祖考。

“初六鸣豫”,志穷“凶”也。“不终日贞吉”,以中正也。“盱豫有悔”,位不当也。“由豫大有得”,志大行也。“六五贞疾”,乘刚也。“恒不死”,中未亡也。“冥豫”在“上”,何可长也?⑧

注释

①这里集中解释《小畜》卦卦爻之象。风行天上:《小畜》下乾上巽,乾为天,巽为风,风行天上,为号令未发以待时,故为小畜。懿:《说文》:“专久而美也。”古字从壹、从久、从心,人心能专壹而不贰,悠久而不息。文德:德风诸威仪文辞。复自道:自己返回。其义吉:初九以阳居正与四应,故其辞义有吉,义,爻辞之义。王引之曰:“义者,理也,道也。此言一爻也。”牵复:被领回来。在中:九二居内卦之中。亦:指与初九比较而言。反目:怒目而视。不能正室:九三阳爻为夫在内卦,六四阴爻为妻在外卦。妻乘夫在上,夫被制在下,故不能正室。有孚惕出:有诚信,恐惧可以排除。惕,恐惧,上合志:六四、九五都有“有孚”之辞,故六四上合九五之志。挛如:维系。不独富:一说九五能与六四之邻共同富有。九五之阳为富,四谓邻。一说九五不单为富,还有诚信。案经文“富以其邻”,当以前者为是。既雨既处:天已下雨,雨已停。处,停。德积载:阳德已积满而为六四所载。经文中有“尚德载”,其义为(遇车)可以得载,可见《传》义与经义有别。有所疑:上九处卦之极,再前行必有所疑虑。

②这里集中解释《履》卦卦爻之象。上天下泽:《履》卦下兑上乾,兑为泽,乾为天,天气上升而在上,泽水下润而在下,等级分明,故为《履》象。辩:别。素履:穿素鞋前往。独行愿:独行自己的心愿。幽人,囚人。中不自乱:九二阳爻居中位而心志不自乱。眇能视:偏盲而能视。眇,偏盲。不足以有明:六三不中不正,阴柔才弱,强视不足以明视。跛能履:脚跛而能行。不足以与行:其义与“不足以有明”类似。咥:咬。位不当:六三以阴居阳,故位不当。武人为于大君:武人为大君效劳。志刚:六三与上九相应,其志向是阳刚。愬愬:恐惧之貌。志行:九四虽处惧之地,但九四为阳刚性动,故志行。夬履:决然而行。夬,决。位正当:九五以阳居阳位,而又居中,故曰位正当,这里集中解释“夬履贞厉”,《象》用“位正当”释“厉”,可见《象》之“位正当”并非都“吉”,正如《系辞》所谓:“其柔危,其刚胜邪?”“元吉”在上:“元吉”之辞在上爻。大有庆:上九之阳居上位与六三相应,上下分明,故曰大有庆。

③这里集中解释《泰》卦卦爻之象。天地交:《泰》下乾上坤,乾为天,坤为地。天在下而地在上,以示阳气下降,地气上升,二者相互交通。后:君,古者君称后,后世君称王,妃遂称后。财:通“裁”。相:赞助。左右:支配。拔草:拔茅

草。志在外：初九与六四相应，故初九志向在外卦。包荒：取其大川。包，取。荒，川，光大：九二之阳居中与六五相应，故曰光大。光，通“广”。无往不复：没有只往而不返的。天地际：九三处内外卦交接处，内卦为乾天，外卦为坤地，故曰“天地际”，际，接。翩翩：飞鸟之象，比喻人轻浮之象。失实：六四至上六皆为阴爻，三阴在上，故曰失实。阳为实，阴为虚。由《象》释“翩翩不富”曰“皆失实”思之，《象》亦解“翩翩”为轻浮。不戒：不戒备。中心愿：六四近五，五居中，故有上居中心之愿。祉：福。中以行愿：六五居中，实现居中之愿。城复于隍：城墙倾覆于城壕中。隍，城下沟壕。其命乱：上六为《泰》之终，故有城倾倒命运变乱之象。

④这里集中解释《否》卦卦爻之象。天地不交：《否》下坤上乾，乾为天在上，坤为地在下，天地阴阳不交。俭德辟难：以节俭为德避免灾难。俭，节俭。辟，避。禄：禄位。志在君：其义与《象》释《泰》初九相似。《否》初与二三为阴类，皆应外卦阳爻。初之志在于顺应四之君，阳为君。大人否亨：大人不亨通。否，不。不乱群：六二所处之群不乱。群：指下三阴。包羞：取其进献之物。位不当：六三以阴居阳位。有命：有所受命。志行：九四阳刚近五而有所受命。故“志行。”位正当：九五居中得正。否终则倾：上九为《否》之终，否道将尽，故曰倾。

⑤这里集中解释《同人》卦卦爻之象。天与火：《同人》下离上乾，离为火，乾为天。天在上，火炎上，同志而上行，故为同人。同人即同仁。类族辨物：以同类事物相聚，辨别事物使之不相杂。类，犹同。族，犹群。出门同人：初九与上四阳同，故曰“出门同人”。二曰门。咎：归咎，责难。同人于宗：只与宗族人志向相同。宗，宗族。吝道：六二之阴居中而与五阳不相同，故其道必难。伏戎于莽：设伏兵于草莽之中。戎，兵。敌刚：九三与上九皆为阳而不应，故曰“敌刚”，即以刚相敌。也有解作九三敌九五之刚，亦可备一说。三岁不兴：三年不兴兵。安行：九三有敌刚而伏兵是平安而行。乘其墉：登上城墙。墉，城墙。义弗克：九四失位，故其辞之义有“弗克”。困而反则：九四处下体九三之上，而“不克”故曰困，又居上体之初，故曰反。反，返。则，法。同人之先：经文为“同人先号咷而后笑”。中直“九五居中得正”。正，正即直。大师相遇：大军相会师。言相克：九五取胜而会师。效，郊区，古者称邑外为郊。志未得：上九处《同人》外卦之上，远于内，故其志未得实现。

⑥这里集中解释《大有》卦卦爻之象。火在天上：《大有》下乾上离，离为火，乾为天，故“火在天上”。遏恶扬善：绝止恶行宣扬善良。遏，绝。扬，宣、举。顺天休命：顺从天休美命。休，美。无交害：初九居下，不与四应，故不涉及利害。积中不败：九二积阳德而居中。《大有》下体三阳曰积，九二居中曰中。败，

坏。就车而言,因车强壮而行中道,故不会败坏。公用亨于天子:三公朝贡于天子。小人害:“害”是释经文中“弗克”。九三爻得位利君子,不利小人,故对小人而言曰害。匪其彭:不以盛大骄人。彭,盛大。明辩晢:明辨清晰。九四处上体离卦之初,离为明,故可以明辨事理。晢,一本作“晰”或作“哲”“折”,四者古皆相通。晢,明智,清晰。厥孚交如:其诚信相交的样子。厥,其。信以发志:六五以柔居尊处中,虚以诚信,上下之阳皆归之,故有诚信以发上下之志,“信”是释“孚”。威如:威严之貌。易而无备:六五以阴居阳,以示有威严而不用,唯行平易而无所防备。易,即《系辞》“险易”之“易”。大有上吉:《大有》上九爻辞有“吉”。自天祐之:有上天保佑。祐,助。

⑦这里集中解释《谦》卦卦爻之象。地中有山:《谦》卦下艮上坤,坤为地,艮为山,山本高居地上,而今居地下,故有《谦》象。裒多益寡:裒取其多,增益其寡。裒,古本郑、荀、董、蜀作“捊”,有取之义。《字书》作“掊”,《广雅》:“掊,减。”称物平施:称量事物,以平均施予。谦谦:谦而又谦,形容十分谦虚。卑以自牧:《谦》初六处卑下而自养其德。牧,养。鸣谦:有声名而谦虚。中心得:六二居中,故曰中心。六二以阴居阴故曰“得”。得,即得正。劳谦:有功劳而能谦虚。万民服:九三之阳居《谦》下体之上,上下众阴归顺,故曰“万民服”。阴为民,众阴为万民。撝谦:发挥其谦。不违则:六四以阴柔得正而发挥谦德,不违背谦之法则。征不服:六五以柔居尊,违背谦德,故曰征伐而不服从。志未得:上六居《谦》卦之上,为谦之终,故谦之志而未得。征邑国:讨伐邑国。

⑧这里集中解释《豫》卦卦爻之象。雷出地奋:《豫》下坤上震,震为雷,坤为地,雷在地上动,故曰雷出地奋。奋,动。作乐崇德:制作音乐增充其德。崇,充。殷:盛。荐:进献,即指祭祀。以配祖考:而祭祀祖先。以:王引之曰:“‘以配’之‘以’,犹而也。”配,祭祀。鸣豫:豫乐而闻名。志穷凶:初六阴柔居下失正。故其志穷极而有凶。不终日:不待终日。以中正:六二以阴居阴得中,此指用中正之道。盱豫:仰视(媚颜)为乐。盱,张目。位不当:六三以阴居阳失位不中。由豫大有得:从事娱乐而有大得。由,从事。志大行:五阴顺从九四之阳,故阳志而得以行,阳为大。贞疾:占问疾病。乘刚:六五之柔乘九四之阳刚。恒不死:长久不死。中未亡:六五处尊居中,而没有死亡。冥豫在上:“冥豫”之辞在上爻。冥豫,指夜晚而娱乐。何可长:上九居卦之终,故不会长久。

译文

09.小畜 风行于天上,《小畜》之象。君子(效此)当以修养文辞德业。

“自我引导而返回”,其义为“吉”。“被牵领返回”之辞居中爻,亦不会自失其德。“夫妻怒目而视”,不能规正妻室。“有诚信,惊恐可以排除”、(六四)上合(九五)之志。“有诚信维系”,不独自富有。“天已雨、雨已止”,“(阳)德”积满而为(阴)所“载”。“君子出征则凶”,(上九)有所疑虑。

10.履 上天而下泽,《履》之象。君子(效此象)当辨别上下,安定民志。

“穿素色鞋而前往”,独自奉行自己的心愿。“囚人占之则吉”,履中道而心志不自乱。“偏盲而视”,不足以明辨。“脚跛而履”,不足以行走。“(老虎)咬人”之“凶”,位不正当。“武人为大君报效”,志向刚正。“虽有恐惧最终有吉”,其志行施。“决然而行则有危厉”,其位正当。“开始吉祥”在上位,大人福庆。

11.泰 天地相交,《泰》卦之象。大君(效此)当以裁度天地交通之道,辅助天地化生之宜,以支配天下人民。

“拔茅草、出征有吉”,(初爻)志向在外(卦)。“行大河,取道中而得赏”,以其广大。“没有只往而不返的”,(九三爻处)天地交接之处。“往来翩翩而不富有”,(六四与其他二阴)皆失阳实。“不必告诫而心存诚信”,有居中之心愿。“城墙倾覆于城壕中”,天命变乱。

12.否 天地不交合,《否》卦之象。君子(效此)当以节俭之德避难,(此时)不可得荣誉和禄位。

“拔茅草守正则吉”,其志在报效君主。“大人不顺利”,小人之群不乱。“取其进献之物”,位不正当。“有天命而无咎”,其志行施。“大人”之“吉”,(九五)居位正当。《否》至终其道倾覆,有什么可长久的呢!

13.同人 天与火(其性相同),《同人》之象。君子(效此)当以同类事物相聚辨别事物。

出门“与人同志”,又有谁追究?“只与宗族内人同志”,此“难行”之道。“设伏兵于草莽之中”,敌得阳刚。“三年不兴兵交战”,待时安行。“登上城墙”,其义为“弗克”。其“吉”,乃处困穷而返于法则。“与人同志”而“先”,(九五)用中直这道。“大军相会”,是说“相克”取胜。“在郊野与人同志”,其志未得实现。

14.大有 火在天上,《大有》之象。君子(效此)当遏绝恶行而褒扬善事,以顺天而休其命。

《大有》“初九”,“(在事之初)不涉及利害”。“用大车以载物”,乃居中而不败坏。“三公朝献于天子”，对“小人”来说有害。“不以盛大骄人无咎”，明辨清晰。“其诚信相交”，以诚信发上下之志。“威严”而有“吉利”，（乃有威严勿用）唯行平易而无防备。《大有》“上爻”之“吉”，乃是因“有上天佑助”。

15.谦 地中有山，《谦》卦之象。君子（效此）以裒取多而增益寡，称量其物以平均施予。

“谦而又谦的君子”，处卑下之位而自养其德。“有名声而谦虚、占问则吉”，处中有所得。“有功劳而谦虚的君子”，万民服从。“无所不利，发挥谦德”，不违背谦之法则。“适合出征讨伐”，征伐不服。“有名声而谦虚”，其志未得实现。可以“兴师出兵”，“征伐邑国”。

16.豫 雷出地上而动。《豫》卦之象。先王（效此）制作音乐以增崇其德，用盛大祭祀进献于上帝，并配享祖宗。

“初六爻豫乐而闻名”，其志穷极而有“凶”。“不待终日占问有吉”，因用中正之道。“仰视（媚颜）为乐将有悔”，（六三）位不正当。“由于从事娱乐而大有所得”，乃志大行。“六五占问有疾病”，是乘阳刚（造成的）。“长时间不死”，乃用中而未死亡。“日暮昏冥娱乐”，居上位，如何能长久呢？

原文

17.随

泽中有雷，《随》。君子以嚮晦入宴息。

“官有渝”，从正“吉”也。“出门交有功”，不失也。“系小子”，弗兼与也。“系丈夫”，志舍下也。“随有获”，其义“凶”也。“有孚在道”，“明”功也。“孚于嘉吉”，位正中也。“拘系之”，上穷也。[①]

18.蛊

山下有风，《蛊》。君子以振民育德。

“干父之蛊”，意承考也。“干母之蛊”，得中道也。“干父之蛊”，终“无咎”也。“裕父之蛊”，往未得也。“干父用誉”，承以德也。“不事王侯”，志可则也。[②]

19.临

泽上有地，《临》。君子以教思无穷，容保民无疆。

“咸临贞吉”，志行正也。“咸临吉无不利”，未顺命也。“甘临”，位不当也。“既忧之”，“咎”不长也。“至临无咎”，位当也。“大君之

宜”,行中之谓也。“敦临”之“吉”,志在内也。③

20.观

风行地上,《观》。先王以省方观民设教。

“初六童观”,“小人”道也。“窥观女贞”,亦可丑也。“观我生进退”,未失道也。“观国之光”,尚“宾”也。“观我生”,观民也。“观其生”,志未平也。④

21.噬嗑

雷电,《噬嗑》。先王以明罚勑法。

“屦校灭趾”,不行也。“噬肤灭鼻”,乘刚也。“遇毒”,位不当也。“利艰贞吉”,未光也。“贞厉无咎”,得当也。“何校灭耳”,聪不明也。⑤

22.贲

山下有火,《贲》。君子以明庶政,无敢折狱。

“舍车而徒”,义弗乘也。“贲其须”,与上兴也。“永贞”之“吉”,终莫之陵也。“六四”,当位疑也。“匪寇婚媾”,终无尤也。“六五”之“吉”,有喜也。“白贲无咎”,上得志也。⑥

23.剥

山附于地,《剥》。上以厚下安宅。

“剥床以足”,以灭下也。“剥床以辨”,未有与也。“剥之无咎”,失上下也。“剥床以肤”,切近灾也。“以宫人宠”,终无尤也。“君子得舆”,民所载也。“小人剥庐”,终不可用也。⑦

24.复

雷在地中,《复》。先王以至日闭关,商旅不行,后不省方。

“不远”之“复”,以修身也。“休复”之“吉”,以下仁也。“频复”之“厉”,义“无咎”也。“中行独复”,以从道也。“敦复无悔”,中以自考也。“迷复”之“凶”,反君道也。⑧

注释

①这里集中解释《随》卦卦爻之象。泽中有雷:《随》下震上兑,兑为泽,震为雷,泽上雷下,故"泽中有雷"。嚮晦入宴息:天将黑而卧寝休息。嚮,一本作"向""乡",三者因音同而相通。宴,即偃。宴息即指躺卧休息。官有渝:馆舍有变。官,通"馆"。从正吉:初九从上而来,以阳居阳而得正,故"从正吉"。出门交有功:出门交遇而有功效。交,交遇。不失:初阴到上而不失正道。系小子:捆绑小孩。系,捆绑。弗兼与:初九阳刚在下为"小子",九五在上为"丈夫",六二依从初九"小子"则会失去九五丈夫。故二者不能兼而并有。与,并、偕。系丈夫:捆绑成人。丈夫,成人。古者男子二十而冠称丈夫。志舍下:六三之柔志向是舍弃下之初九。随有获:随从别人而有所获。其义凶:九四因处多惧之地,且失正故其义有凶。有孚在道:有诚信合乎正道。明功:明示功效。孚于嘉:有诚信于善美。嘉,美。位正中:九五居中得正。正中,一本作"中正"。拘系之:遭到囚禁。上穷:上六处卦之极,乘刚无应,故"上穷"。

②这里集中解释《蛊》卦卦爻之象。山下有风:《蛊》下巽上艮,艮为山,巽为风。振民育德:振济民众而培育道德,以增其感召力。此正与《象》释《蒙》卦"果行育德"之旨同。振,救。干父之蛊:匡正父之过失。干,匡正。即《文言》释《乾》所谓"贞固足以干事"之"干"。意承考:初六其意在顺其父。初六为阴爻,故称"承"。考,古称父为考。得中道:九二居《蛊》内卦之中,故曰得中道。终无咎:九三处下体之终,故曰终,九三得正位,故无咎。裕:宽容。往未得:六四为阴爻,故对父之蛊宽容,而未得其效。干父用誉:经文原为:"干父之蛊用誉",其意为:用荣誉匡正父之蛊事。承以德:顺承以德正之。六五为阴爻,故曰承。六五居中。故曰德,此指中德。不事王侯:不为王侯做事。事,侍奉。志可则:上九阳刚居卦之上,故其清高之志,可以效法。则,效法。

③这里集中解释《临》卦卦爻之象。泽上有地:《临》下兑上坤,坤为地,兑为泽。教思无穷:教化思恤民众无尽。教,教化。《象》释《兑》:"君子以朋友讲习",《临》卦内卦为兑,故"教思无穷"。容:宽容。咸临:以感化之心临民。咸,感。临,本义为从高视下,引申为进、治,大之义。志行正:初九得正位,应六四,阳处下有上升之势,故其志行正道。未顺命:《临》之时阳刚当居五,今阳刚居二,且失位,故未能顺从天命。甘临:用甘言临民,甘,甜言蜜语。位不当:六三阴居阳位而不中,故"位不当"。既:已。咎不长:其咎不会长久。至临:至下临民。位当:六四以阴居阴。大君之宜:大君处事得当。宜,得当。行中之谓:六

五以阴居中,故有行中之说。谓,说。敦临:以敦厚临民。志在内:阴以阳为主。上六穷极,其志在内卦二阳,二阳升,上六可得主,故其志在内。

④这里集中解释《观》卦卦爻之象。风行地上:《观》下坤上巽,巽为风在上,坤为地在下,故"风行地上"。省方:巡狩省察四方之事,观民设教:观示民情而设立政教。童观:像儿童一样观看。小人道:阴为小人。初六以阴居下而失位。观视不明,故曰"小人道"。窥观:由门缝向外偷看。亦可丑:六二之阴虽然得位居中,上应九五,窥视朝美,但不能大观故称亦可为丑辱。观我生:观察自己庶民。生,指民。未失道:六三虽处上下体之间,进退不定,但上可以观示九五,故未失观道。观国之光:观察一国风俗民情。尚宾:六四之臣得正位,上顺从九五之君,适合用宾礼侍奉君王。尚,上,此指九五,观民:是释"观我生"。九五阳刚中正居尊位,以观示下四阴,下四阴为民,故曰"观民"。观其生:观示他国民众。志未平:上九以阳居卦之极,且失位。故其志未能平和。

⑤这里集中解释《噬嗑》卦卦爻之象。雷电:《噬嗑》下震上离,震为雷,离为电,朱熹、项安世等人改为"电雷",案熹平石经本作"电雷",又按《象》之惯例,称卦象皆由上而下,如"云雷,屯","雷风,恒","风雷,益"等。故此改动有道理。若依"雷电",很易与《丰》卦卦象混淆。明罚勑法:清明刑罚,修整法律。勑,又作"勒""敕""饬"。勒,西汉皆作"敕",东汉始作"勒"。勒、勑、敕,饬四者皆通。先儒多训"勑"为正、为理。屦校灭趾:刑具遮没了脚趾。屦,即履,此指加在足上。校,古代木制刑具的通称。灭,遮没。不行:初九以阳居下,本当行,但因有刑具加足上,故曰不行。噬肤灭鼻:吃肉而掩其鼻。噬,吃。肤,肉。一般指柔软、肥美之肉。乘刚:六二之阴柔乘凌初九之阳刚。遇毒:指中毒。位不当:六三以阴居阳,不中不正,故"位不当"。利艰:利于艰难。未光:九四以刚明之才治之宜吉,但因九四被六五之柔所掩,故曰未能光大。光,通广。贞厉:守正则有危厉。得当:六五居刚柔,而又居中,故噬嗑时得当。何校灭耳:脖子上所带的枷遮没了耳朵。何,荷。聪不明:上九虽处上体离明但因居卦之极而失位,故曰耳听不明。

⑥这里集中解释《贲》卦卦爻之象。山下有火:《贲》卦下离上艮,艮为山,离为火,山下有火照,有文饰之义,故为《贲》象。明庶政:明察繁多政事。庶,众。无敢折狱:古人称判决讼事曰折狱。此指不敢轻易判断讼事,舍车而徒:放弃车而徒步行。徒,徒步。义弗乘:弗,不。初九居下,虽与二比邻,但其位下贱,故此爻辞义为不乘车。贲其须:修饰毛须。须,指面毛与胡须。与上兴:六二与九三皆得位无应,故六二之阴上承顺九三则可兴起。与,犹亲,从。终莫之陵:九三虽陷于二阴之中,但因以阳居阳位而得正,故最终未遭到凌侮。陵,侮。当位疑:六四当位,但因乘九三之阳故可疑。匪寇婚媾:不是盗寇而是求婚的。

匪，非。终无尤：最终无怨尤。尤，怨。有喜：六五居中，故“有喜”。“喜”是释“吉”。白贲：以白色修饰。上得志：上九以阳居上，下饰二阴而得志。

⑦这里集中解释《剥》卦卦爻之象。山附于地：《剥》下坤上艮。艮为山，坤为地。山在地上，故曰“山附于地”。附，依附。上以厚下安宅：在上位君子当以厚施于下位（庶民）而安居。上，指在上位君子。下，指庶民。宅，居。剥床以足：剥蚀床先及床足。剥，剥落、剥蚀。以灭下：初六以阴柔居下，以象床足，故剥床“以灭下”。下，指床足。剥床以辨：剥蚀床干。辨，床干。未有与：六二阴柔虽中正，但未有与阳刚比应。阴阳相得谓之“与”。与，犹亲。失上下：六三上下四阴皆剥阳，独三应上，故上下四阴相违背而失上下。剥床以肤：剥蚀床危及肌肤。肤，皮肤，此指身体。切近灾：六五近五，处多惧之地，而切近灾祸。以官人宠：是“贯鱼以官人宠”，是说受宠爱宫人如串鱼。官人，宫中嫔妾。终无尤：阳衰之时，六五居中以柔顺奉承阳可得宠，故终无怨尤。舆：车。民所载：上九之阳为下众阴所载。上九阳为君子，下众阴为民。《剥》卦下为坤，五爻以下互体亦为坤，坤为众，为载。剥庐：剥夺房屋。终不可用：若小人居上位，剥夺屋舍，故“终不可用”。

⑧这里集中解释《复》卦卦爻之象。雷在地中：《复》下震上坤，震为雷在下，坤为地在上，故“雷在地中”。至日闭关：古俗至日（冬至、夏至）闭塞关口。冬至日阴之复，夏至日阳之复，故二至日有复象。而依卦气之说。《复》卦正当“冬至”。《象》既称“至日闭关”，或许作《象》之际已有卦气之说。商旅不行，后不省方：商人旅客不行于道路，君王不省视四方之事，此是说在《复》卦一阳之微居下之时，上（君）下（商旅）安静。商，商人。资货而行曰商。旅，旅客。行于途者曰旅。后，指君。方，四方之事。不远之复：经文原为“不远复”，是指失去不远即返回。以修身：初九一阳始生于下，象知不善而复返，以此修身改过。即《系辞》所言：“复以自知。”休复：休止（失误）而返复。以下仁：六二之阴上无阳而下亲附于初九之阳。初阳为仁。《文言》“元，善之长也。”又曰：“君子体仁以长人。”故知元初为仁。频复：频繁地复返正道，其义无咎：六三过中失位，处下体震动之极，故有危厉，但因能复返正道，故此爻爻辞之义为“无咎”。中行独复：行道路正中，独自复返。以从道：六四之阴处上体坤之下，得正应初，故可用顺从之道。坤为顺从。敦复：敦促而复返。敦，敦促。中以自考：六五居中，故有中德而能察其过。考，察。又说为“成”，皆可通。迷复：迷途而复返。反君道：古有二说，（一）上六之阴居上，远离初爻之阳，故上六与初九反道而行。“反君道”即与初阳之道反。（二）上六之阴穷极而将生阳，故复返君道。君道即阳道。第二说较是，“反”当释为返。

译文

17.随 泽中有雷动,《随》卦之象。君子(效此)在晦冥之时,当入内卧寝而休息。

“馆舍有变动”,从正道而得吉祥。“出门交遇而有功”,不失正道。“捆绑小孩”,(丈夫与小孩)不能兼而有之。“捆绑丈夫”,其志向是舍弃下(初九)。“随从别人而有所获”,其辞义有“凶”。“有诚信而合乎正道”。“明示”功效。“存诚于善美之中则有吉”,其位正中。“遭到囚禁”,上六其道穷极。

18.蛊 山下有风,《蛊》卦之象。君子(效此)当振济民众而培养德行(以增其感召力)。

“匡正父之过失”,其意在顺承父意。“匡正母之过失”需得中道。“匡正父之过失”,最终“无咎”。“宽容父之过失”,往而未能正其过失。“用荣誉来匡正父之过失”,需以德承受。“不为王侯做事”,其清高志向可以效法。

19.临 泽上有地,《临》卦之象。君子(效此)当无穷地教化思念、宽容保护民众。

“以感化之心临民守正则吉”,其志行正道。“以感化之心临民则吉无所不利”,(阳刚居二)未能听从天命。“用甘言临民”,是说(六三)位不正当。“已知此而忧之”,其“咎”不会长久。“至下临民则无咎”,其位正当。“大君处理事得当”,有行中道之说。“以敦厚临民而得吉”,志在内卦(二阳)。

20.观 风行在地上,《观》卦之象。先王(效此)巡狩省察四方,观示民情以设政教。

“初六孩童般幼稚地观看”,乃“小人”之道。“由门缝偷看,女子守正”,亦可为丑辱。“观察自己庶民以定进退政策”,未失观道。“观察一国风俗民情”,适合于用“宾”礼奉上。“观察自己的庶民”,观示民众。“观察它国民众”,其志未能平和。

21.噬嗑 电闪雷鸣,《噬嗑》卦之象。先王(效此)明刑罚正法律。

“刑具加于足上遮没了脚趾”,不能行走。“吃肉掩没鼻子”,(六二阴柔)乘凌(初九)阳刚。“中毒”,位不正当。“利于艰难中守正则有吉”,(阳刚)未有广大。“守正危厉而无咎”适中而得当。木枷遮没了耳朵。耳朵听不清楚。

22.贲 山下有火照,《贲》卦之象。君子(效此)当明察众政,不敢轻易地判断讼狱。

“舍弃车而徒步走”,其义为不乘车。“修饰面毛胡须”,(阴柔)从上而兴起。“永远守正”有“吉”,最终莫能遭受凌侮。“六四”,虽居正当位而可疑。

"不是强盗而是求婚的",终无怨尤。"六五爻"有"吉庆",乃有喜事。"用白色修饰无咎",在上位而得志。

23.剥　山附着于地,《剥》卦之象。上位(君子)当以厚施于下位(庶民)而安其居。

"剥灭床先其足",指灭其下。"剥灭床干",无(阳)与之比应。"剥床无咎",失去上下。"剥床已近皮肤",切近灾祸。"以宫人而得宠",终无尤过。"君子得车舆",众民有所载。"小人剥夺房舍",终不可用。

24.复　雷动在地中,《复》卦之象。先王(效此)在至日闭塞关口,商人旅客不得行走于途,君王不省视四方之事。

"不远就复返",可以修正其身。"休止失误而复返",下顺仁人。"频繁复返"有"危厉",其义为"无咎","于道路正中而行独自复归",可以顺从其道。"敦促复返而无悔",居中处尊,自我成就善道。"迷途而复返"有"凶",乃复返君道。

易传·象传上

原文

25.无妄

天下雷行,物与,《无妄》。先王以茂对时育万物。

"无妄"之"往",得志也。"不耕获",未富也。"行人得"牛,"邑人灾"也。"可贞无咎",固有之也。"无妄"之"药",不可试也。"无妄"之"行",穷之灾也。①

26.大畜

天在山中,《大畜》。君子以多识前言往行,以畜其德。

"有厉利已",不犯灾也。"舆说輹",中无尤也。"利有攸往,"上合志也。"六四元吉",有喜也。"六五"之"吉",有庆也。"何天之衢",道大行也。②

27.颐

山下有雷,《颐》。君子从慎言语,节饮食。

“观我朵颐”，亦不足贵也。“六二征凶”，行失类也。“十年勿用”，道大悖也。“颠颐”之“吉”，上施光也。“居贞”之“吉”，顺以从上也。“由颐厉吉”，大有庆也。③

28.大过

泽灭木，《大过》。君子以独立不惧，遁世无闷。

“藉用白茅”，柔在下也。“老夫女妻”，过以相与也。“栋桡”之“凶”，不可以有辅也。“栋隆”之“吉”，不桡乎下也。“枯杨生华”，何可久也。“老妇士夫”，亦可丑也。“过涉”之“凶”，不可“咎”也。④

29.坎

水洊至，《习坎》。君子以常德行，习教事。

“习坎入坎”，失道“凶”也，“求小得”，未出中也。“来之坎坎”，终无功也。“樽酒簋贰”，刚柔际也。“坎不盈”，中未大也。“上六”失道，“凶三岁”也。⑤

30.离

明两作，《离》。大人以继明照于四方。

“履错”之“敬”，以辟“咎”也。“黄离元吉”，得中道也。“日昃之离”，何可久也。“突如其来如”，无所容也。“六五”之“吉”，离王公也。“王用出征”，以正邦也。“获匪其丑”，大有功也。⑥

注释

①这里集中解释《无妄》卦卦爻之象。天下雷行：《无妄》下震上乾，震为雷在下，乾为天在上，故曰“天下雷行”。无妄：无所希望。物与：物类。与：众说不一，有训为助，有训为应，有训为生，有训为参、入等。以上下文义推究，以训作“类”较好。古人认为冬季，阳气潜藏，春季阳气始出而成雷，万物闻声而发育生长，即《说卦》所谓“万物出乎震”，“动万物者莫疾乎雷”，故卦象称“天下雷行，物与无妄”。以茂对时育万物：以勉力遂时长育万物。茂，勉。对，遂，育。长。得志：初九之阳处卦之下而得正，故曰“得志”。不耕获：不耕种而收获。未富：不富有。六二虽居中得正，但二为阴爻，故虚而不实，而不富有。《周易》多以阳为富，阴为不富。邑人灾：邑人有失牛之灾。固有之：九四之阳失位，但只要坚固而有所执守可以无咎。此是释“可贞无咎”，以“固”释“贞”。无妄之药：无妄

之疾用药。不可试:不可轻易用药。试,用。穷之灾:上九居卦之上而穷极,必会有灾。

②这里集中解释《大畜》卦卦爻之象。天在山中:《大畜》下乾上艮,艮为山,乾为天,故曰"天在山中"。多识前言行:广泛学习前人言行,识,学习。往行,指过去。有厉利已:有危厉宜停止,不犯灾:初九之阳居下,故"不犯灾"。"灾",是释"厉"。舆说輹:车子与车轴分离。舆,车。说,脱。中无尤:九二居中,有刚中之德,无过尤。上合志:九三近上艮山,但与上九志向相合。有喜:六四畜初九之阳于初,故有"喜"。有庆:六五居中,畜九二于渐长之中,故"有庆"。何天之衢:荷负天之大道。何,荷。衢,四通八达之路。道大行:上九处《大畜》极,于阴之上,故其天道大行。

③这里集中解释《颐》卦卦爻之象。山下有雷:《颐》下震上艮,艮为山在上,震为雷在下。故曰"山下有雷"。慎言语:言语谨慎。节饮食:节制饮食。观我朵颐:观我隆起的两腮。朵颐,两腮隆起。亦不足贵:此处以贵贱论之,恐此爻辞乃言古人相面之事,曰两腮隆起其相貌不足贵。行失类:六二与六五皆为阴而不应,故"行失类"。道大悖:六三不中不正,处下震动之极,故曰"道大悖"。颠颐:晃动两腮。上施光:六四在上体而得正,又得初之刚应,故在上而德施广大。居贞之吉:居守下正道则有吉。顺以从上:六五无应于下,以柔顺可以服从上九之阳。六五为阴故曰"顺",上九为"上"。由颐:从两腮看。大有庆:上九处外卦艮之上,以示颐养之德已成,故有福庆。故有福庆。阳为"大",艮为成。

④这里集中解释《大过》卦卦爻之象。泽灭木:《大过》下巽上兑,兑为泽在上,巽为木在下,故有以泽灭木之象。独立不惧:独立而不有畏惧。遁世无闷:退隐于世间而无烦闷。藉用白茅:用白色茅草铺地设置祭品。藉,铺垫。柔在下:初六以阴柔居卦之下。老夫女妻:爻辞称"老夫得其女妻",女妻,小娇妻。过以相与:九二以刚过而与初相比,故九二之夫过而与初之女妻相亲。初六为"女妻",九二为"老夫"。以,而。栋桡:栋梁弯曲。不可以有辅:九三以阳居阳,与上六相应,但上六为"末"而"弱",故不可有阴相辅助。栋隆:栋梁隆起。不桡乎下:九四居上体不困与初相应而向下弯曲。下,指初六。枯杨生华:枯萎杨树开了花。华,花。何可久:九五虽与上六亲比,但因上六穷极,故不能长久。老妇士夫:爻辞称"老妇得其士夫"。士夫,指小丈夫。亦可丑:九止以刚居刚,上六以柔居柔,以示老妇与比自已少的丈夫匹配,只能为丑辱。丑是释经文中"无誉"。过涉之凶:渡河而带来了灭顶之凶。不可咎:这里集中解释"无咎"。

⑤这里集中解释《坎》卦卦爻之象。水洊至:《坎》下坎上坎,坎为水,下坎水方至,上坎水再至,水流不息之象。洊,一本作"臻",又作"荐",三者通。洊,

本指水荒,这里解释为再、仍。习重。以常德行:恒守德行。习教事:传习政教之事。习坎入坎:重重坎险而又进入坎险之中。失道凶:初六阴柔居重险之下而失正,上无应援,故失其出险之道而有凶。求小得:求仅有小得。未出中:九二失位居两阴之中,故未出险中。来之坎坎:来往皆坎险。之,往。终无功:六三处上下两坎之间,不中不正,进退皆坎,故“终无功”。樽酒簋贰:(得祭时)用一樽酒,两簋饭。樽,古代盛酒之器。簋,古代盛黍稷的竹器。刚柔际:六四之柔与九五之刚相比而交接。际,接。坎不盈:坎水未盈满。中未光大:九五之刚居中,但陷于两阴之中,故未能广大而出险。上六失道:上六阴柔居坎之终而失去济险之道。岁:年。

⑥这里集中解释《离》卦卦爻之象。明两作:《离》卦上下皆离。离为明,故“明两作”,即《象》所谓“重明”。作,起。继明:连续不绝的光明。履错:行礼开始。履,礼。错,帛《易》作“昔”,指开始。以辟咎:初九以阳居明之初,象日出而升,当以恭敬则可避免灾咎。辟,避。黄离:用黄色网猎取禽兽。得中道:六二居中得正,故“得中道”。日昃之离:日倾斜而去狩猎。昃,日倾斜,何可久:九三过中,其明不能长久。突如其来如:不孝之子返回。突,不孝之子。无所容:无所容身,用来解释经文“焚”“死”“弃”。离王公:六五居两阳之间,故有吉当依上下王公。离,依附,九四、上九为阳称王公。王用出征:大王可以出征。以正邦:上九以刚处离之上,刚断而明照,以察天下,故可以正邦国。获匪其丑:执获的俘虏不是一般随从者。匪,非。丑,同类、随从。大有功:指有大功。

译文

25.**无妄** 天下雷声振动,万物相应则类生,《无妄》之象。先王(效此)以勤奋顺合天时,养育万物。

“不抱希望而前往”,则得志。“不耕种而收获”,未能富有。“行人得”牛,“邑人(有失牛)之灾。”“可守正而无咎灾”,固守不动(可以免灾)。治“无所希望”病的“药”,不可轻易试用。“不抱希望而有所行”,穷极而有灾难。

26.**大畜** 天在山中,《大畜》卦之象。君子(效此)当广泛学习前人言行,以畜养自己品德。

“有危厉宜停止”,(初九)不冒犯灾难。“车子与车轴分离”,有中德无过尤。“利于有所往”,(九三)与上六志向相投合。“六四开始即吉”,而有喜事。“六五”有“吉”,有福庆。“肩负天之大道”,(阳)道大为通行。

27.**颐** 山下有雷动。《颐》卦之象。君子(效此)当谨慎言语,节制饮食。

“观我隆起的两腮”,不足为尊贵之人。“六二出征则有凶”,前往必失去同类。“十年不可以用”，与正道大相违背。“颤晃两腮”有“吉”，在上而德施光大。“居而守正则吉”，(六五)柔顺可以服从上九(之阳)。“由两腮看有危厉”，(但可以预防)而大有吉庆。

28.**大过** 泽水灭没树木，《大过》卦之象。君子(效此)当以独立而不畏惧，隐退于世而无忧闷。

“用白茅草铺地陈设祭品”，(初六)阴柔处卦下。“老夫(得)娇妻”，(九二阳刚)过而与(初六)相亲。“栋梁压弯”之“凶”，不可以有(上阴)辅助。“栋梁隆起”之“吉利”，不弯于下。“枯萎杨树开了花”，怎么能长久？“老妇(得到)小丈夫”，也不光彩。“渡河”而带来“凶险”，不可以“咎责”。

29.**坎** 水流再至而通，《习坎》之象。君子(效此)当以常守道德品行，传习政教之事。

“重涉坎险而入于坎中”，失正道而有“凶”，“谋求仅有小得”，未出险中。“来往皆坎险”，最终只能徒劳无功。“(行祭时)一樽酒两簋饭”，乃(六四)柔与(九五)刚交接。“坎水未满盈”，处险难之中未能光大而出险。“上光”失去济险之道，“有三年凶险”。

30.**离** 光明重重相续兴起普照，《离》卦之象。大人(效此)当以连绵不绝的光明照临天下四方。

“礼始”之“敬”，以避“灾咎”。“以黄色网狩猎，开始即吉”，能得中道。“日倾斜时去张网”，岂能长久！“不考之子返回家”，无所容身。“六五”之爻有“吉庆”，依附王公而得助。“大王宜出征”，以正治邦国，“擒获的不是一般随从者”，立了大功。

易传·象传下

原 文

31.咸

山上有泽，咸。君子以虚受人。

“咸其拇”，志在外也。虽“凶居吉”，顺不害也。“咸其股”，亦不处也。志在“随”人，所“执”下也。“贞吉悔亡”，未感害也。“憧憧往

来”，未光大也。“咸其脢”，志末也。“咸其辅颊舌”，滕口说也。①

32.恒

雷风，恒。君子以立不易方。

“不恒其德”，无所容也。久非其位。安得“禽”也。“妇人贞吉”，从一而终也。“夫子”制义，从妇“凶”也。“振恒”在上，大无功也。②

33.遁

天下有山，遁。君子以远小人，不恶而严。

“遁尾”之“厉”，不往何灾也。“执用黄牛”，固志也。“系遁”之“厉”，有疾惫也。“畜臣妾吉”，不可大事也。“君子好遁，小人否”也。“嘉遁贞吉”，以正志也。“肥遁无不利”，无所疑也。③

34.大壮

雷在天上，大壮。君子以非礼弗履。

“壮于趾”，其“孚”穷也。“九二贞吉”，以中也。“小人用壮，君子用罔”也。“藩决不羸”，尚往也。“丧羊于易”，位不当也。“不能退，不通遂”，不详也。“艰则吉”，咎不长也。④

35.晋

明出地上，晋。君子以自昭明德。

“晋如摧如”，独行正也。“裕无咎”，未受命也。“受兹介福”，以中正也。“众允”之，志上行也。“鼫鼠贞厉”，位不当也。“失得勿恤”，往有庆也。“维用伐邑”，道未光也。⑤

36.明夷

明入地中，明夷。君子以莅从用晦而明。

“君子于行”。义“不食”也。“六二”之“吉”，顺以则也。“南狩”之志，乃大得也。“入于左腹”，获心意也。“箕子”之“贞”，“明”不可息也。“初登于天”，照四国也。“后入于地”，失则也⑥。

37.家人

风自火出，家人。君子言有物，而行有恒。

“闲有家”，志未变也。“六二”之“吉”，顺以巽也。“家人嗃嗃”，未失也。“妇子嘻嘻”，失家节也。“富家大吉”，顺在位也。“王假有家”，交相爱也。“威如”之“吉”，反身之谓也。⑦

38.睽

上火下泽，睽。君子以同而异。

“见恶人”，以辟“咎”也。“遇主于巷”，未失道也。“见舆曳”，位不当也。“无初有终”，遇刚也。“交孚无咎”，志行也。“厥宗噬肤”，“往”，有庆也。“遇雨”之“吉”，群疑亡也。⑧

注释

①这里集中解释《咸》卦卦爻之象。山上有泽：《咸》下艮上兑，兑为泽，艮为山，山高而在下，泽卑而在上。泽下润，山土受润，有山泽二气相通感应之象。故为咸。以虚受人：以谦虚之心受纳于人。此取泽水下润，山虚以受。咸其拇：脚趾感应。拇，脚趾。志在外：初六与九四相应，志在应外卦九四。外，外卦。顺不害：六二居中得正，谨慎不会有害。二在艮，艮为止，若二上应九五感动则违背艮止之义，故失礼则有害。此谓“不害”。指与九三相比而言。顺，慎。咸其股：大腿感应。股，大腿。亦不处：九三阳刚居艮之上。本当处，但因它与上六相应而感动，故“亦不处”。处，止。“处”在人事，指女未婚。亦指六二而言，六二与九五感应，故“不处”。志在随人，所执下：是释“执其随”，九三之阳与六二之阴相比，虽与上六感动“不处”，但其心志在于随从，所操执为下六二之阴。九三处下体艮之上。艮为手，故曰“执”。下，指二。贞吉悔亡：守正则吉，悔事消失。未感害：九四与初六皆失正，只有得正才无感应之害。憧憧往来：往来心意不定。憧憧，心意不定之貌。未光大：九四失正，故其感不能广大。咸其脢：脊背感应而动。脢，背。志末：九五与上六相比，九五志向在于与上六相感。末，上六，《系辞》“其初难知，其上易知，本末也”，《象》释《大过》曰：“本末弱也。”其“末”均指上爻。咸其辅颊舌：因感而牙床面颊舌头一齐动。辅，牙床。颊，面颊。滕口说：众口说。上六居兑之上，故为“口”，为“说”。滕，一本作“媵”。或作“腾”。古“腾”“滕”通。滕，当读为“腾”，今文“媵”皆作“腾”，“媵”为古文“腾”，故“滕”“腾”“媵”三者通，“滕”字多解：一训为送，一训为虚言相感，一训“滕”为传，一训为众，以训滕为众较当。

②这里集中解释《恒》卦卦爻之象。雷风：《恒》下巽上震，震为雷，巽为风。立不易之方：确立不变的道理。方，犹道。不恒其德：不能恒守其德。无所容：

九三居内外卦之间,处不中之位,上下皆阳,进退无所容身。久非其位:九四以阳居阴,处《恒》时而失位,故曰“久非其位”。从一而终:六五应九二,五在外,二在内,以六五阴从九二阳,故六五从一夫(九二)终其身而不孜。夫子制义:夫子制事适宜。制,裁制,“制义”之义,指夫子在外处世的原则。振恒在上:“振恒”之辞在卦之上爻。振恒,恒久而求。大无功:上六处《恒》上体震动之极,不能守恒,故“大无功”。

③这里集中解释《遁》卦卦爻之象。天下有山:《遁》卦下艮上乾,乾天在上,艮山在下,故“天下有山”。远,疏远。不恶而严:不憎恶而有威严。遁尾:遁,经文本指小猪,《易传》取隐退之义。尾随而退曰“遁”。不往何灾:初六居艮体,艮为止,故不往则可以免于灾。此是释“勿用有攸往”。执用黄牛:用黄牛皮捆缚。固志:六二居中得正,又处下体艮,艮为止,故曰固志。系遁:经文是指摁绑小猪。《易传》是指系恋而不知及时退去。有疾惫:九三居下艮之上,为阴所系而不能去,故必有疾病而陷入困境。惫,困。畜臣妾吉:畜养臣妾则有吉。畜,养。不可大事:不可做大事。九三之阳因系于下阴,阴为小,故“不可大事”。君子好遁,小人否:九四阳刚处上下体之间,失位在外,开始消退,以示君子决然而退去在外,而小人则不知退。嘉遁:经文本指小猪受到赞美,而此是指受到赞美而退去。以正志:九五居中得正,退而得正位,故曰“以正志”。这里集中解释“贞吉”。肥遁:经文是指小猪被养肥。而此指纵容退去。肥,先儒解为从容。无所疑:上九处外卦之极,退避在外,心无所疑虑。

④这里集中解释《大壮》卦卦爻之象。雷在天上:《大壮》十乾上震,震为雷在上,乾为天在下,故曰“雷在天上”。非礼弗履:非礼事而不行。履,践行。壮于趾:伤了脚趾。壮,伤。其孚穷:初九居下,上进而无应,其诚信必穷困。以中:用中。以,用。九二居中,故“以中”。小人用壮,君子用罔也:九三处下体乾之极,以阳居阳,过刚不中,小人用之以强壮骄人,君子则以无为处世。罔,无。藩决不羸:藩篱被羊触裂挣脱了绳索。尚往:上往。九四处震动之下,有上升之势,故曰“尚往”。丧羊于易:丧失羊于场。易,场。位不当:六五以阴居阳,其位不正当。不能遂:不能进。遂,进。不详,一说通“祥”,一说详审,通观此爻文义,以前者为胜。艰则吉:艰难中守正,则吉。咎不长:上六处《大壮》之终,终则有变,能艰难守正,妄动之咎不会长久。

⑤这里集中解释《晋》卦卦爻之象。明出地上:《晋》卦下坤上离,离为明在上,坤为地在下。故“明出地上”。自昭明德:自我照着完善德性。昭,明“照明德”。晋如摧如:前进样子忧愁样子。如,样子,状态。独行正:初六居下以应九四,而行正道。独,指初一。裕无咎:宽容处之则无咎。未受命:初六居下,其位卑贱,未受爵命。受兹介福:承受此大福。兹,此。介,大。以中正:六二居中得

正，故"以中正"。众允：众人信任。允，信。上行：六三居坤与上九相应，故"上行"。鼫鼠：大老鼠。位不当：九四以阳居阴，不中不正，又处多惧之地，故"位不当"。失得勿恤：失得皆勿忧虑。恤，忧虑。往有庆：六五居尊，处离明之中，以大明之德得天下之附，前往必有福庆。维用伐邑：只用来讨伐邑国。维，唯。道未光：上九处《晋》之终，离之极。日之偏，光明将息，其道未能光大。

⑥这里集中解释《明夷》卦卦爻之象。明入地中，《明夷》下离上坤，离为明在下，坤为地在上，故"明入地中"。明入地中，以示光明被遮而受伤。故为明夷。夷：伤。莅众：莅临众人。用晦而明："用"，帛《易》"用九"作"迵九"。迵，通。可证"用""通"互假。古"而""能"又互通，故用晦而明，即通晦能明，亦即能使晦者明也。于行：有所行。义不食初九之阳处下，其爻辞之义当不吃饭。义，意义。顺以则：六二之阴居中得正。故顺以则，阴为"顺"，中正之道为法则。南狩：到南方放火烧草以狩猎。乃大得：九三之阳以应上六，前往必得"大首"，上六为坤阴之首，故为"大首"，获大首为"大得"。入于左腹：进入（明夷）左腹。获心意：六四以阴得位，上比六五，故曰"获心意"。这是解释"获明夷之心"。箕子：商末纣王伯父。明不可息：六五虽处昏暗之中，但光明中德不可熄灭。《明夷》上坤为昏暗。初登于天：日开始登上天。照四国：上六居卦之上，当光照四国。《明夷》由《晋》而来。《序卦》："晋者，进也，进必有所伤，故受之以明夷。"此指《晋》时明在地上。故"照四国"。后入于地：《明夷》日进入地中。失则：《晋》变《明夷》，《晋》上九变成《明夷》上六，阳被阴代替，而失去法则。

⑦这里集中解释《家人》卦卦爻之象。风自火出：《家人》下离上巽，巽为风在外卦，离为火在内卦，故"风自火出"。言有物：说话有事实根据。行有恒：行动有常度法则。恒，常度法则。闲有家：家中有防闲。闲，防。志未变：初九以阳居阳位而得正，故家人之志向未变。顺以巽：六二之阴居中得正故顺以殿。巽，践履之义。此有居之义。家人嗃嗃：家人经常受到嗃嗃严叱。嗃嗃，严厉叱责声。未失：九三得位，刚严治家而得正，故未失家道。嘻嘻：骄佚嬉笑之貌。失家节：九三以阳刚过中，以示失家节而有难。富家：使家庭裕富。顺在位：六四上承九五而得位。六四之阴为"顺"，六四以阴居阴曰"在位"。王假有家：大王有家。假，至，也有释为宽大者。交相爱：九五居尊位下应六二，五二夫妇交相爱。威如：威严的样子。反身之谓：《家人》卦诸爻皆正，独上九不正，君子于此，当反身求正。

⑧这里集中解释《睽》卦卦爻之象。上火下泽：《睽》下说上离，离为火，兑为泽。火性炎上，水性润下，二者相违背。故为《睽》象。同而异：道同而事异。即"天下同归而殊途"。见恶人：遇见恶人。以辟咎：可以避免咎灾。遇主于巷：在巷道中遇见主人。巷，道。未失道：九二以阳居阴而失正，然而上应六五而得

援，故"未失道"。见舆曳：见车被牵引。舆，车。曳，拉。位不当：六三的阴居阳位而不中，无初有终，起初不利，后有好的结果。遇刚：六三与九四相比，与上九相应，故曰"遇刚"。交孚：以诚信相交。志行：九四之阳处坎中，坎为通，故"行"。厥宗噬肤：其与宗族人一起吃肉。厥，其。噬，吃。肤，柔软的肉。群疑亡：指所谓爻辞中"见豕负涂，载鬼一车"及"先张之弧，后说之弧"。

译文

31.**咸** 山上有泽水，《咸》卦之象。君子(效此)当以谦虚之心受纳于人。

"脚趾感应"，其志向在外(卦九四)。虽有"凶险安其居则吉"，谨慎不会有害。"大腿感应"，亦不能安静居处。志在于"随从"别人，(九三)所"操执"为下(六二之阴)。"守正吉、悔事消亡"，(九四与初六)无感应之害。"往来心意不定"，未能广大。"脊背感应"，志向是与(上六)之末感应。"牙床、两颊及舌头皆受感动"，乃众口说。

32.**恒** 雷风(长相交)，《恒》卦之象。君子(效此)当以确立不变的道理。

"不能恒守其德"，无所容身。(九四)久居不当之位，怎么能猎取"禽兽"。"妇人占问有吉"，(妇)终身跟从一夫。若"夫了"处理适宜，一味盲目从妇人则有凶险。"恒久而求"发生上位，会大无功效。

33.**遁** 天下有山，《遁》卦之象。君子(效此)当以远避小人时，不予憎恶而有威严。

"尾随而退"有"危厉"，不前往能有何灾。"用黄牛(皮绳)捆缚"，固守其志。"一味追求而不知及时退去"而有"危厉"，有疾病而陷入困境。"畜养臣妾有吉"，不可以做大事。"君子知好及时退去，小人不知道"。"在赞美中退去，占问有吉"，以中正守志。"从容中退去，没有什么不利的"，心中无所疑虑。

34.**大壮** 雷在天上。《大壮》卦之象。君子(效此)不履行非礼之事。

"伤了脚趾"，其"诚信"困穷。"九二守正则吉"，因用中道。"小人用壮(骄人)，君子用无(处世)"。"藩篱(被公羊)触裂，挣脱绳索"，往上而去。"丧失羊于场中"，(六五)位不正当。"既不能退又不能进"，此举不祥。"艰难中守正吉"，咎害不会长久。

35.**晋** 光明出现地上，《晋》卦之象。君子(效此)当以自我昭示光明之德。

"前进受阻"，当独行正道。"宽裕处这无咎"，未受到爵命。"承此大福"，用中正之道。"众人信任"，其志上行(以应上九)。"大的老鼠，占问有危厉"，其位不正当。"失而复得不要忧虑"，前往则有福庆。"只宜征伐邑国"，其道未能光大。

36.明夷　光明进入地中,《明夷》之象。君子(效此)当莅临群众,用藏晦而更光明。

“君子有所行”,其辞义当“不吃饭”。“六二”有“吉祥”,柔顺而又有法则。“南方烧草狩猎”之志,在于大有所得。“进入左腹”,而获其心意。“箕子的守正”,(说明)光明(之德)不可熄灭。“初之光明升天”,以照四方众国。“后没入地中”,失则而无光。

37.家人　风从火出。《家人》卦之象。君子(效此)说话有事实根据,而行动则恒守其德。

“家中有防闲”,说明家人之志未变。“六二”之“吉”,顺从而又履行。“家人到嗃嗃的严叱”(治家)未失其道。“妇人和孩子骄佚嬉笑”,则失去家节。“家庭富裕是大的吉利”,以柔顺居守正位。“大王到家中”,(夫妇)交相爱慕。“(家道)威严”之“吉”,是说反身求正。

38.睽　上为火,下为泽,《睽》卦之象。君子(效此)当取道同而存事异。

“遇见恶人”,以避免“咎”灾。“在巷道中遇见主人”,尚未失道。“见大车被牵引”,(六三)位不正当。“初不利而有好的结果”,(六三阴柔)遇到阳刚。“诚信相交无咎”,志在行施。“其与家一起吃肉”,“前往”有福庆。“遇到雨”有“吉利”,众多疑惑消失。

原文

39.蹇

山上有水,蹇。君子以反身修德。

“往蹇来誉”,宜待也。“王臣蹇蹇”,终无尤也。“往蹇来反”,内喜之也。“往蹇来连”,当位实也。“大蹇朋来”,以中节也。“往蹇来硕”,志在内也。“利见大人”,以从贵也。①

40.解

雷雨作,解。君子赦过宥罪。

刚柔之际,义“无咎”也。“九二贞吉”,得中道也。“负且乘”,亦可丑也。自我致戎,又谁咎也。“解而拇”,未当位也。“君子有解”,“小人”退也。“公用射隼”,以解悖也。②

41.损

山下有泽,损。君子以惩仇窒欲。

“已事往遄往”，尚合志也。“九二利贞”，中以为志也。“一人行”，“三”则疑也。“损其疾”，亦可“喜”也。“六五元吉”，自上祐也。“弗损”“益之”，大得志也。③

42.益

风雷，益。君子以见善则迁，有过则改。

“元吉无咎”，下不厚事也。“或益之”，自外来也。“益用凶事”。固有之也。“告公从”，以益志也。“有孚惠心”，“勿问”之矣。“惠我德”，大得志也。“莫益之”，偏辞也。“或击之”，自外来也。④

43.夬

泽上于天，夬。君子以施禄及下，居德则忌。

“不胜”而“往”，“咎”也。“有戎勿恤”，得中道也。“君子夬夬”，终“无咎”也。“其得次且”，位不当也。“闻言不信”，聪不明也。“中行无咎”，中未光行。“无号”之“凶”，终不可长也。⑤

44.姤

天下有风，姤。后以施命诰四方。

“系于金柅”，柔道牵也。“包有鱼”，义不及“宾”也。“其行次且”，行未牵也。“无鱼”之“凶”，远民也。“九五”“含章”，中正也。“有陨自天”，志不舍命也。“姤其角”，上穷“吝”也。⑥

45.萃

泽上于地，萃。君子以除戎器，戒不虞。

“乃乱乃萃”，其志乱也。“引吉无咎”，中未变也。“往无咎”，上巽也。“大吉无咎”，位不当也。“萃有位”，志未光也。“赍咨涕洟”，未安上也。⑦

46.升

地中生木，升。君子以顺德，积小以高大。

“允升大吉”，上合志也。“九二”之“孚”，有喜也。“升虚邑”，无所疑也。“王用亨于岐山”，顺事也。“贞吉升阶”，大得志也。“冥升”在上，消不富也。⑧

注释

①这里集中解释《蹇》卦卦多之象。山上有水:《蹇》下艮上坎,艮为山在下,坎为水在上,故曰“山上有水”。反身修德:反求于己,修养其德。往蹇来誉:前往遇险难,回来则得荣誉。坎水为险,艮山为止,君子见险而止,故“往蹇来誉”。蹇,难。宜待:即“以待时也”,“以待时”是说初六阴柔才弱,且失位,前有险难,见险而止,待时而进。王臣蹇蹇:王臣皆在坎险之中,故“蹇蹇”。终无尤:尤即“忧”,言王臣皆在险中而最终无忧。六二居中得正,上救患难九五之君,故终无忧。往蹇来反:前往遇险,只得返回来。内喜:九三近上坎,进则有险,但因与六二相比,近而相得,在内卦而有喜事。内,谓内卦六二。往蹇来连:前往有险,回来亦有险。连,通“辇”。有险难之义。当位实:六四以阴居阴为“当位”。上下皆阳故为“实”。大蹇朋来:有大难朋友来助。中节:娥五以阳铡居中,故有中之法度。节,节操。往蹇来硕:前往有难,返回则丰大。硕,由“硕果”思之,此处当有丰大之义。志在内:上六处外卦与内卦九三相应,故“志在内”。以从贵:上六与九五相比,故可以顺从九五。九五位尊故曰“贵”。

②这里集中解释《解》卦卦爻这象。雷雨作:《解》下坎上震,坎为雨,震为雷。雷雨交织而兴起。赦过宥罪:赦免过失,宽宥罪恶。赦,放、免。宥,宽宥。过轻则赦,罪重则宥,皆有缓解之义。刚柔之际:初六之阴柔与九二之阳刚相比,故有刚柔交接之义。际,接。得中道:九二居中而“得中道”。负且乘:肩负东西而又乘车(此指小人之行为)。亦可丑:六三之阴失位而不中,且以柔乘刚,故亦可为丑辱。自我致戎:由自己招致兵戎来伐。这里集中解释爻辞“致寇至”。又谁咎:言兵寇至由自取,非他人之咎。故曰“又谁咎”。此与《象》释《同人》《节》“又谁咎”不同。解而拇:解开被缚的拇指。拇,古人指手与脚的大拇指。未当位:九四以阳居阴位。君子有解,小人退:六五居尊得中,已离开坎险,故曰“君子有解”。但六五为阴,又像小人自退。前者就爻位言,后者就爻而言。公用射隼:王公射鹗鸟。隼,鹰之属。以解悖:上六居卦之上而得正,故能解除悖逆。

③这里集中解释《损》卦卦爻之象。山下有泽:《损》下兑上艮,艮为山在上,兑为泽在下。故为“山下不泽”。惩忿窒欲:制止愤怒,窒塞情欲。惩,一本作“澄”或“潡”,三者音近而相通。先儒有训为清者,有训为止者。当以后者为胜。窒,止、塞。已事遄往:治病之事要速往,古之病曰“已”。遄,速。尚合志:初九与六四正应而合志。尚,上。指六四。另从爻辞看,初与四皆言治病之事,故其志相合。中以为志:九二失位居中,虽与六五相应,但因失位而利守中,故

“中以为志”。一人行、三则疑:这里集中解释“三人行则损一人,一人行则得其友”。指一人可以独行,三人行则互相猜疑,六三之位本为阳,因三阳相行相互猜疑,而减损一阳,故“三则疑”。损其疾:减轻疾病。亦可喜:六四与初九相应,六四赖初九而损病,故“有喜”。自上祐:六五以柔居尊,虚中谦受。必得到上天保佑。弗损益之;不减损而得到增益。大得志:上九自下而上,于损之时,而被增益,故“大得志”。

④这里集中解释《益》卦卦爻之象。风雷:《益》下震上巽,震为雷,巽为风。见善则迁:见善行则从之。迁,徙。元吉:开始即吉。下不厚事;初九阳刚自上而下,在下而不厚劳其民,不夺其时。厚事:益以他事。厚,益。《益》,下体本为坤,坤为“厚事”。下,谓初。或益之:或许增益。自外来:古有多解,(一)乾上称外,来益之(虞翻等)。(二)帝者生物之主,兴益这宗,出震而齐巽者也。六二居益之中当位而应于巽,亨帝之美在此时(王弼)。(三)益之者,从外而来,不召而至也(孔颖达)。(四)六二中正,以虚能受,固守则有有益之事,众人自来外益(程颐)。(五)《益》初九自《损》上九而来。《损》六五受上九之益。《象》曰“自上祐”。《损》变《益》,《益》六二受初九之益,这种益来自外卦(俞琰等)。(六)六二应九五有所增益,是从外卦九五来,《益》是《损》变来。《益》六二是从《损》九五而来(吴澄等)。以后两解为是。益用凶事:把增益用于凶事。固有之:六三阴柔不中不正,故“凶事”为此爻本来就有。固,本来。告公从:告诉王公要依从。以益志:四本为阳,益下而为阴,即《象传》所谓“损上益下”。四在上外卦,增益到下内卦,故“以益志”。以,用。有孚惠心:有诚信惠施于心。勿问之:是释“勿问元吉”。之,指吉。惠我德:施惠于我品德之中。大得志:九五居中得正,故“大得志”。莫益之:得不到增益。偏辞:不正之辞。或击之:或许有人攻击。自外来:上九以阳刚处上,受到外卦九五攻击。五在外卦,故言攻击来自外。

⑤这里集中解释《夬》卦卦爻之象。泽上于天:《夬》卦下乾上兑,兑为泽在上,乾为天在下,故“泽上于天”。施禄及下,居德则忌:施其禄泽于下,安居其得明禁令。居:安居。一说为积。德,得。不胜而往,咎也:初九阳刚居阳位,在《夬》时果决而健壮,必无胜理,前往必有灾。有戎勿恤:有兵戎来犯,不需忧虑。恤,忧虑。得中道:九二居中,刚而不暴,故“得中道”。夬夬:刚决而不疑。终无咎:在众阳决阴之时,九三与上六应,助阴为凶,当有咎。但因九三以阳居阳,刚决不疑,最终能决去阴,故“终无咎”。其行次且:行动趑趄困难。次且,趑趄,即行动不便。位不当:九四这阳失位而不中,故曰“位不当”。闻言不信:闻听此言不相信。聪不明:九四们不正当,故闻听不明确。聪,听。中未光:九五居中得正,但因近比上六之阴,而为阴所掩,故“中未光”。无号:没有呼号。终不可长:

上六阴柔居卦之末,为众阳所决,阴道已尽,故"终不可长"。

⑥这里集中解释《姤》卦卦爻之象。天下有风:《姤》下巽上乾,巽为风在下,乾为天在上,故"天下有风"。风行天下,无物不遇,故为《姤》象。姤,遇。后以施命诰四方:君王效此发布命令禁止天下四方旅行。后,君。命,命令。诰,先儒多训作"告"。郑玄、王肃皆作"诰"。并训"诰"为止,清人惠士奇、朱骏声及近人杨树达等皆从之。案《尚书》作"刑以诰四方"。又《复》卦一阳始生于下,《姤》卦一阴始生于下。《象》释《复》为"先王以至日闭关,商旅不行,后不省方"。系于金柅:牵制铜车闸煞车。系,帛《易》作"击"。有牵引之义。柅,帛《易》作"梯"训为车闸。柔道牵:初六一阴初生,与上阳爻相遇,阴柔牵引,阳刚而止。包有鱼:厨房有鱼。包,即庖。义不及宾:初六为阴为鱼,初四相应,其鱼当为九四之兵所有。今为二所有,故其爻辞之义为不利于宴请宾客。次且:趑趄。即指行动不便。未牵:九三得正位,隔二未与初六之阴牵,但因初牵二不及三,故"未牵"。远民:九四阳刚失位,与初六相应,但因初六近九二,故九四远离初六之民,初六之阴为民。含章:包含章美。中正:九五之阳居中得正。有陨自天:自天而落。陨,落。志不舍命:是说"有陨自天,命中有之",故志不违舍。舍,违。姤其角:与其角相遇。上穷吝:上九阳刚居高而遇,故必困穷而致难。

⑦这里集中解释《萃》卦卦爻之象。泽上于地:《萃》卦下坤上兑,兑为泽在上,坤为地在下,故"泽上于地"。除戎器,戒不虞:修治兵器,戒备意外之患。戎,兵。除,去旧取新,即修整。虞,臆度。乃乱乃萃:混乱而又相聚。萃,聚。其志乱:袂六正应九四,但与上二阴同类相聚,故心志惑乱。引吉:迎吉。中未变:六二居中得正,不因与阴近比而有所改变。上巽:六三之阴向上而巽顺。六三与九四、九五互体为巽。故曰"上巽"。上:古有多解,一说为向上往,一说六三之上阳刚,一说上六。当以前者为胜。位不当:九四以阳居阴,故"位不当"。萃有位:聚合而有其位。志未光:九五虽居中得正。但被上六阴柔所掩,故其志未能光大。赍咨涕洟:钱财丢失以致泪流满面。赍咨,钱财丧失。涕洟。眼泪、鼻涕。未安上:上六阴柔居上,乘刚而无应,未能安居其上。

⑧这里集中解释《升》卦卦爻之象。地中生木:《升》卦下巽上坤,坤为地,巽为木,木在地下,故曰:"地中生木。"顺:顺,一本作"慎"。二者互通。以高大:一本作"以成高大"。取象木在地中生长壮大。允升:进升。上合志:初六阴柔向上顺从九二,故"上合志"。有喜:九二居中,上应六五,上升有应,为上所信,故有喜事。升虚邑:登上高丘之上邑城。虚,丘,无所疑:九三以阳居阳,上三阴为坤顺,故上升"无所疑"。王用亨于岐山:大王祭祀于岐山。亨,祭祀。顺事:按这上下文义。"顺"字在此当作慎解,指谨慎侍奉鬼神。故登山祭祀为顺利事情。升阶:登阶而上。大得志:六五处尊,下有九二之刚相应,升而有吉,故

“大得志”。冥升在上:“冥升”在上爻。上,上六。上六之辞为“冥升”。消不富:上六阴柔居上,升极则消退,而不富有。阴为“不富”。

译 文

39.**蹇** 山上水积,《蹇》卦之象。君子(效此)当以反省自身而修养道德。

“往有险难、返回获荣誉”,宜待时(而进)。“王臣皆在险难中”,最终无忧。“往遇险难而返回来”,内有喜事。“往有险难、返回亦险”,(六四)当位(上下)皆为阳实。“大难中朋友来助”,得中道而有节操。“前往遇险难,返回则丰大”,其志向在于内卦。“宜见有权势的人”,(上六)依从富贵。

40.**解** 雷雨交作,《解》卦之象。君子(效此)当赦免过失者宽宥罪恶者。

阳刚与阴柔交接,其义“无咎”。“九二占问则吉”,(九二)得中道。“肩负物而乘车”,也为可丑。自己招致兵戎(来伐),又是谁的过错?“解开被缚的拇指”,(九四阳在阴位)未当其位。“君子解脱”,“小人”自退。“王公射隼鸟”,解除悖逆。

41.**损** 山下有泽,《损》卦之象。君子(效此)当制止愤恨窒塞情欲。

“治病之事速往”,与上(六四)其志合。“九二利于守正”,守中以为其志。“一人行(可得其友)”,“三”(人行)则互相猜疑。“减轻疾病”,亦可欢喜。“六五始则吉”,来自上天保佑。“不减损反增益”,则大得其志。

42.**益** 风雷(相助),《益》卦之象。君子(效此)见善行则迁徙顺从,有过失则改正。

“始得吉无咎”。(初九)不增加额外负担。“或许有增益”,是从外部而来。“把增益用于凶事”。(乃是六三)本来就有的。“告诉王公顺从”,以增益其志。“有诚信惠施于心”,“毋需多问”。“惠施于我德”,其志向大行。“得不到增益,”偏见之辞。“或许有人攻击”,自外部而来。

43.**夬** 泽水上于天,《夬》卦之象。君子(效此)以施其禄泽于下民,贪居所得(而不施)则犯禁忌。

“无胜理”而“前往”,必有“灾咎”。“有兵戎(来犯)勿忧虑”,(是因)得到了中道。“君子刚强不疑”,最终“无咎”。“行动趑趄”,位不正当。“听说而不相信”,闻听不明。“行中道而无咎”,中正之道尚未光大。“无呼号”而有“凶”,最终不可长久。

44.**姤** 天下有风,《姤》卦之象。君王(效此)发布命令,禁止天下四方(旅行)。

“制动铜车闸”,阴柔之道牵引。“厨房有鱼”,其义不及于宾客。“其行动越趄”,行动未牵制。“(厨房)无鱼”而“凶险”,远离(初六)之民。“九五包含章美”,因其中正。“自天而陨落”,志不舍其天命。“遇其角(而被触)”,上九其道穷尽而有“灾”。

45.萃 泽水居地上,《萃》卦之象。君子(效此)以修治兵器,戒备意外之患。

“既乱而又聚会”,其志错乱。“引吉无咎”,居中未有改变。“前往无咎”,向上顺从。“大吉无咎”,其位不本清源正当。“聚而有其位”,其位尚未光大。“丢失了钱财泪流满面”,未能安居其上。

46.升 地中生长树木,《升》卦之象。君子(效此)当以慎修其德,积小(善)以成高大。

“进升大吉”,上合志(同升)。“九二”的“诚信”,有喜事。“登上高丘城邑”,所无疑虑。“大王祭亨于岐山”,谨慎事奉(鬼神)。“占问吉而后登阶”,将大得其志。“昏冥而升”在上,(阴)消而不富有。

原文

47.困

泽无水,困。君子以致命遂志。

“入于幽谷”,幽不明也。“困于酒食”,中有庆也。“据于蒺藜”,乘刚也。“入于其宫,不见其妻”,不祥也,“来徐徐”,志在下也,虽不当位,有与也。“劓刖”,志未得也。“乃徐有说”,以中直也。“利用祭祀”受福也。“困于葛藟”,未当也。“动悔又悔”,吉行也。[1]

48.井

木上有水,井。君子以劳民劝相。

“井泥不食”,下也。“旧井无禽”,时舍也。“井谷射鲋”,无与也。“井渫不食”,行“恻”也。求“王明”,“受福”也。“井甃无咎”,修井也。“寒泉”之“食”,中正也。“元吉”在“上”,大成也。[2]

49.革

泽中有火,革,君子以治历明时。

“巩用黄牛”,不可以有为也。“巳日乃革之”,行有嘉也。“革言三就”,又何之矣。“改命”之“吉”,信志也。“大人虎变”,其文炳也。“君子豹变”,其文蔚也。“小人革面”,顺以从君也。[3]

50.鼎

木上有火，鼎。君子以正位凝命。

“鼎颠趾”，未悖也。“利出否”，以从贵也。“鼎有实”，慎所之也。“我仇有疾”，终无尤也。“鼎耳革”，失其义也。“覆公餗”，信如何也。“鼎黄耳”，中以为实也。“玉铉”在“上”，刚柔节也。④

51.震

洊雷，震。君子以恐惧修省。

“震来虩虩”，恐致福也。“笑言哑哑”，“后”有则也。“震来厉”，乘刚也。“震苏苏”，位不当也。“震遂泥”，未光也。“震往来厉”，危行也。其事在中，大“无丧”也。“震索索”，中未得也。虽“凶”“无咎”，畏邻戒也。⑤

52.艮

兼山，艮。君子以思不出其位。

“艮其趾”，未失正也。“不拯其随”，未退听也。“艮其限”，危“熏心”也。“艮其身”，止诸躬也。“艮其辅”，以中正也。“敦艮”之“吉”，以厚终也。⑥

53.渐

山上有木，渐。君子以居贤德善俗。

“小子”之“厉”，义“无咎”也。“饮食衎衎”，不素饱也。“夫征不复”，离群丑也。“妇孕不育”，失其道也。“利用御寇”，顺相保也。“或得其桷”，顺以巽也。“终莫之胜吉”，得所愿也。“其羽可用为仪吉”，不可乱也。⑦

54.归妹

泽上有雷，归妹。君子以永终知敝。

“归妹以娣”，以恒也。“跛能履吉”，相承也。“利幽人之贞”，未变常也。“归妹以须”，未当也。“愆期”之志，有待而行也。“帝乙归妹”，“不如其娣之袂良”也。其位在中，以贵行也。“上六”“无实”，“承”虚“筐”也。⑧

55.丰

雷电皆至,丰。君子以折狱致刑。

“虽旬无咎”,过旬灾也。“有孚发若”,信以发志也。“丰其沛”,不可大事也。“折其右肱”,终不可用也。“丰其蔀”,位不当也。“日中见斗”,幽不明也。“遇其夷主”,“吉”行也。“六五”之“吉”,“有庆”也。“丰其屋”,天际翔也。“窥其户,阒其无人”,自藏也。⑨

注释

①这里集中解释《困》卦卦爻之象。泽无水:《困》卦下坎上兑,坎为水在下,兑为泽在上,水在泽下而泽上枯,故“泽无水”。致命遂志:舍弃生命实现其志向。致,犹援。遂,行。幽谷:幽暗峡谷。幽不明:初六为阴柔而居最下,故曰“幽”,幽即“不明”,先儒有谓“不明”是释经文中“幽”字者,案《象》释《丰》卦亦有“幽不明”,而爻辞并无“幽”字,可证上弱有误。困于酒食:被酒食所困,即指醉酒。中有庆:九二居中而有中德,故“中有庆”。据于蒺藜:有蒺藜占据。据,占据。乘刚:六三乘凌九二之刚。入于其宫,不见其妻:进入宫室,而见不到妻子。不祥:一本作“不详”,详、详通。三失位不为天所佑,故不祥之兆。即《系辞》所谓“死期将至”。详,善。有人训为详审,可备一说。来徐徐:缓缓而来。志在下:九四之阳与初六之阴相应,故九四之志在于应下之初六。虽不当位,有与也:九四以阳居阴为“不当位”,但九四与初六相应,故曰“有与”。有与,即有援助。劓刖:古代一种刑法。割鼻称“劓”,断足称“刖”。志未得:九五与九二无应,又被上六之阴所掩,故其志未得行。乃徐有说:于是漫漫脱下。说,脱。以中直:九五以阳居中得正,故曰中直。直,犹正。受福:祭祀享受福。困于葛藟:被草莽所困。葛藟,葛藤草类。未当:上六处卦之上穷极而乘刚,故其位“未当”。动悔有悔:前“悔”字疑当作“晦”,“晦”有迟义,乃言动迟则有悔。吉行:上六为困之终,知悔而能去之,而有吉。“行”是释“征”。

②这里集中解释《井》卦卦爻之象。木上有水:由近年出土古井考证,井底安装有四方形木框,这或许就是“木上有水”的由来。劳民劝相:使民劳作而又劝勉辅助。相,助。井泥不食:井中有泥其水不能食用。下,初六之阴居《井》之下,井底有泥之象。初六与四无应,故水不能食用之象。旧井无禽:废弃的井连禽鸟也不至。时舍:指井当随时而舍弃。井谷射鲋:井底射小鱼。鲋,小鱼。谷,井中容水的地方。无与:九二阳刚与下初六相比,与九五无应。“无与”即无所应援。井渫:井已修好。渫,治。行恻:指言恻。恻,忧伤。求王明:求得大王

英明。受福:享受其福。井甃:修治其井。甃,为修治。修井:六四阴柔得正,故有修井之象。寒泉之食:冰冷的泉水可以食用。中正:九五居中而得正。元吉在上:"元吉"之辞在上爻。元吉,大吉。大成:上六井养之大功已告成。

③这里集中解释《革》卦卦爻之象。泽中有火:《革》下离上兑,兑为泽在上,离为火在下,故"泽中有火"。治历明时:修治历法以明天时。巩用黄牛:经文为"巩用黄牛之革"。是说用黄牛皮革巩固。不可以有为:被九阳刚得位,但因居下位,而上无应,故"不可以有为"。巳日革之:到了巳日才变革。巳,巳日。行有嘉:六二之阴得位居中,上应九五,故行动必有嘉赏。"行"释"征"。嘉释"吉"。革言三就:变革须经三次详审才能成功。又何之矣:又有何往。是说九三变革已成功,没有什么可往的。之,往。改命,改天命。信志:有诚心。九四改革之志上达于九五之君,下达六三之民。信,释"孚"。大人虎变:大人于变革之际像虎换毛一样。其文炳:九五居中处尊,以像大人革命如虎纹彪炳。炳,明亮、显著。君子豹变:君子于变革之时,如豹换毛一样。其文蔚:此指上六处卦之上,以像君子变革如豹纹茂密。蔚,草多貌。此指豹纹茂密成斑。小人革面:小人改变昔日面目。顺以从君:上六为阴,故为"顺"。上六在九五之上,变革时,只有顺从九五,九五为君。

④这里集中解释《鼎》卦卦爻之象。木上有火:《鼎》卦下巽上离,离为火在上,巽为木在下,木上有火燃烧,鼎烹饪之象。故为《鼎》。正位凝命:此取象鼎形端正,故曰"正位";鼎体稳重,故"凝命"。鼎颠趾:鼎足被颠到。未悖:初六失位而"颠趾",故"不悖"。"悖",逆乱。利出否:利于逐斥妇人。否,帛《易》爻辞作"妇"。以从贵:初六之阴以顺从阳之贵。鼎有实:鼎器中有食物。慎所之:所之,所往。此指移动。我仇有疾:我妻有病。仇,指妻子。古代称理想的妻子为妃,不称心的妻子为仇。终无尤:因九二居中而有中德故最终无过尤。鼎耳革:鼎耳变形。失其义:九三处巽木之极,与上离火相遇,木火太过,则失去烹饪之宜。义,宜。覆公餗:把王公的八珍菜倒出。餗,是一种糁与笋做成的八珍菜粥。信如何:九四阳刚为鼎中之实,故今将食物倒出,怎么样呢?信,实。鼎黄耳,鼎器有黄色的耳。中以为实:六五居中谓"中",鼎铉为"实"。此指鼎耳中虚而能受铉。玉铉在上:玉"铉"在上爻。刚柔节:上九以阳居阴,下与六五之阴相比,刚而能柔,刚柔节制而适宜。

⑤这里集中解释《震》卦卦爻之象。洊雷:《震》上下皆为震,震为雷,故曰"洊雷"。洊,重,再。修省:修身省察。震来虩虩:雷电袭来,令人恐惧。虩:恐惧貌。恐致福:初九之阳居下,以示震之始能以恐惧自修以致福祥。笑语哑哑:主祭者谈笑自如。哑哑,笑语声。后有则:初九以阳居阳得正,故不困恐惧而失去法度。则,法度、法则。震来厉:雷声传来十分危厉。厉,危厉。乘刚:六二之

阴柔乘凌初九之阳刚。震苏苏:震雷令人畏惧不安。苏苏,惧貌。至今北方人仍用“吓苏了”形容恐惧至极。位不当:六三失位不中。震遂泥:雷进入泥土中。未光:九四之阳处二阴之间,故“未光”。震往来厉:震雷来往危厉。危行:六五以柔居尊,无应第刚,故“危行”。其事在中:六五居中,故“其事在中”。事,谓祭祀之事。索索,恐惧不安。中未得:上六阴柔居震动之极而未居中,故“中未得”,即未得中道。畏邻戒:上六与六五比邻,雷及邻而知畏,故得以戒备。

⑥这里集中解释《艮》卦卦爻之象。兼山:《艮》上下皆艮,艮为山,两山相立而为“兼山”。兼:两,重。思不出其位:思虑不出其所处之位。即《彖》释《艮》所谓“艮其止,止其所也”。艮其趾:脚趾不动。未失正:初六居下失位,但因初六为阴,处艮止而能止,故未失止之正理。不拯其随:不能抬腿。拯,举。随,腿。未退听:六二居中得正,处艮之时,未退让听从九三。艮其限:腰不能动。限,人体中部,即腰危薰心,危厉中心急如焚。九三处上下两阴之间,故“危薰心”。经文作“厉薰心”。可征《象》视“危”“厉”为一义。艮其身:使整个身体不动。止诸躬:六四居《艮》上体,以阴居阴位,以像人身上体不动。止,释“艮”。躬,即身。艮其辅:使面颊不动,辅,面颊。以中正:六五之阴居中,以像言有序不失中而为正,故曰以中正,一本又作“正中”。敦艮:敦厚知止。敦,厚。以厚终:以敦厚而终结。

⑦这里集中解释《渐》卦卦爻之象。山上有木:《渐》下艮上巽,艮为山在下,巽为木在上,故“山上有木”。善俗:本作“善风俗”。小子之厉:小子有危厉。小子,小孩。义无咎:初六失位有危厉。但因居下位,故辞义为“无咎”。饮食衎衎:饮食和乐。衎衎,和乐。不素饱:不仅为饱饭而处之。素,空。夫征不复:男人出征没有返回。离群丑:九三依附群类。九三处上下三阴之间,故“离群丑”。离,依附。丑,类。此指三阴。妇孕不育:妇女只怀孕而没有生育。失其道:九三之阳过中而入坎险,故“失其道”。道,指坤阴之道。御寇:防御盗寇。顺相保:九三上下两阴,阴为顺,故有顺相保。或得其桷:有(鸿)栖息在椽木上,桷,椽。古者秦曰“榱”,周曰“椽”,齐鲁曰“桷”。顺以巽:六四以阴居阴而得正,又居上巽体之下,故“顺以巽”。巽,此处有逊义。终莫之胜:最终没有成功。得所愿:九五阳刚居中得正,以应六二,阴阳相得,故“得所愿”。其羽可用为仪:鸿鸟的羽毛可用于装饰。仪,装饰。不可乱:上九穷高而不可乱其志。清儒释为羽舞有节而不可乱。

⑧这里集中解释《归妹》卦卦爻之象。泽上有雷:《归妹》下兑上震,兑为泽在下,震为雷在上,故“泽上有雷”。以永终知敝:永终,古有多解为永长。敝,坏。其意为以永长其终而知不终之敝。此言夫妇长久之道。归妹以娣:少女出嫁,其妹从嫁。娣,指嫁者妹妹。古时一夫多妻,妹妹可随姐姐嫁一夫,侄女可

随姑姑同嫁一夫。以恒:指夫妇之道当恒久。跛能履:跛脚而能行走。相承:初九处兑之下故有顺从相承之义。利幽人之贞:宜于囚人之占。幽人,囚人。贞,占。未变常:九二居中没有改变夫妇常道。归妹以须:少女出嫁,姐姐从嫁。须,古本作"嬬"此当通"媭"。楚人谓姊曰"媭"。未当:六三不中不正,其位不正当。愆期:(少女出嫁)延误日期。有待而行:有待佳配而出嫁。不如其娣之袂良:(其君夫人衣饰)不如其陪嫁妹妹衣饰好看。袂,衣袖。良,好,其位在中。以贵行:六五居中位,故"其位在中",五位为尊,故"贵行"。上六无实:上六筐中无实物。无实是指爻辞"女承筐无实"。承虚筐:上六为阴,阴虚无实,故"承虚筐"。

⑨这里集中解释《丰》卦卦爻之象。雷电皆至:《丰》卦下离上震,震为雷,离为电。故"雷电皆至"。折狱致刑;决断狱讼动用刑罚。雷,有威严之象,法之而威严致刑。电有明照之象,法之而明察折狱。虽旬无咎:只在十天内无咎。虽,即唯,古"虽""唯"互假。爻辞既以旬计日,恐周人占卦已用干支。过旬灾:初九居初,以像未过旬而无咎,但若过了旬则会有灾。有孚发若:有诚信而发。若,助词。信以发志:六二居中得正,可以感发丰大之志。信,释"孚"。丰其沛:昏暗不断变大。沛,先儒有释为水草相生,也有释为荒秽不治,这里解释为暗而无光。不可大事:九三虽得正,但不中又为四所敝,而不能应上,故九三不可与上六共济大事。折断右肱:折断了右臂。肱,臂。终不可用:右臂既折,故"终不可用"。丰其蔀:(光明)大片被遮住。蔀,遮光物。位不当:九四以阳居阴。日中见斗:中午出现了星斗。日中,中午。幽不明:九四阳刚当光大,但因居阴位,且处二阴之下,故"幽不明"。遇其夷主:遇见西戎族首领。吉行:九四之阳向上遇见六五,故有吉行。有庆:六五居中处尊。故"有庆"。丰其屋:屋子宽大。天际翔:际,察。翔,通"祥"。谓妖祥指天降恶祥。所谓"天际翔",乃言天察其祥也。窥其户、阒其无人:窥视其门户,静悄悄空无一人。窥,窥视。阒,有静之义。自藏:上六居丰大之极当丰大,但因上六以阴居阴故丰大"自藏"。

译文

47.困 (水在泽下而)泽上无水,《困》卦之象。君子(效此)当舍弃生命以实现志向。

"进入幽暗峡谷"幽暗不明。"醉于酒食",守中道而有福庆。"蒺藜据其上",(阴柔)乘凌(九二)阳刚。"进入宫室而见不到其妻",乃不祥之兆。"缓缓而来",其志在于应下(之初六)。虽不当位,却有援助。"受割鼻断足之刑",其志愿未得(实现)。"于是慢慢脱下",因有中正之德。"适合于祭祀",受到福庆。“被草莽所困”,(其位)未当,“动迟而有悔”,行则吉。

48.井 木上有水,《井》卦之象。君子(效此)当使民劳作而又劝勉辅助。

“井有泥而不能食用”,(初六)居井底下。“旧井无禽鸟”,过时而舍弃。“井底射小鱼”,无所应援。“井修好而不食用”,心中忧伤。祈求“大王英明”,以“受福禄”。“井修治好无灾害”,(因)修治井(的缘故)。“甘冽井水”被“食用”,乃有中正之德。“大吉”在“上”位,大功已告成。

49.革 泽中有火,《革》卦之象。君子(效此)当修治历法以明天时。

“以黄牛之革巩固”,不可有所作为。“到巳日变革”,行动必有嘉赏。“变革须经三次辩论才能成功”,又有何往?“改天命”有“吉祥”,(乃)有诚心。“大人像虎(换毛)一样变化”,其虎纹彪炳。“君子如豹(换毛)一样变化”,其豹纹茂密。“小人改变了本来的面目”,皆顺从君王。

50.鼎 木上有火(燃烧),《鼎》卦之象。君子(效此)当正其所居之位,巩固所受之命。

“鼎足颠倒”,不为悖理。“宜于逐斥妇人”,顺从贵人。“鼎中有食物”,当慎于搬动。“我妻有病”,最终无过尤。“鼎耳变形”,(使鼎)失去(烹饪)之义。“(鼎中)菜粥倾泼出”,其食物如何?“鼎有黄色的耳”。(鼎中虚)可以(受铉之)实。“(鼎的)玉铉”在上,刚柔相互节制。

51.震 二雷相重,《震》卦之象。君子(效此)当知惊恐畏惧、修正省察其过。

“震雷袭来令人惊恐”,因恐惧(自省)而致福祥。“(主祭者)谈笑自如”,“(雷电)后”从容而有法度。“震雷传来十分危厉”,(阴柔)乘凌阳刚。“震雷把人吓苏”,位不正当。“震雷堕入泥中”,(预示其事)不能广大。“震雷往来不停十分危厉”,是危难之行动。(祭祀之)事居(外卦)中,大“无所丧失”。“震雷让人哆嗦”,中道尚未得。虽有“凶险”而终“无灾”,(震及于)邻知畏而有戒备。

52.艮 两山相重,《艮》卦之象。群子(效此)思虑问题当不出其所处职位。

“脚趾止而不动”,未失止之正理。“不能随之抬腿”,未能退而听从。“腰止不动”,危厉“心急如焚”。“止其身不动”,止之于身而不动。“面颊两旁不动”,用中正之道。“敦厚知止”而有“吉祥”,以厚道而终结。

53.渐 山上有木,《渐》卦之象。君子(效此)当以居积贤德、改善风俗。

“小子”有“危厉”,其义在“无咎”。“饮食喜乐”,不只为吃饱饭。“丈夫出征不返回”,依附群类。“妇女怀孕而不生育”,失其(渐进)正道。“利于防御盗寇”,顺从其道而相保护,“(鸿雁)有的栖息在椽木上”,柔顺而谦逊。“最终没有而有吉利”。得到(渐进相合之)愿望。“它的羽毛可用于装饰吉利”,不可乱其志。

54.归妹 泽上有雷,《归妹》之象。君子(效此)当以永葆其终,知(不终的)弊病。

“少女出嫁、其妹从嫁”,乃恒久之道。“跛脚而能行路吉”。相承助其正室。“宜于囚人之占”,未改变常道。“少女出嫁、姐姐从嫁”,其位不当。“(少女出嫁)延期”的志向,有待佳配而出嫁。“帝乙嫁女”,“(其君夫人及衣饰)不如其陪嫁妹妹衣饰好看”。其位居中,以高贵而嫁人。“上六(筐中)无实物”,“承奉”的空虚之“筐”。

55.丰 雷电交加而至,《丰》卦之象。君子(效此)当以决断狱讼,动用刑罚。

“唯在十天内无灾害”,过十天即有灾害。“有诚信而发”,诚信可以感发丰大的志向。“昏暗不断变大”,不可以做大事。“折断了右臂”,最终不可用。“(光明)被遮住的越来越大”,其位不正当。“中午看见星斗”,幽暗不明。“遇见了西戎首领”,有“吉利”之行。“六五”之“吉”,有福庆。“宽大的屋子”,开察其妖祥。“窥视其门户,阒然空无一人”,(丰大)自藏。

原文

56.旅

山上有火,旅。君子以明慎用刑,而不留狱。

“旅琐琐”,志穷“灾”也。“得童仆贞”,终无尤也。“旅焚其次”,亦以伤矣。以旅与下,其义“丧”也。“旅于处”,未得位也。“得其资斧”。“心”未“快”也。“终以誉命”,上逮也。以“旅”在“上”。其义“焚”也。“丧牛于易”,终莫之闻也。①

57.巽

随风,巽。君子以申命行事。

“进退”,志疑也。“利武人之贞”,志治也。“纷若”之“吉”,得中也。“频巽”之“吝”,志穷也。“田获三品”,有功也。“九五”之“吉”,位正中也。“巽在床下”,上穷也。“丧其资斧”,正乎“凶”也。②

58.兑

丽泽,兑。君子以朋友讲习。

“和兑”之“吉”,行未疑也。“孚兑”之“吉”,信志也。“来兑”之“凶”。位不当也。“九四”之“喜”,有庆也。“孚于剥”,位正当也。

“上六:引兑”,未光也。③

59.涣

风行水上,涣。先王以享于帝,立庙。

“初六”之“吉”,顺也。“涣奔其机”,得愿也。“涣其躬”,志在外也。“涣其群元吉”,光大也。“王居无咎”,正位也。“涣其血”,远害也。④

60.节

泽上有水,节。君子以制数度,议德行。

“不同户庭”,知通塞也。“不出门庭凶”,失时极也。“不节”之“嗟”,又谁“咎”也。“安节”之“亨”,承上道也。“甘节”之“吉”,居位中也。“苦节贞凶”,其道穷也。⑤

61.中孚

泽上有风,中孚。君子以议狱缓死。

“初九虞吉”,志未变也。“其子和之”,中心愿也。“或鼓或罢”,位不当也。“马匹亡”,绝类上也。“有孚挛如”,位正当也。“翰音登于天”,何可长也。⑥

62.小过

山上有雷,小过。君子以行过乎恭,丧过乎哀,用过于俭。

“飞鸟以凶”,不可如何也。“不及其君”,“臣”不可过也。“从或戕之”,“凶”如何也。“弗过遇之”,位不当也。“往厉必戒”,终不可长也。“密云不雨”,已上也。“弗遇过之”,已亢也。⑦

63.既济

水在火上,既济。君子以思患而豫防之。

“曳其轮”,义“无咎”也。“七日得”,以中道也。“三年克之”,惫也。“终日戒”,有所疑也。“东邻杀牛”,“不如西邻”之时也。“实受其福”,吉大来也。“濡其首”,何可久也。⑧

64.未济

火在水上,未济。君子以慎辨物居方。

“濡其尾”，亦不知极也。“九二贞吉”，中以行正也。“未济征凶”，位不当也。“贞吉悔亡”，志行也。“君子之光”，其晖“吉”也。“饮酒濡首”，亦不知节也。⑨

注释

①这里集中解释《旅》卦卦爻之象。山上有火：《旅》下艮上离，艮山在下，离火在上，火在山上燃，其势不久留，故为《旅》象。明慎用刑，而不留狱：明察谨慎用刑而不稽留狱讼。离有明象，故法此当明察。艮为止，故法此为慎用。旅有行义，故法此当“不留狱”。旅琐琐：旅途中猥琐卑贱。志穷灾：初六之阴处卦最下而失正，故旅时，心志穷困狭隘而有灾。得童仆贞：得到忠贞的童仆。终无尤：六二居中得正，终无过失。旅焚其次：旅人焚烧其施舍。次，施舍。亦以伤：九三以阳刚过中，失其所安，故亦可悲伤。以旅与下，其义丧：九三居下卦之上，下据六二，旅时以阳自高待下，其辞义必丧其（六二）忠贞。旅于处：旅途受阻。处，止。未得位：九四以阳居阴位而失正，又居艮山之上，故“未得位”。得其资斧：得到了斋斧。经文中“资斧”，一本又作“齐斧”，古“齐”“斋”通，“斋斧”是指斋戒入庙而受的斧，它是君王授权的象征。资，也有解为“利”者，还有训资为粢者，即谓古人旅途自带粮食，皆可备为一说。心未快：九四虽得资斧，但因不得其位心中不愉快。终以誉命：最终得到了荣誉被授爵命。上逮：先儒主要有三说，（一）六五居尊位，而能下及六二。（二）上九及六五，即六五有柔顺中德，为上九所尊显，即以誉命及五。（三）六五柔能向上顺承上九。案《彖》：“柔得中乎外而顺乎刚。”当以后者为是。上，指上九，此是释“终”。逮，及。以旅在上：旅客在上爻。其义焚：上九居离火之上。故其辞有“焚”义。丧牛于易：把牛丢失在疆场。易，场。终莫之闻：上九居卦之极而失正，最终失而未得闻。终，指上九。

②以释《巽》卦卦爻之象。随风：《巽》上下皆巽，巽为风，故有两风相随之义。随，从。申命行事：申复其命令，履行其事。志疑：初六之阴外巽下，其心志疑惑不决，巽为进退，故其志必疑。武人：勇武之人。又指将帅。志治：初位若为阳刚则得正，即用武人之刚正，其心志修治而不乱。纷若：盛多之貌。此指许多史巫求福驱灾。得中：九二以阳刚居中。频巽：多次占筮。志穷：九三居下殿之极上无应，又为六四所乘，故其志穷屈不得申。田获三品：田猎获三品之兽。三品，三种野兽。先儒有几说：（一）指狼，豕、雉。（二）鸡、羊、雉。（三）羊、牛、豕。另有解“三品”为“上杀”“中杀”“下杀”。古代天子诸侯打猎，获得野兽分三等：射中心脏的是“上杀”，晒干后作为祭品；射中腿的是“中杀”，可供宾客享

用;射中腹的为“下杀”,供自己食用,以此表示尊神敬宾。据爻辞之义分析,“三品”以最后一解为妥。有功:六四以阴而得位,上承九五,故必有功效。位正中:九五以阳居中而得正。巽在床下:在床下占筮。上穷:上九下卦之上,巽道穷极,丧其资斧:丢失了斋斧。正乎凶:这里集中解释爻辞“贞凶”,“贞”为“正”,九三阳得正,应上九失正,故有“凶”。经文中“贞”训为占问,而《象》训为正,经传有异。

③这里集中解释《兑》卦卦爻之象。丽泽:《兑》上下皆兑。兑为泽,有两泽相依,朴素滋益,故为《兑》象。丽,依附。朋友讲习:朋友居聚讲其所知,习其所行。“朋友”法象水合流相承。同门曰朋,同志曰友。习,从羽,本指鸟飞,借鸟以明学。兑为口,故为讲习。和兑:和颜悦色。行未疑:初九处竞之初是正,故行动示有疑惑。孚兑:心悦诚服。信志:九二阳刚之实居中,诚实出于刚中,故有诚信之志。来兑:(谄邪)求悦。位不当:六三失位而不中,故“位不当”。有庆:九四而有喜庆,“庆”是释“喜”。孚于剥:存诚信于剥离之道。位正当:九五居中得正。引兑:引导而有喜悦。未光:上六阴柔居上,又乘阳,故其未能广大。

④这里集中解释《涣》卦卦爻之象。风行水上:《涣》下坎上巽,坎为水在下,巽为风在上,故“风行水上”。“涣”义为水象披离解散。享于帝,立庙:上祭享上帝,下立宗庙,象以合其散心。享,祭祀。顺:初六为阴爻上承九二,故曰:“顺”。涣奔其机:水流奔到房子台阶。机,帛《易》爻辞作“阶”,指台阶。得愿:九二居坎险之中,本不可济,但因以阳刚居位,险难中求安而得济涣之愿。二为安静之位。涣其躬:大水冲击自身。志在外:六三居坎险之终,与上九相应,故济难之志在于外卦上九之应缘。外,外卦。涣其群:先儒解水冲及众人。然笔者疑此爻及九五爻“涣汗大号”,似应解“涣”谓呼唤,即“涣”通“唤”。光大:六四得位上承九五,以示处臣守正顺从上,故其道“光大”。王居:(水冲击)大王居住的地方。正位:九五阳刚居中得正,下有六四顺从,故为大王之“正位”。涣其血:水披离散失,以示伤害消失。血,一说被伤害出血,一说通恤。远害:上九居卦之上,远离下坎险,故“远害”。“害”释“血”。

⑤这里集中解释《节》卦卦爻之象。泽上有水:《节》下兑上坎,兑为泽在下,坎为水在上,故“泽上有水”。泽上有水而泛滥,以堤防为节,故为《节》象。制数度,议德行:制定数度,审议德行。取其休节之义。数:十、百、千、万。度:指分、尺、丈、引。不出户庭:不出门户庭院。知通塞:初九上应六四,六四处上坎中,坎为“通”。又三、四、五互为艮,即六四又处艮之中,艮为止,故“塞”。门庭,大门内庭院。失时极:失时中。九二居中而失位,故“失时极”。极,本指栋,栋居屋脊之中,故引申为“中”。不节之嗟:不节俭而带来忧愁叹息。嗟,叹息。又谁咎:六三以阴居阳,以柔乘刚,违背节道,又怨咎谁呢?安节:安于节俭。承

上道:六四得位上顺承九五中正之道。道,中正之道。甘节:以节俭为美。甘,美。居位中:九五居正位而得中。苦节:以节俭为苦。其道穷:上六居卦之终,乘阳无应,其节道穷困。

⑥这里集中解释《中孚》卦卦爻之象。泽上有风:《中孚》下兑上巽,巽为风在上,兑为泽在下,故"泽上有水"。风施泽受,以虚受实,上下感应,《中孚》之象。议狱缓死:审议获讼,延缓死刑。虞吉:安乐则有吉。虞,安,一说为度。志未变:初九阳刚得正,上应六四,其中孚之志未改变。其子和之:小鹤应声而和。其,母鹤。中心愿:九二以阳居中,表示以诚信应和出自中心愿望。或鼓或罢:有的击鼓,有的班师。或,有的。位不当:六三失位不中。马匹亡:马匹丧失。绝类上:古有多解,(一)六四绝初之党类而上信于五;(二)《中孚》是由《讼》变来,即《讼》九四至初与上乾绝,即变为《中孚》,上谓《讼》乾;(三)六四绝六三之阴类而上孚于五。最后一解较当。有孚挛如:有诚信系恋。挛,恋,位正当:九五阳刚居中得正。翰音登于天:以鸡祭天。翰音,鸡。凡祭宗庙之礼,祭品中鸡曰"翰音"。何可长:上九以阳居《中孚》之上,且又失位,故"何可长"。

⑦这里集中解释《小过》卦卦爻之象。山上有雷:《小过》下艮上震,艮为山在下,震为雷在上,故"山上有雷",山上有雷,是雷过于山,故为《小过》卦象。恭:恭敬。飞鸟以凶:飞鸟带来的凶兆。不可如何:初六失位,在艮之下。不及其君:没有到国君那里。及,到。臣不可过:释"遇其臣",是说不可越过臣。从或戕之:放纵就有被杀的危险。从,纵。戕,杀害。凶如何:九三应上六而有害,故"凶如何"。弗过遇之:没有过失而相遇(过失)。位不当:九四之阳失位。往厉必戒:前往有危厉必须戒备。不可长:九四上有二阴,前往不会长久,必有危厉。密云不雨:阴云密布而不下雨。已上:此象为六五之阴过九三、九四之阳而上,阴阳不交,不能形成雨而降下。弗遇过之:没有相遇而有过失。已亢:上六之阴居卦之上,过而已亢极。

⑧这里集中解释《既济》卦卦爻之象。水在火上:《既济》下离上坎,坎为水在上,离为火在下,水火相济以成,故为《既济》象。思患而豫防之:思虑后患而预防它发生。曳其轮:拖拉车轮。曳,拖拉。义无咎:初九阳刚得正,应六四,故爻辞之义当有"无咎"。七日得:七日可以得到。中道:六二居中得正,故曰"中道"。三年克之:三年攻克(鬼方)。惫:九三居下卦之上,处坎之中,坎为劳卦,故曰"惫"。惫,训为疲极。一本作"备",备。惫二者通。终日戒:终日戒备。有所疑:六四处上下两卦之间,履多惧之地,故"有所疑"。东邻杀牛:东邻杀牛举行大的祭祀。不如西邻之时:不如西邻所处之时。九五居上中得正,但陷入坎险之中,六二虽居下,但处离明之中,有上升之势,故九五虽有中正之德,但已过,不如六二所处之时,先儒以为,东邻,指九五。西邻,指六二。时,指爻时,象

征天时，实受其福：实际承受上天福分。吉大来：六二之吉自九五而来，九五为阳。阳为大。濡其首：沾湿了头而有危厉。何可久：上六之阴居上处坎之极沾湿头，而不会长久。

⑨这里集中解释《未济》卦卦爻之象。火在水上：《未济》下坎上离，坎为水在下，离为火在上。火性炎上、水性润下。二者不交通，故为《未济》之象。慎辨物居方：慎重分辨事物所居方所。居，处。方，四方之事。濡其尾：沾湿了尾巴。亦不知极：初六阴柔失位居坎险之下而不知中。极，中。中以行正：九二居中，九二为阳，阳为直，直即正。未济：本指未渡过河，引申为未能成功。位不当：六三以阴居阳，不中不正。志行：九四阳刚居坎险之上，以示渡过险难，其志得行施。君子之光：君子的光辉。其晖吉：六五处上离之中，离为明，故曰“晖”。晖，光之散。饮酒濡首：饮酒时沾湿了头。亦不知节：节，事不过中曰“节”，此处意为“节制”。上九居卦之上，言饮酒而至于濡其首，乃不知节制自己。

译文

56.旅　山上有火（燃烧），《旅》卦之象。君子（效此）当明察（是非）慎重地使用刑罚，而又不滞留狱讼。

“旅途中猥琐卑贱”，志向穷困而又有“灾难”。“得到忠贞的童仆”，终无过失。“旅人焚烧其施舍”，亦可悲伤。旅时（自高）待下，其义必“丧”。“旅途受阻”，未得正位。“得到斋斧”，“心中”还是不“痛快”。“最终得到荣誉而受爵命”，能（顺承）及上。以“客旅”在“上位”，其义在于“焚烧”。“丧牛于场”，最终没闻知（下落）。

57.巽　两风相随，《巽》卦之象。君子（效此）当申复命令，履行其事。

“进退不定”，心志疑惑。“宜武人守正”，其心志在修治。“纷纷（史巫祈福而得到）”的“吉祥”，因得中道。“多次占算”（而得到）的“灾吝”，（在于）心志穷困。“田猎获得三品之兽”，必有功劳。“九五”而有“吉祥”，其位得正而守中。“在床下占算”，在上穷困。“丢失了斋斧”，（上九失正）有“凶险”。

58.兑　两泽相依附，《兑》卦之象。君子（效此）当以朋友相聚而讲习（学业）。

“和颜悦色”而带来的“吉祥”，行动没有疑惑。“心悦诚服”而带来的“吉祥”，有诚信之志。“（谄邪）而来求悦”而带的“凶”，其位不正当。“九四”之“喜”，有福庆。“存信于剥离”，其位得正。“上六引致喜悦”，（其道）未能广大。

59.涣　风行水上，《涣》卦之象。先王（效此）当祭享上帝，设立宗庙。

“初六”的“吉祥”，在于柔顺。“水流奔至台阶”，得其（济涣）之心愿。“水及自身”,志在于外(上九)。“水及众人,开始即吉”,其道广大。(水及)“大王居处无灾害”,(九五处)正位。“大水造成灾害”,但灾害远去。

60.**节**　泽上有水,《节》卦之象。君子(效此)当以制定数度,审议德行。

“不出户门庭院”,知通知塞。“不出大门庭院有凶”,失时中,“不节俭”而带来的“叹息”,又怨咎谁?“安于节俭”的“亨通”,顺承上面(九五)中正之道。“以节俭为美”而有“吉祥”,居正位而得中。“以节俭为苦占问有凶”,节道穷困。

61.**中孚**　水泽之上有风,《中孚》之象。君子(效此)当审议狱讼,延缓死刑。

“初九安乐则吉”,志向未改变。“其子(鹤)应声而和(鸣)”,发自中心愿望。“有的击鼓,有的班师”,(六三)其位不正当。“马匹丧失”,(六四)断绝(六三)同类而顺上。“有诚信维系”,(九五)位正当。“用鸡祭天”,如何可长久。

62.**小过**　山上有雷,《小过》之象。君子(效此)当行动过于恭敬,居丧过于悲哀,费用过于节俭。

“飞鸟带来凶兆”,无可奈何。“没有到国君那里”,(六二)不可越过“臣”。“放纵就有被杀危险”,“凶险”会怎么样?“没有过失而相遇”,位不正当。“前往有危厉必须戒备”,最终不可长久。“阴云密布而不下雨”,(雨)已在(艮山)之上。“没有相遇而经过”,(阴)已亢上。

63.**既济**　水在火上,《既济》之象。君子(效此)当思虑后患而预防它(发生)。

“拖拉车轮”,其义当为“无咎”。“七日可以复得(其茀)”,用中道。“三年攻克(鬼方)”,(已)疲惫不堪。“终日戒备”,有所疑惑。“东邻杀牛举行大的祭祀”,“倒不如西邻(六二)”,得时。“实际承受了(上天)福分”,大的吉祥已来到。“沾湿了头”,怎么会长久呢!

64.**未济**　火在水上,《未济》之象。君子(效此)当以谨慎分辨事物处理四方之事。

“(小狐狸)沾湿了尾巴”,亦不知用中。“九二守正则吉”,用中而行正。“未渡过河、出征则有凶险”,位不正当。“占问有吉、悔事消亡”,其志得以行施。“君子的光辉”,光明有晖而“吉祥”。“饮酒沾湿头”,也是不知节制(自己)。

易传·文言传

乾文言[1]

原文

"元"者，善之长也；"亨"者，嘉之会也；"利"者，义之和也；"贞"者，事之干也。[2]君子体仁足以长人。嘉会足以合礼，利物足以和义，贞固足以干事。君子行此四德者，故曰："乾、元、亨、利、贞。"[3]

初九曰："潜龙勿用。"何谓也？子曰："龙德而隐者也，不易世，不成名，遁世无闷，不见是而无闷。乐则行之，忧则违之，确乎其不可拔，潜龙也。"[4]

九二曰："见龙在田，利见大人。"何谓也？子曰："龙德而正中者也。庸言之信，庸行之谨，闲邪存其诚，善世而不伐，德博而化。《易》曰：'见龙在田，利见大人，'君德也。"[5]

九三曰："君子终日乾乾，夕惕若厉，无咎。"何谓也？子曰："君子进德修业，忠信所以进德也。修辞立其诚，所以居业也。知至至之，可与言几也。知终终之，可与存义也。是故居上位而不骄，在下位而不忧，故乾乾因其时而惕，虽危无咎矣。"[6]

九四曰："或跃在渊，无咎。"何谓也？子曰："上下无常，非为邪也。进退无恒，非离群也。君子进德修业，欲及时也，故无咎。"[7]

九五曰："飞龙在天，利见大人。"何谓也？子曰："同声相应，同气相求。水流湿，火就燥，云从龙，风从虎。圣人作而万物睹。本乎天者亲上，本乎地者亲下，则各从其类也。"[8]

上九曰："亢龙有悔。"何谓也？子曰："贵而无位，高而无民，贤人在下位而无辅，是以动而有悔也。"

注释

①文言:对“文言”二字之义古来众说不一,(一)乾坤为门户,以文说乾坤;(二)依文而言其理;(三)因卦爻辞为文王所作,故曰“文言”;(四)文谓文饰,以乾坤德大,故特文饰以为“文言”;(五)单就卦爻辞而推衍之,故曰“文言”,等等。依文而言其理之说较当。

②元:开始。长:首,君。亨:古文字有祭祀之义,这里解释为通。嘉:美。古者婚礼称“嘉”。会:聚合。利:本指铦。“利”从刀主分,分故能裁成事物使各得宜;“利”从禾。禾二月始生,八月而熟,得时之中,故“利”又有中和之义。义:宜。贞:一说为占问,一说为正。干:树干。木旁生者为枝,正出者为干,故“干”有正之义,因枝叶依干而立,故“干”又有本之义。

③仁:凡果核之实有生气者曰“仁”,以仁为木,另外,“仁”有“元”之义,“元”从二、从人,“仁”从人、从二,故在天为“元”,在人为“仁”。长人:犹君人,即主宰人。利物:一本作“利之”。

④这里集中解释《乾》初九之爻辞。龙德:阳刚之德。《乾》卦爻辞以“龙”喻阳。隐:这里用来解释“潜”。《乾》初九居下故曰“隐”。易:移。世:世俗。不见是:不为世人所赞同。遯:隐退。闷:烦闷。确:刚强之貌。拔:移。

⑤这里集中解释《乾》九二爻辞。正中:《乾》九二爻居内卦正得中位。庸言:平常的言论。先儒有解“庸”为“中”者,但由下文“善世而不伐”思之。似解“庸”作平庸为妥。闲:防。善世:吴汝纶曰:“此‘善世’即善大,与‘德博’对文。”伐:自夸。化:感化。君德:即阳德,阳为君。

⑥这里集中解释《乾》九三爻辞。进德修业:增进德行修治学业。九三过中,故曰“进德修业”。修,治。知至至之:前“至”为名词,指到达。后“至”为动词,指努力做到。知终终之:前“终”为名词,指终结。后“终”为动词,指善于停止。几:微。上位:九三居内卦之上。下位:指九三居外卦之下。

⑦这里集中解释《乾》九四爻辞。上下:言爻位。四为阴位,上可以承君,下可以应初,故曰“上下”。邪:邪枉。九四以阳居阴失位故曰“邪”。进退:言爻,九四上进可居五,下退可居三。群:类。此指阳类。《乾》六爻皆阳,故六阳称“群”。

⑧这里集中解释《乾》九五爻辞。同声相应,同气相求:乾坤阴阳各以类相应相求。乾为纯阳,故曰“同声”“同气”。应,感应。求,追求。云从龙:云,水气。龙,水物。云龙同类,感气相致,故“云从龙”。风从虎:风为震动之气,虎是

威猛之兽，虎啸风生，风与虎也同气类，故曰“风从虎”。作：起。睹：见。亲：亲附。

译文

“元”，是众善的首长；“亨”，是嘉美的会合；“利”，是事物得体而中和；“贞”，是事物的根本。君子（效此）全现仁足以治理人。嘉美会合足以合乎礼，裁成事物足以合乎义，能贞正固守足以成就事业。君子能行此四德，所以说：“乾、元、亨、利、贞。”

初九爻辞说：“潜伏之龙，不可妄动。”这是什么意思？孔子说：“人有龙德而隐居，（其志）不为世俗所改变，不急于成就功名，隐退世外而不烦闷，（其言行）不被世人赞同亦无烦闷。（君子）所乐之事去做，所忧之事则不去做，坚强而不可动摇，这就是潜龙。”

九二爻辞说：“龙出现在田野，适合见大人。”这是什么意思？孔子说：“人有龙德而居正得中。很平常的言论亦当诚实，平凡的举动亦当谨慎，防止邪恶而保持诚信，善行很大但不自夸，德行广博而化育人。《周易》说：‘龙出现田野，利见大人。’这是君主之德。”

九三爻辞说：“君子终日勤奋不息，夜间戒惕似有危厉，无咎灾。”这是什么意思？孔子说：“君子为增进德行而修治学业，（为人）忠诚信实所以增进德行。修饰言辞以树立诚意，所以成就学业。知道所要达到的目标而努力争取，可与（他）讨论几微之事。知道终结而善于终止，可与（他）保存事物发展适宜状态。所以居上位而不骄傲，在下位而不忧愁，所以勤奋进取因其时而戒惧，虽有危厉而无咎。”

九四爻辞说：“龙在渊中或于跃而未跃，无咎。”这是什么意思？孔子说：“或上或下，无一定常规，并非为了邪欲。或进或退，不是恒久不变的，并非脱离人群。君子增长德行，修治学业，想及时完成，故无咎。”

九五爻辞说：“龙飞于天上，适合见大人。”这是什么意思？孔子说：“相同的声音相互感应，相同的气息相互追求。水往湿处流，火往干处燃，云从龙生，风由虎出。圣人兴起而万物清明可见。受气于天的亲附上，受气于地的亲附下，则各归从（自己的）类别。”

上九爻辞说：“龙飞过高有悔。”这是什么意思？孔子说：“尊贵而没有具体职位，高高在上而与民众脱离，贤明之士处下位而无人来辅助，所以只要一行动就产生悔恨。”

原文

"潜龙勿用",下也;"见龙在田",时舍也;"终日乾乾",行事也;"或跃在渊",自试也;"飞龙在天",上治也;"亢龙有悔",穷之灾也;乾元"用九",天下治也。①

"潜龙勿用",阳气潜藏;"见龙在田",天下文明;"终日乾乾",与时偕行;"或跃在渊",乾道乃革;"飞龙在天",乃位乎天德;"亢龙有悔",与时偕极;乾元"用九",乃见天则。②

《乾》"元"者,始而亨者也;"利贞"者,性情也。乾始能以美利利天下,不言所利,大矣哉!

大哉,乾乎!刚健中正,纯粹精也。六爻发挥,旁通情也,"时乘六龙",以"御"天也。"云行雨施",天下平也。③君子以成德为行,日可见之行也。

"潜"之为言也,隐而未见,行而未成,是以君子弗用也。④

君子学以聚之,问以辩之,宽以居之,仁以行之。《易》曰:"见龙在田,利见大人。"君德也。⑤

九三重刚而不中,上不在天,下不在田,故乾乾因其时而惕,虽危"无咎"矣。⑥

九四重刚而不中,上不在天,下不在田,中不在人,故"或"之。或之者,疑之也,故"无咎"。⑦

夫"大人"者,与天地合其德,与日月合其明,与四时合其序,与鬼神合其吉凶。先天而天弗违,后天而奉天时。天且弗违,而况于人乎?况于鬼神乎!⑧

"亢"之为言也,知进而不知退,知存而不知亡,知得而不知丧,其唯圣人乎!知进退存亡而不失其正者,其唯圣人乎?⑨

注释

①此以人事释《乾》爻辞。下:释"潜",指初九之阳居下,其位卑贱。舍,弃。试:验。穷:极。

②此以天道释《乾》爻辞。阳气潜藏:初九一阳居下,故象征阳气潜于下而未动。天下文明:九二阳气上升,故天下文采光明。文明,文采光明。偕:俱。

乾道乃革:《杂卦》:"革,去故也。"九四爻居上卦之始,故"乾道乃革"。位乎天德:阳至九五而处尊位。天德,指九五天位。极:终极。天则:天象法则。

③此申《乾·彖》意。即释《乾》卦卦辞。性情:一本作"情性"。性,天性。情,是情意。人禀阴阳而故生有性情。能:而。美利:美善。此指生物,即云行雨施以生物。刚健中正:《乾》六爻皆阳故"刚健",二五为中,初、三、五以阳居阳得位故曰正。《乾》六爻中九五居中得正,故曰中正。纯粹精:此卦全阳不杂故曰"纯粹精"。色不杂曰纯,米不杂曰粹,米至细曰精。挥:动,散。一本作辉,二者音同义通假。旁:遍。通:通达。六龙:六位之龙。御:驾马使行。云行雨施:指天之功用。云气流行,雨泽布施。平:均匀平和。

④这里集中解释初九爻辞。成德:已成就的道德。弗:不。

⑤这里集中解释九二爻辞。聚:会。辩:一本作辨。二者通,有明辨之义。宽:弘广。

⑥这里集中解释九三爻辞。重刚:九三居内卦乾之终,上与外卦乾之初相接,乾为刚,故曰"重刚"。不中:指九三不处二五之位,爻以二五为中。上不在天:指往上不在九五爻。天,指九五爻。此爻辞为"飞龙在天"。田:指九二爻。此爻辞为"见龙在田"。

⑦这里集中解释九四爻辞。中不在人:九四居卦中间而不处人之正位。中,指居卦之中。人,指人位。卦三、四爻为人位,三与二相比,故三附于地处人之正位。四虽处人位,但远于地而近天,非人所处,故九四"中不在人"。

⑧这里集中解释九五爻辞。大人:此指九五而言,九五有"利见大人"之辞。大人指圣明德备之人。《周易》中有周人五号:帝,天称。王,美称。天子,爵号。大君,兴感行异。大人,圣明德备。序:次序。鬼神:阴阳之气屈伸变化。天时:四时。

⑨这里集中解释上九爻辞。上"圣人"王肃本作"愚人",案愚人、圣人相对为文,故王肃本极是。唯:通"惟",犹是。

译文

"潜伏之龙,不要轻举妄动",(因)地位卑下;"龙出现在田野",因时而被舍弃;"终日勤奋不息",开始有所行动;"龙在渊中或于跃而未跃",将由自己试验;"龙飞上天",居上而治理天下;"龙飞过高而有悔",是由穷极而造成的灾害;《乾》卦开始用九数(以变化天下),天下必然大治。

"潜伏之龙,不要轻举妄动",阳气潜藏于地下;"龙出现在田野",天下万物呈现光明;"终日勤奋不息",随从天时的变化而行动;"龙在渊中或于跃(而未跃)”,乾之道即将出现变革;“龙飞上天”,已位居于天德;“龙飞过高而有悔”,随天时变化而达到终极;《乾》卦始用九数,天道法则显现。

《乾》卦的“元”,开始而亨通;“利贞”,是物之性情。乾一开始能以化育的美与利以利天下万物,却不言利物之功,盛大啊!

伟大啊,乾阳!刚劲强健而中正不偏,可谓纯粹精微。六爻变动,普遍通达于情理,因时掌握六龙(爻)的变化,以驾驭天道。云气流行,雨水布施,天下和平。君子以完成道德修养作为行动(目标),每天都显现于行动。

(初爻)所说的“潜”,是隐藏而未显现,行动尚未成功,所以君子不能有所作为。

君子学习以聚积知识,互相问难以明辨是非,宽宏大量与人相处,以仁爱之心指导行动。《周易》说:“龙出现在田野,宜于见大人。”此谓君子之德。

九三处于重重阳刚交接之处而不居中位,上不及天位,下不在地位,所以“终日勤奋”,因其时而戒惕,虽有危难而“无咎”。

九四处于重重阳刚交接之处而不居中位,上不及天位,下不在地位,处卦中间不在人位,所以有“或”字。“或”,疑惑,所以“无咎”。

(九五爻辞)的“大人”,其德行与天地相合,其圣明与日月相合,其施政与四时顺序相合,其吉凶与鬼神相合。先于天道行动而与天道不相违背,后于天道行动而顺奉天时。既然天都不违背他,何况人呢?更何况鬼神呢?

(上九爻辞所说)的“亢”,是说只知前进而不知后退,只知生存而不知灭亡,只知获得而不知丧失,这大概是愚人吧!知进退存亡之理而不失正道,这大概是圣人吧!

坤文言

原文

坤至柔而动也刚,至静而德方,后得主而有常,含万物而化光。坤道其顺乎,承天而时行。①

积善之家必有余庆,积不善之家必有余殃。臣弑其君,子弑其父,非一朝一夕之故,其所由来渐矣。由辩之不早辩也。《易》曰:“履霜,坚冰至。”盖言顺也。②

“直”其正也,“方”其义也。君子敬以直内,义以方外,敬义立而德不孤。“直、方、大,不习无不利。”则不疑其所行也。③

阴虽有美,“含”之以从王事,弗敢成也。地道也,妻道也,臣道

也。地道"无成"而代"有终"也。④

天地变化，草木蕃。天地闭，贤人隐。《易》曰："括囊，无咎无誉。"盖言谨也。⑤

君子"黄"中通理，正位居体，美在其中而畅于四支，发于事业，美之至也！⑥

阴疑于阳必战，为其嫌于无阳也，故称"龙"焉。犹未离其类也，故称"血"焉。夫"玄黄"者，天地之杂也，天玄而地黄。⑦

注释

①这里集中解释《坤》卦卦辞。至柔：《坤》六爻皆阴，纯阴和顺，故曰"至柔"。德方：古人多解"德"为德行，但由上文"动也刚"思之，"德"与"动"对文，似以作"得"解为妥。方，方正。古人以圆说明天体运动，以方正说明地之静止，故称"方"。"方"释经文中"贞"。后得主：经文中有"先迷后得主"，其意为：先迷惑后找到主人。传文释为"后得主而有常"。显然与经文之义不同。常：规律，常道。化光：化育广大。古"化"有生义。光，广。

②这里集中解释《坤》初六爻辞"履霜，坚冰至"。原意为：踏霜之时，当知坚冰之日将至。弑：试杀。辩：即辨。渐：渐进，即由小而大。《坤》初六居下，阴小而始动，不善之积，故曰"渐"。阴为不善。顺：顺从。

③这里集中解释《坤》六二爻辞。正：从止、一，其义守一以止。六二以阴爻居阴位故为"正"。义：宜。六二居中，故为"义"。内：内心。

④这里集中解释《坤》六三爻辞"含章可贞，或从王事，无成有终"。经文原意为：蕴含章美可以守正，跟从大王做事，虽不成功，但有好的结果。含，含藏。六三是以阴居阳位，故为"含章"。阳为章美。

⑤这里集中解释《坤》六四爻辞。蕃：草木茂盛。天地闭：天地不交通。六四居上下卦之间，上下皆坤，故上下不交而闭塞。闭，塞。括囊：束扎口袋。

⑥这里集中解释《坤》六五爻辞"黄裳元吉"。黄中：六五居中，而有中德。古代以土色为黄，土在五行中居中，故黄色即中色，黄有中之义。正位居体：六五以阴居阳之正位。五为阳之正位，六五阴爻为体。支：肢，指四肢。发：见。

⑦这里集中解释《坤》上六爻辞"龙战于野，其血玄黄"。阴：《坤》上六为阴。疑：即凝，有交结、聚合之义。嫌：疑。未离其类：《坤》上六虽称龙，但未离开阴类。玄黄：天地之正色，此指阴阳相遇两败俱伤。玄：黑中有赤。

译文

坤极其柔顺，但动显示出它的刚强；（坤）极其静止，但尽得地之方正。后找到主人而有常道（行之）含藏万物而化育广大。坤道多么柔顺，顺承天道依时而行。

积善之家，必定福庆有余，积不善之家，必定灾殃有余。大臣杀掉国君，儿子杀死父亲，这并非一朝一夕所造成的，（祸患的产生）由来已久，渐积而成。由于没有及早察觉此事。《周易》说："踏霜之时，预示坚冰之日将至。"这是说顺从事物发展结果。

"直"是说正直，"方"是说事物处置的适宜。君子用恭敬以使内心正直，用处事之宜来方正外物，"敬"与"义"已确立而道德就不孤立了。"直、方、大，不熟习没有不利的"。（这样）则没有人怀疑他的行为了。

坤阴虽有美德，"含藏"它以跟从大王做事，不敢成就（自己的功名）。这就是地道、妻道、臣道。地道虽"没有成就"自己的功名，但替（天道）"终结了"（养育万物之事）。

天地交感变化，草木蕃盛。天地闭塞不交，贤人隐退。《周易》说："束扎口袋，没有咎灾，没有名誉。"这是说谨慎的道理。

君子内有中德通达文理，外以柔顺之体居正位，美存在于心中而通畅于四肢，发见于事业，这可是美到极点啦！

坤阴交接于阳，阴阳必定会发生战斗，为嫌（坤）没有阳，所以（《坤》上六爻辞）称"龙"。然而此爻又未曾离开阴类，故爻辞称"血"。这"玄黄"，是天地的杂色，天色为玄，地色为黄。

易传·系辞传上

原文

天尊地卑，乾坤定矣。卑高以陈，贵贱位矣。[②]动静有常，刚柔断矣。[③]方以类聚，物以群分，吉凶生矣。在天成象，在地成形，变化见矣。[④]是故刚柔相摩，八卦相荡。鼓之以雷霆，润之以风雷。[⑤]日月运

行，一寒一暑。乾道成男，坤道成女。[⑥]乾知大始，坤作成物。乾以易知，坤以简能。[⑦]易则易知，简则易从。易知则有亲，易从则有功。有亲则可久，有功则可大。可久则贤人之德，可大则贤人之业。易简而天下之理得矣。天下之理得，而成位乎其中矣。[⑧]

注释

①系辞：系，古字作毄，有系属义。辞，即词，有说义。系辞本义是系辞于卦爻之下。此处以"系辞"为名。乃指系在《周易》古经后面的文辞，为《十翼》之一。它是《周易》的通论：追述易之起源，推论易之作用，兼释卦义以补《彖》《象》《说卦》之不足，并言明占筮方法等。《系辞》分章，古人多有不同：马融、荀爽、姚信等分上篇为十三章，虞翻分为十一章，周氏、孔颖达等分为十二章，陆德明分为七章，李心传分为十五章，王申子分为十六章。今依照马融等的分法，《系辞》下篇一般分为十二章。

②尊：高，贵。天阳气轻清在上，故曰尊。卑：下，贱。又作"埤"，卑，埤通。地阴气浊重在下，故曰卑。定：谓定其方位。以：已。陈：列。

③动静有常：此指天地自然而言，天运转不已，故曰动；地凝重不移，故曰静。常：规律。天动地静之说，战国时代极为普遍。刚柔：刚谓奇画以象阳，柔谓耦画以象阴。断：分，判。

④方：古有多解为方所、道、理、行虫动物类等，然以上诸说似皆不妥。通观此段文义，"方"在此应解作"事"。《象》之《复》"后不省方"句，王弼注："方，事也。"即其证。象：天象，日月星辰。形：地形，山川草木。变化：天时变，故在天为"变"；变，熹平石经作"辩"，由成象到成形辨其化，可为参考。坤化成物，故在地为"化"。见：显现。

⑤刚柔相摩：乾刚坤柔之画相互摩荡而成八卦，即《说卦》所谓乾三阳坤三阴相互作用而生"六子"。摩：旋转。此指切摩。八卦相荡：八卦相互涤荡而运动。荡，又作"盪"，有推移之义。鼓，通"郭"，有"动"之义。霆：雷之余气。润，滋。

⑥乾道：即阳道。男：阳性事物，即《说卦》所谓"长男""中男""少男"。坤道：即阴道。女：阴性事物，即《说卦》所谓"长女""中女""少女"。

⑦知：先儒多训为"主""为"。笔者管见，由《彖》释《乾》称"万物资始"考之，此"知"就应解作"资"，"资""知"音近互假耳。作：一本作"化"，此处"坤作成物"之"作"，当训为"为"，即化生。易：平直，无所难。简能：简约之能。先儒有谓作"简从"者，上下文"易则易知，简则易从、易知则有亲、易从则有功"考

之,此解可作为参考。简,简约而不繁。

⑧易简:平易简约。成位乎其中:人得天地之理,位于天地之中。位,居位。

译文

天尊贵(于上),地卑贱(于下),乾坤(由此)确定。卑下高上已经陈列,贵贱之位确立。(天地)动静有其常规,(阳)刚(阴)柔即可断定。万事以其类相聚,万物以其群相分,(这样)吉凶便产生了。在天形成象,在地生成形,(因而)变化就显现了,所以刚柔相互切摩,八卦互相推移。以雷霆鼓动,以风雨滋润,日月运行,寒暑交替。乾道成就男性(事物),坤道成就女性(事物)。乾资主(万物)初始,坤化生成万物。乾以平直资主,坤以简约顺从。易,则是易资主;简,则是易顺从。平直资主则有亲附,简易顺从则有功效。有亲附则可长久,有功效则可广大。可长久才是贤人的德行,可广大才是贤人的事业。(因此)易简而天下之理可得,天下之理可得而成位于(天地)之中。

原文

圣人设卦观象,系辞焉而明吉凶,①刚柔相推而生变化。是故吉凶者,失得之象也;悔吝者,忧虞之象也;②变化者,进退之象也;刚柔者,昼夜之象也。③六爻之动,三极之道也。④是故君子所居而安者,《易》之序也;所乐而玩者,爻之辞也。⑤是故君子居则观其象而玩其辞,动则观其变而玩其占,是以自天祐之,吉无不利。⑥

注释

①卦:指六十四卦。象:卦象。系辞:于卦爻之后系属其文辞。

②吉凶:善恶。吉,善。凶,恶。悔吝:悔难。悔,恨。吝,通“遴”,行难。虞:度。吉凶悔吝,为《易》之辞。失得忧虞,为人之事,故吉象得,凶象失,悔象忧,吝象虞。

③变化:指六爻之变化。亦即《系辞》所谓“变动不居,周流六虚,上下无常,刚柔相易”,“爻者,言乎变者也”。进退:由爻之变化而产生。阳动为进,阴动为退。刚柔:指阴阳二画,阳刚为“—”,阴柔为“--”。

④三极:三才,即天地人。八卦有三画,上画像天,下画像地,中画像人。六爻兼三才故初二为下像地,三四为中像人,五上为上像天。

⑤居:静处。安:依。序:次序。玩:一本作“翫”,有玩味、玩习之义。乐:一

本作"变",从"变"为是。

⑥此引《大有》上九爻辞。祐:保佑。

译文

圣人设置易卦,观察其象而系之文辞,以明示吉凶,(阳)刚(阴)柔相互推移而产生变化。所以(《易》辞)吉凶,为失得之象;悔吝,为忧虞之象。变化,为进退之象;(阳)刚(阴)柔,为昼夜之象。六爻的变动,含有(天地人)三才之道。所以闲居而依者,是卦的次序;喜乐而玩习者,是(卦)爻的文辞。因此君子闲居时则观察卦象,而玩味其文辞;行动时则观察卦爻的变化,而玩味其筮占。所以"自有上天保佑,吉祥而无不利"。

原文

彖者,言乎象者也。爻者,言乎变者也。①吉凶者,言乎其失得也。悔吝者,言乎其小疵也。无咎者,善补过者也。是故列贵贱者存乎位,齐小大者存乎卦,辩吉凶者存乎辞,忧悔吝者存乎介,震无咎者存乎悔。②是故,卦有小大,辞有险易。辞也者,各指其所之。③

注释

①彖:"材",材通裁,故有裁断之义,此指彖辞。言:说明。象:指一卦之象。爻:指爻辞。变:指刚柔两画的变化。

②小疵:小瑕。列:分布。位:六爻之位。齐:正定。小大:指卦而言,阳卦大,阴卦小。辞:爻辞。介:微小。此指"悔吝"处"吉凶"之间细小界限。震:惊惧。

③险:凶恶。易:平易:此即善吉。之:适。

译文

彖辞,是说明卦象的;爻辞,是说明(阴阳爻画)变化的;吉凶,是说明事务失得的;悔吝,是说明有小的过失。无咎,是说明善于补求过失。所以贵贱的分列,存在于所处的爻位;齐定其小大,存在于各卦之中;辨别吉凶,存在于卦多辞中;忧虑悔吝,存在于(吉凶之间)细小的界限;戒惧而无咎,存在于能够悔改。因此卦有(阴阳)大小,辞有凶险平易,《易》辞,就各有所指向。

原文

《易》与天地准，故能弥纶天地之道[①]。仰以观于天文，俯以察于地理，是故知幽明之故，原始反终，故知死生之说。[②]精气为物，游魂为变，是故知鬼神之情状。[③]与天地相似，故不违。知周乎万物而道济天下，故不过。旁行而不流，乐天知命，故不忧。安土敦乎仁，故能爱。[④]范围天地之化而不过，曲成万物而不遗，[⑤]通乎昼夜之道而知，故神无方而易无体[⑥]。

注释

①《易》:《周易》所包含道理，即易理。准:等同、齐平。弥纶:包罗，遍论。弥，遍。纶，本指青丝绶，此通"论"。

②幽明:幽暗光明。原始反终:由事物开始返归到事物的终结。原，推究。反，一本作"及"，这里解释为"返"。

③精气为物:阴阳精灵之气聚则物成其形。精气，指阴阳精灵之气。游魂为变:气之游散而物变其故。游魂，气之游散。阳气曰魂，以上下文思之，精气指神，游魂指鬼。鬼神:阴阳之气屈伸变化。鬼:归，即气之屈而归，物终气归曰鬼。神:伸，即气之伸而至，物生气伸曰神。

④违:违背。济:助。旁:遍。流:或作留。乐天:顺行天道。知命:知性命之理。安土:安居坤土。敦:笃厚。仁:爱。

⑤范围:包括，法周。范，铸金之范，引申为法;围，匡郭，周围，"范围"，今人黄沛荣解作笼罩，其说甚是。不过:乾坤消息法周天地变化而不过于十二辰。曲:本义为器受物之形。成:当为盛。曲成，即受盛。不遗:不遗失细微。

⑥昼夜之道:指阴阳刚柔之道。《系辞》:"刚柔者。昼夜之象。"方:处所。体，固定形体。

译文

《易》道与天地等同，所以能包罗天地之道，仰首以观看天文，俯首以察看地理，所以知晓幽明变化的缘故。由事物开始返归到事物终结，因而知晓死生的学说。精气聚合而生成物形，游魂(气散)导致(物形)变化。因此可知鬼神的情状。(易)与天地相似，所以不违背(天地的规律)。知道周围万物而以其道成就天下,所以不会有过失。遍行而不停留,顺应天道,知晓性命之理,因而不会忧愁。安居坤土,敦厚而施仁德,故能够爱民。笼罩天地变化而不超过(十二辰),承盛万物而不遗失(细微),通达昼夜变化之道而极其睿知,故(阴阳)神妙变化无一定处所,而易道亦无固定的形体。

原文

一阴一阳之谓道,继之者,善也;成之者,性也。①仁者见之谓之仁,知者见之谓之知。百姓日用而不知,故君子之道鲜矣。显诸仁,藏诸用,鼓万物而不与圣人同忧,盛德大业至矣哉!②富有之谓大业,日新之谓盛德。生生之谓易,成象之谓乾,效法之谓坤。③极数知来之谓占,通变之谓事,阴阳不测之谓神。④

注释

①继:秉受,继续。成:生成,成就。性:天性、本性。

②知:智。鲜:少。显:显现。诸:之于。用:功用。鼓:鼓动。至:极。

③富有:无所不备。日新:变化不息,日日增新。生生:阴阳相互变化而不穷。成象:生成天象。效法:效地之形。法即形。

④极数:穷极蓍策之数。占:筮占。通变:即变通,指变化而通达、趋时而利。阴阳不测:阴阳变化迅速微妙而不可测度。

译文

一阴一阳(互变)叫作道,秉受(其道)的,为善;顺成(其道)的,为性。仁者看见(道)的仁便称道为仁,智者看见(道)的智便称道为智。百姓日用(其道)却不知道,所以君子之道已很少见了。显现道的仁德(于外),潜藏道的功用(于内),鼓动万物(生长)而不去与圣人同忧虑,(造就万物)盛德大业(完备)至极呀!富有叫作大业,日新叫作盛德。(阴阳变化)生生不已叫作易,成(天)象为乾,效(地)形为坤,穷极蓍策之数预知未来叫作占,通达变化的叫作事,阴阳(变化)不可测度叫作神。

原文

夫《易》广矣大矣，以言乎远则不御，以言乎迩则静而正，以言乎天地之间则备矣。[①]夫乾，其静也专，其动也直，是以大生焉。夫坤，其静也翕，其动也辟，是以广生焉。[②]广大配天地，变通配四时，阴阳之义配日月，易简之善配至德。[③]

注释

①广：宽广。坤为广。大：盛大。乾为大。御：止。迩：近。正：定。

②专：一本作"塼"，专、塼二者通，此当训为"圜"。直：刚直。翕：闭合。辟：开。

③配：匹配。变通：变化通达。易简：指"易则易知，简则易从"，即易知易从谓易简。至：大。

译文

这易道宽广呵，盛大呵！要说它远，则无所穷止，要说它近，则宁静而方正，要说天地之间则（万物）具备。这乾，静止时圆圜，运动时开辟。所以广生（万物）。（易道）广（生）大（生）与天地相配合，变化通达与四时相配合，阴阳之义可以与日月相配合，是易道简约的善性与至大的德性相配合。

原文

子曰："易，其至矣乎！[①]夫《易》圣人所以崇德而广业也。知崇礼卑，崇效天，卑法地，天地设位，而《易》行乎其中矣。[②]成性存存，道义之门。"[③]

注释

①子曰：《系辞》《文言》所谓"子曰"，乃指孔子，然"子曰"所引是否真为孔子言论，已无从考证。

②知：即智。礼：礼仪。一本作"体"，"礼""体"相通。

③存存：常在。道：所由之路，乾阳为道。义：所处之宜，坤阴为宜。

译文

孔子说："易，其道至极！易道，圣人用之增崇其德而广大其业。智慧崇高礼仪谦卑，崇高效法天，卑下效法地。天地设定位置，而易道运行于其中。成物之性常存，(阴阳)道义之门。"

原文

圣人有以天下之赜，而拟诸其形容，象其物宜，是故谓之象。①圣人有以见天下之动，而观其会通，以行其典礼，系辞焉以断其吉凶，是故谓之爻。②言天下之至赜而不可恶也，言天下之至动而不可乱也。拟之而后言，议之而后动，拟议以成其变化。③"鸣鹤在阴，其子和之。我有好爵，吾与尔靡之。"④子曰："君子居其室，出其言善，则千里之外应之，况其迩者乎！居其室，出其言不善，则千里之外违之，况其迩者乎！言出乎身，加乎民。行发乎迩，见乎远。言行，君子之枢机。枢机之发，荣辱之主也。言行，君子之所以动天地也，可不慎乎？"⑤"同人先号咷而后笑。"⑥子曰："君子之道，或出或处，或默或语，二人同心，其利断金。同心之言，其臭如兰。"⑦

注释

①赜：古本作"啧"，本义是指口里说话杂乱。此指事物繁杂。拟：比拟，模仿。诸：之于。形：形态，形状。容：容貌。宜：相称，适宜。

②会通：会合交通。典礼：一本作"等礼"，此指典章礼仪。

③恶：厌恶。一本作"亚"，古者恶、亚二字通。先儒有训"亚"为次第者，亦可作为参考。议：一本作"仪"，通观上下文义，"仪"与"拟"对举，当作"仪"为是。仪，仿效。

④此引《中孚》九二爻辞。其意为：母鹤在树阴下鸣叫，其子应声而和。(若)我有美酒，我愿与你共同分享。阴：通"荫"。和：应和。爵：古代饮酒器，此指酒。靡：系恋，分享。

⑤这里集中解释《中孚》九二爻辞，君子居其室：九二居内卦，以象君子居其家室，九二为阳爻，故为君子。言：言语。九二居《中孚》下兑之中，故曰言。枢：户枢，即门轴。机：弩机。

⑥此引《同人》九五爻辞。其意为：与人同志，先哭后笑。同人：即同仁。号咷：啼哭。

⑦这里集中解释《同人》九五爻辞。默：不语。利：锐利。臭：通"嗅"，即气味。

译文

圣人因见天下事物繁杂，从而比拟其形状容貌，象征其事物所宜，所以就叫作卦象。圣人因见天下事物的变动，从而观察其会合与交通，以推动其典章礼仪，并附之文辞以断其吉凶，所以就叫作爻。述说天下事物至为繁杂而不会厌恶，指出天下事物变动至极而不会杂乱。比拟后发表言论，仿效后而行动，通过比拟仿效以成就其变化。"母鹤在树阴下鸣叫，其子应声而和，假如我有好酒，我愿与你共享。"孔子说："君子居于室，口出善言，千里之外的人都响应，况且近处呢！君子居于室，口出不善言，千里之外的人都违抗，况且近处呢！言语出于身，影响于民，行动发生在近处，而显现于远处。言行，这是君子的门枢和弩机。枢机在发动时，主宰着荣辱（的变化）。言行，君子是可以用它来惊动天地的，怎可不慎重呢？""与人同志，先号哭而后笑。"孔子说："君子之道，或出行或居处，或沉默或言语，二人同心，其力量可以断金。同心的言语，气味相投香如兰草。"

原文

初六，"藉用白茅，无咎。"[1]子曰："苟错诸地而可矣。藉之用茅，何咎之有？慎之至也。夫茅之为物薄，而用可重也，慎斯术以往，其无所失矣"。[2]"劳谦，君子有终，吉。"[3]子曰："劳而不伐，有功而不德，厚之至也。语以其功下人者也。德言盛，礼言恭，谦也者，致恭以存其位者也。"[4]"亢龙有悔。"[5]子曰："贵而无位，高而无民，贤人在下位而无辅，是以动而有悔也。"[6]"不出户庭，无咎。"[7]子曰："乱之所生也，则言语以为阶。君不密则失臣，臣不密则失身，几事不密则害成，是以君子慎密而不出也。"[8]子曰："作《易》者，其知盗乎！《易》曰：'负且乘，致寇至。'负也者，小人之事也。乘也者，君子之器也。小人而乘君子之器，盗思夺之矣。上慢下暴，盗思伐之矣，慢藏诲盗，冶容诲淫。[9]《易》曰：'负且乘，致寇至。'盗之招也。"

注释

①此引《大过》初六爻辞，其意为：用白茅铺地（摆设祭品）无咎。藉：铺垫。茅：茅草。

②这里集中解释《大过》初六爻辞。苟：助词。王引之曰："苟，犹但也。"错：措，有放置之义。慎：谨慎。薄：犹轻。斯：此。术：道。"慎斯术"，一本作"顺斯术"，有训"慎"为遵循者，可备一说。

③引《谦》九三爻辞，其意为：有功劳而又谦虚，君子则有好的结果，吉利。

④这里集中解释《谦》九三爻辞。伐：夸。德：得。厚：笃厚。功下人：有功劳而卑下于人。致：推致。

⑤引《乾》卦上九爻辞。亢：穷极。

⑥这里集中解释《乾》上九爻辞。贵而无位：《乾》上九之阳处上为贵，上九穷极失位故无位。高而无民：上九居卦上故曰高，六爻皆无阴，故无民。

⑦引《节》初九爻辞。

⑧这里集中解释《节》初九爻辞。阶：契机。密：隐秘。几事：几微之事。

⑨这里集中解释《解》六三爻辞。乘：古时指车辆，引申为乘坐。小人乘君子之器：小人乘坐君子的交通器具。小人，古代统治者对下层人民的蔑称，后指不正派或见闻浅薄之人。君子，指有德才之人。从卦象看，阳为君子，阴为小人，《解》六三以阴居阳位，故有"小人乘君子之器"之象。慢：骄慢。诲：教。

译文

初六："用白色茅草铺地（摆设祭品），无灾。"孔子说："（祭品）直接放在地上就可以了，再用茅草铺垫（以示其敬），还能有什么灾呢？已经是非常慎重了。茅草作为物虽然很轻薄，但作用重大，能谨慎地用这套礼术行事，就不会有所失了。""有功劳而谦虚，君子有好的结局，吉利。"孔子说："有功劳而不夸耀，有功绩而不贪得，太厚道了。所说的是有功劳而能礼下于人。德讲究要盛大，礼讲究要恭敬，所谓谦，就是以恭敬而保存其禄位呵！""龙飞过高处则有悔。"孔子说："尊贵而无实际的职位，高高在上而失去民众，贤人在下位而无所辅助，所以一行动就有悔。""不出门户庭院，无灾。"孔子说："祸乱的产生，是以言语为契机。国君（说话）不机密而失掉大臣，大臣（说话）不机密则有杀身之祸，机微这事不保密则妨害事情的成功，所以君子谨重守机密而不轻易出言。"孔子说："作

《易》的人，大概很了解盗寇吧！《易》说：'以肩负物而又乘车，以至招来盗寇来打劫。'以肩负物，这是小人做的事情。车乘，是君子（使用的）器具。小人乘坐君子的器具，所以盗寇想来抢夺他。对上骄慢而对下暴虐，盗寇想来讨伐，懒于收藏财富是教盗寇来抢，打扮妖艳是引诱盗寇来奸淫。《易》说：'以肩负物而又乘车，招致了盗寇'（说的是）自己招来盗寇。"

原文

天一，地二；天三，地四；天五，地六；天七，地八；天九，地十①。天数五，地数五，五位相得而各有合。天数二十有五，地数三十，凡天地之数五十有五。此所以成变化而行鬼神也②。大衍之数五十③，其用四十有九④。分而为二以象两⑤，挂一以象三⑥，揲之以四以象四时⑦，归奇于扐以象闰⑧。五岁再闰⑨，故再扐而后挂⑩。《乾》之策二百一十有六，《坤》之策百四十有四，凡三百有六十，当期之日⑪。二篇之策，万有一千五百二十，当万物之数也⑫。是故四营而成《易》，十有八变而成卦⑬。八卦而小成，引而伸之，触类而长之，天下之能事毕矣⑭。显道神德行，是故可与酬酢，可与祐神矣⑮。子曰："知变化之道者，其知神之所为乎！"⑯

注释

①案唐代李鼎祚《周易集解》及清代阮元刻《十三经注疏》本，此节在十一章之首（即在"夫易，何为者也"之上）。自"天数五"至"行鬼神也"一节在"故再扐而后挂"之下。宋代张载、程颐、朱熹疑为错简。认为此两节相连当在"大衍之数"之上。元人吴澄、明人来知德、清人李光等人皆从之。案汉熹平石经本，自"天一"至"行鬼神也"在"故再扐而后挂"之下，《汉书？律历志》与卫元嵩《元包蓍篇》皆同熹平石经，故当以汉熹平石经本为是。然案上下文义，程朱之顺序较胜，故今从之。此章列"一"至"十"自然数，旨在说明筮法中所演五十之数是以这天地之数为根据的。

②进一步阐述天地之数与大衍之数关系。五位：古有多解：（一）指天地之数各有五位数。（二）五个方位，一六居北，二七居南，三八居东，四九居西，五十居中。（三）五行之位，一六合为水位，二七合为火位，三八合为木位，四九合为金位，五十合为土位。通观文义，第一种较当。相得：相加。合：即和。变化：指蓍数变化。鬼神：气之屈伸往来。鬼，归。神，伸。故"行鬼神"，是指数能贯通

天地鬼神,即易通鬼神而能行鬼神。

③衍:演。即演算。五十:古有多解:(一)朱熹认为,以河图中宫天五乘地十而得之。(二)荀爽认为卦各有六爻,又有八经卦6×8=48,乾坤又有二用,故48+2=50。(三)京房等认为,五十者谓十日十二辰二十八宿也。10+12+28=50。(四)郑玄认为,天地之数五十有五,以五行气通,故减五为五十。(五)崔憬认为,天地之数配八卦,八卦之数为五十,3(艮)+5(坎)+7(震)+9(乾)+2(兑)+10(离)+8(巽)+6(坤)=50。(六)《汉书·律历志》认为,五十数由元始象一,与春秋二,三统之三,四时之四,相加得十,再与此五体相乘而得(1+2+3+4)×5=50。以上,可为参考。

④其用四十有九:五十根蓍草,只用四十九根,其中一根不用,以象太极,也有说四十九根象太极者,前者为胜。

⑤两:两仪。指天地或阴阳。此是说把四十九策分为二,象征太极生两仪。

⑥挂一以象三:依宋人说从右手蓍策中任取一根置于左手无名指与小指之间,象征"三才"。挂一,从右手蓍策中任取一根。"一",象征三才中人。三,三才。

⑦揲:取,数。此是说将左右手之策以四根为一组而数之,象征有"四时"。

⑧奇:余,在分完左右手之后,每只手中策数必有余数。或一,或二,或三,或四。此就是奇。扐:勒。将蓍草勒于指间。闰:闰月。

⑨五岁:五年。一挂两揲两扐为五,故为"五岁"。再:两。此句是说一变之中,有两次归奇于扐,故象两次闰月在五年之中。

⑩挂:一本作(卦),二者通,此指布卦之一爻。

⑪策:古人称蓍草根数为"策",一根蓍草为一策。《乾》卦六爻,每一爻经十八变之后,皆得36策,故六爻之策为:36×6=216(策)。同样《坤》六爻,每一爻经十八变皆得24策,故六爻之策为24×6=144,《乾》《坤》两卦策数相加,即:216+144=360,360正与一年三百六十天数相当,故曰"当期之日"。

⑫二篇之策:指《周易》共上下两篇,六十四卦,三百八十四爻所有的策数。其中阳爻为一百九十二,阴爻为一百九十二。

若阳爻为老阳,阴爻为老阴,则:

36×192=6912

24×192=4608

所以:4608+6912=11520(策)

若阳爻为少阳,阴爻为少阴,则:

32×192=6144

28×192=5376

所以:6144+5376=11520(策)

故“二篇之策,万有一千五百二十”。《系辞》作者认为“二篇策数”正与万物之数相当。

⑬四营:四求。指一爻生成须经过四次演算才得出:(一)分二,(二)挂一,(三)揲四,(四)归奇于扐,共为“四营”。十有八变而成卦:四营称“一变”,三变成一爻,《周易》一卦六爻,故6×3(度)=18(度)。

⑭小成:古有多解,有曰八卦虽有三画以象三才,但未尽万物之情理,故曰小成,有曰此八卦指经卦而言,十有八变方成一卦,九变出一经卦,只是一半,故曰“小成”。以上下文义观之,以第二说为是。伸:一本作“信”,二者相通。触:动,逢。毕:尽。

⑮显:明。道:易道。德行:品德行为。与:参。酬酢:古代一种宾主饮酒之礼。古代饮酒,主人酌宾为献,宾酌主人为酢。主人饮之,又酌宾为酬。先举为酢,答报为酬。此象阳唱阴合,变化相配,阳往为酬,阴来为酢。祐:助。

⑯荀爽、马融、王弼等人皆将此句放在第十章首,李鼎祚据虞翻而放在九章之末,朱熹等人从之,通观上下文,放在第九章末为妥。

译文

天数一,地数二;天数三,地数四;天数五,地数六;天数七,地数八;天数九,地数十。天数五位,地数五位,天地之数五位各自相加而有和。天数和为二十五,地数和为三十,天地之数总和为五十五。此所以生成(蓍数)变化,而通行天地鬼神的原因。(借用蓍草)演算天地之数是五十,实际用四十九(根)。(将这四十九根蓍草)一分为二,以象两仪,(从右手蓍策中)任取一根(置于左手小指间),以象(天地人)三才。(左右手之策)以四为一组数之象征四时,归置(左右手所余之数)于手指之间以象余日而成闰月。五年中有两次闰月,所以再一次归余策于手指间,而后经三变而成卦(一爻)。《乾》卦策数为二百一十六,《坤》的策数为一百四十四,(《乾》《坤》策数)共为三百六十,正好与一年三百六十天数相当。(《周易》)上下两篇策数为一万一千五百二十,正好与万物之数相当。所以经过四道程序的经营而成《易》卦一爻,十八次变化而成一卦。(九次变化出)八经卦为小成,再引申其义,触动类推而增长,天下所能之事皆无所遗了。显明易道,神化德行,所以如行宾主饮酒应对之礼,可以佑助神化之功。孔子说:“通晓阴阳变化之道的,恐怕一定知道‘神’的功用吧!”

原文

《易》有圣人之道四焉：以言者尚其辞，以动者尚其变，以制器者尚其象，以卜筮者尚其占①。是以君子将有为也，将有行也，问焉而以言②，其受命也如响，无有远近幽深，遂知来物，非天下之至精，其孰能与于此③？参伍以变，错综其数④，通其变，遂成天下之文；极其数，遂定天下之象⑤。非天下之至变，其孰能与于此？《易》无思也，无为也，寂然不动，感而遂通天下之故。非天下之至神，其孰能与于此⑥？夫《易》，圣人之所以极深而研几也。唯深也，故能通天下之志；唯几也，故能成天下之务；唯神也，故不疾而速，不行而至⑦。子曰"《易》有圣人之道四焉"者，此之谓也。

注释

①以：用。尚：取，主。辞：指卦爻辞。变：爻变。象：卦象。卜筮：龟卜蓍占。占：占问预测。

②为：作为。古人多指建立诸侯国。行：行动。多指行师出征。问：以上下文义思之，"问"显然指求问于《易》。言：言其吉凶。

③命：命蓍命龟之语，即占问前对蓍龟所问的话。响：一本作"向"，二字古通，此指响之应声。远近：就天地而言，天远地近。幽：隐暗。深：深奥。物，事。精：精细微妙。孰，谁。与：参与。

④参伍以变，错综其数：古人众说纷纭，有谓参伍即三五行者，有谓参五十五，七八为彖，其数十五，九六为爻，其数亦十五者，有谓三五以相参合以相改变者。以上，以为参考。

⑤通其变：通达蓍变。遂：就。文：物相杂故曰文，即一卦六爻刚柔相掺杂以成文彩。极：推究。象：卦象。卦象象征了天下万物，故"遂定天下之象"。

⑥此句言尚占之事。"无思""无为""寂然不动"，是就卦爻而言。"感而遂通"，就行蓍而言，如下章所言"蓍之德圆而神，卦之德方以知"。寂：静。感：触动。故：事。

⑦研几：研尽其几微。几，一本作"机"，训几为微。志，心志。疾，急。

译文

《周易》包含有圣人之道四条：用以讲说的崇尚卦爻辞，用以指导行动的崇尚卦变，用以制造器物的崇尚卦爻之象，用以卜筮预测的崇尚占问。所以君子将要有所作为，要有所行动，求问于(《易》)后才知道(吉凶)，蓍受人之命(答疑)如应声之响，不管远近幽深，皆知未来的事物(变化)，不是天下万物的至极精微，其何以能至于此？叁(材)五(位)的变化，错综蓍数(而成卦)。通达其变化，就可以成就天下万物的文采；极尽其蓍数，就可定天下万物之象，若不是天下万物的至极变化，谁能达到此种地步？《易》无思无为，寂然不动，感悟而能通晓天下之事。若不是天下事物变化至极神妙，谁能至于此种地步？《易》这套道理，乃是圣人之所以穷极其深奥，研尽其机微所在，因为深奥，所以能通晓天下的心志；因为几微，所以能确定天下的事物；因为神妙，所以它不急却极其迅速，不必行动而已经到达。孔子说："《周易》中含圣人之道四条，就是这个意思。"

原文

子曰："夫《易》何为者也？夫《易》开物成务，冒天下之道，如斯而已者也。"[①]是故圣人以通天下之志，以定天下之业，以断天下之疑。是故蓍之德圆而神，卦之德方以知，六爻之义易以贡[②]。圣人以此洗心，退藏于密，吉凶与民同患。神以知来，知以藏往，其孰能与于此哉？古之聪明睿知神武而不杀者夫[③]！是以明于天之道，而察于民之故，是兴神物以前民用。圣人以此斋戒，以神明其德夫[④]。是故阖户谓之坤，辟户谓之乾，一阖一辟谓之变，往来不穷谓之通，见乃谓之象，形乃谓之器，制而用之谓之法，利用出入，民咸用之谓之神。[⑤]

注释

①何为：即为何。开物：揭开事物。成务：成就事务。冒：覆。即包括。斯：此。

②蓍之德：行蓍的所得。圆而神：即圆神能，古"而""能"二字互通。此指效法了天的圆，故能神奇变化。方以知：方，本指为地之性质，即方正。此指卦效法了地，具有地之性质。知，智慧。贡：告示。

③洗心：古有多解"先心"。帛书《易》作"佚心"，"佚"是佚乐其心、无所作

为之义。密:静。神武而不杀:武艺至于神而不假杀伐以服人。杀,杀伐,有读为衰者,古"杀""衰"通。

④故:事。兴:举。神物:蓍龟。前民用:先于民而用神。前,先,又说导。斋戒:一本作"齐戒"。湛然纯一之谓斋,肃然警惕之谓戒,斋戒,指古代祭祀前沐浴更衣,不饮酒,不吃荤,不同房,以洁身心。

⑤阖户:关门。阖,闭。辟户:开门。辟,开。此用"阖户""辟户"以喻阴阳。乾为阳,坤为阴。一阖一辟:本指门户白昼开,黑夜闭,此象阴阳交替变化,与"一阴一阳"同义。见:现。形:成形。制:制裁。法:法度。咸:皆。

译文

孔子说:"这《周易》为何而作?这《周易》揭示事物(本质)而成就事业,概括天下事物的规律,如此而已。"所以圣人可以通达天下人的心志,完成天下大业,决断天下的疑惑。因此蓍占的所得在于(效法天)圆故能神妙,易卦的所得在于(效法地)方故能隐藏智慧,六爻之义在于以其变化而告(吉凶)。圣人以此自娱其心,退藏于隐秘之处,吉凶与庶民共济。其神妙可以预知未来,其智慧可以蕴藏过去,谁能达到如此地步?(只有古代)聪明智慧武功至神而又不假杀伐的人(才能做到)!所以明了天道而察房民事,因而兴创神物(占筮)而先于民用之。圣人以此斋戒身心,以神化明示他的品德。所以闭户叫作坤,开户叫作乾,一闭一开叫作变,往来不穷叫作通,现的为象,取其形的就是器,裁制而用的叫作法,利用(门户)出入,民众都用的叫作神。

原文

是故《易》有太极,[①]是生两仪,两仪生四象,四象生八卦,八卦定吉凶,吉凶生大业。[②]是故法象莫大乎天地,变通莫大乎四时,县象著明莫大乎日月,崇高莫大乎富贵。备物致用,立成器,以为天下利,莫大乎圣人。探赜索隐,钩深致远,以定天下吉凶。成天下之亹亹者,莫大乎蓍龟。[③]是故天生神物,圣人则之;天地变化,圣人效之;天垂象,见吉凶,圣人象之;河出图,洛出书,圣人则之。[④]《易》有四象,所以示也;系辞焉,所以告也;定之以吉凶所以断也。《易》曰:"自天祐之,吉无不利。"子曰:"祐者,助也。天之所助者,顺也;人之所助者,信也。履信思乎顺,又以尚贤也,是以自天祐之,吉无不利也"[⑤]

注释

①太极:先儒众说不一:虞翻译为"太一":"太极,太一也。"(《周易集解》)马融释为"北辰":"太极,北辰也。"(《经典释文》)郑玄释为"道":"极中之道,淳和未分之气。"(《文选》注)王弼释为"无":"太极者,无称之称,不可得而名,取有之所极,况之太极者也。"(《周易注》)孔颖达释为"气一":"太极谓天地未分之前元气混而为一,即是太初太一也。故《老子》云'道生一'即此太极是也。"(《周易正义》)朱熹释为"理":"太极者,其理也。"(《周易本义》)邵雍释为"无为之本":"太极,何物也?曰无为之本也。"(《周易折中》引)郑维嶽释为"乾":"乾者,一而已;一者,太极也。"(同上)徐在汉释为"乾坤":"同一,乾坤也。以其一神则谓之太极,以其两化则谓之两仪。"(同上)崔憬、朱震、毛奇龄、胡渭等人皆认为太极是就筮法而言,蓍策未分、奇耦未形即是太极。(见《汉上易传》《仲氏易》《易图明辨》)案闽监毛本、石经本、岳本"太"皆作"大",故太、大通,太即大。极,《说文》训为"栋",《逸雅》训"栋"为"中",即指居屋之中,而《广雅释诂》云"极,至也","极,高也",此"至""高"皆缘"栋"而生,故"太极"有高大而中和之义。极大曰"太",中而未分曰"一":故"太极"又称"太一"。而"太一"古人多指"太一"星,《史记? 天官书》:"中宫天极星,其一明者,太一常居也。"太一又称北辰,《易纬乾凿度》云:"故太一取其数以行九宫,四正四维皆合于十五。"郑玄注:"太一者,北辰之神名也,居其所曰太一。"太一,北辰即指北极星,《尔雅》:"北极谓之北辰。"案《文耀钩》:"中宫大帝,其精北极星,含元出气,流精生一也。"故知太一(或北极)为含元生气之本。因而"太极"在古代又常常被解释为无所不包、浑沦未判的宇宙本原,《庄子》"道在太极之先"之"太极"即是此意。

②两仪、四象:先儒有不同解释,然由"易与天地准"及"法象莫大乎天地,变通莫大乎四时"考之,还以解"两仪"为阴阳,"四象"为七八九六为妥。八卦:乾、坤、震、巽、坎、离、艮、兑。从"是故易有太极"到"吉凶生大业"一节,历来多从宇宙产生角度或从画卦角度理解。笔者认为,此节当言筮法。(一)此节有"易""八卦定吉凶"等字眼,显然乃就《周易》筮法而言,仅从宇宙本原来理解是不妥的。(二)此节多用"生"字,《系辞》凡言"生",如"生变化""生吉凶""生情伪""生利害"及"生生之谓易"皆是筮卦,非画卦,凡论画卦不用生,而用"作",如"始作八卦""作易者,其有忧患乎?"(三)此节与"大衍章"相合。

③法:指地。象:指天。《系辞》:"成象之谓乾,效法之谓坤。"变通:四时推移终而复始,变而通达。县:即悬。崇:充实。立成器:创立成就器物。探赜索

隐:探讨事物之繁杂,求索事物之几微。索,求寻。隐,几微。钩深至远:钩取深奥推致远大。钩,曲而取之。致,推致。成天下之亹亹:成上下文义思之。成即盛,作容纳解。亹亹,一本作娓娓,先儒释为勉勉,亦有释作微妙者。蓍龟:蓍草龟甲。

④神物:指蓍龟。则:法。河出图,洛出书:河,黄河。洛,洛水。关于河图洛书众说不一,郑玄认为二者皆为书:“河图有九篇,洛书有六篇。”孔安国认为河图即八卦,洛书即洪范九畴,也有人认为河图洛书为天象图,为玉石宝器等。宋代陈抟等人自称发现了由黑白圆点组成了古河图洛书,邵雍、刘牧等人又传授发明之。图书之学逐渐成为易学中的一大分支,到了清代以胡渭为代表朴学大师经过考证,提出宋人所谓河图洛书是伪造,自此,图书之学开始衰微。战国乃至春秋时代的河图洛书到底是什么样子?有待于考古发掘,进一步证实。

⑤四象:古者多解:(一)“神物”,“变化”,“垂象”,“河图洛书”。(二)水火木金。(三)阴阳老小。(四)实象,假象,义象,用象。案上下文义,当以阴阳老小为胜。以上,备为参考。

译文

所以《周易》中有太极,(由太极)生成两仪,两仪生成四象,四象生成八卦,八卦推断吉凶,吉凶成就大业。所以效法而成象莫过于天地,变化通达莫过于四季,悬垂其象而显著明示莫过于日月,崇实高大莫过于富足尊贵。具备天下之物而致其用,创立与成就器物,以利天下之民,莫过于圣人。探寻事物繁杂,求索事物几微,钩取深奥推致远大,以断定天下吉凶。促成天下几微之事,莫过于蓍龟。所以天生(蓍龟)神物,圣人效法它;天地变化,圣人效法它;天垂示(日月星)象,现示吉凶,圣人效法它;黄河出图,洛水出书,圣人效法它。故《周易》有这四象,昭示其义,系以文辞,所以告人。确定吉凶,赖以推断。《周易》说:“自天祐之,吉无不利。”孔子说:“祐,就是佑助,天所佑助的,是顺从;人所佑助的,是诚信。履行诚信而思于顺天,又崇尚圣贤,所以,‘自天祐之,吉无不利’。”

原文

子曰:“书不尽言,言不尽意。”然则,圣人之意,其不可见乎?子曰:“圣人立象以尽意,设卦以尽情伪,系辞焉以尽其言,变而通之以尽利,鼓之舞之以尽神。”①乾坤,其《易》之缊邪?乾坤成列,而《易》立乎其中矣。乾坤毁,则无以见《易》,《易》不可见,则乾坤或几乎息矣。②是故形而上者谓之道,形而下者谓之器,化而裁之谓之变,推而

行之谓之道，举而错之天下之民谓之事业。③是故夫象，圣人有以见天下之赜，而拟诸其形容，象其物宜，是故谓之象。圣人有以见天下之动，而观其会通，以行其典礼，系辞焉以断其吉凶，是故谓之爻。④极天下之赜者存乎卦，鼓天下之动者存乎辞，化而裁之存乎变，推而行之存乎通，神而明之存乎其人，默而成之，不言而信，存乎德行。⑤

注释

①书：文字。言：言语。意：心意。情伪：真情虚伪。阳为清，阴为伪，阴阳变化，而情伪在其中。变而通之：变化三百八十四爻使之交通。鼓之舞之：就蓍占而言，鼓为动，舞为起行。

②缊：藏。此指渊源。成列：分布，此指乾坤各三爻而成体，阴阳分布。毁：毁弃。息：止。此是说明乾坤为阴阳之宗，变化所出。易无体，以乾坤见之，六十四卦由乾坤所生，乾坤毁，卦爻灭，易即不存在。

③形而上：指超出形体、在形体以外、无形而不可见的、抽象的事物。形而下：指没有超出形体、在形体以内、有形可见的具体的事物。化而裁之：阴阳转化而裁成事物。化，阴阳转化。裁，裁成。推而行之：阴阳推移，行施不穷。举：用，推。错，通"措"，当训为置于、施加。

④此节与前八章重复，注详见八章。

⑤存：依存，依赖。卦：卦象。辞：爻辞。变：爻变。神而明之：神妙莫测而能明示。德行：品德行为。

译文

孔子说："文字不能写尽言语（所能表达的意思），言语不能表达尽心意（所想到的意境）。"那么，圣人的心意就不可见了吗？孔子说："圣人创立卦象以穷尽所要表达的心意，设置卦爻以穷尽所要表达的真伪，用文辞以穷尽所要表达的言语，变动（阴阳爻）使之通达，以穷尽天下之利，鼓动起舞（而行蓍）以穷尽其神妙。"乾坤，大概是《易》的渊源吧？乾坤（阴阳）分布排列，而《易》就立于其中了。乾坤毁灭，则无以显现《易》，《易》不可现则乾坤也许几乎止息了。所以，形体以上（而不可见）的叫道，形体以下（而可见）的叫器，（阴阳）转化而裁成万物的叫变，（阴阳）推移往来运动的叫通，将（《易》的作用）施加于天下民众的，就叫做事业。所以这卦象，是圣人看见天下事物繁杂，因而比拟其外部形状容貌，像其事物之所宜，这就是卦象。圣人看到天下事物的变动，因而观察其会合变通，以推行其典章礼仪，附上爻辞以推断吉凶，这就是爻。极尽天下繁杂事物的，依存于卦象；鼓动天下变化的，依存于爻辞；(阴阳)转化裁成万物的，依赖于卦变；(阴阳)推移运动的，依存于变通；(蓍占)神妙而能示(吉凶)的，依存于人；在默然中成就一切，不用言语而致诚信，依存于德行(的感召)。

易传·系辞传下

原文

八卦成列，象在其中矣；因而重之，爻在其中矣；刚柔相推，变在其中矣；系焉而命之，动在其中矣。①吉凶悔吝者，生乎动者也；刚柔者，立本者也；变通者，趣时者也；②吉凶者，贞胜者也；天地之道，贞观者也；日月之道，贞明者也，天下之动，贞夫一者也。③夫乾，确然示人易矣；夫坤，隤然示人简矣。④爻也者，效此者也。象也者，像此者也。爻象动乎内，吉凶见乎外，功业见乎变，圣人之情见乎辞。⑤天地之大德曰生，圣人之大宝曰位，何以守位曰仁，何以聚人曰财。理财正辞、禁民为非曰义。⑥

注释

①八卦成列：八卦各列其位。象：卦象。刚柔：指爻画。阳爻为刚，阴爻为柔。相推：相推移。变：爻之变化。此指九六相变。命：一本作“明”，命、明互通。当训明为是。动：爻象变动。

②趣：趋。时，卦爻之时，即卦爻所处的具体条件。

③贞：正。观：瞻。一：乾元，即天一，万物始于一而终于一。

④确：高至，天尊故高。易：平易。隤：下坠，从阜。地卑下故曰隤。隤，一本作“退”或作“妥”。古音每随义转，“卑”。“退”声之转，“退”“妥”音近，故三者互通。

⑤此：代词。此指乾坤易简。“效法之谓坤”，故“爻也者，效此者也”，“成象之谓乾”，故“象也，像此者也”。即三百八十四爻效此，六十四卦卦象像此。内：卦内。外：卦外。辞：卦爻之辞。

⑥生:生育。位:职位,《周易》多指爻位。仁:一本作"人","仁""人"古者通。理财:管理财物,正辞:匡正言辞。

译文

八卦布列(成位),卦象就包含在其中了;又将八卦相重,六爻亦包含在其中了;阴阳刚柔爻画相互推移,变动也包含在其中了;系上文辞而明示,爻动就包含在其中了。吉凶悔吝,产生于爻动;刚柔,是立卦的根本;变通,取义于(卦爻之)时,吉凶,以正而取胜;天地之道,以正而能观瞻;日月之道,以正而得光明;天下之动,以正而归于一。乾,高大而示人平易;坤,卑下而示人简从。爻,仿效于此;卦象,取像于此,爻象发动于(蓍占)内,吉凶显现于(蓍占)外,建功立业显现于知变。圣人的情感体现于卦爻之辞。天地最大的德行是生育,圣人最大的宝是权位。如何守住权位,是行仁政;如何聚合众人,是用财富。而管理财物,匡正言辞,禁止民众为非作歹的是义。

原文

古者包牺氏之王天下也,[①]仰则观象于天,俯则观法于地,观鸟兽之文与地之宜,[②]近取诸身,远取诸物,于是始作八卦,以通神明之德,以类万物之情。[③]作结绳而为网罟,以佃以渔,盖取诸《离》。[④]包牺氏没,神农氏作,斲木为耜,揉木为耒,耒耨之利,以教天下,盖取诸《益》。[⑤]日中为市,致天下之民,聚天下之货,交易而退,各得其所,盖取诸《噬嗑》[⑥]神农氏没,黄帝、尧、舜氏作,通其变,使民不倦,神而化之,使民宜之。《易》,穷则变,变则通,通则久。是以自天祐之,吉无不利。[⑦]黄帝、尧、舜垂衣裳而天下治,盖取诸《乾》《坤》。[⑧]刳木为舟,剡木为楫,舟楫之利,以济不通,致远以利天下,盖取诸《涣》。[⑨]服牛乘马,引重致远,以利天下,盖取诸《随》。[⑩]重门击柝,以待暴客,盖取诸《豫》。[⑪]断木为杵,掘地为臼,杵臼之利,万民以济,盖取诸《小过》。[⑫]弦木为弧,剡木为矢,弧矢之利,以威天下,盖取诸《睽》。[⑬]上古穴居而野处,后世圣人易之以宫室,上栋下宇,以待风雨,盖取诸《大壮》古之葬者,[⑭]厚衣之以薪,葬之中野,不封不树,丧期无数,后世圣人易之以棺椁,盖取诸《大过》。[⑮]上古结绳而治,后世圣人易之以书契,百官以治,万民以察,盖取诸《夬》。[⑯]

注释

①包牺氏：传说中原始社会圣王，风姓，被称为三皇之一。包，又作“庖”。一本作“伏戏氏”。伏，服。戏，化。据说伏戏画八卦以治天下，天下服而化之，故称“伏戏氏”。中国古代其他典籍又称包戏氏为伏牺、伏羲、炮牺、包羲、庖羲、虙仪、宓牺等。又说即太昊氏。其族居位于黄河流域自东向西、泰山一带高地，以渔猎为主。为中国东方氏族之祖。

②象：天象。法：形。鸟兽：先儒多释为飞鸟走兽者。由上下文义读之，似指天上四象，即朱雀、白虎、苍龙、玄武。文：文采。与地之宜：“宜”在此有适宜、适合之义。

③诸：之乎，即于。神明之德：指天地变化神妙之德，也指健顺动止之性。类：比拟。情：情况。

④作：始。罔：一本作“纲”“网”，取兽之网曰罔。罟：也指网。取鱼之网曰罟。佃：一本作“田”，取兽曰佃。渔：通“鱼”，取鱼曰渔。盖：大概。离：古读罗，帛书《周易》之“离”皆为“罗”，离、罗二字通，此指纲罗。《离》卦也有网之象。《离》两离相重，离为目，两目相连，外实中虚，互体又有巽，巽为绳，故有结绳为网罟之象。

⑤没：终。神农氏：传说中原始社会人物，古史又称炎帝、烈山氏，相传始教民为耒耜以兴农业，尝百草发明医药。故称神农氏。作：起。斲：读 zhuó，有砍削之义。耜耒：皆上古农具。耜，读 sì，犹如今之犁头。耒，读 lěi，犹今之犁柄。耨：读 nòu，一本作“鉏”。通观上下文义“耨”当作“耜”。《益》：指《益》卦，《益》下震上巽，巽为木，为入，震为动，互体有艮坤，艮为手，坤为土，故有手持木入土之象。

⑥日中：中午。致：招致。噬嗑：卦名，有咬合之义，以齿咬物为“噬”，合口为“嗑”。《噬嗑》卦下震上离，离为日，为明，震为动，上光明，而下有动，有日中集市之象。

⑦黄帝：姬姓，号轩辕氏，有熊氏，中原部落之祖。尧：陶唐氏，名放勋，又称唐尧。舜：姚姓，有虞氏，名重华，史称“虞舜”。三人为传说中原始社会中人物。穷：穷极。

⑧垂：垂示。衣：上衣。裳：下服。以衣在上者像天，以裳在下者像地，故衣裳制作取像乾坤。

⑨刳，音 kū，一本作“挎”，刳、挎二者互通，有剖判义。此指把大凿空。剡：音 yǎn，一本作“掞”，训为削、锐。楫：一本作“檝”，舟桨。《涣》下坎上巽，巽为

木、为风，坎为水，有木在水上乘风而行之象。

⑩服：用，驾；服牛即驾牛。

⑪柝：音 tuò，指巡夜敲击的木梆。待：防备。暴客：盗寇。《豫》：本义指象之大，引申为娱乐。《豫》下坤上震，震为动、为木，坤为夜，互体有艮，艮为手，故有击梆巡夜之象。又艮为门阙，震倒象也为艮，故有重门之象。

⑫杵：古代舂米用的木椎。臼：舂。济：受益。《小过》下艮上震，互体又有巽，震为动，巽为木，艮为手，有手持木而动、向下而止，即舂米之象。

⑬弦木：曲木加弦。弧：木弓。矢：箭。睽：乖。《睽》卦象上离为矢，中互体坎为弓，故有弓矢之象。

⑭上古：先儒多释为三皇五帝时代。野处：生活于野外。处，在此有停留之义。后世：指三代。栋：栋梁。宇：屋边。又说为房上方屋簷廊簷。宫：室。《大壮》下乾上震，震一阳在下而承二阴，上栋之象。乾三阳在下，宇之象。

⑮衣：依附，覆盖。《说文》："衣，依也。上曰衣，下曰裳。象覆二人之形。"薪：柴草。中野：荒野之中。不封：不造坟墓。封，聚土为坟，古代坟墓有尊卑之别。不树：不植树标记。棺椁：古者丧葬设棺椁两层，内层为棺，外层为椁。《大过》卦象下巽上兑，兑为口，巽为木，中互体有乾，乾为人，巽木有口，中有人，故有棺椁之象。一说上为兑，兑反为巽，故《大过》上下有巽，中为人，故有棺椁之象。又说《大过》初上坤爻，即上下皆土，木在土中，棺椁之象。

⑯结绳：结绳记事。书：文字。契：在木竹上刻字。夬：有决断之义。先儒认为：《夬》是由《大壮》阳进而成，乾为金，《大壮》震为竹木，以金决竹木象故为书契，有以刀契刻之象。

译文

古包牺氏称王于天下，仰首以观察天象，俯身以取法地形，观察鸟兽的花纹与大地相适宜，近取象于自身，远取象于万物，于是开始创制八卦，借以通达神明的德性，以类比万物的情状，（包牺氏）结绳索而制作网罗，用来猎兽捕鱼，这大概取象于《离》卦。包牺氏死后，神农氏开始，砍削木头做成了耜，弯曲木头制成了耒，用耒耜耕种的便利，以教天下（百姓），这大概取象于《益》卦。以中午作为集市的时间，招致天下民众，聚集天下货物，相互交换而归，为自获得所需要的物品，这大概取象于《噬嗑》卦。神农氏死后，黄帝、尧、舜氏开始，通达其变革，使百姓不怠倦，神奇而化育。使民众相适应。易道穷尽则变化，变化则（又重新）通达，能通达才可以长久，所以"有来自上天的保佑，吉祥而无所不利。"黄帝、尧、舜垂示衣裳（之用）而天下大治。大概取象于《乾》《坤》二卦。凿空木头以成舟船，剡削"木材以成桨楫，舟楫的便利在于渡涉不通(的江河)，直至远方，以便利于天下，这大概取象于《涣》卦。乘驾牛马，负载重物至于远方，以便利天下。大概取象于《随》卦，设置重门打梆巡夜，以防盗寇，大概取象于《豫》卦。断削木头作为杵，挖掘地面作臼，杵臼的好处，万民受益，这大概取象于《小过》卦。弯曲木材加弦而为弓，削木以为箭，弓箭的好处，可以威服天下，这大概取象于《睽》卦。上古时候的人在洞穴中居住而生活于野外，后世的圣人改用宫室，宫室上有栋梁，下有檐宇，以防御风雪，这大概取象于《大壮》卦。古时丧葬，只用薪草厚厚裹覆(死尸)，埋葬于荒野之中，不聚土做坟墓，不植树为标记，丧期也没有定数，后世圣人改用棺椁下葬，这大概取象于《大过》卦。上古用结绳记事以治理天下，后世圣人，改以契刻文字，百有所治理，万民有所稽查，这大概取象于《夬》卦。

原文

是故《易》者，象也。象也者，像也。①彖者，材也。爻也者，效天下之动者也，是故吉凶生而悔吝著也。②

注释

①《易》:《周易》。象:卦象。像:象形。

②彖:彖辞，即卦辞。材:通裁，有裁断之义。

译文

所以《周易》是讲卦象的。而卦象，是象征万物的。彖辞，是裁断(一卦之义)的。爻，是效法天下万物变动的，因此吉凶产生而悔吝显出。

原文

阳卦多阴，阴卦多阳，其故何也?①阳卦奇，阴卦耦。②其德行何也?阳一君而二民，君子之道也;阴二君而一民，小人之道也。③

注释

①阳卦多阴:阳卦多阴爻。震、坎、艮为阳卦，皆由一阳二阴组成，阴卦多阳:阴卦多阳爻。巽、离、兑为阴卦，皆一阴二阳组成，阳爻多于阴爻。

②阳卦奇：阳卦是由一阳二阴，以一阳为主，故曰一阳为奇。阴卦耦：历代有歧，先儒主要有三说：(一)阴卦两阳，两阳为耦。(二)阴卦以一阴为主，一阴为耦。(三)阳为一画，阴为两画，阳卦共五画，阴卦共四画，五画为奇，四画为耦。统观上下文，当以第二说为是。

③德行：品德行为。阳一君而二民：阳卦一阳爻二阴爻，阳爻为君，阴爻为民，阴二君而一民：阴卦二阳爻一阴爻。

译文

阳卦多阴爻，阴卦多阳爻，原因何在？阳卦以(一阳)奇为主，阴卦以(一阴)耦为主。它的德行如何？阳卦一个国君，两个臣民(二民事一君)，是君子之道；阴卦两个国君，一个臣民(一民兼事二君)这是小人之道。

原文

《易》曰："憧憧往来，朋从尔思。"[①]子曰："天下何思何虑？天下同归而殊涂，一致而百虑。天下何思何虑？日往则月来，月往则日来，日月相推，而明生焉。寒往则暑来，暑往则寒来，寒暑相推，而岁成焉。往者，屈也。来者，信也。屈信相感，而利生焉。[②]尺蠖之屈，以求信也。龙蛇之蛰，以存身也。[③]精义入神，以致用也。利用安身，以崇德也。过此以往，未之或知也。穷神知化，德之盛也。"[④]《易》曰："困于石，据于蒺藜，入于其宫，不见其妻，凶。"[⑤]子曰："非所困而困焉，名必辱。非所据而据焉，身必危。既辱且危，死期将至，妻其可得见耶？"[⑥]《易》曰："公用射隼于高墉之上，获之，无不利。"[⑦]子曰："隼者，禽也。弓矢者，器也；射之者，人也。君子藏器于身，待时而动，何不利之有？动而不括，是以出而有获，语成器而动者也。"[⑧]

注释

①此引《咸》卦九四爻辞。其意为：虽然往来心意不定，朋友们顺从你的想法。憧憧：心意不定。

②此言天道往来自然感应。同归：指同归于"一"，亦即《系辞》："天下之动，贞夫一者也。"涂：同途。即道路。一致：即致一。岁：年。屈：消退。信：通伸，进长。

③此言物理屈伸相感。尺蠖：昆虫。我国北方称“步曲”，南方称“造桥虫”。这种虫体细长，行动时，先屈而后伸。蛰：潜藏。

④言学问屈伸相感。利用安身：此“利”，当指上文“屈伸相感而利生焉”之“利”，此“用”，当指“精义入神以致用也”之“用”，故“利用”，实为能达到屈伸相感、精义入神的境界，方可安身。或：有。穷神知化：穷尽神道，通晓变化。神，阴阳不测，化，变化。

⑤引《困》六三爻辞。其意为：被石头所困，又被蒺藜占据，进入宫室，不见他的妻子，凶。

⑥非所困而困：这里用以解释《困于石》。困，困扰。非所据而据：这里用以解释“据于蒺藜”。据，占据。

⑦引《解》卦上爻辞。意思是：某公在高墙上射中隼鸟而获之，没有什么不利的。公：古代职称。古分公、侯、伯、子、男五等。隼音 sǔn，鹰类鸟。墉：城墙。

⑧器：器具，此指弓矢。括：一本作“栝”。括通“适”，读音同括，意为“疾”。不括，即不适，意为不疾。

译文

《周易》说：“往来心意不定，朋友们顺从你的想法。”孔子说：“天下有什么可以思索，有什么可以忧虑的呢？天下万物本同归(于一)而道路各异，(虽)归致于一，但有百般思虑。(因此)天下有什么可以思索有什么可以忧虑的？日去则月来，月去则日来，日月来去相互推移而光明产生。寒去则暑来，暑去则寒来，寒暑相互推移而一岁形成。往，意味着屈缩；来，意味着伸展。屈伸相互感应而功利生成。尺蠖屈缩，以求得伸展。龙蛇蛰伏，以保存其身。精义能入于神，方可致力于运用。宜于运用以安居其身，方可以增崇其德，超过这些以求往，则有所不知，能穷尽神道，知晓变化，这才是德行隆盛(的表现)。”《周易》说：“被石头所困，又有蒺藜占据，入于宫室而看不到妻子，凶。”孔子说：“不该遭受困危的事却受到了困危，其名必受羞辱，不该占据的而去占据，其身必有危险。既羞辱又有危险，死期将到，妻子还能见吗？”《周易》说：“公在高墙上射中了隼鸟，获得它没有什么不利。”孔子说：“隼，是禽鸟；弓矢，是射鸟的器具；射隼的是人。君子把器具藏在身上，等待时机而行动，哪有什么不利的？行动沉着而不急，所以出手而有所获，是说具备了现成的器具然后行动。”

原文

子曰："小人不耻不仁，不畏不义，不见利不劝，不威不惩，小惩而大诫，此小人之福也。[1]易曰：'履校灭趾，无咎。'[2]此之谓也。""善不积，不足成名；恶不积，不足以灭身。小人以小善为无益而弗为也，以小恶为无伤而弗去也。故恶积而不可揜，罪大而不可解。[3]《易》曰：'何校灭耳，凶。'"[4]子曰："危者，安其位者也；亡者，保其存者也；乱者，有其治者也。是故君子安而不忘危，存而不忘亡，治而不忘乱，是以身安而国家可保也。《易》曰：'其亡其亡，系于苞桑。'"[5]子曰："德薄而位尊，知小而谋大，力小而任重，鲜不及矣。[6]《易》曰：'鼎折足，覆公𫗧，其形渥，凶。'[7]言不胜其任也。"子曰："知几其神乎？君子上交不谄，下交不渎，其知几乎？几者，动之微，吉之先见者也，君子见几而作，不俟终日。[8]《易》曰：'介于石，不终日，贞吉。'[9]介如石焉，宁用终日，断可识矣。君子知微知彰，知柔知刚，万夫之望。"[10]子曰："颜氏之子，其殆庶几乎？有不善未尝不知，知之未尝复行也。[11]《易》曰：'不远复，无祇悔，元吉。'"[12]"天地絪縕，万物化醇，男女构精，万物化生。[13]《易》曰：'三人行，则损一人；一人行，则得其友。'[14]言致一也。"子曰："君子安其身而后动，易其心而后语，定其交而后求，君子修此三者，故全也。危以动，则民不与也。惧以语则民不应也。无交而求，则民不与也。莫之与，则伤之者至矣。[15]《易》曰：'莫益之，或击之，立心勿恒，凶。'"[16]

注释

①耻：辱。畏：惧。劝：勉。威：刑威。诫：即戒。

②此引《噬嗑》初九爻辞。其意为：脚上施以刑具，看不见脚趾，无灾。校：古代木制刑具的通称。灭：遮没。

③弗：不。揜：一本作"掩"。训为掩盖，也有训为逼迫。

④引《噬嗑》上九爻辞。其意为：（肩上）荷以刑具，掩没了耳朵，这是凶兆。何：即荷。

⑤引《否》卦九五爻辞。其意为：将要灭亡！将要灭亡！因系于植桑而巩固，苞：植。

⑥知:智,小:一作"少"。任:负。鲜:少。及:达到,此指及于刑。

⑦引《鼎》九四爻辞。其意为:鼎足折断,将王公的八珍菜粥倒出来,沾濡了四周,这是凶兆。餗:是一种糁与笋做成的八珍菜粥。形渥:沾濡之貌。

⑧几:微。谄:谀。渎:渎慢。吉之先见;据高亨考为"吉凶之先见。"俟:等待。

⑨引《豫》六二爻辞。其意为:坚贞如同磐石,不待终日,占问得吉。介:中正坚定。亦有释为纤小者。于:如。

⑩断:决断。彰:显明。望:瞻仰。

⑪颜氏之子:指孔子学生颜回。殆:将。庶:近。

⑫引《复》卦初九爻辞。其意为:离开不远就返回。无大后悔,开始得吉。祇:大。

⑬絪缊:絪,本义指麻线,缊,指棉絮。絪缊,指气附着交感。醇:本指不浇酒,此指凝厚。构:亦有作"搆""觏"者。有会合。交通之义。

⑭引《损》卦六三爻辞。其义为:三人同行,一人损去;一人独行,则可得其友人。

⑮易:平易。交:交遇。与:助。

⑯引《益》卦上九爻辞。其意为:得不到增益,或许要遭到攻击。没有恒心,必然有凶。

译文

孔子说:"小人不知道羞耻不明了仁义,不使他畏惧不会有义举,不见到功利不能劝勉(他)做好事,不用刑威不能惩罚(制服),小的惩罚使他受到大的戒惧,(以致不犯大罪),这是小人的福气。所以《周易》说:'脚上刑具掩盖了脚趾,无灾。'就是这个道理。""善事不积累,不足以成名,恶事不积累,不足以毁灭自身。小人将小的善事视为无益而不去做,把小的恶事视为无伤害而不去掉,所以恶行积累到无法掩盖,罪大恶极因而不可解脱。所以《周易》说:'荷载刑具,掩灭了耳朵,凶。'"孔子说:"(倾覆的)危险,是(由于只想)安居其位所致;灭亡,是(由于只想)保全生存所致;祸乱,是由治世引发。所以君子居安而不忘危险,生存不忘灭亡,太平治世而不忘祸乱。只有这样身体平安而国家可以保全。《周易》说:'将要灭亡,将要灭亡,系于植桑而巩固。'"孔子说:"德行浅薄而位处尊贵,才智低下而图谋大事,力量微小而肩负重任,很少有不受惩罚的。《周易》说:'鼎足折断,把王公的八珍之粥倒出,沾濡了四周,凶。'这是说不能胜其任。"孔子说:"能知晓(事理的)几微,大概是神吧?君子与上相交不谄媚,与下相交不渎慢，这算是知晓几微了？几，是事物变动细微，吉的先现。君子见几而行动，不待终日。《周易》说：‘坚如磐石，不待终日，占问得吉。’(已经)坚贞如同磐石，(还)宁可用它终日，其决断可以明识了。君子知几微知彰著，知柔顺知刚健，(因而)万众仰慕。”孔子说：“颜回这个人，大概快知晓几了吧？有不善的事未尝不知道，知道后未曾再犯。《周易》说：‘(离开)不远就返回，无大悔，始而吉。’”“天地(二气)附着交感，万物化育凝固，男女构精交合，万物化育衍生。《周易》说：‘三人同行，则损去一人，一人独行，则得到友人。’说的是(合二而)归致于一。”孔子说：“君子先安定下自身后才可以行动，平易其心之后才可以说话，(与人)确定交情之后才有所求。君子能修养到这三种德行，才能全面。(身)处危难而行动，则民众不助，面临恐惧才说话，则民众不响应。没有交情而有所求，则民众不会帮助，不帮助，则伤害的事就来了。《周易》说：‘得不到增益，或许会受到攻击，立心而不恒，有凶。’”

原文

子曰：“乾坤其《易》之门邪？”乾，阳物也：坤，阴物也。[①]阴阳合德，而刚柔有体，以体天地之撰，以通神明之德。[②]其称名也，杂而不越。于稽其类，其衰世这意邪？[③]夫《易》，彰往而察来，而微显阐幽。[④]开而当名，辨物正言，断辞则备矣。[⑤]其称名也小，其取类也大，其旨远，其辞文。其言曲而中，其事肆而隐。因贰以济民行，以明失得之报。[⑥]

注释

①乾坤：指经卦乾坤。门：一本作“门户”，犹根本。阳物：乾三画皆为阳，故称阳物。阴物：坤三画皆为阴，故阴物。

②阴阳合德：乾为阳德，坤为阴德。乾坤相互交通。合，交通。刚柔有体；指“六子”，即震、坎、艮有一刚二柔之体，巽、离、兑有一柔二刚之体。体，指卦体。撰：一说为数，万物形体皆受天地之数；一说为所为，体现天地生万物，当以解“撰”为所为，于义更胜。

③名：六十四卦卦名。于：发语辞。稽：推考。邪：助词。

④彰往：彰明以往之事。察来：察知未来之事。阐：明。

⑤开：启发，阐明。当名：名实相符。辨物：辨别物象。“当名辨物”一语，乃《系辞》受名家思想影响之铁证。正言：正定言辞。断辞：推断之辞，即吉凶

等辞。

⑥称名：取名，即六十四卦取名。旨：旨意。文：条理。曲：通“诎”，隐晦婉转。中：适中。肆：直，明显。贰：有二解：一指吉凶，一指“曲而中”“肆而隐”，以后者为胜。报：报应。

译文

孔子说：“乾坤，是《周易》的门户吧？”乾，为阳物；坤，为阴物。阴阳交合其德，刚柔（爻画）就有了形体，以体现天地所为，以通达神明的德性。其（卦）取名似杂乱不一，但不越份，推考卦名各类，大概是衰世时人的意识吧？《周易》彰明往事而察知来事，而使微者显著阐明幽隐，开启卦之义，使名实相符，以辨别物象。正定（卦爻）言辞，赋上吉凶占断之辞而使之完备。（卦）取名小，它所象征的事类广大，所寓含的旨意深远。所系的卦爻之辞有文采，它的语言隐晦而又合乎中理，它所论述事情既明显而又深藏内涵，总是从两个方面去济助民众行为，以明确失得的报应。

原文

《易》之兴也，其于中古乎！作《易》者，其有忧患乎！①是故《履》，德之基也；《谦》，德之柄也；《复》，德之本也；《恒》，德之固也；②《损》，德之修也；益，德之裕也；《困》，德之辨也；《井》，德这地也，《巽》，德之制也。③《履》，和而至；《谦》，尊而光；《复》，小而辨于物；④《恒》，杂而不厌；《损》，先难而后易；《益》，长裕而不设；⑤《困》，穷而通；《井》，居其所而迁；《巽》，称而隐。⑥《履》以和行，《谦》以制礼，《复》以自知，《恒》以一德，《损》以远害，《益》以兴利，《困》以寡怨，《井》以辨义，《巽》以行权。⑦

注释

①中古:殷末周初。伏羲时代为上古,文王时代为中古,孔子时代为下古。此指文王时代。忧患:忧虑患难。此指作《易》之人处逆境而演《易》,"忧患"即文王被囚于羑里之事。

②履:帛《易》"履"皆作"礼",《序卦》训履为礼,《履》卦下泽上天,故有上下尊卑等级分明之义,履又有践履之义。基:基础。践而履故曰德之基。谦,有谦逊、退让之义。柄:本,即把柄。谦持礼如柄之持物,故曰柄。复:有复返之义。本:根本。复归人性初善,故为德之本。恒:有恒久之义。固:牢固,即常守而不变。

③损:有减损之义。修:一本作"循",修循二者通,训"修"为治理,修养,益:有增益之义。裕:宽裕,优裕,扩充。辨:分别。地:地方。此以井水养人而不穷,说明养为德之地。制,有裁断之义。

④和而至:履训为礼,故和而至。和,不争。尊而光:尊,读 **zǔn**,节退让之撙。撙之言损也,小也。光之言广也,大也。小:谓《复》卦一阳居下。物:指坤阴物。

⑤杂而不厌:《恒》卦刚柔皆应而其文交错,故曰杂,自守恒久不已故曰不厌。先难而后易:减损以修身,故先难,身修无患,故后易。长裕而不设:增进饶裕,不待设施。不设,不陈设,不夸大。

⑥穷而通:《困》卦兑泽干于上则谓穷,坎水流于下则谓通。居其所而迁:井不动故谓居其所,能不断出水而利民故谓迁。称而隐:巽为木,称从禾,故巽曰称。称,本指铨,此指称量。巽,通"逊",逊有隐退之义,故巽又曰隐。从卦象看,巽二阳在上谓称,一阴入下谓隐。

⑦制礼:制订礼仪。自知:复返自省有不善未尝不知。远害:减损私欲可以远离灾害。兴利:产生功利。寡怨:减少怨尤。辨义:井水养人可以明辨君子之义。行权:申命故行权。

译文

《周易》的成书,大概是中古时代吧!作《周易》的人,大概充满着忧患意识吧!所以《礼》,这是德性的基础;《谦》,是把握德性的柄;《复》,是德性的根本;《恒》,是德性的修固;《损》,是对德性的修养;《益》,是德性的宽裕;《困》,是德性的辨别;《井》,是育德之地;《巽》,是对德的裁断。《礼》,和悦而践行;《谦》,尊让而光大;《复》,微小而能识辨于物;《恒》,(遇事)杂乱恒守而不厌倦;《损》,是(减损私欲)起初难而以后易;《益》,增长宽裕而不摆设(夸耀);《困》,穷困而能通达;《井》,居其所而迁养(民众);《巽》,称量事物隐藏而不露。《礼》以和而行事;《谦》以制订礼仪,《复》可以自知,《恒》因恒守一德,《损》以远离灾害,《益》以兴隆其利,《困》可以减少怨尤,《井》(养民)可以辨其义,《巽》可以申命行权。

原文

《易》之为书也不可远,为道也屡迁。变动不居,周流六虚,上下无常,刚柔相易。[①]不可为典要,唯变所适。其出入以度,外内使知惧,[②]又明于忧患与故,无有师保,如临父母。初率其辞而揆其方,既有典常,苟非其人,道不虚行。[③]

注释

①不可远:指易道广大悉备,言尚辞,动尚变,制器尚象,卜筮尚占,故曰不可远。一说不可远离阴阳物象而妄为,可备一说。迁:徙。居:止。六虚:六位。虚是以实而言,位本无实;因爻而显示,位未有爻曰虚。上下:指一卦六爻上下。相易:相易位。

②典要:典常要道,即经常不变的规则。适:往。此指"之卦"。如《乾》五变之《大有》。其出入以度,使外内知惧:先儒有多解:(一)出乾为外,入坤为内,日行一度,故出入以度,出阳知生,入阴惧死,使知惧(虞翻语)。(二)行藏各法度不可违,使隐显之人知具于《易》(孔颖达语)。(三)出入以一卦内外言之,两体也,出者,自内之外往也;入者,自外之内来也,以是度内外之际,而观消息盈虚之变,出入进退之理,使知戒惧;(朱震语)。(四)《易》虽不可为典要,而其出入往来皆有法度,卦之外内皆足以使人知畏惧(潘梦旗语)。(五)人入而在内,出而在外皆有法度,不敢妄为(蔡清语)。(六)出,谓升上,入谓降下。外者,上也;内者,下也。卦画出而外,入而内皆以其度,或一体自易,或二体互易,六子八辟之所变。各二卦,泰否二辟之所变各九卦,如度之分寸,各有界限,不可僭差,人事之或出或入亦如卦画之出入以度,其出入动循礼法,使出而在外,入而在内之时,惕然知所畏惧(吴澄语)。(七)所系之辞或出或入,皆有一定法度,立于内外爻辞之间,使人皆知畏惧(来知德语)。统观上下文义,朱震、吴澄之说为胜,即出入,指阴阳屈伸消息。出,自内到外,即往;入,自外到内,即来。

内外:内外卦。

③故:事,缘故。与:助词。师保:古代负责教育辅导贵族子弟的人。临:亲临。初:始。率:一本作"帅",帅通率,意为循。辞:卦爻辞。揆:度。方:这里解释为道。苟:若。道不虚行:易道不会凭空而自行。此言易道行于世皆圣人之功。

译文

《周易》这部书不可疏远,它所体现的道,经常变迁,变动而不固定,周流于(卦的)六位,或上或下无常规,阳刚阴柔相互变易,不可当成不变法则,唯有随爻之变而有所(生成)之卦,其(阴阳)屈伸往来皆有法度,在外在内而使知畏惧,又明示忧患的缘故,虽没有师保教导,但如同在父母身边。起初若依循卦爻之辞而揆度其道义,(则《易》)也有典常可寻,若不是圣人(阐明此道),易道不会凭空行于世。

原文

《易》之为书也,原始要终,以为质也。[①]六爻相杂,唯其时物也。其初难知,其上易知,本末也。[②]初辞拟之,卒成之终。若夫杂物撰德,辨是与非,则非其中爻不备。[③]噫!亦要存亡吉凶,则居可知矣。知者观其彖辞,则思过半矣。二与四同功而异位,其善不同,二多誉,四多惧,近也。[④]柔之为道,不利远者,其要无咎,其用柔中也。三与五,同功而异位,三多凶,五多功,贵贱之等也。其柔危,其刚胜邪?[⑤]

注释

①原始要终:与《系辞上》"原始反终"相似,穷其事物之初,又要会事物之末。始,初。要,约。初爻代表事物之初,故称"始"。终,终结。上爻代表事之末,故曰终。质:体。

②杂:阴阳错杂。时物:指不同条件下的事物。时:时机。卦有卦时,爻有爻时。物:事。初:初爻。上:上爻,难知:初爻处下代表事之微,故曰难知。易知:上爻代表事物终结而彰明,故曰易知。本末:指初爻上爻。

③初辞:初爻之辞。拟:比类。卒成:事最后形成。终:上爻之辞。杂物指阴阳杂居。杂,错杂。物,事,即爻不同代表事物不同。"爻有等,故曰物"。撰:

一本作“算”,此当训为论述。辨:别。中爻:指卦中四爻。

④噫:叹词。要:求。彖辞:即卦辞。二与四同功:二与四同为阴位同互一卦,有相同的功用。异位:指二与四处不同位置,二处内卦,四处外卦;二居中,四失中。近:就四而言,四多惧因近五之君。

⑤不利远:阴不利于疏远九五,此就二言之。柔中:二以柔居中。三与五同功而异位:三五同为阳位,同互一卦,故曰同功,五居中在外卦,三失中而在内卦,故曰三五异位。胜:胜任。邪:不定之辞。

译文

《周易》这部书,推原求末,以为体。六爻(阴阳)错杂,代表不同时间的事物,其初爻(象征事物之始)难以知晓,其上爻(象征事物的终结,事情已经明显)容易知晓,(因为初爻、上爻)是卦的本末。初爻之辞拟成(事物开端),(上爻之辞象征)事物最后形成。如果杂糅代表不同事物的爻,撰述(阴阳刚柔的)德性,辨别其是与非,则非中间四爻不算完备。噫!也要求存亡吉凶,则居(观其象)可以知道。智者观玩彖辞,则理解可以超过一半。二爻与四爻有相同的功用,但爻位不同。(所以)它们的善吉不同,二多荣誉,四多畏惧,因接近(五之君位)。阴柔之道,本不利于远离(九五),(二远五)其大要归于无咎,是以柔居中的缘故。三爻与五爻有相同的功用,但爻位不同。三爻多凶险,五爻多功绩,这是位之贵贱等级造成的。(三五阳位)若阴柔处之则危险,而以阳刚则能取胜吗?

原文

《易》之为书也,广大悉备,有天道焉,有人道焉,有地道焉。兼三材而两之,故六。六者,非它也,三材之道也。①道有变动,故曰爻。爻有等,故曰物。物相杂,故曰文。文不当,故吉凶生焉。②

注释

①悉:全,都。材:一本作“才”,二者通。三才即天地人。

②道:三才之道。等:阴阳贵贱之差等。物,事物。此指阴阳二物,阳爻代表阳物,阴爻代表阴物。文:文采。不当:谓阴物(爻)居阳位,阳物(爻)居阴位。

译文

《周易》这部书，广大而完备，有天道，有人道，有地道。兼备天地人三才而两两相重，所以成为（一卦）六画。六画不是别的，是三才之道。道有变动，所以称为爻。爻有不同等级，故称为物。物（阴阳）相杂，故称为文采。阴阳两爻不当位，所以吉凶产生。

原文

《易》之兴也，其当殷之末世、周之盛德邪？当文王与纣王之事邪？①是故其辞危，危者使平，易者使倾。②其道甚大，百物不废，惧以终始，其要无咎，此之谓《易》之道也。③

注释

①文王与纣王之事：指《周易》反映的是商纣王把周文王囚禁在羑里这一历史事件。即《彖》释《明夷》所谓"内文明而外柔顺，以蒙大难，文王以之"。

②辞：指《周易》卦爻辞。危：危惧。易：平易。倾：覆。

③其：代词。指卦爻辞。不废：无所遗。要：要旨。

译文

《周易》成书，大概当在商代末期，周代德业隆盛之时吧？反映的当是文王与纣王的事情吧？所以《周易》含有危惧之辞，（其辞）由危惧变得平易，由平易变得倾覆。《周易》卦爻辞中所蕴含的道理十分博大，百物皆具备其中而无所遗弃。（卦爻辞中）这种危惧一致贯串《周易》的始终。其大要归于无咎，这就是《周易》的道理。

原文

夫乾，天下之至健也，德行恒易，以知险。夫坤，天下之至顺也，德行恒简，以知阻。①能说诸心，能研诸侯之虑，定天下之吉凶，成天下之亹亹者。②是故变化云为，吉事有祥。象事知器，占事知来。天地设位，圣人成能。人谋鬼谋，百姓与能。③八卦以象告，爻象以情言，刚柔

杂居,而吉凶可见矣。变动以利言,吉凶以情迁,[4]是故爱恶相攻,而吉凶生。远近相取,而悔吝生。情伪相感,而利害生。[5]凡《易》之情,近而不相得则凶,或害之,悔且吝。[6]将叛者,其辞渐。中心疑者,其辞枝。吉人之辞寡。躁人之辞多。诬善之人,其辞游。失其守者,其辞屈。[7]

注释

①至健:乾纯阳故"至健"。德行恒易:指德行永远是平易近人。即《系辞》所谓"乾以易知"及"易知则有亲"。简:简约。知:犹主、为。

②说:悦。研:研磨。侯之:先儒多认为衍文。案与前句"能说诸心"对举,思之有两解:一、如先儒所言,"侯之"为衍文;二、"能说诸心"脱"侯之"二字。此二者皆可通。然由下文"定天下"与"成天下"对举思之,当以前者之说于义更胜。亹亹:先儒多释为勤勉。这里解释为微妙。

③云为:云,有。即有所作为。祥:善福。圣人成能:指圣人效法天地作《易》,赞天地之化育,即成就天地之功能。人谋:指求谋卿士。谋,图谋,求教。鬼谋:指求谋卜筮。百姓与能:指求谋于庶人。

④象:卦象。爻象:爻辞卦辞。情:情感,性情。变动:爻之变动。利:指爻之变动教人趋吉避凶。迁:徙。

⑤爱恶相攻:指刚柔相摩。爱恶就爻之情而言,阳之情为爱,阴之情为恶。攻,摩。远近相取:或取远应而舍近比,或取近比而舍远应。远,指爻应与不应。近,近比。情伪相感:实情和虚伪相互感应。情,实情,阳为实。伪,虚伪,阴为虚。

⑥近而不相得:两爻相比阴阳相违背。或害之:阴为害,以阴居阳,以阳居阴,阳皆受害。

⑦叛:背叛,叛逆。渐,通"惭",惭愧。枝:树枝,此指像树枝,分枝不一。寡:少。躁:浮躁。游:游移不定。屈:卑屈不伸。此节先儒理解多异:有说谈坎、离、艮、震、兑、巽六种人之言(虞翻),有说为爻位当位失位及变化等(姚配中),有说人之辞由情而生,故《易》之辞亦由情而生。统观上下文,以第三者释义为较当。

译文

乾，天下它最刚健，其德性永远平易，而主艰险。坤，天下它最柔顺，其德性是永远简约，而主阻难。（易简之理）能愉悦人心，研究其忧虑，判定天下的吉凶，促成天下几微之事。所以知变化而有所作为，吉庆的事有福祥之兆，观卦象可以知道器物制作，筮占可以预知未来。天地设立自己的位置，圣人（效此）而成就天地的功能。人的智谋与（卜筮所现）鬼神的智谋，百姓也能参与谋事。八卦以卦象告知，卦爻辞以实情说明。刚柔（爻画）互相杂居，而吉凶可以显现。爻的变动是以利表达，吉凶随爻实情而变迁，所以爱与恶相互攻击，而吉凶生成。（爻的）远（应）与近（比）相互取舍，而悔吝产生，真情与虚伪相互感应，于是利与害产生。凡《周易》所论的情感，（两爻）相近比而不相得则必有凶，或者有伤害，悔恨且有吝难。将要背叛的人，他的言辞惭愧躲闪，心中有疑惑的人，他的言辞枝分不一。吉人的言辞很少。浮躁人的言辞很多。诬陷好人的言辞浮游不定。丧失操守的人言辞屈服。

易传·说卦传

原文

昔者圣人之作《易》也，幽赞于神明而生蓍，[②]参天两地而倚数，[③]观变于阴阳而立卦，[④]发挥于刚柔而生爻，[⑤]和顺于道德，而理于义，穷理尽性，以至于命。[⑥]

注释

①案马王堆出土帛书《系辞》杂有今本《说卦》前三章，《隋书·经籍志》载："及秦焚书，……唯失《说卦》三篇。"可以断定《说卦》在流传过程中有错简、误讹现象。因材料的限制，无法证实错讹的具体情形，故此还按传统对《说卦》章节划分注译。

②幽：隐，深。赞：其义为"助""求"。幽赞，即深深祈求。神明：本指天神

地明,此指天地变化神妙莫测。生蓍:创立揲蓍之法。

③参天两地:先儒众说纷纭:(一)天地之数相合,天得三合(一、三、五),地得两合(二、四)。(二)分天象为三才,以地两之,立六画数。(三)天地之数为十,以天三乘之为三十,以地二乘之为二十。其数积之和正为大衍之数五十。(四)天圆地方,圆是用一围成三,方是用一围成四,三为三个奇数,四是两个偶数,故三天两地。(五)三天两地即为古代奇偶。(六)参天者,谓从三始,顺数而至五、七、九;两地者,谓从二起,逆数而至十、八、六。以八卦相配,天三配艮,天五配坎,天七配震,天九配乾,此从三顺配阳四卦;以地二配兑,以地十配离,以地八配巽,以地六配坤,此从两逆配阴四卦。取八卦配天地之数总五十而为大衍,天一地四无卦可配,故虚而不用等等。综观先儒诸说,多为臆测之辞,似未得实。此处备为参考。参,即三。两,即二。参与两,乃指天地之数中各能包含阴与阳的最小生数。

④变:变化。此言筮法,指数之变化,即分二、挂一、揲四,归奇于扐蓍策变化。阴阳:指老阴、才,少阴,少阳。

⑤发:动。挥:变。刚柔:指刚画柔画。生爻:刚变生柔,柔变生刚,九六相变。

⑥道:天道。德:得。所得以生谓德。道德犹言自然规律。理,条理。义:制事之宜。穷理尽性:研究物理穷尽物性。命:天命。

译文

昔日圣人作《周易》时,深深祈求神明而创制蓍法。是以天数三与地数两为依据而确立阴阳刚柔之数,观察阴阳的变化而确立卦画,变动刚柔之画而产生了爻。和顺于(自然)道德,而调理事物得其宜,穷研物理而尽物性,以至于通晓天命。

原文

昔者圣人之作《易》也,将以顺性命之理,是以立天之道曰阴与阳,立地之道曰柔与刚,立人之道曰仁与义。[①]兼三才而爻之,故《易》六画而成卦。[②]分阴分阳,迭用刚柔,故《易》六位而成章[③]。

注释

①阴、阳:就天之气而言,指阴阳之气。刚、柔:就地之质而言,指刚柔之质。仁、义:就人之德而言。人禀天地阴阳刚柔之情而有仁义。

②兼:兼备。三才:天地人,此指三画。两:两相重。

③分阴分阳:分阴位阳位。汉人以为二、四、上为阴位,初、三、五为阳位。迭:递,即交替。章:文采,指刚柔杂居以成文采。

译文

昔日圣人作《周易》时,将以顺从性命之理,所以确立了天道为阴与阳,确立了地道为柔与刚,确立了人道为仁与义。兼备(天地人)三才之画而使之相重,因此《周易》六画而成一卦。分(二、四、上为)阴位,分(初、三、五为)阳位,(六爻)之位,更迭使用刚柔,故《周易》六位之(阴阳刚柔)顺理成章。

原文

天地定位,[1]山泽通气,雷风相薄,水火不相射,八卦相错。数往者顺,知来者逆,是故《易》逆数也。[2]

注释

①天地定位:天地确立上下位置,天尊位上,地卑位下。天地、山泽、雷风、水火为八卦之象。通气:气息相通。薄:迫,入。射:厌。错:交。此言八卦排列。

②数往者顺:以数推算过去之事为顺势。往,指过去事物,过去的事物是从简单到复杂,以数言之,则是从一到多,其势顺。知来者逆:与上一句其义相反,是说预知未来当为逆势,即从复杂到简单,就数而言从多到少。

译文

天地确定上下位置,山泽气息相通,雷风相迫而动,水火不相厌恶,八卦相互错杂(成六十四卦)。以数推算过去顺,预知未来时逆,所以《周易》的逆数(推算来事)。

原文

雷以动之，风以散之，雨以润之，日以烜之①，艮以止之，兑以说之，乾以君之，坤以藏之。②

注释

①动：鼓动。雷发声尤物动，群蛰起，故雷言动。散：布散。润：滋。烜：又作晅、暅，其义为干。

②说：悦。君：主。藏：包养。

译文

雷鼓动（万物），风散布（万物），雨滋润（万物），日干燥（万物），艮终止（万物），兑喜悦（万物），乾统领（万物），坤藏养（万物）。

原文

帝出乎震，齐乎巽，相见乎离，致役乎坤，说言乎兑，战乎乾，劳乎坎，成言乎艮。①万物出乎震，震东方也。齐乎巽，巽东南也。齐也者言万物之絜齐也。离也者明也，万物皆相见，南方之卦也。圣人南面而听天下，向明而治，盖取诸此也。②坤也者地也，万物皆致养焉，故曰：致役乎坤。兑，正秋也，万物之所说也，故曰：说言乎兑。战乎乾，乾，西北之卦也，言阴阳相薄也。坎者水也，正北方之卦也，劳卦也，万物之所归也，故曰：劳乎坎。艮，东北之卦也，万物之所成终而成始也，故曰：成言乎艮。③

注释

①帝：天。乾为天，故此乾阳之旺气发而万物生。相见：显现，显著。见：读“现”。役：从事。说：悦。战：接。劳：动之余而休息。成：完全，成就。

②絜：本义指用绳子围量，此引申为修整，整齐。南面：古代以坐北朝南为尊位，故天子诸侯见群臣或卿大夫见僚属，皆南面而坐。后专指帝王听政统治。

③薄：迫入。归：藏。成终、成始：古人多解：一、万物自春出生于地、冬气闭

藏,还皆入地,即言万物阴气终,阳气始。二、万物成始乾甲,成终坤癸,艮东北,是甲癸之间,故万物成终成始。三、艮为东北之卦,东北在寅丑之间,丑为前岁之末,寅为后岁之初,故曰万物成终成始。艮官为立春,坎官为冬至,震官为春分。立春位于冬至和春分之间,为旧的一个终结和新的一年开始,故万物成终成始。

译文

万物生于(东方)震位,(万物生长)整齐于巽位,显现于离位,役养于坤位,欣悦于兑位,相接于乾位,劳倦息于坎位,成就于艮位。万物生于震,震为东方。整齐于巽,巽为东南方。齐是说万物整齐。离光明,万物皆相显现,南方之卦。圣人面南而坐听政于天下,朝光明方向处理政务,大概就取于此义吧!坤为地,万物都至于地的养育下,所以说:致养于坤。兑,正秋季节,万物皆喜悦(于收获),所以说:悦言于兑。相交接于乾,乾,西北之卦,说的是阴阳相迫。坎为水,正北方之卦,(也是)劳倦之卦,万物(劳倦)需归而休息,所以说:劳于坎艮东北之卦,万物在此完成它的终结而又有新的开始,所以说:成言乎艮。

原文

神也者,妙万物而为言者也。动万物者,莫疾乎雷;桡万物者,莫疾乎风;燥万物者,莫熯乎火;说万物者,莫说乎泽;润万物者,莫润乎水;终万物始万物者,莫盛乎艮。[①]故水火不相逮,雷风不相悖,山泽通气,然后能变化,即成万物也。[②]

注释

①疾:急速。桡:本指舟楫。此引申为散,吹拂。燥:干,有干燥之义。盛:成。

②水火不相逮:一本无"不"字。上文"水火不相射","雷风不相悖",当以无"不"字为是。帛书《易经》作"火水相射,雷风相榑(薄)"即其证。逮,及。悖:逆。

译文

所谓神,是指奇妙生成万物而言。鼓动万物,没有比雷更急速的;吹散万物,没有比风更迅疾的;干燥万物,没有比火更炎热的;喜悦万物,没有比泽更欣悦的；滋润万物，没有比水更湿润的；终结、开始万物，没有比艮更成功的。所以水火相互吸引，雷风不相违背，山泽气息相通，然后才能变化而生成万物。

原文

乾，健也；坤，顺也；震，动也；巽，入也；坎，陷也；离，丽也；艮，止也；兑，说也。[1]

注释

①丽：依附。说：通“悦”。

译文

乾，（其性）刚健；坤，（其性）柔顺；震，（其性）震动；巽，（其性）渗入；坎，（其性）陷险；离，（其性）依附；艮（其性）静止；兑，（其性）喜悦。

原文

乾为马，坤为牛，震为龙，巽为鸡，坎为豕，离为雉，艮为狗，兑为羊。[1]

注释

①豕：猪。

译文

乾像马，坤像牛，震像龙，巽像鸡，坎像猪，离像雉，艮像狗，兑像羊。

原文

乾为首，坤为腹，震为足，巽为股，[1]**坎为耳，离为目，艮为手，兑为口。**[2]

注释

①坤为腹:《素问》云:"腹者,至阴之所居"。巽为股:巽为大腿。股,大腿。

②坎为耳,离为目:耳目,指日月。

译文

乾像头,坤像腹,震像足,巽像股,坎像耳,离像目,艮像手,兑像口。

原文

乾,天也,故称乎父;坤,地也,故称乎母。震一索而得男,故谓之长男,巽一索而得女,故谓之长女;坎再索而得男,故谓之中男,巽一索而得女,故谓之长女;坎索而得男,故谓之中男;离再索而得女,故谓之中女;艮三索而得男,故谓之少男,兑三索而得女,故谓之少女。①

注释

①此言乾坤生"六子"(震、巽、坎、离、艮、兑)三男三女经卦、似有规律可循。凡阳爻居下者为长男,阴爻居下者为长女,阳爻居中者为中男,阴爻居中者为中女。阳爻居上者为少男,阴爻居上者为少女。三男三女之顺序皆自下而上。索,求。男:男性,此指阳爻。女:女性,此指阴爻。

译文

乾,像天,故称它为父;坤,像地,故称它为母。震是(乾坤相交)初次求取(一乾阳而成)故为长男,巽是(乾坤相交)初次求取(一坤阴而成)故为长女;坎是(乾坤相交)再次求得(一乾阳而成,)故为中男,离是(乾坤相交)再次求取(一坤阴而成)故为中女;艮是(乾坤相交)第三次求取(得一乾阳而成)故为少男,兑是(乾坤相交)第三次求取(得一坤阴而成)故为少女。

原文

乾为天，为圜，为君，为父，为玉，为金；为寒，为冰，为大赤，为良马，为老马，为瘠马，为驳马，为木果。①坤为地，为母，为布，为釜，为吝啬，为均，为子母牛，为大舆，为文，为众，为柄，其于地也为黑。②震为雷，为龙，为玄黄，为旉，为大涂，为长子，为决躁，为苍筤竹，为萑苇。其于马也，为善鸣，为馵足，为作足，为的颡。其于稼也，为反生。其究为健，为蕃鲜。③巽为木，为风，为长女，为绳直，为工，为白，为长，为高，为进退，为不果，为臭。其于人也，为寡发，为广颡，为多白眼，为近利市三倍，其究为躁卦。④坎为水，为沟渎，为隐伏，为矫輮，为弓轮。其于人也，为加忧，为心病，为耳痛，为血卦，为赤。其于马也，为美脊，为亟心，为下首，为薄蹄，为曳。其于舆也，为多眚，为通，为月，为盗。其于木也，为坚多心。⑤离为火，为日，为电，为中女，为甲胄，为戈兵。其于人也，为大腹。为乾卦，为鳖，为蟹，为蠃，为蚌，为龟。其于木也，为科上槁。⑥艮为山，为径路，为小石，为门阙，为果蓏，为阍寺，为指，为狗，为鼠，为黔喙之属。其于木也，为坚多节。⑦兑为泽，为少女，为巫，为口舌，为毁折，为附决。其于地也，为刚卤。为妾，为羊。⑧

注释

①陈说乾卦取象。圜：圆。天为圆，故乾有圆象。寒冰：乾为西北方位，故乾为寒冰。赤：红，太阳之色。大赤，指朝礼用的赤色旗。瘠：多骨。一本作"柴"。驳：马色不纯。木果：木本之果。

②陈说坤卦取象。布：广布，亦为古代货币名。货币藏之为"泉"，流行称布，取其流行之义。釜：锅。吝：吝啬。又作"遴"。均：一本作"旬"，均、旬二者通，均为旬之假借。十日为旬，坤数十，故称"旬"。子母牛：有作雌母牛者。舆：车。文：万物相杂。众：众民。柄：本。此取万物以地为本。

③陈述震卦取象。玄黄：天地之杂色。天为玄色，地为黄色。亦有说东方日出色杂者，可备为一说。旉：一本作"専"，二者通，此指花之通名。大涂：古道路男子由右，妇人由左，车以中央。是道有三，三道曰涂，大涂即大道。决躁：急疾之貌。苍筤：青色。萑苇：指荻与芦苇。亦有解作竹类者。馵(zhù)：马后左蹄白。的：白。作足：指马行先动四足。作，动。颡：额。稼：庄稼。反生：指麻

豆之类戴甲而出。震阴在阳上,阳动下,故为反生。究:极。蕃鲜:草木蕃育而鲜明。

④陈述巽卦取象。绳直:工匠以墨绳测量以使木直。工:古人有解作"墨"者,可与"绳直"之义互应。长:取风吹远。进退:取风行无常。果:果决。臭:气味。寡发:发稀少。一本作"宣发"。黑白杂曰"宣"。广颡:头额宽阔。近利市三倍:将近从市中获三倍之利。日中为市,巽居东南方,与离相近,故"近利市"。躁:动而不止。躁卦指震卦。

⑤陈述坎卦取象。渎:沟。隐伏:坎一阳藏于阴中,故有隐伏之象。矫輮:一本作"挢揉"。使曲者变直者为矫,使直变曲为輮。弓轮:弓为矢,轮为车轮。二者为矫揉而成。加忧:忧虑加重。血卦:人体有血如地有水,故坎为血卦。脊:脊背。亟:急。此当为敏捷。下首:马低头。薄蹄:马蹄磨薄。曳:引拖。眚:眼生病,此引申为灾难。月:水气之精者为月。坚多心:指棘枣之类,枝束多则树心多。心,纤也。言纤微无物不贯也。凡纤细而锐者,皆可名曰心。

⑥陈述离卦取象。离为火:离为南方之位,南方属火。为日:火气之精者为日。胄:兜鍪,即盔。戈兵:兵器。离内柔外刚,盔甲、兵器在人身外以防身,如离内柔外刚,故离为胄、戈兵。乾:一本作"干"。这里解释为干燥。蠃:海螺。蚌:海蛤。科:一本作"折"。木中空易折为科。槁:枯槁。

⑦陈述艮卦取象。径路:田间小路。此指山间小道。门阙;门观,观指门两旁的台榭。果蓏:果指桃李之类,木实曰果。草实曰蓏,如西瓜、甜瓜、冬瓜等。阍寺:指掌管王宫之门禁之人。阍,宫门,又指"阍人",即守宫门人。寺,官舍,又指"寺人",即执守宫中小臣。狗:一本作拘。狗、拘通。一说为家畜,一说为屈伸制物。由下文"黔喙之属"观之,当以作"狗"为妥。黔喙:肉食之兽。有说豺狼之属,有说为虎豹之属。黔,黑。

⑧陈述兑卦取象。巫:祝。古代称能以舞降神之人为巫,女巫曰巫,男巫曰觋。巫以口舌与神通,故兑为巫。毁折:兑上画断缺,如物之毁折。又说兑为西方主秋,万物始折,故兑为毁折。附:依从。刚卤:指坚硬而含咸质。卤,咸土。兑二阳在下故刚,一阴在上下润故卤。为妾:兑少女之位贱,故"为妾"。

译文

乾为天，为圆，为君，为父，为玉，为金，为寒冷，为冰冻，为大红色，为良马，为老马，为瘦马，为花马，为木果。坤为地，为母，为广布，为锅，为吝啬，为十日，为有孕之牛，为大车，为文采，为民众，为（生育之）本，对于地为黑色。震为雷，为龙，为青黄杂色，为花，为大路，为长子，为决然躁动，为青色竹子。就马而言，为善于嘶鸣，为后左蹄有白毛，为四足皆动，为（马）额头有白斑。就庄稼而言，为戴甲而反生。其极为刚健，为草木蕃育鲜明。巽为木，为风，为长女，为绳直（墨线），为工匠，为白色，为长远，为高，为进退，为不果敢决断，为气味。就人而言，为头发稀少，额头宽阔，为眼白多（而瞳仁小），为从市中获得近三倍之利，其极为躁卦。坎为水，为沟渠，为隐伏，为矫曲而揉直，为矢弓车轮。就人而言，为忧虑加重，为心痛，为耳痛，为血卦，为红。就马而言，为脊背美丽，为敏捷，为低头，为蹄子薄，为拖曳。就车而言，为多灾难，为通达，为月，为盗寇。就木而言，为坚硬而多木心。离为火，为日，为电，为中女，为甲盔，为兵器。就人而言，为大腹。为干燥之卦，为鳖，为蟹，为螺，为蚌，为龟。就木而言，为木中已空而枯槁。艮为山，为山间小路，为小石，为门台，为瓜果，为阍人寺人（守宫），为手指，为狗，为鼠，为黑色食肉兽。就木而言，为坚硬而多枝节。兑为泽，为少女，为巫师，为口舌，为折毁，为附着决断。就地而言，为坚硬而含碱。为小妾，为羊。

易传·序卦传

原文

有天地，然后万物生焉。[①]盈天地之间者唯万物，故受之以《屯》。《屯》者，盈也。屯者，物之始生也。[②]物生必蒙，故受之以《蒙》。《蒙》者，蒙也，物之稺也。[③]物稺不可不养也，故受之以《需》。《需》者，饮食之道也。[④]饮食必有讼，故受之以《讼》。讼必有众起，故受之以《师》。《师》者，众也。[⑤]众必有所比，故受之以《比》。《比》者，比也。比必有所畜，故受之以《小畜》。[⑥]物畜然后有礼，故受之以《履》。

《履》者,礼也,履而泰然后安,故受之以《泰》。《泰》者,通也。[7]物不可以终通,故受之以《否》。物不可以终否,故受之以《同人》。[8]与人同者,物必归焉,故受之以《大有》。有大者不可以盈,故受之以《谦》。[9]有大而能谦必《豫》,故受之以豫。豫必有随,故受之以《随》。[10]以喜随人者必有事,故受之以《蛊》。《蛊》者,事也。[11]有事而后可大,故受之以《临》。《临》者,大也。物大然后可观,故受之以观。[12]可观而后有所合,故受之以《噬嗑》。嗑者,合也。物不可以苟合而已,故受之以《贲》。《贲》者,饰也。[13]致饰然后亨则尽矣,故受之以《剥》。《剥》者,剥也。物不可以终尽剥,穷上反下,故受之以《复》。[14]复则不妄矣,故受之以《无妄》。有无妄,物然后可畜,故受之以《大畜》。[15]物畜然后可养,故受之以《颐》。《颐》者,养也。不养则不可动,故受之以《大过》。[16]物不可以终过,故受之以《坎》。《坎》者,陷也。陷必有所丽,故受之以《离》。《离》者,丽也。[17]

注释

①天地:此天地指六十四卦中的乾坤。以"天地"生万物说明乾坤为六十四卦之首的原因。万物:指自然界万物,此以"万物"说明六十四卦,"二篇之策万有一千五百二十,当万之数"。

②盈:满。受:继,承继。屯:卦名。屯本义从屮从一,屮即草,一为地,故有草木茁芽于地之义。《屯》卦下震上坎,坎为雨,震为雷,雷雨动荡,其气充塞。故屯为"盈"。又震为乾刚坤柔始交,故屯为"物之始生"。

③蒙:卦名。蒙本义是冢上草木,有覆盖之义。此通萌,即指幼小之貌。物之初生幼小是未开著,故蒙为蒙昧。稺,一本作"稚""雉"。古三字通,有幼稚之义。

④需:卦名。通"雩",本义指求雨之祭,引申为需求。《需》下乾上坎,坎为水,乾为天,云上于天,待时而落,故曰需有待、求雨之义。求雨为保丰年,而饮食有所依赖,故需又为"饮食之道"。

⑤讼:卦名。《讼》上乾为天,下坎为水,天在上,水在下,天与水违行,故有争讼之义。师:卦名。师为军旅之名,古二千五百人为师,师有众义。《师》下坎上坤,坤为众,坎为众,故师为众。

⑥比:卦名。一指周代社会基层组织,五家为比,比有亲密无间之义,《比》卦像是水在地上,有亲比之义。畜:一本作"蓄",有畜养之义。小畜,为卦名。

《小畜》一阴五阳,有一阴畜养五阳之义。阴为小,故曰小畜。

⑦履:卦名。履本指鞋,有践履之义,《履》卦上乾为天,下兑为泽,天高在上,泽卑在下,上下尊卑分明,故履为礼。礼,指上下尊卑之等。泰:卦名。帛《易》“泰”作“柰”。《泰》下乾上坤,乾阳下降,坤阴上升,故有阴阳交通之义。

⑧否:卦名。帛《易》“否”作“妇”,《否》与《泰》相反,《否》上乾为天,下坤为地,天地阴阳不交通,故否有不通之义。如《象》所言:“天地不交而万物不通也。”同人:卦名。人即仁。同人即同仁,《同人》下离上乾,乾为天,离为火,天阳在上,离火炎上,故有志向相同之义。

⑨大有:卦名。古称丰年曰有,大丰年曰大有。《大有》一阴拥有五阳,大而富有,即《象》所谓“柔得尊位,而上下应之,曰大有”。阳为大。谦:卦名。《谦》下艮上坤,艮山高而处地下,故有谦退之义。

⑩豫:卦名。豫本指象大,引申为娱乐,《豫》下坤上震,坤为地,震为雷,雷出地奋,万物顺性而动,故有喜乐之义。随:卦名。《随》下震上兑,震为雷在下,兑为泽在上,雷藏于泽中,随时休息,故有随从之义。

⑪蛊:卦名。蛊字本义为器皿食物腐败生虫,有败坏之义。《蛊》下巽上艮,艮为山,巽为风,风落山,其木摧坏,故有败坏之义。又艮为少男,巽为长女,有女惑男之象,万事从惑而起,故以蛊为事,蛊为事,盖假借“故”,非蛊字有“事”之训,蛊事犹故事也。

⑫临:卦名。帛易《临》卦作“林”,从爻画看《临》二刚临四柔,“刚浸而长”,故《临》刚有长大之义。观:卦名。《观》与《临》相反,《观》二阳在上,阳为大,故“物大然后可观”。

⑬噬嗑:卦名。噬嗑本义指嘴里有食物而咬合,《噬嗑》上下两阳,中一阳即是嘴里食物之象,此卦下震上离,离为电、震为雷、雷动而威,电闪而明,雷电相合,故有“合”之义。苟:但。贲:卦名。《贲》卦刚柔相错而文饰,故贲有饰之义。

⑭剥:卦名。剥有剥落之义。《剥》下坤上艮,艮为山,坤为地,山高反附于地故有剥落之义。又《剥》一阳于五阴之上,故有五阴剥落一阳之义。穷上反下:穷尽于上必复返于下。穷上,指《剥》一阳居上而穷尽。反下,指《复》卦一阳复一初爻。反,复。《复》一阳于五阴之下,有一阳复返之义。

⑮复则不妄:《系辞》“复以自知”。自知而不妄,不妄即不妄行。《无妄》下震上乾,乾为天,震为雷,天下有雷动,故为不妄动。畜,本又作“蓄”,有积聚,蓄养之义。《大畜》下乾上艮,艮为山,乾为天,天在山中,天至大,山静止,山静止畜养至大,故为大畜。

⑯颐:原指人两腮。《颐》下震上艮,艮为止,震为动,上止下动。口腔之象,

从卦画言《颐》上下二阳中四阴，外实中虚。像口腔，食物由口而入以养生，故颐有“养”之义。大过：指大的过失，《大过》下巽上兑，兑为泽，巽为木，泽灭木象故有过，从爻画看《大过》中四阳上下两阴，中间阳盛，上下弱，即本末弱，故为大过，阳为大。

⑰陷：通“险”。《坎》上下皆坎，坎阳陷于阴中故曰陷。丽：依附。《离》卦上下皆离，离阴依附于阳，故离为丽。

译文

有了天地，然后万物产生了。充满天地之间的只有万物，故(《乾》《坤》后)继之以《屯》。屯，盈满。屯，万物开始生长。万物生长必然蒙昧幼小，所以继之以《蒙》。蒙，蒙昧。(是指)万物幼稚。万物幼稚不可不养育，所以继之以《需》。需，饮食之道。饮食必会发生争讼，所以继之以《讼》。争讼必会将众人激起，所以继之以《师》。师，聚众。人众必有所亲附。所以继之以《比》。比，亲附，亲比必会有蓄养，所以继之以《小畜》。物既积蓄(众人温饱)然后礼仪产生，所以继之以《履》。履礼而泰和然后(民)安，所以继之以《泰》。泰，亨通。万物不会永远亨通，所以继之以《否》。万物不会永远闭塞，所以继之以《同人》。与人同志，万物归顺，所以继之以《大有》。拥有大(富)而不可满盈，所以继之以《谦》。有大(富)而能谦让必定安乐，所以继之以《豫》。安乐必定要有人随从，所以继之以《随》。以喜随从他人者必定发生事端，所以继之以《蛊》。蛊，事端。事端(经治)后(功业)可以盛大，所以继之以《临》。临，盛大。物盛大然后才能仰观，所以继之以《观》。可仰观必有所合，所以继之以《噬嗑》。嗑，相合。万物不可以只合而已，所以继之以《贲》。贲，文饰。致力于文饰然后亨通则会穷尽，所以继之以《剥》。剥，剥落。万物不会永远极尽剥落，上穷尽必复返于下，所以继之以《复》。复返则不会妄行，所以继之以《无妄》。只有不妄动，万物才会有积蓄，所以继之以《大畜》。万物有了积蓄然后可以养育，所以继之以《颐》。颐，养育。不养育则不可有所作为，所以继之以《大过》。万物不会永久过极，所以继之以《坎》。坎，陷险。陷险必定要有所依附，所以继之以《离》。离，依附。

原文

有天地然后有万物，有万物然后有男女，有男女然后有夫妇，有夫妇然后有父子，有父子然后有君臣，有君臣然后有上下，有上下然后礼仪有所错。①夫妇之道，不可以不久也，故受之以《恒》。《恒》者，

久也。物不可以久居其所,故受之以遁。遁者,退也。[②]物不可以终遁,故受之以《大壮》。物不可以终壮,故受之以《晋》。《晋》者,进也。[③]进必有所伤,故受之以《明夷》。夷者,伤也。伤于外者必反于家,故受之以《家人》。[④]家道穷必乖,故受之以《睽》。《睽》者,乖也。乖必有难,故受之以《蹇》。《蹇》者,难也。[⑤]物不可以终难,故受之以《解》。《解》者,缓也。缓必有所失,故受之以《损》。损而不已必益,故受之以《益》。[⑥]益而不已必决,故受之以《夬》。《夬》者,决也。决必有遇,故受之以《姤》。《姤》者,遇也。[⑦]物相遇而后聚,故受之以《萃》。《萃》者,聚也。聚而上者谓之升,故受之以《升》。[⑧]升而不已必困,故受之以《困》。困乎上者必反下,故受之以《井》。井道不可不革,故受之以《革》。[⑨]革物者莫若鼎,故受之以《鼎》。主器者莫若长子,故受之以《震》。《震》者,动也。[⑩]物不可以终动,止之,故受之以《艮》。《艮》者,止也。物不可以终止,故受之以《渐》。《渐》者,进也。进必有所归,故受之以《归妹》。[⑪]得其所归者必大,故受之以《丰》。《丰》者,大也。穷大者必失其居,故受之以《旅》。[⑫]旅而无所容,故受之以《巽》。《巽》者,入也。入而后说之,故受之以《兑》。《兑》者,说也。[⑬]说而后散之,故受之以《涣》。《涣》者,离也。物不可以终离,故受之以《节》。节而信之,故受之以《中孚》。[⑭]有其信者必行之,故受之以《小过》。有过物者必济,故受之以《既济》。物不可穷也,故受之以《未济》,终焉。[⑮]

注释

①此句就《咸》而言。《咸》下艮上兑,兑为少女,艮为少男,故称“男女”。《咸》“柔上而刚下,二气感应”,故有“夫妇”之象。艮兑为乾坤求索而生,故曰“父子”。乾坤有尊卑上下,故曰“君臣”“上下”。错:设置。

②恒:恒久。《恒》下巽上震,巽为风,震为雷,雷风相与而有恒久之义。《易传》训遁为“退”。《遁》下艮上乾,艮为山,乾为天,山高上逼,天远山而退去,故遁为退,从爻画看,《遁》二阴在四阳之下,有渐长趋势,阳将退去,故曰退。

③大壮:此卦四阳盛长而壮大,故先儒多训壮为大。依《系辞》“日中则昃,月盈则食”之理,其《大壮》四阳盛长已过半,不久当止。故有止义。《杂卦》“大壮则止”是其确证。晋:有渐进之义。《晋》下坤上离,坤为地,离为日,日出地上,渐进上长,又从爻画看,“柔进而上行”,故晋有“进”义。

④明夷:有光明受伤之义。《明夷》与《晋》相反,《晋》是日出地上,《明夷》是日入地中,其光明受伤,故"明夷"有明伤之义。伤于外:《晋》离日在外,进极而伤入其内(变《明夷》)。反于家:《家人》离日在内。家人:指一家之人。《家人》下离上巽,离为火,巽为风,风火相与,有家人之义,又《家人》二五得正相应,二为女在内,五为男在外,男女正,故有家人之义。

⑤家道穷:指室家至亲,过而失节。乖:离散。睽:本义指目不相视,引申为乖异离散。《睽》下兑上离,离为火,兑为泽,火炎上,泽润下,二者相违背,故有"乖"之义。蹇:本指腿跛,行动不便,此引申为难。《蹇》下艮上坎,艮为山,坎为水,水为山所阻不得下流,故有"难"义。

⑥解:有缓解之义。《解》下坎上震,坎为雨,震为雷,雷震天上,雨落地下,故有缓解之义。损:减损。《损》下兑上艮,艮为山,兑为泽,泽深山高有损深而增高之义。从爻画看,《损》"损下益上",故有减损之义。《益》与《损》相反。益:有增益之义,指上增益下。《益》下震上巽,巽为风,震为雷,雷风相与而增益,从爻画看,《益》"损上益下",故有增益之义。

⑦决:溃决,决断。夬:决。《夬》卦下乾上兑,乾为天,兑为泽,泽上于天,势必下流而散,有决之义,又从爻画看,《夬》一阴在五阳之上,有阳盛和决去一阴之象。决必有所遇:以阳决阴必有所喜遇。姤:相遇之义。《姤》下巽上乾,巽为风,乾为天,风行天下,无所不遇,故为遇,从爻画看,《姤》一阴在下与五阳相遇,故有"遇"之义。

⑧萃:会聚之义。《萃》下坤上兑,坤为地,兑为泽,泽在地上,聚水之象,从爻画看,《萃》九五居中得正,上下众阴皆应,故有聚会之义。聚而上者谓之升:是说反《萃》而成《升》,坤为众,《萃》卦坤众聚于下,《升》卦坤众在上,故曰"聚而上者谓之升"。聚,指坤众而言。升,有上升之义。《升》下巽上坤,巽为木,坤为地,地中生木,日长而升高,故有上升之义。

⑨困:穷困。《困》下坎上兑,坎为水,兑为泽,水在泽下,水下漏而上干枯,故有穷困之义。困乎上者:指《困》卦水在泽下,泽上无水而穷困。必反下:反《困》成《井》,《困》兑泽到下,成巽木,而成《井》,故曰"反下"。井;有养之义。井道不可不革:即《系辞》所谓"居其所而迁"。即井能出水而利民,故曰"不可不革"。革:本指兽皮治去其毛此指变革。《革》卦下离上兑,兑为泽,离为火,泽火相息,故有变革之义。

⑩鼎:本指古代一种烹饪器和礼器,因鼎烹饪以成新物,故有取新之义。《杂卦》:"鼎,取新也。"故曰"革物莫若鼎"。《鼎》下巽上离,离为火,巽为木。木上有火,鼎烹饪之象。主器者莫若长子:是指由长子主管祭祀。主器者,主管祭祀人。器,指鼎。古代宗法世袭制度,王侯大夫之国与邑,原则上由长子继

承,故长子掌管祭祀。震为长子。

⑪物不可终动:指反《震》成《艮》。止:不动。《艮》上下皆艮,即上下不动,故曰止。渐:有渐进之义。《渐》下艮上巽,艮为山,巽木,为木生山上渐渐增高,故渐为"进"。进必有所归:指反《渐》成《归妹》。古代女子出嫁,按六礼进行,成婚过程称为渐,成婚为归妹。归,嫁。《归妹》下兑上震,震为长男,兑为少女,有少女归长男之象。

⑫丰:丰大之义。《丰》下离上震,震为雷,离为电,雷电至,威严而光明,丰有"大"义。旅:旅行。《旅》下艮上离,艮为山,离为火,山上有火,火行而不停,故有行之义。又内卦艮山静止为主,外卦火动为客,山不动如馆舍,火动不止如旅客,故旅有旅行之义。

⑬旅而无所容:旅客行动而无所容身。巽:帛《易》作"筭",本指计算工具,这里解释为"入",《巽》两巽相重,巽为风,风相随,风吹无所不入,故有"入"之义。兑:有欢悦之义,兑为口,故亦为"说",通"悦"。

⑭涣:离散。《涣》下坎上巽,坎为水,巽为风,风行水上,将水冲散,故涣有"离"之义。离:散。节:节度。《节》卦下兑上坎,兑为泽,坎为水,泽上有水,其容量有限度,故节有节度之义。节而信之:节制而有诚信。中孚:中有孚信。《中孚》下兑上巽,巽为风,兑为泽,风令行于上,泽惠施于下,上下感应,有中孚之义,从爻画看,《中孚》上下二阳,中为二阴,内虚外实,心虚而有实,故为中孚。

⑮小过:小的经过。《小过》下艮上震,艮为山,震为雷,雷在山上,故有小过之象,从爻画看,《小过》上下各二阴,中间二阳,有二阴经过二阳之义。阴为小,故曰小过。此"过"不是过失而是经过。济:渡过,引申为成功。既济:指已成功。《既济》下离上坎,坎为水,离为火,水火相互交通,各得其用,故为"既济"之义。未济,未渡过,引申为未成功。《未济》与《既济》相反,为水火不相交,故有"未济"之义。

译文

有天地然后才会有万物,有万物然后人分成男女,有男女然后才能匹配夫妇,有夫妇然后才产生父子关系,有父子关系然后才有君臣(之别),有君臣(之别)然后才有上下(等级名分),有上下(等级名分)然后礼仪才有所设置。夫妇之间的感情不可以不长久,故(《咸》之后)继之以《恒》。恒,长久。万物不可以长久居于一个地方,所以继之以《遁》。遁,隐退。万物不可以长久隐退,所以继之以《大壮》。万物不可以长久盛壮,所以继之以《晋》。晋,上进。上进必遭伤害,所以继之以《明夷》。夷,伤。在外遭受伤害必返回家内,所以继之以《家人》。家道穷困必定会发生乖异，所以继之以《睽》。睽，乖异。乖异必定带来险难，所以继之以《蹇》。蹇，险难。万物不可以始终有险难，所以继之以《解》。解，缓解。缓解必定会所损失，所以继之以《损》。不停损失必将转向增益，所以以继之以《益》。不断增益充盈必会决去，所以继之以《夬》。夬，决去。决去必定有所交遇，所以继之以《姤》。姤，交遇。万物相遇之后而相聚会，所以继之以《萃》。萃，聚会。聚会之后共同上进叫作升，所以继之以《升》。进升不停必定陷入困境，所以继之以《困》。穷困于上必定会返于下，所以继之以《井》。井水之道不可不变革，所以继之以《革》。变革诸物(化凉为热、化生为熟)莫过于鼎器，所以断之以《鼎》。主管鼎器(的人)莫过于长子，所以继之以《震》。震，动。事物不可能永久动，使它停止，所以继之以《艮》。艮，止。事物不可永久停止，所以继之以《渐》。渐，渐进。渐进要有所归宿，所以继之以《归妹》。能得到归宿的必定盛大(富有)，所以继之以《丰》。丰，盛大。盛大穷极必定会失其居所，所以继之以《旅》。旅行而无处容身，所以继之以《巽》。巽，入。入而后(安定)欢悦，欢悦后(其情)扩散，所以继之以《涣》。涣，离散。万物不可以长久离散，所以继之以《节》。能节制而又有诚信，所以继之以《中孚》。有诚信必然行动，所以继之以《小过》。有超越事物能力者必能成功，所以继之以《既济》。事物永远不穷尽，所以继之以《未济》，(六十四卦在《未济》中)结束。

易传·杂卦传

原文

《乾》刚《坤》柔，《比》乐《师》忧[①]。《临》《观》之义，或与或求。《屯》见而不失其居，《蒙》杂而著[②]。《震》，起也；《艮》，止也。《损》《益》，盛衰之始也。《大畜》，时也；《无妄》，灾也[③]。《萃》聚而《升》不来也，《谦》轻而《豫》怠也。《噬嗑》，食也；《贲》，无色也。《兑》见而《巽》伏也[④]。《随》，无故也；《蛊》，则饬也。《剥》，烂也；《复》，反也。《晋》，昼也；《明夷》，诛也[⑤]。《井》通而《困》相遇也。《咸》，速也；《恒》，久也。《涣》，离也；《节》，止也。《解》，缓也；《蹇》，难也。《睽》，外也；《家人》，内也。《否》《泰》，反其类也[⑥]。《大壮》则止，遁

则退也。《大有》,众也;《同人》,亲也。《革》,去故也;《鼎》,取新也[7]。《小过》,过也;《中孚》,信也。《丰》,多故也;亲寡,《旅》也。《离》上而《坎》下也[8]。《小畜》,寡也;《履》,不处也。《需》,不进也;《讼》,不亲也。《大过》,颠也。《姤》,遇也,柔遇刚也。《渐》,女归待男行也[9]。《颐》,养正也;《即济》,定也。《归妹》,女之终也。《未济》,男之穷也。《夬》,决也,刚决柔也。君子道长,小人道忧也。[10]

注释

①乾刚:《乾》卦六爻由纯阳组成,故曰乾刚。坤柔:《坤》卦六爻由纯阴组成,故曰坤柔。比乐:《比》有亲辅之义,故乐。师忧:《师》主军旅,动从行险,故忧。

②或与或求:或者为施予或者为营求。与,施予。求,营求。《临》二阳在四阴之下,有在上而临下之义,故曰"与"。《观》二阳在四阴之上,"大观在上"有下以仰观上之义,故曰"求"。屯见:《屯》为"物之始生"故曰"见"。见,现。不失其居:指各居其所。《屯》二阳皆当位,故曰"不失其居"。蒙杂:《蒙》二阳失位,阴阳杂居。"屯见而不失其居,蒙杂而著":当为《杂卦》作者以当时传授的象义解《屯》《蒙》二卦。"屯见""蒙杂"以及"居""著"究竟确义为何,先儒虽有种种解说,恐皆未得实。笔者在此虽参照先儒之说解之,但仍觉不妥,故言明以待来者。

③盛衰之始:《损》为减损《泰》下而增益其上,即《象》所谓"损下益上",故为衰之始。泰为盛。《益》为减损《否》上增益其下,即《象》所谓"损上益下",故为盛之始。否为衰。时:待时。古"时""待"通,大畜有畜养其德之义,故曰"时"。灾:《无妄》为大旱卦,故曰"灾"。

④不平:即《序卦》所谓"聚而上者谓之升"。《萃》卦三阴聚于下,《升》卦三阴在于上,故曰"不来"。到内曰来,到外称往。不来,指不在内而在外。谦轻:《谦》卦有谦退之义,故曰轻。豫怠:《豫》卦有娱乐之义,故怠。怠,和乐。一本作怡,怠、怡二字通。食:吃。噬嗑是指口中有物,故曰食。无色:即白色。《贲》离日在艮山下而无光,故曰"无色"。兑见而巽状:兑阴在上故曰"见",巽阴在下故曰"伏"。

⑤无故:无事。《随《卦》有随时而安之义,即《象传》所谓"君子以向晦入宴息"。故为"无故"。饬:一本作"饰",训为整治,《蛊》为有事之卦,《序卦》"蛊者,事也",有事则需要修整,故曰"饬"。烂:熟烂。《剥》一阳被五阴剥落,象果熟烂被剥落一样,故曰"烂"。反:通"返"。《复》一阳复返于初,故曰"反"。昼:

《晋》卦下坤为地，上离为日，日出地上，故为“昼”。诛：伤。《明夷》下离为日，上坤为地，日入地中，其光明受伤，故曰“诛”。

⑥井通而困相遇：井水本在下，而《井》卦水在木上，以承水而上，“井养而不穷”，“往来不穷”，故谓之“通”。而《困》相反，水在泽下，泽上无水而干涸，故曰“不通”，不通即是阻隔。速：神速。《咸》卦有感之义。“二气感应”，感而遂通，不行而至，故称“速”。离：《涣》感之义。“二气感应”，感而遂通，不行而至，故称“速”。离：《涣》卦有披离解散之象，故曰“离”。止：《节》卦有节止之义，故曰“止”。缓：《解》卦有解除、缓解之义，故曰“缓”。难：《蹇》卦坎险在前，艮见险而止于内，有难之义。外：《序卦》：“睽者，乖也。”《广雅·释诂》：“乖，离也。”有离家之义。又《睽》离女在外卦，有女离家在外之义，故曰“外”。内：《家人》离女在内卦，女在家内故曰“内”。反其类：《泰》《否》卦画相反，《否》反成《泰》，《泰》反成《否》，其事类相反。

⑦大壮则止：《大壮》四阳进消阴，阳长过半将止，故“止”。遁则退：《遁》阴进消阳，阳势消退，故“遁则退”。众：《大有》六五之柔得尊位，上下五阳皆应之，故曰众。亲：《同人》六二居中得位，众阳皆亲附，如《序卦》所称：“与人同者，物必归焉。”故曰“亲”。革去故：《革》卦有改革、更新之义，故曰“去故”。故，指旧有。鼎取新：《鼎》卦离火在上，巽木生之，有鼎烹任之象，鼎烹任待熟而取新。

⑧过：《小过》阴盛过阳，故为“过”。过，经过。《序卦》：“有其信者必行之，故受之以小过。”信：《中孚》取信发于中，孚有信之义。故曰“信”。多故：《丰》乃日食之卦，古人多以日食为不祥，故曰“多故”。故，事。亲寡：旅无所容身，故“亲寡”。离上而坎下：离为火而炎上，坎为水而润下。

⑨寡：《小畜》一阴畜五阳，阳众阴寡，故曰“寡”。不处：不停止。履有践履之义，且《履》卦阳爻皆以不处其位为吉，故曰“不处”。不进：《需》上坎为险，险在前，而待时，《需·彖》：“需，须也。”须为待，故“不进”。不亲：《讼》卦上乾为天，下坎为水，天水相违行，故“不亲”。颠：本义又指头顶引申为颠覆。《大过》下巽为木，上兑为泽，木顶被泽水淹没，故曰：“颠”。柔遇刚：《姤》卦一阴在下而上与五阳相遇，阴为柔，阳为刚。女归待男行：指女子出嫁等待男子迎亲。《渐》卦下艮为少男。上巽为长女，故有长女归待少男行之义。

⑩养正：《颐》下震为动，上艮为止，上静下动，人口吃物之象，故曰养正，如《彖》所言：“颐‘贞吉’，养正则吉也。”定：成。《既济》六爻阴居阴位，阳居阳位，阴阳定位，故曰“定”。终：归宿。《归妹》上震为长男，为动，下兑为少女，为说，“说以动”，少女嫁长男之象，女子出嫁为“终”。男之穷：《未济》三阳失正，阳穷极于上，故曰“男之穷”，阳为男。刚决柔：《夬》卦五阳盛长，决去一阴，君子道

长，小人道忧：《夬》卦阳刚盛长，阴柔消退即将被决去，阳像“君子”，阴像“小人”，故曰“君子道长，小人道忧”。《杂卦》虽不依六十四卦之顺序，但两两为对解卦。前五十六卦皆然，独后八卦错乱。汉儒虞翻、晋儒干宝皆认为此为《杂卦》作者匠心独运、巧妙安排，故虞翻以互体释之。以“喻武王伐纣”。干宝以变通释之，“以示来圣后王，明道非常道，事非常事也”。然汉郑玄首先提出怀疑：“自此以下，卦意不协，以错乱失正。”但他“弗敢改耳”。宋人苏轼、朱震、蔡渊等人加以改定，元吴澄、明何楷等从之。改定后的次序有两种：(一)颐，养正也；大过，颠也。姤，遇也，柔遇刚也；夬，决也，刚决柔也。君子道长，小人道忧也。渐，女归待男行也；归妹，女之终也。既济，定也；未济，男之穷也。此以苏轼为代表。(二)大过，颠也；颐，养正也。既济，定也；未济，男之穷也。归妹，女之终也；渐，女归待男行也。姤，遇也，柔遇刚也；夬，决也，刚决柔也，君子道长，小人道忧也。以蔡渊为代表。案音韵学，当以后者胜。

译文

《乾》刚健，《坤》柔顺；《比》欢乐，《师》忧愁。《临》《观》的义旨，或是施予，或是索求。《屯》初生显现而不失其所居，《蒙》错杂而昭著。《震》，为起；《艮》，为止。《损》《益》是盛旺衰微的开始。《大畜》，待时；《无妄》，有灾。《萃》聚集而《升》不返回，《谦》轻己(尊人)而《豫》安乐亲逸。《噬嗑》，为食用；《贲》，为无色。《兑》喜悦外现，《巽》(进入)而隐伏。《随》，无事(休息)；《蛊》，(有事)则整治。《剥》，为剥烂；《复》，为返回。《晋》，白昼；《明夷》，(光明)受伤。《井》通达而《困》则阻塞。《咸》，指感应神速；《恒》，乃恒守长久。《涣》，为离散；《节》，为节止。《解》，为缓解；《蹇》，为险难。《睽》，(乖异)而在外；《家人》，(和睦)而在内。《否》与《泰》，是两个相反的事类。《大壮》是壮而停止，遁则因时而隐退。《大有》，众多；《同人》，亲辅。《革》，去除故旧；《鼎》，取其新义。《小过》，为过往；《中孚》，为诚信。《丰》，多事；《旅》，少亲。《离》火炎上，《坎》水流下。《小畜》，积蓄的少；《履》，不停止。《需》，(待时)而不进；《讼》，(违背)而不亲。《大过》，为颠覆；《姤》，为交遇，阴柔与阳刚相交遇。《渐》，女子出嫁等待男人来迎亲。《颐》，养正；《既济》，乃成功。《归妹》，女子最终(的归宿)。《未济》，指男子穷困。《夬》，为决去，阳刚决去阴柔。(此象)君子之道盛长，而小人之道困扰。